Geschichte der deutschen Sprache

Längsschnitte – Zeitstufen – Linguistische Studien

von

Werner Besch

und

Norbert Richard Wolf

ERICH SCHMIDT VERLAG

Bibliografische Information der Deutschen Bibliothek
Die Deutsche Bibliothek verzeichnet diese Publikation in der Deutschen Nationalbibliografie; detaillierte bibliografische Daten sind im Internet über dnb.ddb.de abrufbar.

Weitere Informationen zu diesem Titel finden Sie im Internet unter
ESV.info/978 3 503 09866 8

Umschlaggestaltung unter Verwendung zweier Mundartenkarten von Hans-Joachim Paul aus: Werner König: dtv-Atlas Deutsche Sprache. 16., durchgesehene und korrigierte Auflage, München 2007, S. 182/183. © Deutscher Taschenbuch Verlag

ISBN 978 3 503 09866 8

www.ESV.info

Dieses Papier erfüllt die Frankfurter Forderungen der Deutschen Bibliothek und der Gesellschaft für das Buch bezüglich der Alterungsbeständigkeit und entspricht sowohl den strengen Bestimmungen der US Norm Ansi/Niso Z 39.48-1992 als auch der ISO-Norm 9706.

Druck und Bindung: Danuvia Druckhaus, Neuburg a. d. Donau

Vorwort

Im vorliegenden Band ‚Geschichte der deutschen Sprache' versuchen wir, Längsschnitte und Querschnitte zu kombinieren. Mit den Längsschnitten (Teil I) sollen Entwicklungen zusammenhängend über die einzelnen Sprachepochen hinaus und durch sie hindurch dargestellt, mit den Querschnitten (Teil II) wichtige Charakteristika der einzelnen Epochen vermittelt werden. Teil III liefert linguistische Analysen zur Sprachgenealogie und zu zentralen sprachsystematischen Veränderungen.

Ein solches Vorgehen hat den Vorteil, dass die großen Entwicklungen wesentlich deutlicher hervortreten können als im ‚Korsett' abfolgender Epochen-Querschnitte allein. Da kann die Fülle der Details leicht die großen Trendlinien des Sprachwandels verdunkeln, Sprachwandel von uns verstanden als System- wie auch Sprachgebrauchswandel. Wiederum besteht aber auch die Gefahr, dass die synchronischen Verschränkungen von Sprache innerhalb einer Epoche im Längsschnitt nicht so recht erkenntlich werden. Querverweise sollen hier die nötige Verklammerung gewährleisten. Verwiesen wird dabei auf Textabschnitte, nicht auf Seiten, z.B. mit I/3.1. auf Teil I (Längsschnitte, 3. Beitrag, Abschnitt 1.).

Früher stand in sprachgeschichtlichen Darstellungen das Sprachsystem, schriftbasiert, ganz im Mittelpunkt. Heutige Beschreibungen haben sowohl das Instrument als auch den variierenden Umgang des sprechenden und schreibenden Menschen mit diesem im Blick. Insofern sind Sprache und Gesellschaft unmittelbar miteinander verwoben, Sprachgeschichte ist immer auch Gesellschaftsgeschichte – auch für die Autoren dieses Bandes. Das reiche Varietätenspektrum unserer Sprache, gesprochen wie geschrieben, sozial, regional, fachsprachlich u.a.m. indiziert, in langfristige Verschiebungen eingebunden, ist Zeugnis fortwährender gesellschaftlicher Dynamik.

Diese Überblicksweise in großen Zusammenhängen aufzuzeigen ist unser Bemühen, sei es für Germanistik Studierende, sei es in gymnasialen Oberstufen, sei es für sprachsensible neugierige Laien. Vielen Muttersprachlern wird es helfen, ihren eigenen sprachbiographischen Standort und eigenen Weg genauer zu erkennen.

Die beiden Autoren waren bemüht, ihre Teile stimmig zusammenzuführen, Überschneidungen zu vermeiden und Wiederholungen zu beseitigen; wo solche stehen geblieben sind, ist dies in der Regel gewollt.

Orientierungshilfen verschiedener Art sollen das Lesen und ein gezieltes Suchen erleichtern. Dazu zählen: ein umfangreiches Verzeichnis zitierter Fachliteratur, darunter Standardwerke und aktuelle Forschungsbeiträge; ein detailliertes Sach- und Begriffsregister, Karten, Abbildungen sowie Hervorhebungen wichtiger Leitwörter und zentraler Textstellen im Text, sei es durch Fettdruck oder andere Layoutmarkierungen.

Eine umfassende Geschichte der deutschen Sprache kann leichthin mehrere große Bände füllen, wie man im eigenen Fach weiß. Den beiden Verfassern ist das bewusst. Sie selber wissen sehr wohl, was alles in diesen Längs- und Querschnitten nicht zur Sprache kommen konnte. Sind aber einmal große Entwicklungslinien bekannt, so erleichtert das am Ende wohl den weiteren Zugang zum ganzen Aspektreichtum der Geschichte der deutschen Sprache.

Die Textteile I/1.-5. sowie II/3. und 4. sind von Werner Besch, II.1. und 2. sowie III/ 1. und 2. von Norbert Richard Wolf verfasst.

Bonn und Würzburg im Juli 2008

Werner Besch
Norbert Richard Wolf

Inhaltsverzeichnis

Vorwort **5**

I Längsschnittstudien **13**

1. Gesprochene Sprache **15**
- **1.1.** Überblick über den Gesamtablauf **15**
- **1.2.** Prinzipielle Raumgebundenheit gesprochener Sprache. Oder: Wie kommt es zu Dialektvielfalt? **16**
- **1.3.** Stabilisierungsfaktoren für Kleinräumigkeit gesprochener Sprache .. **17**
- **1.4.** Benennung und Abgrenzung der Sprechvielfalt: Umrisse dialektaler Gliederung um 1900 .... **20**
- **1.5.** Faktoren zunehmender Destabilisierung von Dialekten **24**
  - **1.5.1.** Ansätze räumlicher Entgrenzung **24**
  - **1.5.2.** Ansätze medial bedingter Entgrenzung: Schrift, Tonmedien . **25**
- **1.6.** Dialekt und Deutschunterricht **27**
- **1.7.** Gesprochenes Alltagsdeutsch im Wandel **27**
  - **1.7.1.** Rückgang des Dialektgebrauchs **28**
  - **1.7.2.** Situation des Plattdeutschen **29**
- **1.8.** Zwischenformen (‚Umgangssprachen‘) **31**
- **1.9.** Neuorganisation von Mündlichkeit: „Man muss sprechen, wie man schreibet“ **32**
  - **1.9.1.** Konzeptionelle Mündlichkeit **34**
  - **1.9.2.** Konzeptionelle Schriftlichkeit **34**

2. Geschriebene Sprache: Verschriftung und Schriftlichkeit im Deutschen von den Anfängen bis heute **39**
- **2.1.** Primat des Gesprochenen. Oder: Im Anfang war das gesprochene Wort **39**
- **2.2.** Dimensionen der Verschriftung **40**
- **2.3.** Zeichen-Inventare; Adaptionsproblem Zeichen – Laut **41**
- **2.4.** Pragmatik der Verschriftungsetappen in altdeutscher Zeit **43**
- **2.5.** Regionalität der Sprache und entsprechend der Verschriftung **44**
- **2.6.** Terminologische Festlegung **46**
- **2.7.** Schreibdialekt/Schreibsprache: Entwicklungen im Mittelalter **47**
- **2.8.** Landschaftsgruppierungen **52**
- **2.9.** Sonderformen des Ausbaus mit überregionaler Tendenz: Die Sprache der Hanse; das Gemeine Deutsch **57**
  - **2.9.1.** Das Deutsch der Hanse **59**
  - **2.9.2.** Das Gemeine Deutsch **59**
- **2.10.** Neuhochdeutsche Schriftsprache **60**

2.10.1. Bisherige Entstehungstheorien 60
2.10.2. Ansätze und Ergebnisse neuerer Forschung 63
2.10.3. Sprachlandschaft Ostmitteldeutsch / Luther 68
2.10.4. Sprachliche Wirkungsforschung (16.–18. Jh.), insbesondere anhand der Bibelrezeption 70
2.10.5. Zum Verhältnis von neuhochdeutscher Schriftsprache und ‚Lutherdeutsch' 71
2.11. Alphabetisierung / Schulpflicht 72
2.12. Zurückdrängung fremder Sprachen 73
2.13. Vereinheitlichung der Schreibung (Orthographienorm) 74

3. Sprachenkontakt des Deutschen im geschichtlichen Wandel **79**
3.1. Hinführung: Situationen, Formen, Folgen von Sprachkontakt 79
3.2. Grenzland-Sprachkontakte im Rheinland 80
3.3. Andere Grenzland-Sprachkontakte 83
3.4. Sprachkontakt-Terminologie 85
3.5. Der lateinisch-deutsche Sprachkontakt 87
3.5.1. Die Entlehnungen zur Zeit des römischen Imperiums 88
3.5.2. Die Wochentagsnamen 89
3.5.3. Latinität und die Anfänge eines christlich-deutschen Wortschatzes 90
3.5.4. Humanistenlatein und deutsche Sprache 93
3.6. Der französisch-deutsche Sprachkontakt 96
3.6.1. Französischer Einfluss im Mittelalter (1. Welle) 96
3.6.2. Französischer Einfluss 17.–19. Jahrhundert (2. Welle) 97
3.7. Der englisch-deutsche Sprachkontakt 98
3.8. Phasen des Sprachpurismus 101

4. Varietäten des Deutschen **107**
4.1. Hinführung 107
4.2. Varietäten des Deutschen (in Auswahl) 109
4.2.1. Standardvarietät(en) 109
4.2.2. Umgangssprachen 109
4.2.3. Dialekte 110
4.2.4. Stadtsprachen 111
4.3. Fachsprachen 111
4.4. Jiddisch 112
4.5. Sondersprachen 112
4.6. Sprache der Hanse 113
4.7. Gemeines Deutsch 114

5. Anredeformen als Spiegel der Gesellschaft und ihrer Veränderungen **117**
5.1. Hinführung: Anrede-Konventionen als Spiegel der Sozialgeschichte 117
5.2. Anrede im Mittelalter 118

5.3. Stabilisierung des *du-ir*-Modells im Mittelalter **119**
5.4. Exkurs: Anredebestimmende Variablen **121**
5.5. Frühe Neuzeit (16.–18. Jh. größtenteils) **122**
5.6. Vom adligen zum bürgerlichen 'Decorum' (Ende 18.–20. Jahrhundert) **124**
5.7. Geltung von Sie und *Herr, Frau, Fräulein* für das ‚Volk' **125**
5.8. „Vom Sie zum Du – mehr als eine neue Konvention?" Wandel in der zweiten Hälfte des 20. Jahrhunderts **127**
5.9. Standortbestimmung heute – ein Versuch **128**

II. Zeitstufen **133**

1. Das Althochdeutsche **135**
1.1. Abgrenzungen und Grundlegungen **135**
1.1.1. Zeit **135**
1.1.2. Quellen **136**
1.1.3. Räume und/oder Orte **142**
1.1.4. Schrift und Schriftlichkeit **144**
1.2. Das Entstehen eines volkssprachlichen Wir-Gefühls: das Wort ‚deutsch' **146**
1.3. Morphologie und Syntax **148**
1.3.1. Flexionsmorphologie: Grammatikalisierung der Verbalperiphrase **149**
1.3.2. Die Substantivgruppe: Artikel und Subjektspronomen **154**
1.3.2.1. Das Aufkommen der Artikelformen **154**
1.3.2.2. Das Subjektspronomen **157**
1.3.3. Folgerung: Vom synthetischen zum analytischen Sprachbau **160**
1.4. Zum Wortschatz: Ausbau durch Transferenzen und Wortbildung **162**
1.4.1. Entlehnungen aus dem Lateinischen **162**
1.4.2. Zur Wortbildung: Nomina agentis **166**

2. Das Mittelhochdeutsche **169**
2.1. Grundlagen und Abgrenzungen **169**
2.1.1. Sprachwille **169**
2.1.2. Quellentypen und zeitliche Abgrenzung **172**
2.2.1. Das Wachsen des volkssprachlichen Wir-Gefühls: Das Bewusstsein von der Zusammengehörigkeit und der Vielfalt **177**
2.2.2. Die höfische Dichtersprache als literatursprachliche Koine **180**
2.3. Morphologie und Syntax **187**
2.3.1. Umbau der Substantiv- und Verbflexion **187**
2.3.2. Ausbau der analytischen Verbformen: Die ‚werden'-Periphrase **193**
2.4. Zum Wortschatz: Neue Wortbildungsmittel **198**

3. Das Frühneuhochdeutsche **203**
3.1. Abgrenzungen **203**
3.1.1. Zeitliche Abgrenzung **203**
3.1.2. Räumliche Abgrenzung **203**
3.1.3. Sprachsoziologische Differenzierungen **203**
3.2. Textvielfalt, Textmenge, Textkorpora **204**
3.3. Einige Leitfragen, speziell zur Sprachentwicklung (Frühnhd.) in diesen Übergangsjahrhunderten vom Mittelalter zur Neuzeit **205**
3.4. Graphien, Graphematik **206**
3.5. Flexionsmorphologie, Genus **207**
3.5.1. Substantive **207**
3.5.2. Verben **210**
3.6. Lexik **211**
3.7. Wortbildung **215**
3.8. Syntax **223**

4. Das Neuhochdeutsche **227**
4.1. Hinführung: **227**
4.2. Varietätenentwicklung und Neugewichtung im Gesellschaftsgefüge. Entwicklungen, die vornehmlich unmittelbar auf Sprache bezogen sind. **230**
4.2.1. Ausbau und Ausbreitung der nhd. Schriftsprache **230**
4.3. Alphabetisierung/Schulpflicht **235**
4.4. Aussprache-Normierung. Standardsprache fürs Ohr **238**
4.5. ‚Außersprachliche' Dynamisierungsfaktoren für Sprachwandel **241**
4.6. Das Konzept der drei nationalen Varietäten der deutschen Standardsprache **244**
4.6.1. Österreich: **245**
4.6.2. Schweiz: **246**
4.6.3. Deutschland: **247**
4.7. Sprache unter staatlicher Indoktrination **249**
4.7.1. Die Deutsche Demokratische Republik (DDR, 1949–1989) **249**
4.7.2. Der Nationalsozialismus und die deutsche Sprache (1933–1945) **252**
4.8. Die deutsche Sprache im Prozess der Europäisierung und Globalisierung **255**
4.8.1. Wissenschaft und Wirtschaft **256**
4.8.2. Wie wird, wie soll es weitergehen mit der deutschen Sprache? **257**

III. Linguistische Analysen **261**

1. Das Deutsche als indogermanische und germanische Sprache (Vorgeschichte) **263**

1.1. Familiäre Beziehungen **263**
1.2. Vom Indogermanischen zum Germanischen **264**

2. Lautgeschichte **277**
2.1. Konsonanten **277**
2.1.1. Althochdeutsche Konsonantenverschiebung **278**
2.1.2. Die altdeutschen Sibilanten **286**
2.1.3. Auslautverhärtung **288**
2.2. Vokale **289**
2.2.1. Die althochdeutsche Vokalverschiebung **292**
2.2.1.1. Monophthongierung **292**
2.2.1.2. Diphthongierung **293**
2.2.1.3. Zusammenschau **293**
2.2.2. Voralthochdeutsche Umlautphänomene **294**
2.2.2.1. /e,i/ und /o,u/ **295**
2.2.2.2. Der Diphthong /eu/ **296**
2.2.3. i-Umlaut **298**
2.2.4. Vokale in Nebensilben **305**
2.2.4.1. Nebensilbenabschwächung **305**
2.2.4.2. Apokope und Synkope **308**
2.2.5. Die (früh-)neuhochdeutsche Monophthongierung und (früh-)neuhochdeutsche Diphthongierung **310**
2.2.6. Veränderungen der Vokalquantität **314**
2.2.7. Mittelhochdeutsch – Neuhochdeutsch **315**

Literaturverzeichnis **319**

Sachregister **343**

I. Längsschnittstudien

1. Gesprochene Sprache

1.1. Überblick über den Gesamtablauf

Es wird hier abgesehen von einer Darstellung, wie sich in der Merowingerzeit aus einem nordwestgermanischen Sprachverband allmählich jene Einzelsprachen herauslösen, die seit dem frühen 8. Jahrhundert nach und nach in handschriftlicher Überlieferung fassbar werden, so eben auch das südgermanische (Vor-) Althochdeutsche (vgl. dazu etwa Klein 2001). Auch die Frage, ab wann man von **Deutsch** sprechen kann, und wo diese Bezeichnung herkommt, wird hier ausgeklammert, allerdings an anderer Stelle in diesem Buch behandelt. Auch die Sonderbedingungen für Mehrsprachigkeit kleiner Eliten, bedingt durch Mobilität und zunehmendem Verschriftungseinfluss, stehen hier nicht im Mittelpunkt und über die sprachlichen Eigenstrukturen gesprochener gegenüber geschriebener Sprache – gegenwärtig stark im Forschungsinteresse – wird erst im Schlusskapitel dieser Längsschnittstudie gehandelt.

Was hier im Mittelpunkt stehen soll, ist die gesprochene Sprache des Volkes, der breiten Masse, und dies im Blick auf zwei besonders manifeste Charakteristika: die sprachräumliche Differenzierung und die erstaunliche Permanenz dieser partikularistischen Dialektgliederung des Deutschen. Wie kommt es zu einer so erstaunlichen Anzahl von **Dialekten** auf deutschem Sprachgebiet? Welche Faktoren bewirken ihre Stabilität über viele Jahrhunderte fast bis in unsere Zeit? Was erzwingt schließlich Schritte sprachräumlicher Entgrenzung bis hin zu Dialektverlust? Man wird ein früher unvorstellbares Maß an Mobilität, horizontaler wie vertikaler, nennen müssen, verknüpft mit dem Siegeszug der Schriftsprache und deren gesprochener Form selbst im gewöhnlichen Alltag. Dies ist ein langer Weg, der noch nicht abgeschlossen ist. Er hat im 19. und 20. Jahrhundert leider auch Sprachwerturteile hervorgebracht, die dem Dialekt abträglich waren und sind, mehr noch in Deutschland als in Österreich und in der deutschsprachigen Schweiz. Möglicherweise ist der Faktor ‚Sprachprestige' fast noch wirksamer als es die objektiven Veränderungen im geschichtlichen Ablauf sind. Das eröffnet einen gesellschaftsverflochtenen, also soziolinguistischen Horizont, indem nämlich eine Zweitsprache, vornehmlich schulisch vermittelt, die ‚muttersprachliche' Erstsprache überlagert, vielfach auch deklassiert. Je nach Länge der Schulung und dem Maß der Begabung ergeben sich unterschiedliche soziale Chancen, d.h. in vielen Fällen existentielle Vor- oder Nachteile für den Einzelnen. Darüber ist zu sprechen, und es ist auch der Spielraum auszuleuchten, der sich zwischen Dialekt und Standardsprache auftun kann für ein weiterreichendes, gesprochenes Alltagsdeutsch. Als eine der Möglichkeiten lässt sich Dialektverlust und entsprechend standardnahe Alltagssprache denken – und das ist in der Tat in bestimmten Gebieten auch schon gegeben. Eine andere Möglichkeit ist domänengesteuerte Diglossie beim Sprechen, wobei sich das standardsprachliche Sprechen vielfach noch mit resistenten regionalen Signalen untermischt. Schließlich bleibt als häufige und eventuell auch ökonomischere Lösung das Modell einer Zwischenlage zwischen Basisdialekt und Standardsprache, meist **Umgangssprache** genannt, deren es je nach Großregionen mehrere gibt. Über solche Zwischenlagen mit Entregionalisierungstendenz scheint die weitere Entwicklung gesprochener deutscher Alltagssprache zu laufen. Sie verdienen eine besondere Aufmerksamkeit.

Das ist nun im Groben der Ablaufbogen von der Frühzeit bis heute. Da geht es über weite Zeitstrecken nicht um Differenzprofile zwischen ‚gesprochen' und ‚geschrieben', sondern um mediale Einsprachigkeit in Gestalt der die ganze Existenz bestimmenden Mündlichkeit des Dialekts als Sprache der Kindheit, der Nähe, der engeren Lebenswelt – und das über Jahrhunderte für viele Generationen. Dialekt ist eben nicht eine Varietät neben anderen Existenzformen deutscher Sprache, sonder für viele die einzige Sprache, ihre ‚Muttersprache'.

1.2. Prinzipielle Raumgebundenheit gesprochener Sprache. Oder: Wie kommt es zu Dialektvielfalt?

Wir müssen beim Thema ‚Sprache und Raum' weit zurückgehen im Zeit-Tunnel, um uns absolut frei zu machen von Gegebenheiten, die uns und unsere Sprache heute bestimmen, etwa Schule, Schriftlichkeit, Medien, große Mobilität, Bildungspostulat, Selbstbestimmung u.a.m. Wir müssen uns ins Gedächtnis rufen, dass gesprochene Sprache als phonisches Medium extrem orts- und zeitgebunden ist. Sie wird nur gehört, so weit die Schallwelle reicht, und nur in dem kurzen Augenblick des Artikulierens. Es fehlt Wiederholbarkeit und Reichweite. Daraus folgt letztlich, dass Verständigung nur in engem Kontakt und am ehesten in überschaubaren Gruppen möglich ist.

Sprachforscher um und nach 1900 kamen dann auch folgerichtig zu der Feststellung, Sprache sei Absprache, Übereinkunft, Konvention; Absprache darüber, welche Lautzeichenketten in einer Gemeinschaft mit welchen Bedeutungen gekoppelt werden. Die Wahl der Lautkette ist letztlich beliebig (arbiträr), man vergleiche etwa deutsch *Baum*, englisch *tree*, lateinisch *arbor*. Ein sprachliches ‚Zeichen' wird sie erst, wenn eine Sprechgemeinschaft sich verbindlich auf diese eine Bedeutung festlegt. Dazu bedarf es der Absprache, der Übereinkunft (s. de Saussure 1916, Übersetzung ^{2}1967). Im Bemühen, die Dialektkarten des Deutschen Sprachatlasses besser verstehen zu können, stößt Wrede (1895 u. 1919) auf das „soziallinguistische Prinzip" und in dessen Gefolge auf die generalisierende Ansicht vom **‚Sprachraum als Verkehrsraum'**, durch Aubin/Frings/Müller (1926) erweitert auf eine übergreifende Kulturraumforschung. Mit der Formel: ‚Sprachgemeinschaft ist Verkehrsgemeinschaft' kommt hier von einer ganz anderen Seite her der Gedanke des Übereinkommens, der Konvention (lat. conventio = Übereinkunft, wörtlich Zusammenkommen) im Sinne de Saussures ins Spiel. Ohne Verkehrsgemeinschaft also auch keine Sprachgemeinschaft, das ist der Erklärungsschlüssel für Dialektabgrenzung, regionale Vielfalt, Dialektvariation. Zunehmende räumliche Distanz mindert den Kontakt unter den Sprechenden und schwächt die stabilisierende Übereinkunft. Extreme räumliche Distanz zeitigt Fremdheit, entsprechend eigene Idiome. Das ist die historische Realität. Regionalität ist ihr Signum. Im Deutschen sind etwa die Dialekte im Norden und im Süden wechselseitig nicht mehr verstehbar. Territoriale Differenzierung ist also kein Abweg oder Sonderweg der Sprachentwicklung, sondern stimmt mit der Grunddefinition menschlichen Sprechens überein. Es ergibt sich daraus auch die Vorgängigkeit, also letztlich das höhere Alter der territorialen Dialekte vor der Schrift- und Standardsprache. Überregionale Einheitssprachen sind somit immer Spätprodukte, sie standen nie am Anfang, wie früher häufig angenommen – eine Sicht, in der dann die Dialekte als Verfallsprodukte erscheinen mussten.

Der Leitsatz: **‚Sprachgemeinschaft ist Verkehrsgemeinschaft'** bedarf der jeweils zeitangemessenen Interpretation. Die Maßstäbe für räumliche Distanz können je nach Zeit unterschiedlich sein, früher enger, später weiter. Es können Verkehrswege, territoriale Grenzziehungen, Naturbarrieren die Verkehrsgemeinschaft modifizierend einengen oder erweitern, auch Konfessionsgrenzen und Grundherrschaften. Davon ist im folgenden Abschnitt die Rede. Noch ein Letztes ist hier zu bedenken: Alter der Dialekte bedeutet nicht Statik der Sprachform, sondern nur Alter der Existenzform ‚gesprochene Sprache'. Gesprochene Sprache ist dem Sprachwandel – einer Universalie aller Sprachdefinitionen – sogar stärker ausgesetzt als geschriebene Sprache. Sie reagiert daher auch auf mittelfristig veränderte Verkehrsbeziehungen schneller als Schriftsprache. Das ist etwa vom ausgehenden Mittelalter in die frühe Neuzeit hinein in deutschen Landen rückschließend fassbar. Für Wrede (1919) zum Beispiel führte die Interpretation der Dialektgrenzen auf den Sprachatlaskarten häufig zurück auf die Grenzen der vielen kleinen und größeren Territorialstaaten und der dadurch entscheidend mitgeprägten Verkehrsräume. Das bestätige für ihr Teil, so Wrede (1919, 18) „Jacob Grimms Wort, daß unsere Sprache auch unsere Geschichte ist." Wesentliche Veränderungen dieser geschichtlich-territorialen Hintergrundfolie haben sich ja dann erst ab dem 19. Jahrhundert ergeben.

1.3. Stabilisierungsfaktoren für Kleinräumigkeit gesprochener Sprache

Da nach den Erkenntnissen der deutschen Dialektgeographie die von ihr festgestellten Dialektabgrenzungen um und nach 1900 im wesentlichen auf territorialstaatliche Grenzbildungen des späten Mittelalters und der frühen Neuzeit zurückgehen, bietet es sich an, die Stabilisierungsfaktoren für Dialektunterschiedlichkeit eben für diese Zeit aufzuzeigen, zumal die kleinstaatliche Basis noch über Jahrhunderte Gültigkeit hatte, wie man leicht an historischen Atlanten ablesen kann.

Mehrere Faktoren bewirken Kleinräumigkeit des Verkehrs und entsprechend Dialektvarianz, sofern eine gewisse Dauer der Verhältnisse gegeben ist. Als Hauptfaktoren sind zu nennen: kleinräumige Isolierung, Agrarstruktur, zeitliche Stabilität, Mündlichkeit, alle je für sich wirkend und zugleich miteinander verflochten.

Kleinräumigkeit kann mehrfache Ursachen haben. In früher Siedlungszeit sind es z.T. *naturräumliche Gegebenheiten*, die abgrenzen und eingrenzen (Gebirge, Wald, Moor, etc.). An solche naturräumlichen Barrieren, langfristig nicht unüberwindlich, lagern sich leicht politische und kirchliche Grenzen an und verstärken sie. So gilt z.B. heute der Schwarzwaldkamm als Dialektgrenze, nicht weil der Mensch höhere Berge nicht überschreiten konnte, sondern weil wegen Ungunst erst eine Spätbesiedlung stattfand, und diese wiederum von territorialen und kirchlichen Grundherrschaften von Westen und Osten her besitzergreifend gesteuert wurde. Die Abgrenzungen wurden also gleichsam von beiden Seiten an den Kamm herangeschoben, das bedeutete auch Abgrenzungen des Verkehrs und der Sprechgemeinschaften. Extreme räumliche Isolierungseffekte haben natürlich schwer zugänglich Alpenregionen, teils Inseln, ebenfalls auch sogenannte Sprachinseln fern der Heimat, z.T. noch verstärkt durch religiös oder sonstwie strikt gebundene Gemeinschaften (etwa die ‚Amischen' oder ‚Hutterer' in Nordamerika). In all diesen Fällen ist der weitergreifende Verkehrs- und Sprachkontakt entweder durch geographische und/oder religiöse, ethnische, ideologische Isolierung gestört oder gänzlich unterbunden.

Kleinräumig isolierend für große Teile der Bevölkerung ist vor allem die **Leibeigenschaft**, das ‚Herreneigentum am Menschen'. Damit verband sich die Unauflösbarkeit des Abhängigkeitsverhältnisses, eingeschränkte Rechtsfähigkeit, Verweigerung der Freizügigkeit, Heiratsverbot außerhalb des Besitzterritoriums – alles stabilisierende Elemente von Immobilität. Diese erzwungene ‚stabilitas loci' hat Jahrhunderte gedauert, erst Ende des 18. bzw. Anfang des 19. Jahrhunderts wurden die letzten Formen von Leibeigenschaft aufgehoben. Die wesentlichen Ausprägungen der deutschen Dialektlandschaft reichen in jene Zeiten bäuerlicher Unfreiheit zurück. Schließlich ist an das **‚Verkehrsdefizit'** früherer Jahrhunderte zu erinnern. Pferd, Kutsche (soweit Straßen vorhanden) und Transport auf Wasserstraßen waren die einzigen Fortbewegungsmittel. Für den ‚gemeinen Mann' umschreibt die heute bei uns gängig werdende Neubildung „fußläufig" wohl dessen damaligen Bewegungsradius: zu Fuß erreichbar. Heute sind für uns sogar andere Kontinente in Reichweite, für unsere Großeltern und Urgroßeltern auf dem Lande deckte sich der Bewegungsradius ihres Lebens oft gerade einmal mit den Abmessungen eines Landkreises. Die Eisenbahn und dann vor allem die enorme Individual-Motorisierung heutiger Zeit haben mit den neuen Reichweiten eine völlig veränderte Welt geschaffen. Der jüngste Massenflugverkehr verstärkt das noch.

Agrastruktur ist das wirtschaftliche Pendant zu Kleinräumigkeit. Mit ihr geht Bodenhaftung Hand in Hand, auch für Handwerk und Gewerbe auf dem Land und selbst in den kleinen und mittleren Städten. Weit über 90 % der Bevölkerung ist früher den agrarisch bestimmten Erwerbsformen zuzurechnen. Dörfer und Weiler bilden den Lebensrahmen der Familien und der sprachlichen Sozialisierung. Die ländliche Arbeitswelt war späterhin dann auch, wie man weiß, dem geregelten Schulunterricht nicht gerade förderlich, daher verbindet sich Agrarstruktur oft mit später Alphabetisierung. Auch darin ist ein Element von Verhaftung im Kleinräumlichen zu sehen.

Es bedurfte einer **zeitlichen Stabilität** der geschilderten äußeren Lebensumstände, dass sich Kleinräumigkeit auch sprachlich abbilden konnte. Stabilität von Dorfstruktur und Größe, kein oder nur minimaler Fremdzuzug, kleinräumig orientierte Handwerks- und Gewerbestruktur, minimale überregionale Verkehrserschließung, konfessionelle Abgrenzung mit Heiratsbarriere auch nach Aufhebung der Leibeigenschaft, wenig geänderte Einwohnerzahlen u.a.m. Nimmt man dies alles zusammen, so haben sich im ländlichen Bereich, Stadtentwicklung und spätere Industrialisierung einmal ausgenommen, die Verhältnisse über Jahrhunderte nicht entscheidend geändert. Das ist keine nostalgische Sicht früherer Lebenswirklichkeit, sondern Realität, geprägt durch Kontinuität. Erst das 20. Jahrhundert hat durch Industrialisierung, Technisierung, enorme Mobilitätsschübe, Bevölkerungsexplosionen, Wanderbewegungen und Medieneinflüsse diese Kontinuität durch rapide Beschleunigung, Umbrüche und Abbrüche beendet. Dieser epochale Einschnitt wurde spätestens nach 1945 so richtig bewusst und wirksam. Letztlich ist, etwas kühn formuliert, in gewissen Landstrichen da erst der mittelalterlich-frühneuzeitliche Zuschnitt des Lebens und der Arbeitswelt zu Ende gegangen.

Schließlich ist als Stabilisierungsfaktor kleinräumiger Dialektvarianz noch die **Mündlichkeit** zu nennen. Schriftlichkeit ist wegzudenken. Sie wirkt erst spät und eher diffus auf Ortsdialekte ein. Wegzudenken ist gesprochenes Deutsch in Radio und Fernsehen, auf Schallplatten, Tonbändern – also alle Formen konservierter und wiederum reproduzierbarer Sprache. Sprachgemeinschaft konstituiert sich vornehmlich in der mündlichen Kommunikation der engeren Lebenswelt. Außeneinflüsse sind, wenn überhaupt, am ehesten von gesprochenen Nachbaridiomen zu erwarten. Diese kleinen ‚Sprechwelten' haben eine Fülle von Lautvariation hervorgebracht, dazu eigenes ‚Worten der Welt' (L. Weisgerber) mit der Benennung der Dinge – und wenn man alles aus allen Dialekten zusammentragen würde, erhielte man einen wahrhaft unermesslichen Wortschatz, onomastische Kreativität für semantisch Identisches. Für die einzelnen (Orts-)Dialekte ist aber jeweils nur eine Benennung, nämlich ihre, gültig. Man lese etwa Gotthelfs Erzählung „Der Besuch", oder Grimmelshausens „Simplicissimus". Bei Gotthelf werden unterschiedliche Bezeichnungen für ‚Heuhaufen' und ‚Kirschen' im Aargau und im Emmental zum Sprachtrauma einer jungen Bäuerin, und Grimmelshausen führt uns an der Person des Simplicissimus eine extrem isolierte Sprachsozialisation vor (vgl. Kap. VIIIf.).

1.4. Benennung und Abgrenzung der Sprechvielfalt: Umrisse dialektaler Gliederung um 1900

Die ganze Vielfalt kleinräumigen Sprechens einigermaßen zutreffend in kartographischer Form darzustellen, ist letztlich nicht möglich. So ergeben sich z.B. für das Adjektiv *müde* in den deutschsprachigen Dialekten fast 20 Lautvarianten: (*mö, mai, moi, mög, meug, meur, mir, möer, moid, meid, med, mid, müd, mied, müed*; z.T. mit oder ohne das Endungs-e (vgl. König 2004b, 148). Ähnlich große Lautvariation lässt sich leichthin an vielen anderen Beispielen nachweisen. Die Variation im Wortschatz steht dem kaum nach. So verzeichnet der Rheinische Wortatlas (2000, Kt. 80) für ‚Frosch' 15 Benennungen (*Frosch, Frösch, Höppkraat, Kraat, Kecker(t), Keckfrosch, Keckpädd(e), Pädde, (Höpp-)Krutsch, Krutt, Höpp(es), Höpperling, Quackert, Quackfrosch, Hutsch*). Nimmt man noch ‚Kröte' hinzu (Kt. 81), weil vielfach nicht von ‚Frosch' unterschieden, so nimmt die Zahl der Benennungen noch erheblich zu – und dies allein im Rheinland ohne die übrigen Dialektgebiete. Es wird wohl schnell deutlich, dass man anhand von Vokalvariation und Wortvariation kaum Kriterien für eine übergreifende Dialektgliederung gewinnen kann. Das gelingt nur durch eine abstrahierende Eingrenzung auf *ein* Kriterium, nämlich auf die Variation der sprachhistorisch relativ stabilen Konsonantengruppe [p, t, k] in den deutschen Dialekten (= 2. Lautverschiebung; vgl. auch III/2.1.1.). An wenigen Kartenbeispielen sollen Schritte solcher Eingrenzung gezeigt werden: die Wabenkarte der Kleinräumigkeit, der Rheinische Fächer als Sonderausprägung der 2. Lautverschiebung in einem speziellen Raum, und schließlich die Gesamtgliederung der Dialekte nach dem [p, t, k]-Kriterium.

Das muss in unserem Zusammenhang als Information über die Sprachareale des Deutschen genügen, denn dieser Längsschnitt über gesprochene Sprache hat zwar ganz wesentlich mit Dialekten zu tun, erschöpft sich allerdings nicht darin, ist also keine Dialektologie, bietet jedoch dienliche Grundinformationen. Carl Haag (1898) liefert eines der frühen Beispiele einer sog. **Wabenkarte** für das obere Neckar- und Donauland.

Karte 1.1 präsentiert einen Ausschnitt: Alle Lautunterschiede zwischen zwei Orten werden durch Trennlinien markiert und auch gewichtet, d.h. zentrale Veränderungen, etwa die nhd. Diphthongierung [î > ei, û > au, iü > eu], erhalten breitere Linien. Der Typ der Wabenkarte kommt sehr der Vorstellung entgegen, jedes Dorf habe seinen eigenen Dialekt. Das stimmt natürlich, aber nur im Blick auf ein begrenztes Inventar, nicht für das überwiegend Gemeinsame im Sprachbau. Nicht auf Gewichtung, sondern auf reiner Zählung der Unterschiede zwischen zwei Orten beruht ein weiterer Typ von Wabenkarte: (s. Karte 1.2).

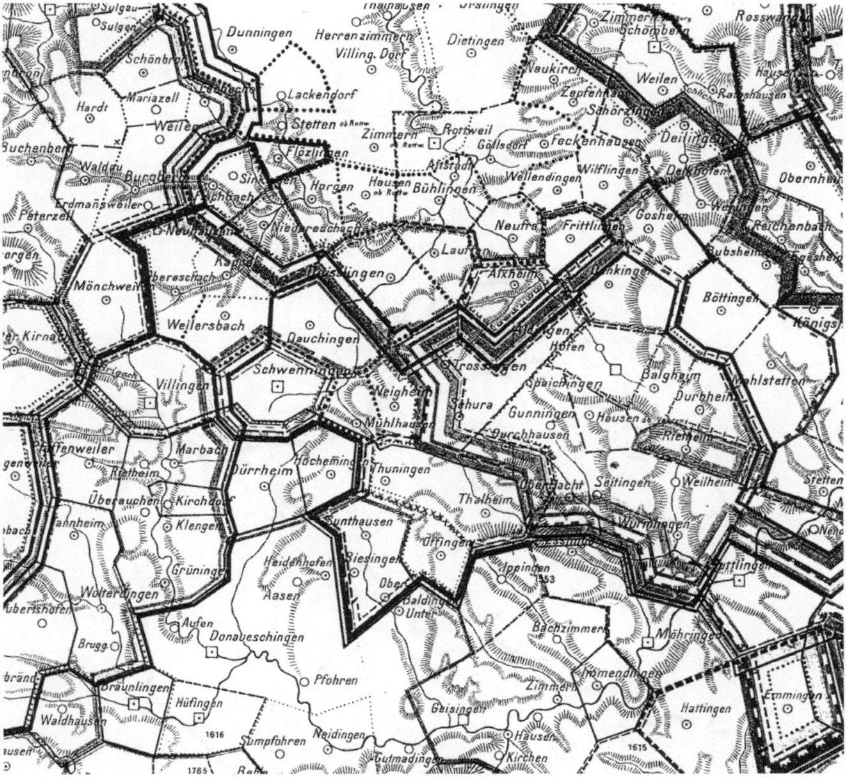

Karte 1.1: Wabenkarte (aus: Haag 1898)

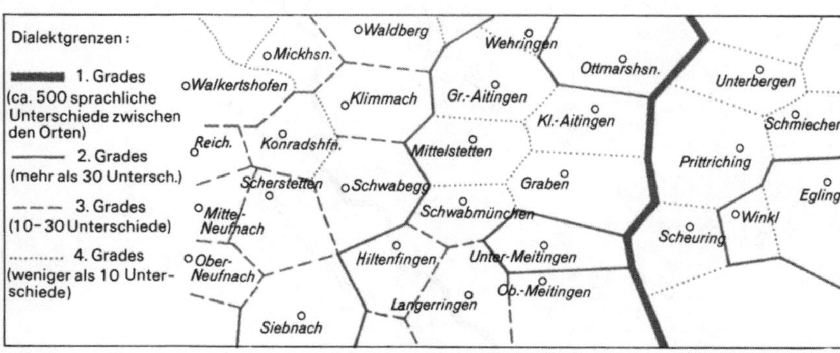

Karte 1.2: Kombinationskarte /Wabenkarte (aus: König 2004b, 140)

Die folgende Karte 1.3 der rheinischen Dialekte beruht bereits ausschließlich auf dem [p, t, k]-Kriterium und lässt somit alle sonstigen Unterschiede in Lautung, Morphologie und Wortschatz unberücksichtigt:

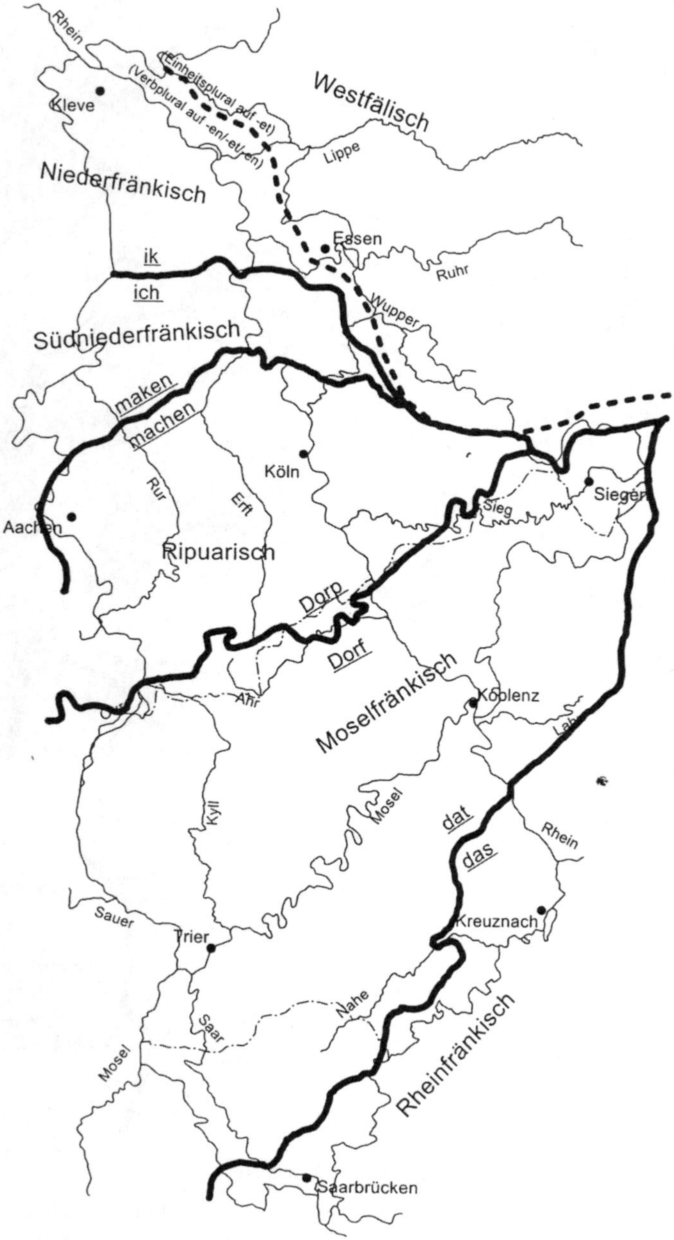

Karte 1.3: Die rheinischen Dialekte (aus: Rheinischer Wortatlas 2000)

Immerhin zeigen aber die [p, t, k]-Isoglossen (Linien gleicher Sprachverwendung) eine charakteristische Auffächerung, daher spricht man auch vom **‚Rheinischen Fächer'**. Weiter im Osten sind diese vier Lautverschiebungslinien zusammengeführt und bilden die Abgrenzung Niederdeutsch >< Hochdeutsch, letzteres unterteilt in Mitteldeutsch und Oberdeutsch. Im Rheinland dagegen erfährt die Lautverschiebung eine charakteristische Aufgliederung auf dem Weg nach Norden, verursacht durch hemmende alte Verkehrsraumgrenzen. Besonders gewichtig ist die sog. Eifelschranke (*Dorp/Dorf*), die, verstärkt durch andere Sprachunterschiede, das Ripuarische und das Moselfränkische trennt. Die Eifelschranke, das ist der Grenzbereich der alten Kölner und Trierer Kirchenprovinzen, sich fortsetzend in jüngeren Grenzen und Rahmen gebend für unterschiedliche Verkehrsräume und -gemeinschaften. Im Mittelalter und auch in der frühen Neuzeit sah man hier wohl auch die Grenze von ‚Oberland' und ‚Niderland' (= Niederdeutsch und Niederländisch) gegeben, während wir heute das Ripuarische bis zur *maken/machen*-Linie zum Hochdeutschen zählen. Das Niederfränkische im Norden geht (ging) dialektal nahtlos in das Niederländische über, dieses ist aber überdacht von der niederländischen Schriftsprache, daher nicht zu den deutschen Dialekten zu zählen. Die deutsch-niederländische Staatsgrenze in dieser Region wird durch den Rückgang der Dialekte und die zunehmende Bedeutung der beiden Hochsprachen im Alltag allmählich auch eine Sprachgrenze. Eine jahrhundertealte Übergangs- und Brückenlandschaft wird also nicht nur staatlich, sondern neuerdings auch grundsprachlich getrennt.

Karte 1.4 bietet eine Gesamtübersicht deutschsprachiger Regionen bis 1945. Die großen Blöcke (von Norden nach Süden) sind: Niederdeutsch, Mitteldeutsch, Oberdeutsch. Das **Niederdeutsche** hat die 2. Lautverschiebung nicht mitgemacht, das dient der klaren Abgrenzung zum **Hochdeutschen** (= Mitteldeutsch und Oberdeutsch zusammen). **Oberdeutsch** grenzt sich vom **Mitteldeutschen** durch Verschiebung von [p-] im Anlaut und [-pp-] im Inlaut zu [pf] (*Pferd, Apfel*) ab. Das **Mitteldeutsche** lässt im Westteil die 2. Lautverschiebung stufenweise auslaufen (s. Rheinischer Fächer), im Ostteil weniger. Mit dem [p, t, k]-Kriterien (2. Lautverschiebung) werden die großen Abgrenzungen in der Nord-Süd-Richtung gewonnen (s. auch III/2.1.1.). Allen weiteren Unterteilungen, etwa in West- und Osthälften, oder namentlich benannten Dialekträumen liegen sodann andere sprachliche Unterschiede zugrunde, teils flexionsmorphologische, teils vokalische, z.T. auch wortbildstrukturelle (s. etwa Niebaum/Macha 1999, 196f.). Diese Kriterien haben entsprechend ihrer Abgrenzungsfunktion eine nur mittlere bzw. geringere Reichweite. Fasst man kleine und kleinste Raumbildungen in den Blick, dann landet man schließlich wieder bei der Wabenkarte.

Ein Wort der Erklärung bedürfen noch die Dialektnamen. Sie leiten sich in den meisten Fällen von mehr oder weniger bekannten alten Stammesnamen ab. Das

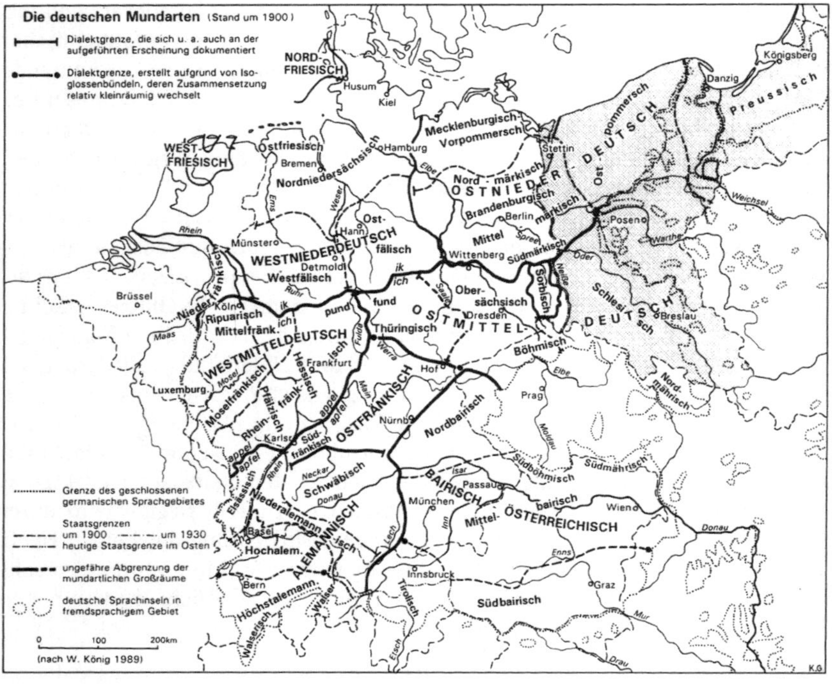

Karte 1.4: Die deutschen Mundarten (aus: Schmidt 2007, 178)

führt in die Anfänge der Dialektkunde zurück, wo man noch stark von einer Übereinstimmung von Stammesgebiet und Dialektgebiet ausging. Spätestens seit den Sprachraum-Studien von Wrede und Frings bedurfte dies der Korrektur insofern, als jüngere historische Gestaltungskräfte im Sinne von „Sprachgemeinschaft ist Verkehrsgemeinschaft" ältere Lagerungen aus der Stammeszeit, z.T. nur unscharf erkennbar, modifizierten. Stammessubstrate müssen nicht wegdiskutiert werden, aber sie sind überformt durch den weiteren Gang der historischen Verkehrsraumbildung.

1.5. Faktoren zunehmender Destabilisierung von Dialekten

1.5.1. Ansätze räumlicher Entgrenzung

Kleinräumigkeit lebensweltlicher Organisation war ein Hauptbedingungsfaktor für Dialektvielfalt. Erledigt sich dieser Bedingungsfaktor in der (späteren) Neuzeit, so wird dies zwangsläufig zum Abbau der Dialekte führen, natürlich mit einer gewissen Anpassungsverzögerung. Die **Verkehrserschließung** nimmt zu, die Stadtentwicklung wird expansiver, Kleinstterritorien gehen auf in größeren, die Leibeigenschaft findet Anfang des 19. Jhs. nun wirklich ihr Ende, Industrialisierung setzt ein und erfordert mehr horizontale Mobilität. Diese wird durch Eisenbahn und dann weit später durch Individual-Motorisierung extrem gesteigert. Entsprechend lässt sich die Einheit von Wohn- und Arbeitsort entkoppeln, lösen sich Dorfgemeinschaften auf, reduziert sich die sprachliche Ortsbindung. Heutige Dialektstudien dokumentieren solche Destabilisierungsprozesse auf dem gesamten Gebiet der Bundesrepublik Deutschland, in Stadtnähe früher, in ländlichen Gegenden später. Neben der **Industrialisierung** in Ballungsgebieten kommt es späterhin auch zu einer Entwicklung, die man ‚Urbanisierung' nennen kann, weil nunmehr städtische Lebensmuster auch auf das Dorf übertragen werden: Fremdzuzug, Entbindung von bäuerlicher Tätigkeit, Änderungen in Hausbau- und Wohnungseinrichtung, Übernahme städtischen Freizeit- und Urlaubgebarens.

Agrarstruktur war ein weiterer Bedingungsfaktor für Dialektausprägung. Hier ist die Beschäftigungszahl gegen Ende des 19. Jhs. stagnierend und gebietsunterschiedlich eher schon abnehmend. Zu einem extremen Einbruch kommt es aber erst in den Jahrzehnten nach dem 2. Weltkrieg: Die Zahl der Vollbeschäftigten in der Landwirtschaft betrug 1950/51 in der BRD ca. 5 Mio., 1985 nur noch ca. 500.000 (vgl. Henning 1988, 270). Das ist eine Reduzierung um 90% in kürzester Zeit. Grundpfeiler der Dialekttradition war das alte Dorf der landwirtschaftlichen Familienbetriebe in langer Generationenkette. Dieser Grundpfeiler ist weitgehend weggebrochen. Das geschah im vollen Ausmaß erst im 20. Jh., und diese zeitliche Angabe gilt im Grunde für nahezu alle angeführten Veränderungen. Mit anderen Worten: Die wirklich großen Veränderungen vollzogen sich erst im 20. Jh. und traten sogar erst gegen Endes des Jahrhunderts voll in das Bewusstsein. Die lange Kontinuität von Kleinräumigkeit, Agrarstruktur, zeitlicher Stabilität ist außer Kraft gesetzt, das **Veränderungstempo** fast atemberaubend gesteigert, mitbestimmt auch durch neue Formen medialer Innovation.

1.5.2. Ansätze medial bedingter Entgrenzung: Schrift, Tonmedien

Hier führt die Entwicklung zunächst zu einer medialen Diglossie, späterhin zu gesprochenen Zwischenlagen, zunehmend gekoppelt mit Dialektverlust und Ansätzen einer standardnahen Alltagslautung.

Erst die allgemeine **Volksschulpflicht** führt einen großen Teil der Bevölkerung an die Schriftsprache heran (vgl. II/4.3.). Sie ist im 19. Jh. noch nicht vollständig durchgesetzt. Lehrer beklagen zudem auch den mäßigen Lernerfolg angesichts der übermächtigen dialektalen Alltagssprache. So auch Lehrer Dunker im Schleswig-Holsteinischen Schulblatt von 1855:

> „Der Kampf zwischen der Schriftsprache und der Mundart ist ein zu schwerer; nur wenig Schüler gehen daraus als Sieger hervor. Wie viel Procent der Schüler wohl? Sind's 10? Ich glaube nicht. Es ist traurig, daß nachdem Knaben $^{1}/_{10}$ eines Menschenlebens auf der Schulbank gesessen, nicht einmal es so weit bringen, einen einfachen Brief schreiben zu können. Die Schriftsprache ist dem Volke ein fremdes Idiom [...]."

Lange blieb es in diesem Sinne bei einer mehr oder weniger strikten **medialen Diglossie**: Schriftsprache für das Schreiben, Sprechen nach dialektal-regionalem Usus, ähnlich, wie es heute in der deutschsprachigen Schweiz üblich ist mit Ausnahme einiger offiziell-formeller Domänen. Mit einer kulturpädagogischen Begründung fordert daher auch der Schriftsteller und Wortführer des ‚Jungen Deutschland', Ludolf Wienbarg, 1834 die Ausrottung der plattdeutschen Sprache als Hindernis der mit Schriftsprache verbundenen Kultur (vgl. Wienbarg 1834). Geschriebenes wurde zwar auch vorgelesen, aber die Wirkung der Lese-Aussprache muss landläufig sicher für längere Zeit als eher gering veranschlagt werden. So kann wohl insgesamt gelten, dass der Einfluss der Schrift auf die Alltagssprache infolge medialer Trennung über längere Zeit eher gering war – städtische Zentren aufgrund ihrer größeren sozialschichtlichen Differenzierung einmal ausgenommen.

Das 20. Jh. bringt Entwicklungen hervor, die am Ende eine völlig neue Situation für das gesprochene Alltagsdeutsch schaffen. Es wird erstmalig eine Standardlautung festgelegt, zunächst für die Bühne (s. Siebs 1898), später mit Modifikationen auch gültig für andere Bereiche öffentlichen Sprechens. Damit ist parallel zur überregionalen Schriftsprache erstmals ein verbindliches Muster für überregionales Sprechen vorgegeben. Seine volle Breitenwirkung erlangt dieses Muster aber dann erst durch die Tonmedien **Rundfunk** und **Fernsehen**, ersterer 1925 gegründet als Deutsche Reichsrundfunkgesellschaft, das Fernsehen in öffentlicher Ausstrahlung seit 1952 in der Bundesrepublik Deutschland. Die Tonmedien bewirken etwas Unerhörtes, sie setzen die extreme Orts- und Zeitgebundenheit menschlicher Lautsprache außer Kraft. Jetzt ist beliebige Reichweite und Wiederholbarkeit möglich, das abgelegene Dorf ist ebenso erreichbar wie jede Wohnung in städtischen Arbeitersiedlungen und allen klingt das überregionale Sprechmuster ins Ohr. Die Schriftsprache hat das Sprechen im Alltag eigentlich wenig tangiert, nun aber ist die Situation völlig verändert: die Vorbildartikulation wird permanent in das Wohnzimmer geliefert. Das muss auf die Dauer Auswirkungen haben und sei es nur durch passive Kenntnisnahme der Sprechnorm.

Eigentlich kommt jetzt vieles zusammen, was die dialektale Alltagssprache von Millionen von Menschen bedrängt und letztlich in Frage stellt: Berufsorientierung außerhalb der Landwirtschaft, Auflösung alter Dorfstrukturen, gesteigerte individuelle Mobilität horizontal und sozial, Nachwirkungen der erzwungenen ‚Völkerwanderung' um und nach 1945, schließlich Präsenz der neuen Medien in einem bislang nicht vorstellbaren Ausmaß. Dialekt wird als Hindernis verstanden, vor allem von Institutionen (etwa Schule) und überregionaler Öffentlichkeit (Bildungseliten), sodann aber auch von Dialektsprechern selbst, Eltern wie Kindern, allerdings mit sehr zwiespältigen Gefühlen, denn die Sprache, die man von Kindesbeinen an hat, ist immer auch ein Stück eigener Identität.

Der lange Weg von der dialektalen Einsprachigkeit des Einzelnen zu einer standardnahen Einsprachigkeit als Möglichkeit näherer Zukunft hat neben allem Faktenwandel auch eine psyschodramatische Dimension, wenig beschrieben, aber millionenfach erlebt. In das Psychoprofil gehören die Mühen und Misserfolge beim Erlernen einer zweiten ‚Muttersprache' in Schrift und Laut, Spott beim partiellen Misslingen, Bezweifeln von Intelligenz und Bildung, berufliche Nachteile, Angst vor Redebeiträgen in einer überregionalen Öffentlichkeit u.a.m. Nichtdialektsprechern fehlt diese ganze Erfahrungsdimension. Knappe Hinweise sollen sie konkretisieren.

1.6. Dialekt und Deutschunterricht

Schulischen Umgang mit Dialekt/Schriftsprache beleuchtet eine Heftreihe ‚Dialekt/Hochsprache – kontrastiv' (s. Literaturverzeichnis) . Die Reihe geht von Fehlern in Tausenden von Schülerheften aus. Die Analyse ergibt, wie erwartet, ein großes Kontingent von **Interferenzfehlern**, die sich ganz natürlich beim Erlernen einer Zweitsprache einstellen. Beispiel: *Der Hund konnte den Knochen nicht verlangen* (Aufsatz, Grundschule, 4. Klasse). Das klingt wie ein surrealistischer Witz. Entsprechend auch die Korrekturbenennung im Heft: „So ein Unsinn". Die Sache ist aber ganz einfach: *ver*langen im (alemannischen) Dialekt des Schülers hat die Bedeutung von ‚erlangen, erreichen'. Wenn der Lehrer zudem noch gewusst hätte, dass hier ein systematischer Unterschied in der Verbbildung zwischen Dialekt und Schriftsprache vorliegt, indem nämlich statt schriftsprachlichem *zer*brechen, *er*sticken, *miss*gönnen, *ent*lehnen, *be*graben im Dialekt durchgehend *ver-* steht, also *ver*brechen, *ver*sticken, *ver*gönnen, etc., dann könnte sich daraus eine hilfreiche Unterrichtsstunde im kontrastiven Vergleich ergeben. Sprachbesitz, auch in Gestalt eines Dialekts, kann und darf eigentlich kein Nachteil, gar eine **Barriere** sein. Er wird es aber, bzw. kann es werden durch zwei Faktoren: durch soziale Diskriminierung in der Schulstube und außerhalb, sodann durch Unkenntnis der dialektalen Interferenzen bei der Erlernung der Schriftsprache. Methodisch-linguistische Defizite und **Negativeinschätzung** gehen oft Hand in Hand, wie man etwa auch Lehrerbefragungen entnehmen kann (vgl. z.B. Macha 1981). Beides hat im Lauf von mehr als einem Jahrhundert Millionen von Kindern und Eltern eine bittere Geschichte der Entmutigung und Demütigung beschert. Vieles an Interferenz-Formulierungen ist – eher unerkannt – in gedruckten Stilblüten-Sammlungen gelandet und in der Literatur finden Transformationsprobleme Dialekt/Hochsprache vergnügliche Gestalt etwa in „Jozef Filsers Briefwexel" (Ludwig Thoma), im schwadronierenden ‚Missingsch' Onkel Bräsigs (Fritz Reuter, Ut mine Stromtid) oder in den „Frauenbasen-Gesprächen" am Oberrhein. Lachen darf der, der die Hürde erfolgreich überwand oder sie so strikt nicht kannte – den anderen war weniger zum Lachen zumute.

1.7. Gesprochenes Alltagsdeutsch im Wandel

Unter unseren Augen laufen epochale Wandelprozesse ab, in dieser Form und Schnelligkeit bisher einmalig auf deutschem Sprachgebiet. In kühner Bibelperspektive könnte man sagen, es werde die ‚babylonische Sprachverwirrung' deutschsprachiger ‚Zungen' wieder rückgängig gemacht. Wenn das so ist, wie kann das vor sich gehen?

Hier sollen die zwei Hauptwege in Richtung dieses Ziels genannt und mit dem heutigen Stand des Wissens belegt werden. Der eine Weg ist die kontinuierliche Abnahme des Dialektgebrauchs in der Bevölkerung, auch als **‚Dialektverlust'** bezeichnet. Der andere Weg zielt auf sprachliche Zwischenlösungen (**Umgangssprachen**), die gegenüber den Basisdialekten eine größere Reichweite anstreben, ohne Regionales ganz aufzugeben. Der erste Weg ist derzeit mehr der Weg des Nordens, weil der linguistische Abstand zwischen Platt und Standardsprache groß ist und Zwischenformen wenig Raum lässt. Das Ergebnis ist ein standardnahes Deutsch im Alltag. Der andere Weg wird im Süden bevorzugt und der geringere linguistische Abstand dort macht eben Zwischenformen eher möglich. Diese Entwicklungen sind für das Gebiet der alten Bundesrepublik Deutschland beschreibbar und anhand von Erhebungen gut belegt. Für die ‚neuen' Bundesländer der BRD mögen Modifikationen gelten, die aber, sofern sie existieren, noch nicht flächenhaft beschrieben sind. Die deutschsprachige Schweiz ist, wie man weiß, klar durch das Gegenmodell der Dialektexpansion in der Alltagssprache geprägt, während der Sprachgebrauch in Österreich Vergleichbarkeit mit gewissen Entwicklungstendenzen im Süden der Bundesrepublik Deutschland zeigt, aber auch Ansätze eigener Ausrichtung.

1.7.1. Rückgang des Dialektgebrauchs

Hier genannte Daten beschränken sich auf das Gebiet der alten Bundesrepublik Deutschland (bis 1990). Voraussetzung für Dialektgebrauch ist natürlich aktive Dialektkompetenz. Danach wurde 1966 vom Institut für Demoskopie Allensbach in der BRD gefragt und 1967 darüber berichtet (s. **Allensbach 1967**):

Es können nach eigener Einschätzung Dialekt sprechen (in Prozent): ja = 57,1 / ein wenig = 12,1 / nein = 30,8. Eine Aufschlüsselung des Materials nach Bundesländern (s. Heuwagen 1975) ergibt regionale Unterschiede, z.B. für das Bundesland Niedersachsen folgende Prozentsätze: 46,1 – 10,4 – 43,5; für Nordrhein-Westfalen 46,4 – 13,7 – 39,9; für Rheinland-Pfalz jedoch noch 76 und für Bayern 71 % Dialektsprecher. Natürlich sind Selbsteinschätzungen hinsichtlich Gegenstand (Dialekt) und eigener Kompetenz kritisch zu interpretieren, aber quantitative Trendwerte ergeben sich wohl allemal. Umgerechnet auf knapp 60 Mio. Einwohner der damaligen BRD ergeben sich bei 57 % = 34 Mio. Dialektsprecher, entsprechende 26 Mio. rechnen sich nicht mehr zu dieser Kategorie. Der Ländervergleich zeigt in Niedersachsen und Nordrhein-Westfalen Kompetenzwerte unter 50 %, in Rheinland-Pfalz und Bayern noch über 70 %. In der Aufschlüsselung nach Beruf für die gesamte BRD markieren die Landwirte mit ca. 84 % den höchsten und Beamte des gehobenen u. höheren Dienstes mit 35 % den niedrigsten Kompetenzwert. Im Altersvergleich erreicht die Gruppe der 20–24 Jährigen ca. 48 %, die Gruppe der 60–

64 Jährigen gut 66 %. Mit diesen Zahlen sind bereits regionale, berufliche und altersspezifische Verteilungsdimensionen angedeutet. Sie behalten ihre Wirksamkeit auch im weiteren Verlauf der Entwicklung.

Das Allensbacher Institut hat sich 1980 noch einmal mit Dialekt befasst, diesmal mit der Nachfrage nach dem **Dialektgebrauch**, also nach der Verwendung von Dialekt in bestimmten Alltagssituationen (Familie, Freundeskreis, bei der Arbeit, bei anderen Gelegenheiten; s. Allensbacher Berichte 1981). Die Angaben beziehen sich natürlich nur auf die Gruppe der noch Dialekt Sprechenden und lassen klar erkennen, dass Dialekt hauptsächlich die Sprache der Privatsphäre ist, teilweise noch die des Berufs, kaum noch gebräuchlich in sonstigen Bereichen. Hier die Durchschnittsprozentsätze, jeweils getrennt nach Männer und Frauen: Familie 69/71; Freundeskreis 72/64; bei der Arbeit 44/27; bei anderen Gelegenheiten 3/2. Man kann deutliche Unterschiede bei der Variablen ‚Geschlecht' erkennen, sodann kommen erwartungsgemäß erhebliche Unterschiede zwischen Nord (= weniger) und Süd (= mehr) hinzu, auch eine Steuerung durch die Variable ‚Ortsgröße', z.B. unter 5.000 Einwohner = je 78/78/47/2 Prozent für die 4 Bereiche, in Städten über 100.000 Einwohnern lauten die Zahlen 57/53/28/2. Zwar lasse sich, so Allensbach, feststellen, dass die Zahl der Dialektsprecher gegenüber der Befragung von 1966 zurückgegangen sei, aber der Dialektgebrauch bei den verbliebenen zugenommen habe. Fachleute erkennen leicht einen Zusammenhang mit der sog. Dialektwelle jener Jahre, die relativ schnell verebbte. Nach allem, was wir aus jüngsten Untersuchungen wissen, dürften die Angaben von 1966 und 1980 bereits stark veraltet sein. Inzwischen nämlich ist in größeren Gebieten des Niederdeutschen, auch in angrenzenden Gebieten des Mitteldeutschen die Traditionskette der Weitergabe von Dialekt an die nächste Generation abgebrochen. Das schafft natürlich eine ganz neue Situation.

1.7.2. Situation des Plattdeutschen

Anhand von Teilerhebungen im niederdeutschen Raum lässt sich das näher beleuchten. Stellmacher (1995) kann bisher 30 Studien zum Gebrauch des Plattdeuschen anführen. Er erläutert sodann die jüngste und größte niederdeutsche Umfrage von 1984 und wertet sie speziell für das Bundesland Niedersachsen aus. Für unseren Zweck werden Zahlen und Deutungen einer der frühen und dann der letzten Erhebung in aller Kürze mitgeteilt. Die frühe **Erhebung von 1928** in den Landschulen der Provinz Hannover zielte auf die Frage, wer von den Schülern nicht Hochdeutsch, sondern nur Mundart (Platt) spreche. Bei den Schulanfängern waren es damals 46,2 % im Durchschnitt, in kleinen Dörfern bis zu 73 %, in großen deutlich weniger als 46 %. Neben der Variable ‚Ortsgröße' zeitigte auch der Sozialstatus der Eltern große Unterschiede: Bauern mehr Platt, Angestellte/Beamte weit weniger. Wie rasch es zu Veränderungen in der Region Hannover und im Südniedersächsischen kommt, kann schon gut 30 Jahre nach der Befragung von 1928 festgestellt werden. Stellmacher (1995, 10) bezieht sich auf einen entsprechenden Lagebericht von H. Wesche aus dem Jahre 1960 und formuliert: „Dagegen ist das Südniedersächsische von Hannover bis zur Grenze nach Hessen hin für das niederdeutsche Sprachgebiet [d.h. Platt, W.B.] fast verloren. Hier hat sich auch das Landvolk, oft die stärkste Stütze der Mundart, von der alten Sprache abgewandt." Dieses „Dagegen ..." bezieht sich u.a. auf Ostfriesland und Oldenburg, die nach Wesche noch als starke Mundartgebiete gelten können. Je weiter man nach Norden kommt, umso mehr zeigt sich eine Platt-Loyalität – es wird also die Generaltendenz: im Süden mehr, im Norden weniger Dialekt letztlich innerhalb des Nordens umgedreht.

Die jüngste **Großbefragung von 1984** deckt Schleswig-Holstein, Hamburg, Nordniedersachsen/Bremen, Südniedersachsen und Nordrhein-Westfalen ab. Stellmacher hat das wissenschaftliche Design dieser Erhebung wesentlich mitbestimmt und 1987 eine erste Bestandsaufnahme für das Gesamtgebiet, 1995 für das Bundesland Niedersachsen speziell vorgelegt. Beide Publikationen bieten eine Fülle von Daten und Tabellen. Es genügt hier die Beschränkung auf wenige erhellende Zahlen und Formulierungen, auch hier mit dem vorsorglichen Hinweis, dass sich seit 1984 die Zahlen noch ein weiteres Stück in Richtung Dialektschwund verändert haben werden.

- 35 % der Menschen im Erhebungsgebiet (Niederdeutsch) verfügen über gute bis sehr gute plattdeutsche Kenntnisse. 43 % haben keine diesbezügliche Kompetenz und 21 % geben an, ein wenig Platt zu sprechen. Das kann Bescheidenheit oder Überschätzung sein (Stellmacher 1987, 20f.).

  Die angestammte Sprache ist also etwa auf ein Drittel der Sprecher reduziert.
- Jüngere sprechen (und verstehen) weniger Platt als Ältere (Stellmacher 1987, 26f.).
- Ortsgröße und Schulabschluss/Beruf bestimmen den Grad der Erhaltung oder des Verlustes von Platt (Stellmacher 1987, 28f.)

Im Bundesland **Niedersachsen** ergeben sich die größten Gegensätze der jüngeren Entwicklung, insbesondere der Unterschied: „... zwischen dem mundartfesten und landwirtschaftlich geprägten Norden sowie dem mundartschwachen und industriell geprägten Süden ..." (Stellmacher 1995, 96). Dieser Südteil ist es, von dem schon 1960 gesagt wurde, dass er für das niederdeutsche Sprachgebiet (Platt) fast verloren sei. Hier werde das Platt mehr und mehr zu einem Kulturdialekt. „Ob das schon so weit geht wie in Ostwestfalen, wo ein Funktionswandel ‚vom Gebrauchsgegenstand zum Mittel der Freizeitgestaltung' zu konstatieren ist, bliebe zu prüfen. Für das gesamte Niedersachsen kann jedenfalls die Alternative von Niederdeutsch als gesprochener Alltagssprache gegenüber zu pflegenden Kulturdialekt als ein auffallendes Merkmal der norddeutschen Sprachsituation beschrieben werden." (Stellmacher 1995, 96). Mit anderen Worten: Für Platt ist der ‚Sitz im Leben' offenbar nicht mehr gegeben. Als Identifikationssignale, sofern gewünscht, können am Ende wenige **regionale ‚Marker'** genügen. Die lange Entwicklung von dialektaler Vielfalt zu überregionaler Einsprachigkeit nähert sich in den benannten Regionen ihrem Ende.

In der Mitte und im Süden der BRD gelten vornehmlich sprechsprachliche Zwischenlagen und eben kein Ablösungsmodell wie teilweise im Norden. Huesmann (1998) kann mit ihrer Vergleichsstudie von sechs Großstädten, jeweils parallelisiert mit einer Kleinstadt ihrer Umgebung, noch einmal den Blick auf den Gesamtrahmen öffnen und gleichzeitig zur Mitte und zum Süden überleiten. Die sechs Städtepaare sind: München/Laufen; Stuttgart/Gammertingen; Dresden/Bad Liebenwerda; Köln/Prüm; Rostock/Sternberg; Bremen/Freren. Es wurden insgesamt 2218 Personen schriftlich befragt. Die normale Alltagssprachlage wird für die Großstädte so charakterisiert: im Süden und im mitteldeutschen Gebiet Sprachlagen im mittleren Bereich des Kontinuums (zwischen Basisdialekt u. Standardsprache); in Bremen und Rostock eine sehr standardnahe Form der Alltagskommunikation. Für die sechs Kleinstädte gilt: im Süden und Mittelwesten mehrheitlich noch tiefer Ortsdialekt; in Freren deutlicher Trend in Richtung Standardvarietät; im Mittelosten und Nordosten Sprachlagen im mittleren Bereich des Dialekt-Hochdeutsch-Kontinuums. Es tritt also ein Stadt-Land-Gefälle und bei den Kleinstädten zusätzlich ein West-Ost-Gefälle zutage. Hinsichtlich der Dialekt- und Hochdeutschkompetenz zeige sich im Süden eine weitgehend diglossische Sprachsituation, im Norden eine weitgehend monolinguale, nämlich standardnahe. Betrachte man Dialektkompetenz im Generationenvergleich, so gelte für den Süden eine langsame, aber beständige Abnahme, für den Norden teilweise Einschnitt, Abbruch der Weitergabekontinuität, z.T. schon zwischen Großeltern und Eltern, folglich erstmalig eine Kindergeneration gleichsam ohne Dialekt.

1.8. Zwischenformen (‚Umgangssprachen')

Zwischenformen setzen eigentlich voraus, dass Ausgangs- und Zielform noch ‚kompatibel', also linguistisch nicht extrem fremd sind. Die Ausgangsform wird in der Zwischenform natürlich Spuren hinterlassen, insofern ist **‚Umgangssprache'** nicht einheitlich zu beschreiben. Sie kann mit ihrer graduellen Abstufung im Kontinuum noch näher an der Ausgangsform, oder schon näher an einer Zielform sein. Sie kann einen eher transitorischen Status haben, oder sich auf einem bestimmten Niveau habituell verfestigen (vgl. Munske 1983, 1004f.), wofür Großstadtsprachen (etwa das Berlinische) Beispiel sein können. Zur genaueren Beschreibung einer ‚Umgangsprache' sind linguistische Untersuchungen nötig. Nur so lässt sich die Zwischenform phonetisch, morphologisch und lexikalisch in Umrissen und in ihrer Ausrichtung beschreiben, wobei als Richtgrößen häufiger regionale/großregionale Zentren dienen als die Standardsprache selbst. Hinsichtlich der genauen Beschreibung der Umgangssprachen ist noch viel zu tun. Derzeit liefert Mihm (2000) wohl den besten Überblick über diesen Bereich – mit Einschluss auch Österreichs und der deutschsprachigen Schweiz und mit dem Versuch, den verschiedenen Umgangssprachen auch ihre kennzeichnenden sprachlichen Merkmalsets zuzuordnen. Mihm (2000, 2125) entwickelt schließlich zusammenfassend und in angemessener Generalisierung **vier Sprechertypen** des gesprochenen Deutsch im Alltag. In diesen vier Sprechertypen bündelt sich einerseits die ganze

Variationsbreite des gegenwärtig verfügbaren sprachlichen Inventars, andererseits werden die Auswahl- und Abwahlstufen sichtbar, die von den einzelnen Sprechergruppen funktional gewählt werden auf dem Weg in eine größere sprechsprachliche Reichweite. Das ist Rechtfertigung genug, die vier Typen in enger Anlehnung an die Formulierungen Mihms an das Ende dieses Abschnitts zu stellen:

Sprechertyp A: Spricht im privaten Bereich Dialekt, öffentlich Umgangssprache; gehört meist zur ortsgebundenen ländlichen Bevölkerung, überwiegend aus dem westmitteldeutschen oder oberdeutschen Raum.

Sprechertyp B: Spricht in der privaten wie in der öffentlichen Kommunikation Umgangssprache, differenziert allerdings zwischen tieferen und gehobenen Sprachlagen. Überörtliche Orientierung und größere Mobilität ist gegeben, Wohnsitz im ländlichen Raum wie auch in mittel- und großstädtischer Umgebung denkbar.

Sprechertyp C: Spricht privat Umgangssprache, öffentlich gesprochenen Standard. Charakteristisch ist ein weiter Kommunikationsradius und ein vorwiegend städtischer Lebensbereich.

Sprechertyp D: Spricht öffentlich wie privat Standardsprache, die intern eine stilistische Abtönung erfährt. Dieser Typ ist vorwiegend in den Städten Norddeutschlands beheimatet.

A und B haben zeitlich in das 19. Jh. zurückreichende Wurzeln (was die Umgangssprache betrifft), D ist vorwiegend ein Produkt des 20. Jhs., mehrheitlich der zweiten Hälfte, C kann davorliegen.

Dieses Sprechertyp-Schema ist nicht auf die deutschsprachige Schweiz und auch nicht eigens auf Österreich bezogen.

1.9. Neuorganisation von Mündlichkeit: „Man muss sprechen, wie man schreibet"

Der Zweitklässler Florian aus dem oberbayrischen Ort Otterfing brachte 1999 ein Zeugnis nach Hause, in dem vermerkt war, dass er Probleme habe, sich verständlich auszudrücken, weil daheim nur Dialekt gesprochen werde. Dies wurde öffentlich bekannt, Kamerateams rückten an, schließlich schaltete sich sogar Kultusministerin Monika Hohlmeier ein und ließ dann die als diskriminierend empfundene Bemerkung im Zeugnis streichen (Süddeutsche Zeitung, 30.12.1999, 43).

Dieser Vorgang hat symptomatischen Charakter. Man kann ihn einer bisher letzten Stufe in der Gesamtentwicklung gesprochener Sprache im Deutschen zuordnen, nunmehr existentiell beeinflusst durch eine übermächtige Schriftlichkeit.

Das Zitat in der Überschrift stammt vom Hamburger Dichter und Autor Barthold Heinrich Brockes aus dem Jahr 1721 (vgl. Jellinek 1913, § 134) und bezieht sich eindeutig und allein auf die Aussprache, also auf das Lauten nach der Schrift. Die Niederdeutschen seien da im Vorteil, weil in ihrem heimischen Platt die Konsonanten z.B. noch klarer geschieden seien als etwa in Obersachsen bzw. im ganzen Süden – übrigens ein Argument, das Theodor Siebs mit seiner Kommission 1898 für die Festlegung der Bühnenaussprache ebenfalls ins Feld führte. Brockes zielt auf die Einheitlichkeit der Schriftaussprache – mehr ist nicht gemeint. (Zur Gegenthese: „Schreibe, wie du sprichst!" vgl. die materialreiche Studie von Karin Müller, 1990).

Man könnte heute – nicht damals – das Zitat in einem weitergreifenden Sinne verstehen, nämlich schriftgemäß sprechen, jetzt nicht nur lautlich verstanden, sondern auf den ganzen Sprechduktus bezogen. Das lässt sich an Menschen beobachten, die viel schreiben (müssen) und das schon lange Zeit tun und so schließlich den Schriftduktus auch in ihre Mündlichkeit hinübernehmen: sie ‚reden druckreif', wie man sagt. Das kommt dann in der Tat in die Nähe einer **Neuorganisation von Mündlichkeit**. Was damit genau gemeint sein kann, wird gleich noch ausgeführt.

Im großen Zusammenhang betrachtet, bedeutet dies einen fundamentalen Einschnitt: Erst gilt das Primat uneingeschränkter Mündlichkeit. Dann kommt seit dem 8. Jh. deutsche Schriftlichkeit hinzu, betrifft aber nur eine extrem kleine Schreiberelite. Erst im Zuge der Alphabetisierung seit dem 19. und der Druck- und Tonmedienexpansion im 20. Jh. wird die Schriftlichkeit eine gefährliche Konkurrenz für bisherige Sprechtraditionen im Alltag. Das bringt nun die Dialekte, nach Jahrhunderten eines Nebeneinander beider Existenzformen deutscher Sprache (gesprochen/geschrieben) endgültig in Gefahr. Schuld daran ist die Domänenverteilung, die damit verbundene Einengung und Verarmung der dialektalen Alltagssprache und nun neuerdings die schriftsprachliche ‚Machtübernahme' auch im Alltag. Mit diesem Vorgang sind Wertsetzungen von ‚besserer' und ‚schlechterer' Sprache verbunden, wie sie z.B. in der erwähnten Zeugnis-Bemerkung greifbar werden: Dialekt hindere daran, sich verständlich auszudrücken. Das betrifft nun nicht mehr nur die Lautebene, auch nicht nur kleinregionalen Dialektwortschatz, sondern die ganze Art des Sprechens und Formulierens überhaupt. Und die zeigt prinzipielle Unterschiede im Medium ‚geschrieben' gegenüber ‚gesprochen'. Entsprechende Untersuchungen setzen bei uns erst in den 1970er Jahren ein und beziehen sich auf die Ebene Standardsprache in ihrer geschriebenen und gesprochenen Form (vgl. Steger 1974/1998; Betten 1977/1978; Schwitalla 1997). Geschriebene Sprache ist eben nicht (nur) Abbild mündlicher Sprache, sondern ‚konzeptionell' verschieden. Man spricht daher von **‚konzeptioneller' Mündlichkeit** bzw. **Schriftlichkeit**. Die Unterschiede sind in der Tat konstitutiv, sowohl für die Versprachlichung im einzelnen wie auch für die Situierung und Verknüpfung von Äußerungsabfolgen bis hin zu Textexemplaren und Textgattungen.

Die Bezeichnungen ‚mündlich' / ‚schriftlich' können ja in einem doppelten Sinn verwendet werden, einmal in Bezug auf das Medium, in dem die sprachliche Äußerung erfolgt, also mündlich = phonisch und schriftlich = grafisch, zum andern aber darüber hinausgehend die Verbalisierungsstrategien betreffend, die das ja unterschiedliche Medium ermöglicht oder gar zwingend erfordert.

Warum ist das so? Mündlichkeit ist ‚Sprache der Nähe', Schriftlichkeit ist ‚Sprache der Distanz'. Mit dieser grundlegenden Kategorisierung (vgl. Koch/Oesterreicher 1994) lassen sich überzeugende Differenzprofile für mündlich und schriftlich aufzeigen, gelegentlich auch abstufende Übergänge. Früher schon wurde ‚Schriftsprache' als „Sprache Anderer" und „Sprache Früherer" bezeichnet (vgl. Maurer 1972, 164). „Traditionen des Sprechens" versuchte Schlieben-Lange (1983) für historische Zeiträume und mit dem Schwerpunkt in der Romania auf anregende Weise aufzuspüren (vgl. auch Schlieben-Lange 1994); und ein Sonderforschungsbereich zum Thema „Mündlichkeit und Schriftlichkeit" (Freiburg/Br. 1985–1996) erbrachte für zahlreiche Sprachen wichtige Studien auf diesem Feld (vgl. Raible 1998b). In allen Arbeiten erweisen sich letztlich die Parameter **Nähe** und **Distanz** als strukturierend in mehrfacher Hinsicht: dominant in den Dimensionen Raum und Zeit, prägend auch hinsichtlich sozialer, emotionaler und referentieller Nähe oder Distanz. Vielfach markiert Medienwechsel den Parameterwechsel, aber auch innerhalb eines Mediums (mündlich oder schriftlich) sind graduelle Abstufungen von Nähe und Distanz möglich, angeordnet auf einer Skala informell-formell.

1.9.1. Konzeptionelle Mündlichkeit

Konzeptionelle Mündlichkeit erfordert räumliche Nähe, Sprecher-Hörer-Kontakt, Spontanität, ermöglicht stützenden Einbezug von Mimik, Gestik, Deixis, Intonation, Pausenstrategie; erlaubt Eigen- und Fremdkorrektur, Satzbrüche, Fragmentäußerungen. Ein solches Sprechen erlangt seine volle Mitteilungspotenz nur durch die stützende Einbettung in eine konkrete Face-to-Face-Situation. Wo eine solche Unmittelbarkeitssituation gänzlich wegfällt, wie im Medium Schriftlichkeit, da müssen alle Nuancen der Mitteilung ‚ausbuchstabiert', d.h. verbalisiert werden.

1.9.2. Konzeptionelle Schriftlichkeit

Konzeptionelle Schriftlichkeit ist gleichsam als Gegenprofil zu Mündlichkeit zu beschreiben. Koch/Oesterreicher (1994, 588) geben folgende Stichworte: raumzeitliche Distanz, öffentlich, fremde Partner, emotionslos, situations- und handlungsentbunden, wenig Referenz auf Sprecher-Origo, keine Kooperationsmöglichkeit seitens des Rezipienten, monologisch, reflektiert-geplant, fixes Thema, u.a.m. Wie sich das auf Syntax und Textstruktur auswirken kann und muss, hat Betten (2000, 1650f.) z.B. für frühneuhochdeutsche Texte dargetan.

Konstitutive Elemente der Schriftlichkeit genauer zu beschreiben ist aber nicht Thema dieser Längsschnittstudie. Hier geht es um orale Tradition über Jahrhunderte, dann in erstem Kontakt mit Schriftlichkeit, gelegentlich mit Zwischenformen (Semioralität), schließlich tangiert durch zunehmende Dominanz von

Schriftlichkeitsmustern auch in der Mündlichkeit. Jetzt erscheint authentische Oralität wirklich gefährdet und letztlich nicht mehr möglich zu sein. Raible (1994, 14) formuliert gar: „Once a society has become literate, it can never return to ‚authentic' orality". Historisch gesehen tritt im Deutschen diese Situation für die große Mehrheit erst in der Neuzeit, eigentlich erst im 20. Jh. ein. Die mediale Einsprachigkeit in Gestalt der die ganze Sprecherexistenz bestimmenden Mündlichkeit der ‚Muttersprache', des Dialektes, reicht weit an unsere Zeit heran. Dialekt ist qua Definition **‚Sprache der Nähe'** und dadurch eben auch regional markiert. Er deckt alle Benennungsbedürfnisse der engeren Verkehrsgemeinschaften ab. Mit der Erstarkung der Schriftsprache kommt es zu einer Rollenaufteilung gemäß der Funktion dessen, was da formuliert wird. „In dem Maße, wie Schriftlichkeit zur Domäne des Formellen, Komplexen, Verbindlichen wird, gerät Mündlichkeit zum Restbereich des Informellen, Einfachen, Zwanglosen [...]" (Schlieben-Lange 1983, 80). In rein oralen Kulturen kann, nach allem, was man weiß, die Mündlichkeit weit stärker ausdifferenziert sein, als im obigen Verteilungsmodell. Die Domänen-Verteilung engt die alte Form der dialektalen Mündlichkeit ein. Bach (1969, 291–312) liefert eine lange Liste von sprachlichen Merkmalen dialektaler Sprache, kontrastiert mit der Schriftsprache. In der Summe entpuppt sie sich eher als **Defizit-Liste** wegen Vorherrschens des Gefühlsmäßigen, im Mangel an Abstraktionsfähigkeit, an Logik, an sprachlicher Zucht, im Haften an Formeln, Sprichwörtern, im Reduzieren des synthetischen Sprachbaus u.a.m. Die Positivposten (Reichtum in der Wortbildung, Bezeichnungsdifferenzierung für alle wichtigen Aspekte der Alltagswelt, u.a.m.) werden zwar erwähnt, gehen aber fast unter in der ‚Mängelliste'. Die Schriftsprache fungiert als Wertungsfilter. Dadurch kommt nicht so recht in das Bewusstsein, dass alle aufgezählten Dialektspezifica letztlich Merkmale autochthoner Mündlichkeit sind, nicht Ausdruck von intellektueller Beschränktheit, Trägheit, Zuchtlosigkeit. Entsprechende Bewertungsirrwege fanden sich lange in Schulrichtlinien bezüglich des Dialekts, eigentlich auch in den Bernstein-Thesen von einem restringierten und einem elaborierten Code. Beides hat mehr Schaden als Hilfe bewirkt.

Die Konsequenz für unsere Zeit ist, dass Dialektsprecher des Deutschen auch die Schrift- und Standardsprache beherrschen müssen, erst dann sind sie vollkompetente Sprecher ihrer Muttersprache. Das ist auch die Botschaft der Hefte „Dialekt/Hochsprache – konstrativ". Es geht dabei nicht um Abschaffung des Dialekts, wie häufig angestrebt. Im Gegenteil: Doppelbesitz ist eine Bereicherung.

Wer nun für die Mündlichkeit im eigenen Lebensbereich nicht mehr auf Dialekt rekurrieren kann, der muss konzeptionelle Mündlichkeit im Rahmen der Standardsprache oder standardnahen Umgangsprachen realisieren. Das betrifft heute viele Millionen unserer Sprachgemeinschaft. Dadurch gelangt Schriftsprachstruktur in die Alltagsmündlichkeit und hebt sich deutlich von dialektaler Alltagsmündlichkeit ab, für viele ein Grund für positivere Bewertung. Im Grunde laufen die Entwicklungen in der gesprochenen Sprache jetzt und weiterhin wohl ähnlich ab wie Jahrhunderte zuvor in der Schriftlichkeit. Die geographische Variation von

Ort zu Ort wird aufgegeben, d.h. das Verstehen regional entgrenzt. Es findet in vielen Fällen eine Entgrenzung der Situationsbindung statt und damit eine Anhebung des sprachlichen Generalisierungsniveaus auf überregionaler Basis. Mehr überregionale Norm und Standardisierung bestimmen zunehmend auch die Mündlichkeit. Man darf das als Kommunikationsgewinn betrachten. Manche sehen das ganz anders und beklagen den Niedergang hoher Schriftsprache und schriftsprachlich geprägter Sprechkultur in unserer Zeit. Sie bedenken nicht, dass die deutsche Sprachgemeinschaft allmählich einsprachig wird in Form einer geschriebenen und gesprochenen Standardsprache. Jetzt muss dieser einen Sprache mehr Spannweite zugebilligt werden, weil sie neben der Schriftlichkeit nun auch eigenstrukturierte Gegebenheiten der Mündlichkeit meistern muss.

Zusammenfassung

Generell gilt:

Über lange Strecken früher Menschheitsgeschichte gibt es nur gesprochene Sprache. Schrift in welcher Form auch immer ist eine Kulturtechnik und entsprechend weit später anzusetzen.

Das absolut dominierende Charakteristikum gesprochener Sprache ist ihre Raumgebundenheit. Sprachliche Verständigung erfordert Übereinkunft hinsichtlich der Bedeutung (Semantik) gewisser Lautkombinationen, also Fixierung, Absprache, Konvention. Das gelingt nur im engeren Kontakt und begrenzten Raum. Etwas allgemeiner formuliert ergibt sich daraus die zentrale These: ‚Sprachgemeinschaft ist Verkehrsgemeinschaft'.

Wenn man sich nun für frühe Zeiten die Schriftlichkeit wegdenkt und zugleich alle damaligen Erschwernisse von Mobilität vor Augen hat, dann ist eine große Vielfalt von Sprachgemeinschaften als ‚Sprechgemeinschaften' die Realität, bei uns die Vielfalt der Dialekte, sonst in der Welt eine kaum überschaubare Zahl von Sprachgruppen. Am Anfang kann nur kleinareale Vielfalt existieren – große Spracheinheitlichkeit von Ländern oder gar über Länder hinweg nur als Spätstadien der Entwicklung!

Wer diese Entwicklungsgesetzlichkeit von Sprache vor Augen hat, kann die Vorgänge seit ahd. Zeit in den Grundlinien bereits voraussehen als eine Abfolge immer weitergreifender Mobilität und entsprechender Entregionalisierung.

Dieser Weg wurde im vorliegenden Beitrag systematisch beschrieben, ausgehend von den Stabilisierungsfaktoren für Kleinräumigkeit von gesprochener Sprache: naturräumlich, territorialpolitisch, gesellschaftlich (Leibeigenschaft), verkehrstechnisch, agrarwirtschaftlich; Benennung und Abgrenzung der korrespondierenden Dialektvielfalt bis in das 19. Jh. hinein. Danach waren die Faktoren der zunehmenden Destabilisierung von Dialekten aufzuzeigen, zunächst räumlich durch Verkehrserschließung, Industrialisierung, Individual-Motorisierung; gesellschaftlich durch vorangehende Aufhebung der Leibeigenschaft; bald auch durch medial bedingte Entgrenzung (Schrift, Tonmedien), Durchsetzung der Allgemeinen Schulpflicht und der Entwicklung einer medialen Diglossie (Dialekt/Schriftdeutsch), sprachlicher Zwischenlagen, Ausbildung großregionaler Umgangssprachen unbedingt auch durch die großen Wanderbewegungen im Nachkriegsdeutschland, Annäherungen an eine standardnahe Alltagslautung in bestimmten Situationen und Regionen, parallel dazu Dialektabbau, unterschiedlich in den Regionen, aber seit den 1970er-Jahren rapide beschleunigt.

Über viele Jahrhunderte war Dialekt die ‚Muttersprache'. Mit der breiten Alphabetisierung seit dem 19. Jh. erwuchs für viele eine (mediale) Diglossie, nunmehr beginnt ansatzweise eine Neuorganisation von Mündlichkeit von der Schriftlichkeit her. Das ist Sprachwandel einer ganz neuen Dimension. Die ‚Sprachgemeinschaft Deutsch' erweiterte und erweitert sich überregional in ungeahntem Maß, zunächst durch Stufen der Standardisierung von Schrift , sodann durch Schriftlautung, gestützt durch Aussprache-Normierung bis hin zu einer nunmehr auch gesprochenen deutschen Muttersprache über alle Regionen hinweg. Das ist das Neue. Sprachliche Regionalität des Sprechens steht zwar in diversen Schattierungen und Funktionen immer noch zur Verfügung, aber im Großen und Ganzen verfügen nun alle über ein standardsprachlich gesprochenes Deutsch.

Der Satz von der ‚Sprachgemeinschaft als Verkehrsgemeinschaft' gilt durchaus noch, nur hat die Verkehrsgemeinschaft mittels Mobilität, Medien, Modernisierungen jeglicher Art und entsprechender Verwaltungsstrukturen frühere Begrenzungen außer Kraft gesetzt und damit auch die Raumgebundenheit von Sprache gesprengt.

Weiterführende Literaturhinweise: König, Werner (16. Aufl., 2007); Löffler, Heinrich (2000 a, S. 1967–1980); Mihm, Arend (2000, S. 2107–3137); Schlieben-Lange (1983); Weithase (1961), 2 Bde.

2. Geschriebene Sprache: Verschriftung und Schriftlichkeit im Deutschen von den Anfängen bis heute

2.1. Primat des Gesprochenen. Oder: Im Anfang war das gesprochene Wort

Sprachgeschichte war lange Zeit fast ausschließlich Geschichte der Schriftlichkeit. Dafür hatte man Textzeugnisse – eben schriftliche Quellen. Nicht so für alles nur Gesprochene, nicht Aufgezeichnete, wiewohl gesprochene Sprache lange vor der Verschriftung existent war und bis heute eigengesetzliche Züge zeigt. Für ein angemessenes Verständnis von Sprachgeschichte gehört aber beides zusammen. Daher findet sich im vorliegenden Buch neben der Längsschnittstudie ‚Schriftlichkeit' auch eine Längsschnittstudie ‚Mündlichkeit' (s. I. 1.), natürlich unter Beachtung aller wechselseitigen Beeinflussungen. Allerdings kommt man bei der ‚Mündlichkeit' schnell in Beweisnot, zumal wenn man nicht auf Tonträger (Schallplatten, Tonbänder, etc.) zurückgreifen kann, wie das im 20. Jh. zunehmend möglich wurde. Für frühere Jahrhunderte bleibt nur die äußerst mühevolle Überprüfung schriftlicher Quellen auf Mündlichkeitssignale hin und für die langen Vorlaufzeiten der Schriftlosigkeit fehlen alle Zeugnisse; man muss sich mit der Methode der hypothetischen **Rekonstruktion** zufrieden geben.

Schriftlichkeit ist also leichter fassbar und dominiert entsprechend stark auch gängige Sprachwert-Urteile. Das hat häufig und z. T. bis heute zu der falschen Annahme geführt, die Schriftsprache sei eigentlich die richtige, ursprüngliche Sprache und die gesprochene Sprache, etwa in Gestalt der Dialekte, eine verderbte, defizitäre Form dieses Originals. Es gilt eine ganz andere Einschätzung. Sprache, als gesprochene Sprache, ist zuerst da, gehört zum Menschen von Anfang an, mindestens ab einer bestimmten Stufe der Menschheitsgeschichte; nicht so Schrift, schon gar nicht Schriftsprache im modernen Sinn. Das **Medium Schrift** ist spätere Zutat, späte Errungenschaft menschlicher Kultur und gleichzeitig dann auch Voraussetzung kultureller Hochformen im Ablauf menschlicher Geschichte. Am Anfang steht nur Mündlichkeit, gesprochene Sprachvielfalt. Größere Spracheinheit, etwa nationalsprachlicher Dimension, ist immer Spätprodukt langer Entwicklung mit Hilfe des Mediums Schrift. Sie steht nicht am Anfang, sondern eher am Ende bisheriger sprachgeschichtlicher Entwicklung. Sprache gilt also als Sprache auch ohne Schrift. Der Weltanteil der schriftlosen Sprachen ist heute immer noch größer als der Anteil mit Schrift. Je weiter wir in der Geschichte zurückgehen, um so mehr gilt das auch auf dem nachmalig deutschen Sprachgebiet. Letztlich kann man wohl sagen, dass das breite Volk in deutschen Landen bis in das 16./17. Jahrhundert hinein schriftlos war und deren Sprache, die Dialekte, bis heute als schriftlos zu klassifizieren sind. Auch die Dialekte sind also gemeint, wenn vom Primat des Gesprochenen die Rede ist, ebenso Umgangssprachen, der Alltagsstrom gesprochener Sprache in allen sozialen und regionalen Brechungen, vormals das einzige Äußerungsmedium, später in Interdependenz mit der Schrift.

2.2. Dimensionen der Verschriftung

Das Medium Schrift darf als geniale und revolutionierende Erfindung des Menschen bezeichnet werden. Es bewirkt zwei fundamentale Änderungen gegenüber der gesprochenen Sprache:

- **die Aufhebung der Zeitgebundenheit von (Laut-)Sprache**,
- **die Aufhebung der Ortsgebundenheit von (Laut-)Sprache.**

Aus der Aufhebung der Zeitgebundenheit ergeben sich folgende Konsequenzen: Lautsprache verklingt unmittelbar mit der Artikulation, sie ist nicht rückholbar. Schriftlich Fixiertes ist jederzeit reproduzierbar, verfügbar auch als frühere, historische Sprache. In der Tendenz bewirkt das eine fortschreitende **Akkumulation** von Sprache, zunehmende Sprachschatzerweiterung, allen Sprachgebrauch von Einzelpersonen unvergleichlich übertreffend. Dass dies als eine große Bereicherung gesehen werden darf, steht außer Zweifel. Aber diese ‚zeitlose' Vermehrung von Sprache schafft auch Probleme: Schrift in ihrer bewahrenden, ja gelegentlich zementierenden Tendenz wird ein Hemmnis für das notwendige Maß an Sprachwandel im Ablauf der Zeit. Es kommt zudem fast unvermeidlich zur Entstehung von Bildungsklassen, definiert durch ein Mehr oder Weniger an Sprachbesitz im Sinne der Beherrschung der Schriftlichkeit. Das führt zwangsläufig zu sozialer Schichtung, bestimmt die Bereiche Schule und Ausbildung, bewirkt sprachliche und soziale Barrieren. Ähnlich gravierend sind die Konsequenzen aus der Aufhebung der Ortsgebundenheit von (Laut-)Sprache. Gesprochenes reicht nur so weit, wie der artikulierte Laut trägt, ist also extrem ortsgebunden und von minimaler Reichweite. Die Schrift überwindet Distanz, sprengt Raumfesseln, ermöglicht unter gewissen Bedingungen erst eigentlich **Überregionalität von Sprache**. Diese wiederum ermöglicht und stützt überregionale Wirtschaftsformen, Staatsformen, kulturelle Symbiosen auf der Basis überregionaler Kommunikation und Mobilität. Auch hier steht außer Zweifel, dass die Sprengung der sprachlichen Raumfessel ein enormer Zugewinn ist. Gewisse Problemseiten haben über Jahrhunderte hinweg am ehesten die sesshaften ‚kleinen Leute' erlebt, indem nun ihre eigentliche Muttersprache, zu Hause erlernt, nicht mehr ausreichte fürs Leben. Sie mussten recht und schlecht zweisprachig werden (Diglossie), Schul- und Sprachbarrieren erleben und verkraften, dies millionenfach und über viele Generationen hin. Wie der Medienwechsel von Mündlichkeit zu Schriftlichkeit jeweils vor sich ging und was er über die reine Verschriftung hinaus an neuen Dimensionen eröffnete, das ist im Anschluss an frühere Arbeiten erst in jüngster Zeit für eine Reihe unterschiedlicher Sprachen genauer untersucht worden. In den Arbeiten des einschlägigen Freiburger Sonderforschungsbereiches (1985–1996) entschied man sich in der Nachzeichnung des Medienwechsels für eine zweistufige Begrifflichkeit: **Verschriftung** und **Verschriftlichung**. „Verschriftung nennen wir das simple Aufschreiben, mit Verschriftlichung bezeichnen wir dagegen die Eroberung des kognitiven und konzeptuellen Raumes, den Schriftkultur in besonderem Maße möglich macht." (Raible 1998a, 167; s. auch zusammenfassend Raible 1998b). Nach Betten (2000, 1646) „... rückten die Thesen von Mündlichkeit und Schriftlichkeit als verschiedenen Denkweisen, vom Übergang zur Schrift als Ursache tiefgreifender kultureller Veränderungen und von der Beschleunigung dieses Prozesses durch den Buchdruck mit der Folge wahrer Literatur- und Lese-‚Explosionen' in das Zentrum der Mittelalter-, Kultur- und Medienforschung." Das kontrastive Gegeneinander zwischen Mündlichkeit und Schriftlichkeit ist einer sehr facettenreichen Sicht von Übergängen und Wechselbeziehungen gewichen, signalisiert u.a. mit Bezeichnungen wie Semioralität, Bi-Medialität, konzeptionelle Mündlichkeit/ Schriftlichkeit, Bedienung unterschiedlicher Lesekulturen, u.a.m. Es tut sich ein Horizont medial bedingter Vertextungsstrategien auf, deren Unterschiede wie auch deren faszinierender Zugewinn für die Umbruchzeit des Frühneuhochdeutschen eingehend analysiert ist (Betten 2000). Diese Aspekte finden an verschiedenen Stellen im vorliegenden Buch ihre gebührende Berücksichtigung, auch wird hier Schriftlichkeit der Bezeichnung Verschriftlichung vorgezogen. Das Augenmerk im Zusammenhang der Erörterung hier liegt mehr auf dem Prozess der überregionalen Spracheinigung des Deutschen in einem plurizentrischen Land. Die Bi-Medialität erreicht ja über lange Zeitstrecken nur einen verschwindend kleinen Bevölkerungsanteil. Es ist davon auszugehen, dass vor allem im Mittelalter die „mündliche – von Schriftlichem nicht affizierte – Kommunikation weiterhin die hauptsächliche Form zwischenmenschlicher verbaler Kommunikation bleibt ..." (Betten 2000, 1647).

2.3. Zeichen-Inventare; Adaptionsproblem Zeichen – Laut

Anhand welcher Zeichen-Inventare, sprich Aphabete, wurde im Frühmittelalter die Verschriftung der Volkssprache(n), die man später ‚deutsch' genannt hat, versucht? Es sind zwei zu nennen: die Runenzeichen und das lateinische Alphabet. Hinsichtlich der Runenzeichen kann man sich in einer deutschen Sprachgeschichte sehr kurz fassen, weil sie im kontinuierlichen Verschriftungsprozess seit dem 8. Jahrhundert eigentlich keine Rolle spielen. Man kennt ein älteres Runen-Alphabet mit 24 Zeichen, **Futhark** genannt nach dem Lautwert der ersten sechs Zeichen, also mit anderer Lautabfolge als in griechischer oder lateinischer Alphabettradition. Das ältere Futhark liegt den Runen-Inschriften von ca. 200–700 n. Chr. zugrunde. Deren Anzahl geht in die Hunderte – mit dem eindeutigen Schwerpunkt in Skandinavien. Die nordischen Inschriften der Wikingerzeit (ca. 800–1050) und des nordischen Mittelalters zeigen eine verkürzte Runenreihe, das sog. jüngere Futhark. Insgesamt sind heute etwa 6500 Runendenkmäler bekannt, fast 80 auf deutschem Boden und aus der älteren Epoche (Düwel 2001). Während

Runenkenntnis in Dänemark, Norwegen, Schweden, Island und Grönland bis ins 15. Jh. hinein vorhanden war, darf man das für Deutschland auch für die Jahrhunderte davor keinesfalls annehmen. Jedenfalls ist das lateinische Alphabet zu Beginn der volkssprachlichen Verschriftung im 8. Jh. ohne Konkurrenz. Die Runenschrift hat keine Chance in Mitteleuropa. Adaptionsprobleme von Zeichen (Buchstaben) und Laut gibt es bei phonographischen Alphabeten, wozu auch das lateinische zählt. Wortsymbolschriften, wie z. B. das Chinesische, kennen dieses Problem nicht. Im Lautbereich gibt es eben weit mehr Variation, als ein begrenztes, weil abstrahierendes **Buchstaben-Alphabet** in allen Einzelheiten abbilden kann. Wenn z.B. heutige Mundartdichter ihre Texte schriftlich fassen wollen, stehen sie vor großen Wiedergabe-Problemen, weil etwa die Buchstaben <e> oder <o> die mundartlichen Varianten dieser Laute nicht genau abbilden können, weil abweichende Vokallänge oder Vokalkürze eigens mühselig markiert werden muss, ebenso variierende oder ganz abweichende Aussprache von Konsonanten. Eine Lösung wäre die von der Wissenschaft entwickelte phonetische Umschrift, aber die ist wegen ihres Verfremdungseffektes den Lesern und Liebhabern solcher Mundartdichtung nicht zuzumuten. Auch der Schreibunterricht in den Grundschulen fördert ähnliche Probleme zutage. Wie muss das erst im 8. Jh. in den Klosterscriptorien gewesen sein, wo damit begonnen wurde, heimisch-germanische Dialekte zu verschriften mit Hilfe eines fremden Alphabets und ohne Stütze einer eigenen Schreibtradition. Zeitgenössische Reflexionen über diese Situation sind kaum bekannt – bis auf Otfrid von Weißenburg im Zusammenhang mit seinem fränkischen ‚Evangelienbuch' (ca. 865). In dem lateinischen Approbationsschreiben an seinen Vorgesetzten, den Erzbischof Liutbert von Mainz, führt er eine Reihe von Schwierigkeiten an, die ihm bei der Verschriftung des Evangeliums (Vulgata) für die Franken Mühe bereitet hat. Die Defizite lassen sich etwa so typisieren: (a) es fehlen Buchstaben für bestimmte Laute, (b) gewisse lateinische Buchstaben sind überflüssig, (c) bestimmte Buchstaben treffen nicht genau, z.T. auch nicht annähernd den Laut, den sie abbilden sollen. Maßstab und Bezugspunkt für solche Äußerungen Otfrids, die im weiteren Verlauf auch Fragen der Grammatik und Metrik einbeziehen, ist ganz selbstverständlich das Latein, wiewohl bei ihm bereits ein gewisses Gespür für die Eigenstruktur (proprietas) seiner heimischen Sprache greifbar wird, zudem die damals eher ungewöhnliche Auffassung, dass auch das Fränkische, eine ‚Vulgärsprache', als schriftliche Verkündigungssprache legitimiert sei, wie aus Buch I, Kap.1 hervorgeht (Vollmann-Profe 1987).

Das Thema ‚**Schriftzeichen / Laut**' begleitet uns die Jahrhunderte hindurch bis weit in die Neuzeit. Es zeitigt immer wieder unkonventionelle Notierungen, Annäherungen, Fehlschreibungen, hyperkorrekte Bildungen, insbesondere dann, wenn ungeübte Schreibende am Werk sind. Als Problembereiche treten etwa hervor: Kennzeichnung von Vokallänge; Schreibung von Affrikaten; Schreibung verschiedener *s*-Laute; Diphthong-Graphien, z. T. mit Diakritica; Monophthongierung und deren Wiedergabe; Umlaut-Markierung; Neutralisierung der vollen Vokale in Nebensilben, u.a.m. Dies ist im Einzelnen und in zeitlicher Abfolge im Detail beschrieben bei Grubmüller 1998. Entsprechend geschulte Sprachhistoriker können an der Zeichenwahl z.T. ganz wichtige Informationen über den realen Sprachzustand ablesen, der diesen Verschriftungsversuchen zugrunde lag.

2.4. Pragmatik der Verschriftungsetappen in altdeutscher Zeit

Es sind mühselige Anfänge. Dennoch haftet ihnen das Große und Erregende an, dass hier ein weitgehend schriftloses Volk (die deutschen Stämme) in die Schriftlichkeit eintritt und damit den Horizont für ganz neue kulturelle und politische Entwicklungen öffnet. Träger der anfänglichen Verschriftung sind die Geistlichen, im wesentlichen die Benediktiner. Die Verschriftung ist zweckgebunden, ausgerichtet auf die christliche Geisteswelt und Schriftlichkeit, hinter der wiederum antikes Erbe und die Völker umspannende, hoch ausgebildete lateinische Sprache steht. Fast alles, was wir aus der deutschen Frühzeit an Texten besitzen, ist im Blick auf diese Sprache (Latein) und in ständiger Auseinandersetzung mit ihr entstanden. Die Mönche mussten sich hineintasten in alle Nuancierungen des Lateins, immer in der Gefahr der Verzerrung und Verfälschung des biblischen Worts, der Väterzeugnisse, durch falsches Verstehen und auch durch die Wahl heimischer Wörter mit partiell heidnischer Semantik. Das ist ein Grundproblem aller Missionierung in andere Sprach- und Weltanschauungswelten hinein. Insofern waren die Anfänge alles andere als Höhenflüge, eher Schulstubenarbeiten auf der Grundstufe. So ist die **frühe Verschriftung** zunächst Glossenarbeit, Arbeit an den lateinischen Wörterbüchern der Zeit, erste tastende Übertragung ins Heimische. Sie ist dann zögernde, oft unbeholfene Übersetzung kleiner Sinnzusammenhänge in Form einer Interlinearversion, d.h. einer über den Zeilen in kleiner Schrift zugefügten Wort-für-Wort-Übertragung. Es erwachsen daraus die ersten kleinen rein deutschen Übersetzungsstücke im Zusammenhang mit der praktischen Seelsorge der Kirche, etwa die verschiedenen altdeutschen Paternoster samt Credo, die Beichtformeln mit ihren Abschwörungsversen und Sündenkatalogen, auch die Taufgelöbnisse. In den Urkunden finden sich altdeutsche Personennamen, Ortsnamen, Gemarkungsbeschreibungen, heimische Sachwörter, die in den lateinischen Text eingefügt werden. Eine weitere Stufe ist erreicht, wenn dann größere Texte in die heimische Sprache transferiert werden. Bewundernswertes Beispiel dafür, noch im ausgehenden 8. Jh., ist die Übersetzung des Isidor-von-Sevilla-Traktates ‚De fide catholica contra Judaeos', inhaltlich gelungen und syntaktisch schon erstaunlich frei von der zwanghaften Bindung an die fremde Sprachstruktur. Wesentliche Bemühungen zielen nun auf die Bibel, allerdings nur auf die Übertragung bestimmter Teile. Umfangreicher ist dann schon der ahd. ‚Tatian', eine sog. Evangelienharmonie, also eine Darstellung des Lebens Jesu nach den vier Evangelien, auf den syrischen Christen Tatian aus dem 2. Jh. zurückgehend. Fast gleichzeitig und die Bemühungen der Klosterschulen weit hinter sich lassend, entsteht vor und nach der Mitte des 9. Jhs. heimische **Bibeldichtung**: der ‚Heliand' und die ‚Genesis' in altsächsischer Sprache (ca. 830), Otfrids ‚Evangelienbuch' (ca. 865), dazu kleinere Stücke wie ‚Christus und die Samariterin', das ‚Georgslied', das ,Ludwigslied', diese alle in althochdeutscher Sprache, letzteres keine Bibeldichtung, sondern ein Preislied auf den Sieg des christlichen Königs Ludwig III. über die Normannen im Jahre 881. Hehre Stoffe verlangen im Mittelalter nach der würdigsten Form der Sprache, nach gebundener Sprache, nach dem **Vers**. Der ,Heliand'-Dichter kann mit großer Kunstfertigkeit an den althergebrachten germanischen Stabreimvers anschließen, Otfrid von Weißenburg und die übrigen Autoren knüpfen an Entwicklungen in der mittellateinisch-kirchlichen Dichtung an und führen den Endreim im Deutschen ein mit einer Reimkorrespondenz im Innern der Langzeile (= binnengereimte Langzeile). Dies bedeutet erschwerte Verschriftung und zusätzliche Mühsal, besonders an dem umfangreichen Werk Otfrids zu spüren. Zu spüren aber auch Freude und Genugtuung darüber, dass Gottes Lob nun auch auf Fränkisch und Sächsisch erklingt, nicht nur in den drei Heiligen Sprachen (Hebräisch, Griechisch, Latein), sondern auch im eigenen Idiom, in der zeitgenössischen Terminologie zu den Vulgärsprachen zählend. Das alles ist natürlich schon weit mehr als nur simples Aufschreiben, Verschriften. In weniger als einhundert Jahren ist ein erster Höhepunkt von **Schriftlichkeit** erreicht. Wesentliche Lebensbereiche bleiben aber noch ganz und z.T. noch sehr lange in der Dominanz der lateinischen Sprache, etwa der ganze Rechtsbereich, die Verwaltungssprache, die Hohen Schulen, Theologie und Medizin. Volle Souveränität der deutschen Sprache wird erst im Laufe der Neuzeit erreicht. Sie setzt eine standardisierte deutsche Schriftsprache mit überregionaler Geltung voraus. Dies aber wird im ganzen Mittelalter nicht erreicht.

2.5. Regionalität der Sprache und entsprechend der Verschriftung

Alle hier schon genannten Texte, aber darüber hinaus weithin alle deutschsprachigen Texte des ganzen Mittelalters und der beginnenden Neuzeit können ihrer Herkunft nach von Experten regional oder zumindest großregional zugeordnet werden. Das lässt sich an gewissen Eigenheiten und Konventionen der graphischen Wiedergabe von Lauten ablesen, ebenso an flexionsmorphologischen Unterschieden als auch vor allem am Wortschatz bis hin zu viel gebrauchten Kleinwörtern (Konjunktionen, Präpositionen, etc.). Sprachgemeinschaft ist Verkehrsgemeinschaft, und die kann infolge der geringeren Mobilität früherer Zeiten eben nur von regionaler Reichweite gewesen sein. Von daher rühren die Unterschiede in Lautung, Flexion, Wortschatz, wie wir sie von deutschen Dialekten bis in unsere Gegenwart kennen. Mit benachbarten Regionen versteht man sich noch trotz gewisser Unterschiede, ferne Regionen werden zum Verstehensproblem. Wenn auch nun Schrift nicht alle dialektalen (gesprochenen) Feinheiten abbildet, so gehen dennoch genug regional-spezifische Eigenheiten in die Verschriftung ein. Die Aufhebung der Ortsgebundenheit von gesprochener Sprache ist zwar durch die Verschriftung im Ansatz gegeben, die Erweiterung aber zunächst regional begrenzt, weil die Zeit und die Gegebenheiten eine überregionale Schriftlichkeit noch gar nicht ermöglichen. Im Lauf der Jahrhunderte und mit zunehmender Mobilität wird die Regionalität der Sprache, zunächst einmal der verschriftlichten,

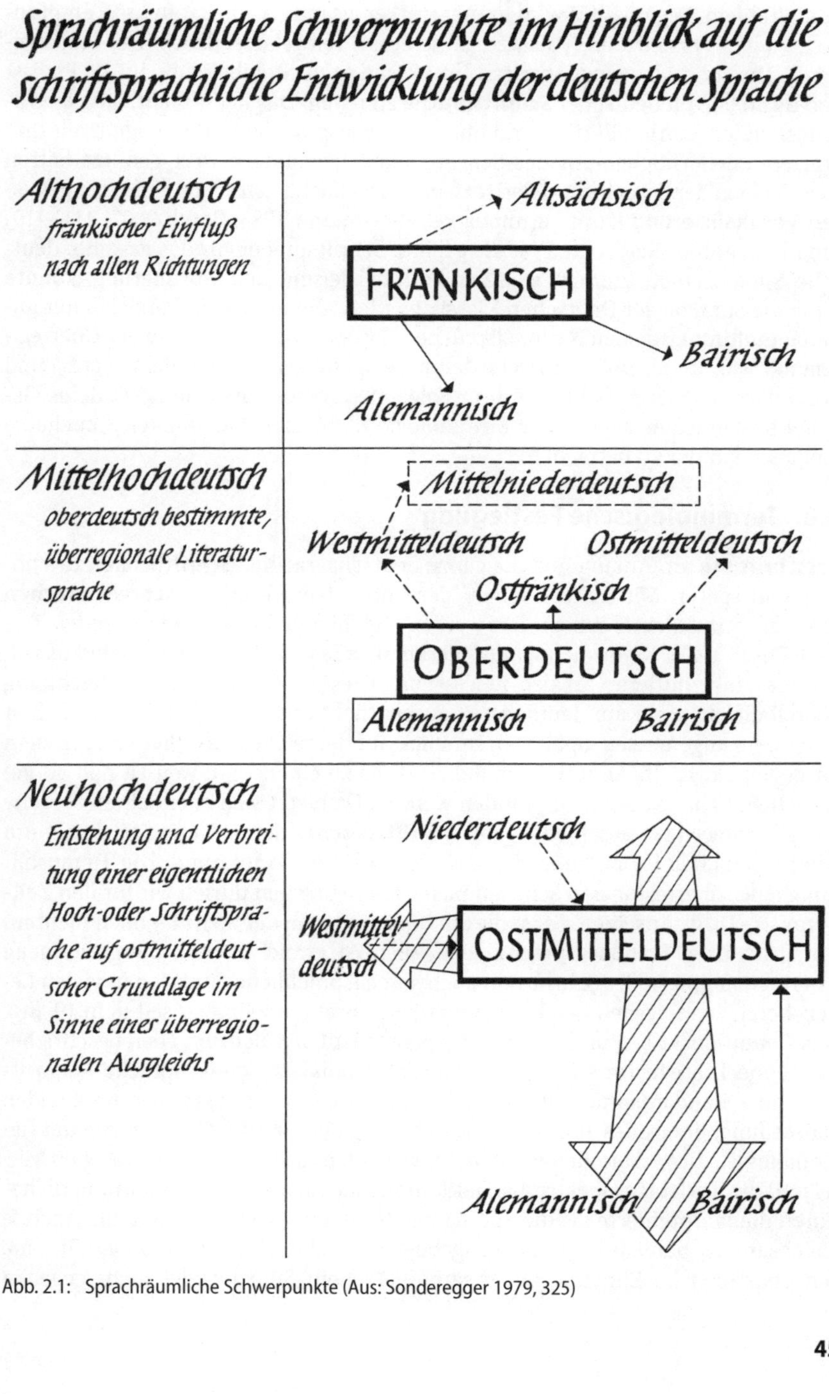

Abb. 2.1: Sprachräumliche Schwerpunkte (Aus: Sonderegger 1979, 325)

zum Problem. Regionalität wird immer stärker als hindernde Raumfessel empfunden. Es gibt verschiedene Ansätze, diese Fessel teilweise zu lösen. Der entscheidende Durchbruch gelingt aber erst im 16. und seine Stabilisierung im 17. Jh. Erst von da an ist von deutscher **Schriftsprache** zu reden. Das heißt nicht, dass die vorangehenden Jahrhunderte vom hohen Mittelalter an nicht den kognitiven und konzeptionellen Spielraum der Schriftlichkeit bewundernswert genutzt hätten zum Ausbau der Sprache und der Textsorten, vielfach auch schon mit einer gewissen **Vertikalisierung** (zum Terminus vgl. Reichmann 1988; Besch 2007, 411–419) innerhalb großer Regionen. Erst die geeinte Schriftsprache für das gesamte deutsche Sprachgebiet, Produkt weiterer Vertikalisierung und Normierung, konnte dann die Sprache der Deutschen Klassik werden, ebenbürtig im Vergleich mit anderen multifunktionalen Nationalsprachen Europas. Die Erreichung der Überregionalität war für das polyzentrische deutsche Sprachgebiet besonders wichtig und besonders schwierig. Daher wird im Folgenden dieser Tatsache besonderes Gewicht beigemessen, auch in der Terminologie, ohne dabei den inneren Sprachausbau als sekundär zu betrachten.

2.6. Terminologische Festlegung

Verschriftung am Anfang und die ganze deutschsprachige **Schriftlichkeit** des hohen und späten Mittelalters sollen hier unter dem Terminus **Schreibsprachen** (oder Schreibdialekte) subsumiert werden (vgl. hierzu und zu den folgenden Termini Besch 1983). Kennzeichnendes Merkmal ist Regionalität in einem Radius von geringer bis mittlerer arealer Reichweite. Dies wird durch die Bezeichnung Schreibdialekt wohl am deutlichsten ausgedrückt und ist auch für die ahd. Zeit besonders angemessen. Späterhin im Blick auf die reiche Schriftlichkeit seit dem ausgehenden 12. Jh. könnte Schreibdialekt als zu einengend, weil zu nah an gesprochener Dialektalität, empfunden werden. Da bietet sich eher Schreibsprache an, allerdings klar geschieden von **Schriftsprache**, deren Definitionskriterium Überregionalität ist mit überregional akzeptierter Normierung. Die Herausbildung einer überregionalen Schriftsprache des Deutschen dürfen wir für den Zeitraum 16.–18. Jh. ansetzen. Es ist die Spracheinigung in der Schrift – noch nicht im Alltagsdeutsch. **Standardsprache** schließlich ist erreicht, wenn die gewonnene Überregionalität in der Schrift nun auch sprechsprachliche Funktion in vielen Lebensbereichen übernehmen kann oder übernimmt (zunehmend seit dem 19. Jh.). Das Definitionskriterium für Standardsprache ist Polyvalenz im eben beschriebenen Sinne. Diese historische Abfolge von Schreibdialekt/Schreibsprache – Schriftsprache – Standardsprache ist die Leitlinie der weiteren, genauer beschreibenden Darstellung. Ihr großes Thema ist die Befreiung der (Schrift-)Sprache von der Regionalfessel, dies verbunden mit dem funktionalen Ausbau der linguistischen Mittel und des Textsortenspektrums. Der funktionale Ausbau gelingt kontinuierlicher durch die Jahrhunderte als die Sprengung der Raumfessel. Hier sind alle Anläufe gleichsam auf halbem Wege steckengeblieben, weil die Voraussetzungen für eine schriftsprachliche Einigung auf gesamtdeutschem Sprachgebiet nicht gegeben waren, nicht vor den Umwälzungen in der Reformationszeit und der Wirkungsmächtigkeit des neuen Mediums Buchdruck.

2.7. Schreibdialekt/Schreibsprache: Entwicklungen im Mittelalter

Drei Merkmale bestimmen im Wesentlichen die Anfänge der Verschriftung in der 2. Hälfte des 8. und im 9. Jh. Das ist erstens das lateinische Alphabet, eigentlich die lateinische Schriftlichkeit insgesamt, von der äußeren Art des Schreibens bis zur inneren Formung (Lehnwörter, Lehnbildungen, Lehnsyntax; vgl. Sonderegger 2000b, 1231f.; Geuenich 2000, 1144–1155; Simmler 2000, 1155–1170); das ist zweitens die unausweichlich gegebene Dialektgebundenheit der (deutsch-)schreibenden Personen und drittens häufiger vorkommende Schreibdialektmischung, verursacht durch Abschreiben von Vorlagen im Schriftenaustausch der Klöster oder auch durch starken Wechsel in der Zusammensetzung der Konvente.

Karte 2.1: Hauptorte althochdeutscher Überlieferung (aus: Geuenich 2000, 1149)

Die Karte ‚Hauptorte althochdeutscher Überlieferung' umspannt die großen Dialektgebiete der Franken, Bayern und Alemannen mit ihren dialektalen Untergliederungen. Entsprechend schreibdialektal geprägt fallen die Verschriftungen aus, sowohl in der Lautnotierung als auch im Wortschatz.

Karte 2.2: Der altsächsische Sprachraum im 9. Jahrhundert (aus: Klein 2000, 1245)

Nimmt man nun im Blick darauf, was wir heute unter deutscher Sprache verstehen, auch den Norden hinzu, d.h. den ‚altsächsischen Sprachraum im 9. Jh.', dann signalisiert die Karte ‚Der altsächsische Sprachraum' eine bedeutende Raumerweiterung in das Altsächsische (Niederdeutsche) hinein, auch dort mit wichtigen Untergliederungen. Verschriftungen aus dem Norden und aus dem Süden spiegeln denn in der Tat auch den großen Abstand, ja die ganze Fremdheit der entsprechenden Ausgangsdialekte. Erst in der Neuzeit, also nach vielen Jahrhunderten, gelingt der einigende Brückenschlag in der Schrift. Für die Texte des 8.–11.

Jhs. ist also schreibörtliche bzw. kleinräumige Gebundenheit charakteristisch. Es bilden sich in der Abfolge der Generationen Schreibort-Traditionen heraus, die sich wechselseitig beeinflussen können; Vereinheitlichungen auf größerer Fläche lassen sich aber nicht feststellen. Insofern ist auch eine **Karlingische Hofsprache** auf fränkischer Basis (Main und Mittelrhein), die von Müllenhoff (1863) postuliert wurde, wenig wahrscheinlich, jedenfalls schreibsprachlich nicht nachweisbar. Für die Beschreibung ahd. Merkmale im Graphie-Bereich, in Wortschatz und Grammatik hat man im Fach Germanistik angesichts der sprachlandschaftlichen Vielfalt pragmatischerweise einen umfangreichen Text aus der Mitte Deutschlands als Grundlage gewählt, nämlich den ostfränkischen ‚Tatian' (Fulda). Das dient der Lehre, verdeckt aber in gewisser Weise die eher partikularistische Erscheinungsform althochdeutscher und altsächsischer Schreibdialekte. Im Übrigen muss man sich aber sehr bewusst machen, dass im Gesamtvolumen aller Schriftlichkeit vom 8.–11. Jh. die deutschsprachigen Texte nur einen verschwindend geringen Anteil ausmachen. Das Latein ist allgegenwärtig. Dies trifft im ausgehenden 10., im 11. und sogar auch noch weitgehend im 12. Jh. zu, ja es scheinen deutschsprachige Texte eher wieder mehr zurückzutreten nach einer gewissen Aufbruchszeit unter Karl dem Großen und den folgenden Jahrzehnten. Dann aber, seit der 2. Hälfte des 12. Jhs., erobern deutschsprachige Texte durch neue Themen / Stoffe ein neues Publikum und entsprechend weite Rezeptionsräume. Neben die bislang geistlichen Stoffe tritt nun weltliche Dichtung (Alexander-Epik; ‚Chanson de geste'-Thematik; Artus-Epik; Minnesang), vermittelt über altfranzösische Vorlagen und verbunden mit einem erstaunlichen Ausbau der Sprache nach Form und Funktion. Damit sind alle Verbesserungen und Systematisierungen auf allen hierarchischen Ebenen der Sprache bis hin zur stilistischen Differenzierung gemeint, ebenso die zunehmend erreichte hohe Kunst der Verbindung von Sprache, Metrik und Reim. Der Adel, Höfe, große und kleine, später auch das Stadtpatriziat waren Zielgruppen der Dichter und fahrenden Sänger für den mündlichen Vortrag, erweitert später durch ein Lesepublikum der verschrifteten Texte. Mobilität und sprachliche Regionalität mussten in Widerstreit geraten. Kam es damals schon zu einer Art überregionaler Koine, einer **mittelhochdeutschen Dichtersprache/ Schriftsprache**? Die Erörterungen darüber waren lange Zeit sehr kontrovers (s. Henzen 1954, 51f. u. Besch 1983, 973). Nach heutigem Erkenntnisstand kann von einer **Mhd. Schriftsprache** nicht die Rede sein, selbst nicht auf oberdeutschem Gebiet (vgl. auch II/2.2.2.). Die heutigen Lesetexte im akademischen Unterricht, nach Lachmanns Muster normalisiert, täuschen einen Grad von Einheitlichkeit vor, der sich so keineswegs in den Handschriften wiederfindet. Regionalität der Schreibsprachen ist also nicht außer Kraft gesetzt, und noch viel weniger konnte das in der gesprochenen Sprache der Fall sein – also gab es im strengen Sinn auch keine Mhd. Dichtersprache. Sicherlich ist aber das Wissen um die innerdeutsche Sprachunterschiedlichkeit gestiegen, auch die Kenntnis wichtiger Variation in Graphie und Lexik vorhanden. Der Wunsch nach Verstandenwerden, nach größerer Reichweite führt dann allemal zu ersten Annäherungsschritten, so schwierig das auch sein mag, etwa zum Verzicht auf auffallende Besonderheiten in Laut und Flexion, zur Doppelform in der Koppelung von eigenem und ‚fremdem' Wort – Strategien, die im Spätmittelalter Konjunktur haben und auch noch genau besprochen werden. Auch darf man annehmen, dass eine Art passiver ‚muttersprachlicher Mehrsprachigkeit' damals mehr gefordert und gegeben war als heute, mindestens bei Personen mit größerer Mobilität. Die Schreibsprachen zielen auf einen erweiterten sprachlandschaftlichen Geltungsraum und zeigen ja auch einige Gemeinsamkeiten in den Grundstrukturen. Das gilt aber nur für oberdeutsche und mit gewisser Einschränkung mitteldeutsche Schreibsprachen. Niederdeutschen Autoren blieb im 13. und 14. Jh. nur der Sprachwechsel zum Hochdeutschen (= Obd. plus Md.) übrig, wenn sie im maßgeblichen literarischen Raum wahrgenommen werden wollten. Fazit also: klare Abgrenzung zwischen niederdeutschen und hochdeutschen Schreibsprachen; im Hochdeutschen, insbesondere auf oberdeutscher Basis, gewisse Arrondierungen, aber keine Einheit, keine prinzipielle Überregionalität. Dieser Zustand wird im Spätmittelalter zum Problem. Die Mobilität nimmt zu, die Zahl der Schriftkundigen in den Klöstern, unter den Stadtbürgern, selbst bei den Handwerkern steigt, Erbauungstexte wie auch medizinische und sonstige Sachprosa in deutscher Sprache werden abgeschrieben und in anderen Regionen wiederum kopiert, ebenso Prosafassungen mhd. Dichtungen. Selbst in der Rechts- und Verwaltungssprache gewinnt das Deutsch zunehmend an Boden, seit um die Mitte des 13. Jhs. **deutschsprachige Urkunden** auftreten und im örtlichen und regionalen Bereich zunehmen, im Süden übrigens früher als im Norden. Städte und Herrschaften haben zunehmend Anlass, Korrespondenz mit weit entfernten Adressaten zu führen. Da ist Latein hilfreich, jedoch nur noch in gewissen Konstellationen in Gebrauch. Wie aber geht man mit regionalen Schreibsprachen im überregionalen Schriftverkehr im 15. Jh. um? Für den Rat der Stadt Köln ist die Empfängerorientierung festgestellt worden (vgl. Möller 1998), d.h. Orientierung an der Schreibsprache des Adressaten – insgesamt eher ein Sonderfall. Große obd. und md. Städte verbleiben in ihrer Schreibsprache und setzen damit deren (passive) Kenntnis bei Partnern voraus, auch im niederfränkischen und niederdeutschen Gebiet. Diese wiederum kommen nicht umhin, sich in Briefen nach Süden in der Regel nach dem *oberland* zu richten, das von alters her mehr Sprachprestige hatte, wie man leicht nachweisen kann. Ein Formular- und **Anleitungsbuch für Schreiber**, genannt der ‚Schryfftspiegel', mit großer Wahrscheinlichkeit 1527 in Köln gedruckt, auf einen Braunschweiger Druck von 1508 zurückgehend (s. Götz 1992, 189), fordert von professionellen Schreibern, dass sie auch anderes Deutsch als das ihrer Sprachregion schreiben, lesen und verstehen können. Als Beispiele werden genannt: Fränkisch, Schwäbisch, Bairisch, Rheinländisch [etc.] in Abhebung von Sächsisch und Märkisch. Wenn solche Kompetenz fehle, *so bedörfft men wail tussen eynem Beyeren und Sassen eyn tolmetsch* (s. Möller 1998, 4). Knapp 40 Jahre später wird diese Stelle folgendermaßen ergänzt: *wie dann fast alle berümpte Schreiber in teutschem Landt / sich der Oberteutsche(n) sprach in jrem schreiben gebrauchen* (Balthasar Fron, ‚Epistelbüchlein', Köln 1564; zitiert nach Götz 1992, 334). Die Gleichwertigkeit der Schreibsprachen ist jetzt aufgehoben, nun dominiert die *Oberteutsche sprach*. Das ist der große Wandel um und nach der Mitte des 16. Jhs., übrigens gerade auch für Köln. Bleiben wir aber noch im Spätmittelalter und betrachten die Strategien angestrebter Grenzüberschreitungen von **schreibsprachlichen Barrieren** etwas genauer. Was geschieht oder kann geschehen, wenn nun größere Texte in andere Gebiete transferiert und dort abgeschrieben werden? Die Antwort ist: Es muss von einer Schreibsprache in die andere umgesetzt werden. Das ist in den stark systematischen Teilbereichen der Sprache, z.B. bei den Graphien und in der Flexionsmorphologie, leichter als im Wortschatz. Wenn im ersten Fall die abschreibende Person etwa erkannt hat, dass einem langen <i> in der Vorlage ein <ei> in der eigenen Schreibsprache entspricht, dann wird die Umsetzung keine Schwierigkeiten bereiten, ebenso nicht, wenn *sie gand* (3. Pers. Pl. ‚sie gehen') mit *sie gen* zu übertragen ist, oder: *du solt dir nút fúrhten* mit *du solst dich nit fúrhten.* Schwierigkeiten in steigendem Maß kann unterschiedlicher Wortschatz verursachen. Bei *abentessen* >< *aventmale* ist das Verstehen noch nicht gefährdet, wohl aber bei Wörtern wie *bekorunge* = ‚Versuchung' (mit der falschen Übertragung *bekehrung*!); *untz* >< *bis* (= ‚bis', Präp.); *quade* >< *böse* >< *ovele*; *dicke* >< *oft*; *erkiesen* >< *erkennen*; *verdolen* >< *erliden*; *freise* ‚Schrecken' mit Falschübertragungen wie *weise, fraß*; *fúrung* >< *essen* (falsch: *fronung, formung*); *künne* >< *geschlecht* (verballhornt: *kind, künde*); *lützel* >< *wenig*; *murtz(es)* >< *ganz, gar* (häufig auch verballhornt); *gereret* >< *vergossen* (z.T. Fehlübertragungen); *in der tougen bμch* >< *buch der offenbarung* (z.T. nicht mehr verstanden bzw. mit *tugend* verwechselt); *wäger* >< *besser* (z.T. falsche Übertragung). Dies ist nur eine kleine Auswahl aus einem einzigen Text, dem Erbauungsbuch Ottos von Passau ‚Die vierundzwanzig Alten', das im 15. Jh. in vielen Regionen abgeschrieben wurde und insgesamt in über 120 Handschriften und späteren Drucken nachweisbar ist (s. Besch 1967). Wo das ‚fremde' Wort noch verstanden wird, kann der Abschreibende dieses Wort stehen lassen und einfach das eigene Wort hinzufügen. So kommt es zur **lexikalischen Doppelform**, etwa: *quade und böse*; *dicke und oft*; *künne und geschlecht*; *gereret und vergossen*, etc. Die Doppelform wird geradezu ein Charakteristikum des 15. und der ersten Hälfte des 16. Jhs. Der überregionale Brückenschlag wird durch lexikalische Addition versucht. So bleibt Verständlichkeit über die schreibsprachlichen Grenzen hinaus in gewisser Weise gewahrt (vgl. Besch 1964 und 1993a). Erst im 17. und 18. Jh. vollzieht sich dann schriftsprachliche Selektion, d.h. einer der beiden lexikalischen Konkurrenten wird endgültig abgewählt: abgedrängt in die Mundarten oder in die Vergessenheit.

Bei Schreibsprachen (bzw. korrespondierenden Drucksprachen) mit großem sprachlichen Abstand reichte Transponieren im eben vorgeführten Sinn nicht mehr aus, da musste übersetzt werden. So etwa wurde bekanntlich Luthers Übersetzung des Neuen und Alten Testaments alsbald in das Niederdeutsche übersetzt (Bugenhagen) und bis ca. 1620 in vielen Auflagen gedruckt. Selbst im westfälischen Münster war 1533 Straßburger Drucksprache noch ein Problem. In der Auseinandersetzung mit den Wiedertäufern hatte der Rat der Stadt Münster einen Druck Martin Bucers, Straßburg, aus demselben Jahr angefordert, in dem es um die Widerlegung der wiedertäuferischen Lehre des Melchior Hoffmann ging. In

Münster wurde der Text über Nacht in die dort übliche Schreibsprache übersetzt, weil die Ratsherren das Straßburger Deutsch nicht verstanden. Beide Fassungen sind erhalten (M. Bucers Deutsche Schriften, Bd. 5, 1978, 43f.; vgl. auch Besch 1995, 241–253). Auch unter den Reformatoren gab es ganz offensichtlich Kommunikationsschwierigkeiten. Luther äußerte sich abfällig über Zwinglis alemannisches Deutsch: *Verstehe ich sein filzicht, zötticht deudsch recht (welchs mir warlich schweer ist) so macht er unterscheid zwischen Gotts geist und unserm geist* (WA 26, S. 374). Das steht in Luthers Abendmahlschrift von 1528. Es waren dann 1529 beim Marburger Religionsgespräch sicher solche Bemerkungen wie auch eigene Kommunikationsschwierigkeiten, die Zwingli bewogen haben, Latein als Verhandlungssprache vorzuschlagen, was abgelehnt wurde (s. Corpus Reformatorum 97, Band 10, 1929, S. 209; vgl. auch H. Wolf 2000, 148–167). Es ließen sich noch viele Beispiele für ähnliche Schwierigkeiten beim Transponieren, Verstehen, Übersetzen anschließen, letzteres eben auch bei Kirchenordnungen, Kirchenliedern, Katechismus u.a.m., hier zumeist vom Hochdeutschen in das Niederdeutsche. Für die Schreibsprachen des Spätmittelalters lassen sich zusammenfassend in etwa folgende Landschaftsgruppierungen ausmachen (zu Details vgl. Besch 1967, 330f.; dort auch Karten):

2.8. Landschaftsgruppierungen

1. Es besteht z.T. noch ein klarer oberdeutsch-mitteldeutscher Gegensatz. Meist steht das Niederdeutsche beim Mitteldeutschen.

   Beispiele: *kam / quam; mangeln / entperen, darven;* u.a.m. (Als Beispiel Karte 2.3)

2. Der oberdeutsch-mitteldeutsche Gegensatz ist noch erkennbar, aber schon gestört. Einbruchstellen finden sich vor allem am Oberrhein und in Ostfranken.

   Beispiele: *bringen / brengen; sunne / sonne; brunn/ burn, born;* Apokope; u.a.m.

3. Übergänge und Grenzen im Oberdeutschen:
   Feste Abgrenzungen fehlen vor allem im Südosten und Osten, d.h. die Übergänge vom Bairischen zum Ostfränkischen sind in vielen Fällen fließend.

   Beispiele: *gan / gen* ‚gehen'; *geweschen / gewaschen; leren / lernen; minne / liebe;* u.a.m. (Als Beispiel Karte 2.4)

Diese Tatsache muss bei der Diskussion über die Entstehung der nhd. Schriftsprache gebührend beachtet werden. Nach Westen hin ist das Bairische besser abgegrenzt; der Grund dafür ist in der sprachlichen Sonderstellung des Alemannischen zu suchen. Es gibt eine Reihe alem. Kennformen (z.B. *frömd; erbermde; kilche; gesin* = ‚gewesen'; u.a.m.).

Mittelhochdeutsches lebt hier am längsten. Abgebaut wird die Schreibsprache (z.T. korrespondierend zur Mundart) vor allem von Norden her, stärker über den Oberrhein, schwächer im schwäbischen Gebiet. Das Ostfränkische, ebenfalls zum

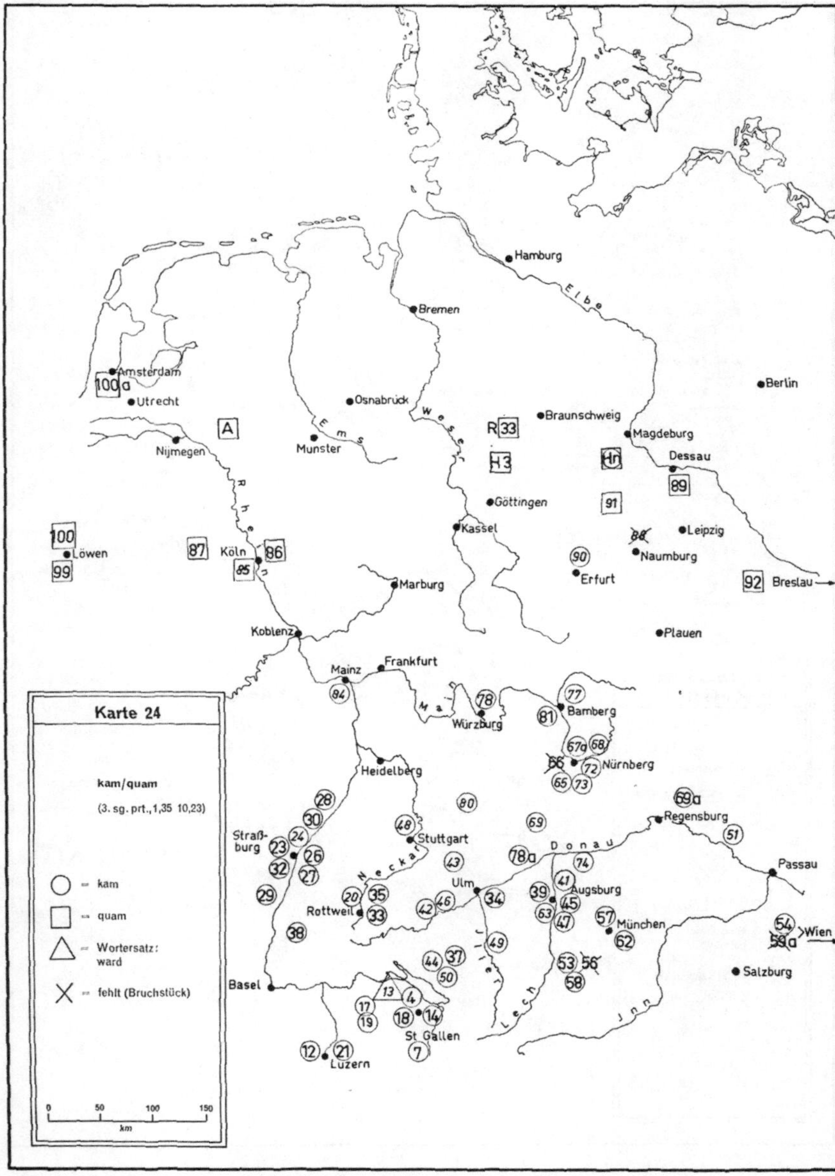

Karte 2.3: *kam/quam* (aus: Besch 1967, Kt. 24)

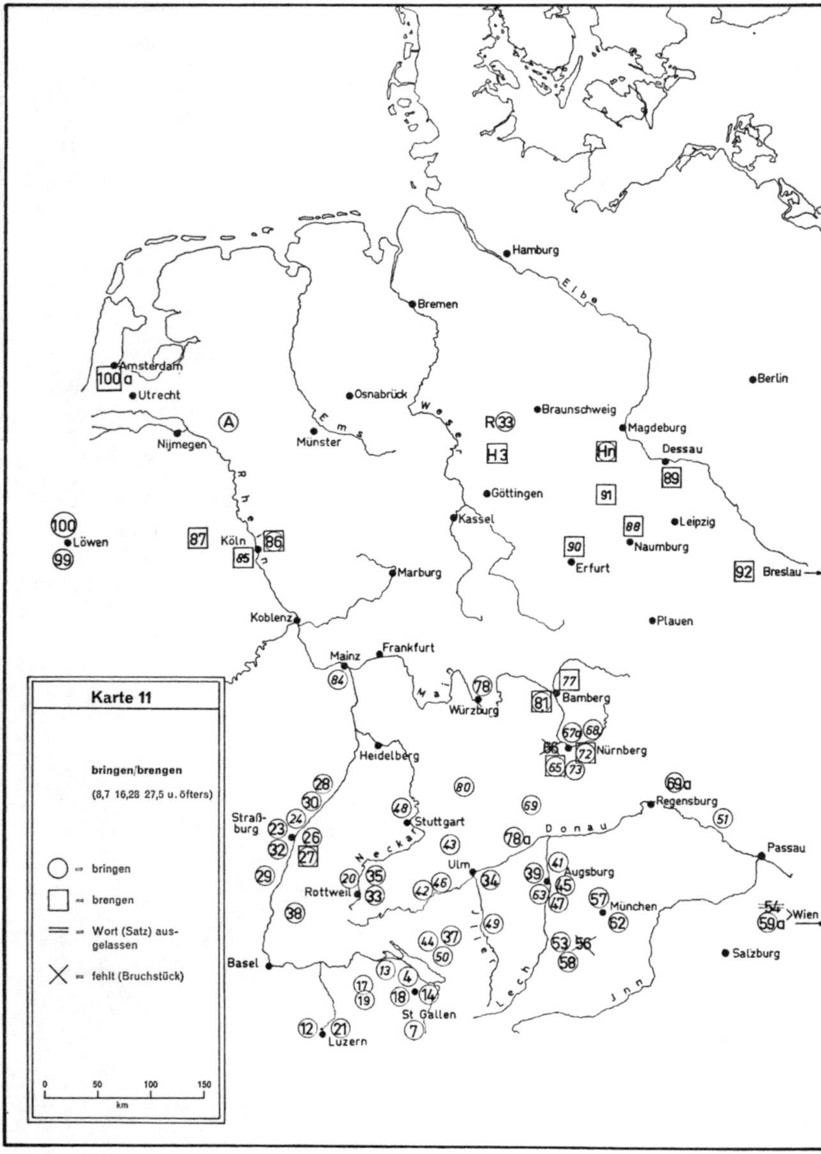

Karte 2.4: *bringen/brengen* (aus: Besch 1967, Kt. 11)

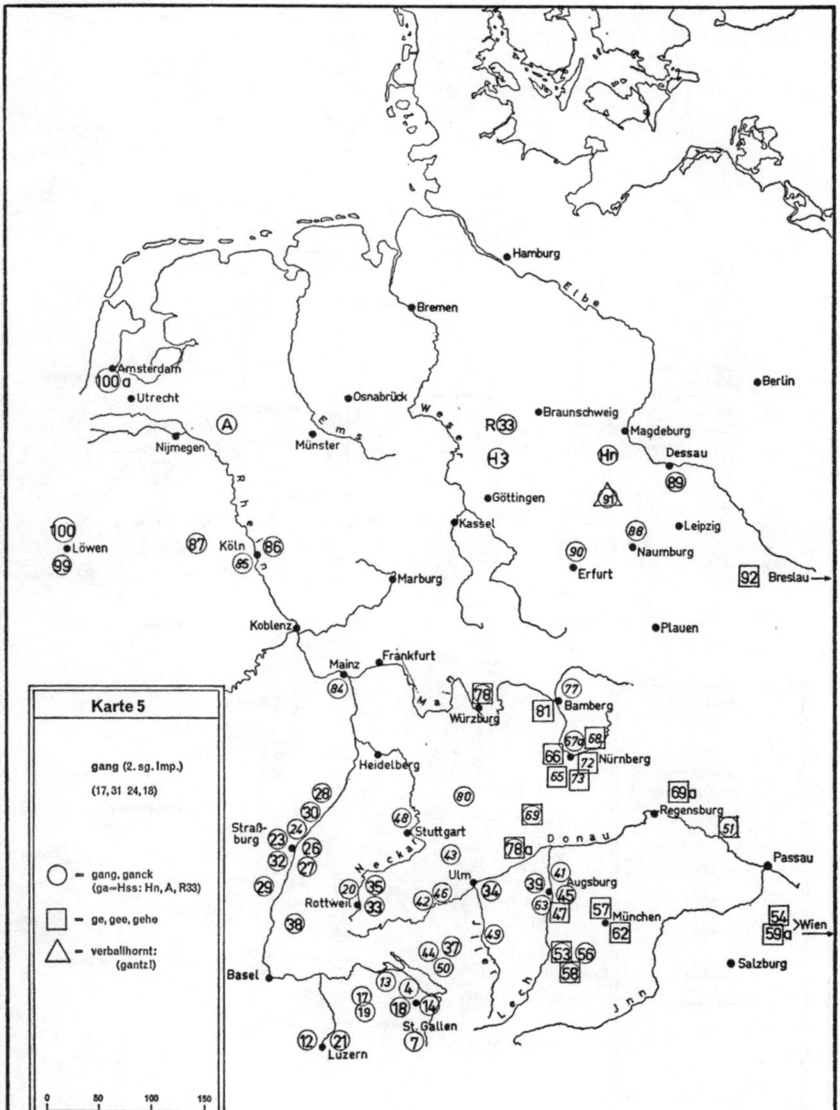

Karte 2.5: *gen/gan* (aus: Besch 1967, Kt. 5)

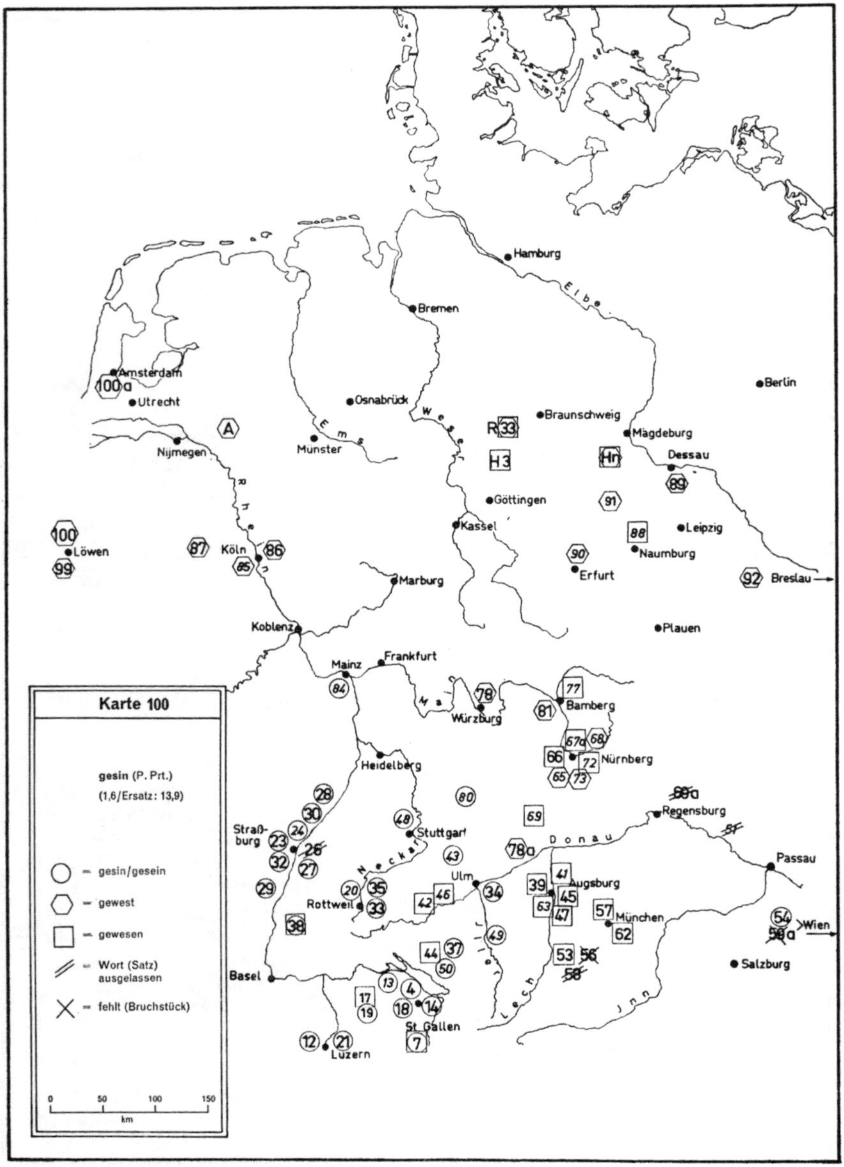

Karte 2.6: *gewesen/gesin* (aus: Besch 1967, Kt. 100)

Oberdeutschen gehörig, stellt offensichtlich im 15. Jh. keine geschlossene Schreiblandschaft dar. Sein Charakteristikum ist die Offenheit, sowohl zum Mitteldeutschen als auch zum Oberdeutschen hin und da bevorzugt zum Bairischen.

4. Übergänge und Grenzen im Mitteldeutschen:

Der Westen, speziell das Ripuarische (Zentrum Köln), meist im Einklang mit dem nördlich anschließenden Niederfränkischen, erhält zunehmend eine Sonderstellung. Kennzeichnend ist die Einbettung in westliche, teils auch nördliche (niedersächsische) Zusammenhänge. Beispiele: *suster / swester; offer / opfer; quade / bose; oetmoedicheit / demůtekeit;* u.a.m. (Als Beispielkarte 2.7)

Die spätere Umlagerung dieses Gebietes in das Hochdeutsche, d.h. sein Anschluss an die nhd. Schriftsprache, ist vielleicht das erstaunlichste Faktum in der jüngeren Sprachgeschichte. Erstaunlich deshalb, weil der Anschluss an einen niederländischen Typ von Schriftsprache von der Schreibtradition wie auch von der Mundart her wohl organischer gewesen wäre. Der sprachliche Abstand zum Ostmitteldeutschen ist jedenfalls erheblich, denn die ostmitteldeutsche Schreibtradition steht ihrerseits schon früh und kontinuierlich unter oberdeutschem, speziell unter ostfränkischem und bairischem Einfluss. Es zeichnet sich tendenziell eine Art ostmitteldeutscher-ostoberdeutscher Schreiballianz ab. Im weiteren Zeitablauf bestimmt diese Allianz wesentliche Strukturen der sich entwickelnden neuhochdeutschen Schriftsprache.

2.9. Sonderformen des Ausbaus mit überregionaler Tendenz: Die Sprache der Hanse; das Gemeine Deutsch

Dem Spätmittelalter gelangen, wie es scheint, zwei überregionale Arrondierungen mittlerer Reichweite in der Schreibsprache: das **Deutsch der Hanse** und das **Gemeine Deutsch**; das eine im Norden Deutschlands mit zusätzlicher Ausstrahlung entlang der Handelswege im Ostseeraum und in Skandinavien, das andere im weiten Donauraum mit Ausstrahlung in die angrenzenden Gebiete. Unter bestimmten Umständen hätten daraus zwei deutsche Schriftsprachen entstehen können, flankiert im Nordwesten durch die niederländische Schriftsprache und im Südwesten vielleicht durch eine eigene schweizerdeutsche Schriftlichkeit im Gefolge der Zwingli-Bibelsprache. Dazu ist es nicht gekommen. Die schon erwähnte ostmitteldeutsche-ostoberdeutsche Schreiballianz, sodann die einschneidenden Vorgänge des 16. Jhs. im Verbund mit Reformation und Bibeldeutsch setzte im 17. Jh. die mittleren Arrondierungen außer Kraft und schuf die Grundlage für die weiträumige Einheit einer deutschen Schriftsprache – alles andere als eine Selbstverständlichkeit angesichts der Ausdehnung des deutschen Sprachgebiets und seiner polyzentrischen Geschichte.

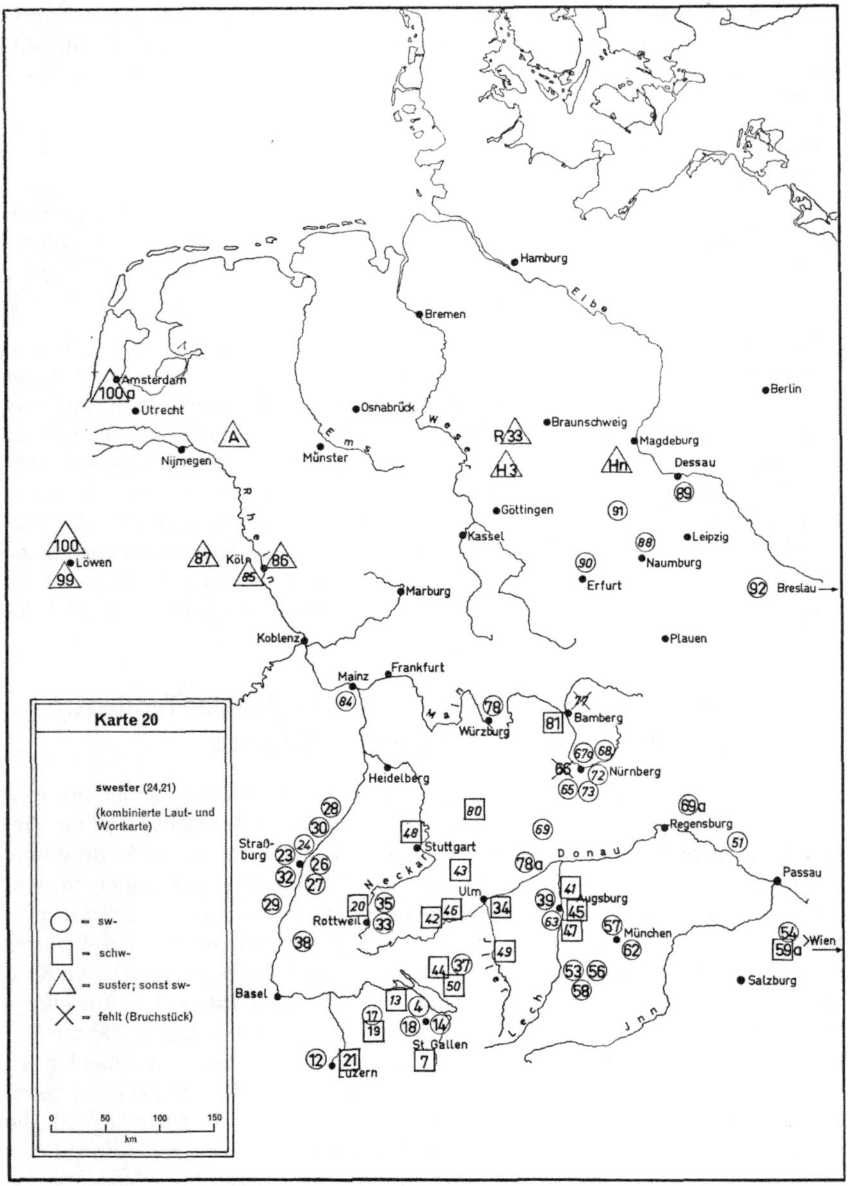

Karte 2.7: *swester/sustser* (aus: Besch 1967, Kt. 20)

2.9.1. Das Deutsch der Hanse

Das **Deutsch der Hanse** ist eng verbunden mit der Schreibsprache Lübecks. Es leistet ganz offensichtlich in geschriebener und teilweise auch gesprochener Form überregionale Kommunikationsdienste als Verkehrssprache in Norddeutschland und Nordeuropa. Normierung wird nicht erreicht, Regionales nicht grundlegend beseitigt; es sind also frühere Vorstellungen von Einheit zu korrigieren (vgl. u. a. Peters 2000). Über die spätere Verdrängung des Mittelniederdeutschen und damit auch des Hanse-Deutsch als Schreib- und Druckersprache Norddeutschlands wird noch an anderer Stelle berichtet.

2.9.2. Das Gemeine Deutsch

Das **Gemeine Deutsch** ist sprachwissenschaftlich bis heute eher eine umstrittene Größe. Der früheste bekannte Beleg stammt von 1384 (*in gemeinen teusche).* Er muss wohl, wie der folgende von 1464 (*schlechten gemainen teücz)* stilistisch und nicht überregional gedeutet werden, also etwa im Sinne einer Scheidung von hohem (‚geblümten') und gewöhnlichem Stil. *gemein* kann nämlich zweierlei bedeuten: einerseits ‚allgemein', andererseits ‚gewöhnlich', ‚nicht herausgehoben' (*vulgaris*). Mit diesen beiden Bedeutungsvarianten muss grundsätzlich zunächst bei allen bisher gesammelten Belegen gerechnet werden (vgl. Belegsammlung und Interpretation bei Werbow 1963). In einer Reihe von Fällen leistet aber der Kontext keine zweifelsfreie Entscheidungshilfe, daher sind einseitige Festlegungen problematisch. Anfänglich haben sich die Sprachhistoriker hauptsächlich für die Bedeutung von ‚allgemein' entschieden, also allgemein gebrauchtes und verstandenes Deutsch, später (und insbesondere auch durch Werbow) wurde der stilistische Aspekt bevorzugt: schlichtes, gewöhnliches Deutsch im Gegensatz zu gehobenem Stil. Inzwischen gibt es größere, korpusgestützte Untersuchungen, die die Schreiblandschaften des späten Mittelalters und der frühen Neuzeit deutlicher hervortreten lassen (u.a. Besch 1967; Ising 1968; N. R. Wolf 1975; Grammatik des Frühneuhochdeutschen 1987f.); zudem ist nunmehr auch der Kanzleisprache-Usus Kaiser Maximilians I. genauer beschrieben worden (vgl. Hans Moser 1977, insbesondere 283f.). Es verstärkt sich der Eindruck, dass mit einem gewissen Recht von einer Art schreibsprachlicher Koine des Donauraumes, einer süddeutschen ‚Reichssprache' ausgegangen werden kann. Das würde auch mit Luthers Aussage in seinem bekannten Tischreden-Zitat (WATR 2 Nr. 2758/b) in Einklang zu bringen sein, dass Kaiser Maximilian und Kurfürst Friedrich (der Weise) von Sachsen ihre Amtsprachen in *eine* zusammengeführt haben. Das Ostmitteldeutsche und das Süddeutsche rücken zusammen, deshalb ist dies das allgemein üblichste Deutsch. Er, Luther, habe keine speziell eigene Sprache, sondern eben diese allgemein übliche (*communem*), so dass ihn die Leute vom Oberland und Niederland gleichermaßen verstehen können. Hier ist *communis* eindeutig als allgemein verständlich über Sprachlandschaftsgrenzen hinweg zu verstehen. Die historische Entwicklung in der frühen Neuzeit schafft neue Voraussetzungen für eine *gesamt*deutsche Schrift-Einigung. Spätmittelalterliche Ansätze für Teillösungen mitt-

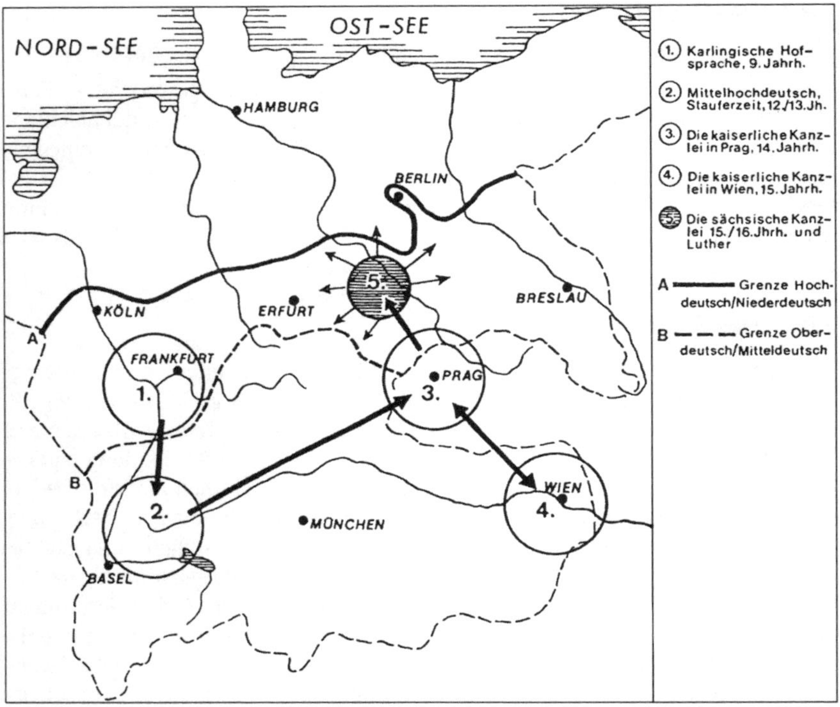

Karte 2.8: Die Theorie von der Kontinuität der Schriftsprache seit ahd. Zeit (nach Müllenhoff 1863, kartogr. von Besch)

lerer Reichweite (Sprache der Hanse; Gemeines Deutsch) verlieren an Bedeutung und treten später völlig zurück – im Norden früher, im katholischen Oberdeutschland erst um die Mitte des 18. Jhs., wenn auch die grundsätzliche Entscheidung für den stark ostmitteldeutsch geprägten neuhochdeutschen Sprachtypus nach heutigem Kenntnisstand schon ca. Mitte des 17. Jhs. gefallen sein dürfte.

2.10. Neuhochdeutsche Schriftsprache

2.10.1. Bisherige Entstehungstheorien

Die Frage nach der Entstehung der nationalen Schriftsprache hat vielerorts und generell einen hohen Stellenwert. Für das Deutsche lagen bis in die 1960er Jahre im wesentlichen drei Erklärungsmodelle vor, beginnend in der zweiten Hälfte des 19. Jhs. und sich in der Folge jeweils ablösend. Alle drei Modell haben einen jeweils ganz unterschiedlichen Ansatz – sie ergänzen sich nicht, im Gegenteil, sie

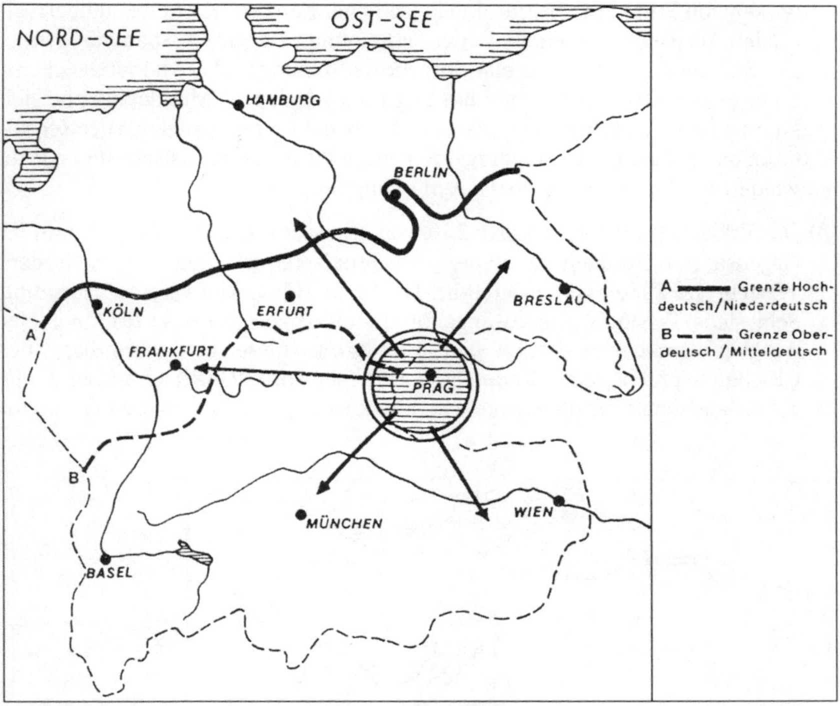

Karte 2.9: Erklärungsmodell von Burdach (1884, kartogr. von Besch)

widersprechen sich. Liegt das möglicherweise an der Schwäche des methodischen Zugriffs oder aber an der historischen Kompliziertheit der Schrifteinigung, etwa im Gegensatz zu den Abläufen in Frankreich und England. Die Antwort wird sich durch die weiteren Darlegungen ergeben.

(1) **Karl Müllenhoff** (1863, S. XXX) entwickelte die Theorie von der Kontinuität der Schriftsprache seit althochdeutscher Zeit. Er nimmt eine kontinuierliche Entwicklung vom 9.–16. Jh. an, gebunden hauptsächlich an die kaiserlichen Machtzentren, darstellbar in fünf Etappen, wie aus der schematisierenden Kartenskizze [2.8] ersichtlich. Die Einzelheiten seiner Begründung können hier nicht expliziert werden, entscheidend ist vor allem der Leitgedanke, dass es zu keinem Traditionsbruch kommt: Jede Etappe übernimmt und fügt hinzu. Am Ende steht die intensive schreibsprachliche Annäherung der habsburgischen und der sächsischen Kanzlei, und das ist dann die günstige Ausgangsbasis für Luther.

(2) Im zweiten Erklärungsmodell von **Konrad Burdach** (1884; s. hier Karte 2.9) wird der Kontinuitätsgedanke völlig abgelehnt. Die deutsche Schriftsprache sei eine neue Schöpfung, unter einmaligen kulturellen Umständen entstanden. Diese Umstände finden sich im kaiserlichen Prag Karls IV. nach 1350 im Zusammen-

wirken von Frühhumanismus und kaiserlicher Kanzlei. Das führe zu überregionalen Ausgleichstendenzen in der Schreibung und zum Ausbau von Syntax und Stil. Dieses Deutsch sei eine Sprache der Bildung und des höheren Lebens. Es liege keine bestimmte Mundart zugrunde, denn eine Mundart könne sich kaum zu einer Kultursprache erheben. Alle bedeutenden Kanzleien geraten sodann unter den Einfluss der Prager Kanzlei, auch die kursächsische und von da wiederum Martin Luther, so die Auffassung Burdachs.

(3) Das Erklärungsmodell, s. Karte 2.10, von **Theodor Frings** (1936) setzt nun im Gegensatz zu Burdach gerade bei den Mundarten an. Siedler vom Norden, Westen und Süden kolonisieren im 11.–13. Jh. das Gebiet Obersachsens und Schlesiens. Verständigungszwänge führen mit der Zeit zu einer Art kolonialer Ausgleichssprache zwischen den Mundarten, diese wird Grundlage der Geschäfts-sprache, auch in deren schriftlicher Form. Obersachsen wird *die* Modellandschaft für die sprachliche Einigung der Deutschen. Mit der gespro-

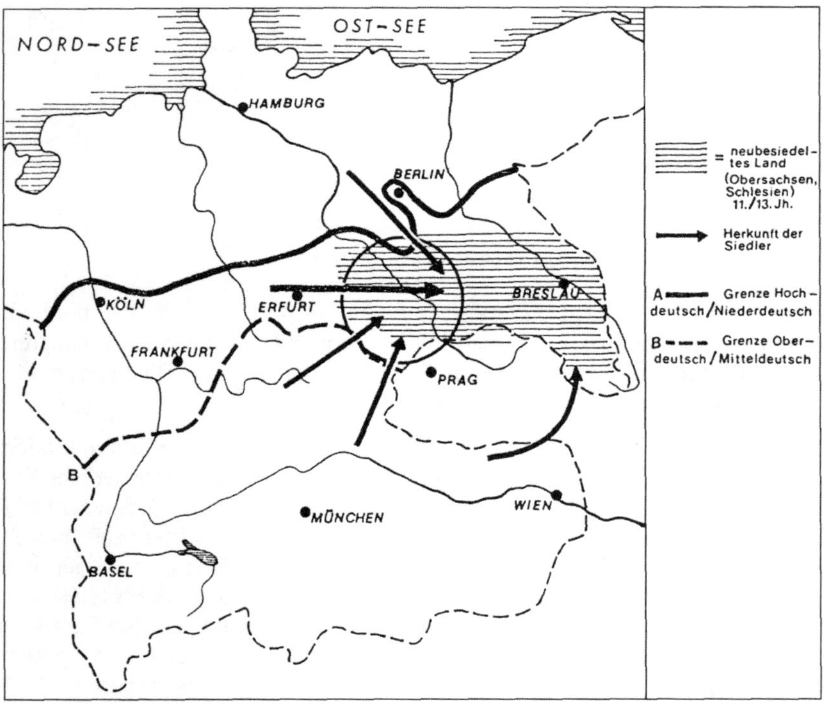

Karte 2.10: Die nhd. Schriftsprache als gesprochene Ausgleichssprache im ostmd. Siedlungsgebiet (Theorie von Frings 1963, kartogr. von Besch)

chenen Ausgleichssprache der Siedler sei dafür die Grundlage gelegt, lange vor dem Humanismus in Prag, lange vor Luther. Es führe ein überschaubarer Weg von der Sprache der Siedler zur Sprache der Schreiber, zu Luther und zur nhd. Schriftsprache. Der Weg sei von unten nach oben gegangen, nicht umgekehrt. – In einem späteren Beitrag hat Frings (1944) allerdings den Schreibtraditionen des Südens und Westens starken Einfluss auf die schriftliche Form der Ausgleichssprache zugestanden.

Im Rückblick vom heutigen Stand aus ist in aller Kürze zu sagen: Die Kontinuitätsthese Müllernhoffs kann als widerlegt gelten. Burdach hat mit seiner Prag-These einen wichtigen Ansatz schreibsprachlichen Ausgleichs im 14. Jh. erkannt, die Einheitlichkeit aber weit überschätzt, ebenso den prägenden Anteil der Humanisten. Die Mischungsvorgänge im Prager Kanzleideutsch sind eine Art Vorspiel auf dem Weg zur Schriftsprache, nicht unwichtig, aber auch nicht entscheidend für die endgültige Grundlegung, die dann in der Tat erst rund 200 Jahre später unter anderen Prämissen erfolgt. Die These von Frings hat zunächst einige Plausibilität für sich, indem sie sich auf ein für Veränderungen offenes Neusiedelland (im Vergleich mit den Altlanden) bezieht und von Kommunikationserfordernissen ausgeht, aber es erhebt sich prinzipiell die Frage, ob ein sprechsprachlicher Ausgleich so früh und in diesem Umfang bei den mittelalterlichen Gegebenheiten überhaupt möglich war. Direkte Nachweise gibt es nicht. Schrift reicht weiter und ist mischungsoffener als gesprochener Dialekt. Schrifteinheit ist in einem stark sprachpartikularistischen Land, wie dem deutschsprachigen, mit Sicherheit leichter und früher zu gewinnen als Einigung über Sprechsprache. Daraus folgt wohl, dass man das Phänomen ‚Schriftsprache' eher auf der Schreibebene untersuchen muss. Quellen für die wirklich gesprochene Sprache der damaligen Zeit besitzen wir nicht.

So ergeben sich für **neuere Untersuchungen** auf besagtem Gebiet einige Folgerungen: Vorrang von Untersuchungen auf der Schreibebene – und da nicht nur der Kanzleisprache und nicht nur im ostmitteldeutschen Raum; Überprüfung des zeitlichen Ansatzes der Schrifteinigung, der in allen drei Theorien wohl zu früh liegt; genauere Bestimmung der Rolle Luthers, der in allen drei Theorien Erwähnung findet, aber jeweils nur als Erbe erscheint ohne Nennung einer möglichen Eigenfunktion.

2.10.2. Ansätze und Ergebnisse neuerer Forschung

Die Tatsache, dass bisher drei sehr unterschiedliche Erklärungsmodelle vorgelegt werden konnten und keines endgültige Zustimmung erhielt, lässt in der Tat eine gewisse Kompliziertheit der deutschen Verhältnisse hinsichtlich einer Spracheinigung vermuten. Für andere Länder, etwa Frankreich, Spanien, auch England, sind die Wege zur Spracheinheit offensichtlich besser überschaubar. Man könnte deren Weg zur Spracheinheit so charakterisieren: Es läuft auf eine jeweils frühe Stabilisierung eines politisch-wirtschaftlich-kulturellen Zentrums im und für das ganze Land hinaus, auf eine Zentralregion hohen Prestiges generell – und dann eben auch sprachlich. Hof und Hauptstadt üben prägenden Einfluss aus, deren Sprech- und Schreibsprache haben Vorbildcharakter und strahlen aus in die Regionen. Man nennt dieses Modell das **monozentrische** als Resultat eines eher monozentrischen Geschichtsablaufs in solchen Ländern. Dominanz und Unterordnung liegen fest, das sichert die Kontinuität der Abläufe. Sprachkonkurrenz anderer Regionen tritt früh zurück.

Nicht so in einem **plurizentrischen Land** wie Deutschland mit wechselnden, z.T. auch mehreren Zentren gleichzeitig im geschichtlichen Ablauf. Kontinuität fehlt, Dominanz ist nicht entschieden, auch nicht sprachlich. Das ist die Situation Anfang des 16. Jhs. Kann es überhaupt zu einer gesamtdeutschen Spracheinigung kommen, oder sind nur Teillösungen mittlerer Reichweite möglich? Welche Autorität könnte die Gesamteinigung herbeiführen, um endlich gleichen Status für das Deutsche zu erlangen wie andere Nationalsprachen? Lässt sich das herausfinden, und wenn ja, wie? Seit den 1960er Jahren wurde mit neuen Untersuchungen begonnen. Sie konzentrieren sich ausschließlich auf die *schriftliche* Überlieferung sowohl vor als auch während und nach den Umwälzungen in der ersten Hälfte des 16. Jhs. Es gilt die schriftsprachlichen Entwicklungen nachzuzeichnen und zu belegen – andere, etwa sprechsprachliche Gegebenheiten, sind ja nicht fassbar. Es gilt zudem, sich nicht, wie häufig geschehen, auf nur wenige signifikante Merkmale der nhd. Schriftsprache (generalisierend) zu beschränken (z.B. nhd. Diphthongierung, nhd. Monophthongierung), sondern mehrere Teilbereiche der Sprache im Blick zu haben. Dazu sind eben ganze Texte nötig, wenn möglich **Textcorpora**, zusammengestellt etwa nach zeitlichen, räumlichen und annäherungsweise textsortenspezifischen Kriterien. Größere Textcorpora dieser Art sind an den Universitäten Bonn, Augsburg und an der Akademie der Wissenschaften der DDR in Berlin seit den 1970er Jahren entstanden. Sie dienten als Materialgrundlage z.B. für die Bände der Grammatik des Frühneuhochdeutschen (1987f.), für die Reihe ‚Zur Ausbildung der Norm der deutschen Literatursprache (1470–1730)' (1976f.) und für Einzelarbeiten, z.T. auch mit eigenem Textcorpus. Erstmalig lassen sich nun Abläufe in einem Gebiets- und Zeitraster zusammenhängend überblicken, und es werden Flexionsmorphologie, Syntax und Wortschatz, zusätzlich zum Laut-/Graphiebereich, einbezogen. Die Herausbildung der überregionalen Schriftsprache ist im Graphie- und Flexionsbereich früher, im Wortschatz erst später erreicht. Sie stellt sich als Stufen- und Ausgleichsprozess vom 16.–18.Jh. dar, allerdings mit frühen Richtungsentscheidungen im 16., endgültig im 17. Jh. Speziell darauf bezogen kann man von der **Phase der Grundlegung** sprechen. Sie ist entscheidend für den Durchbruch zur Überregionalität. Entsprechende Entgrenzungen sollen nun für den Norden, den obd. Süden, die deutschsprachige Schweiz und für das eine oder andere Gebiet mehr in der Mitte aufgezeigt werden.

Der Norden:

Die **Verdrängung des Mittelniederdeutschen** durch das Hochdeutsche erfolgte in zeitlicher Staffelung unterschiedlich nach den Domänen. Gabrielsson (1983, 148) liefert eine Übersicht über den Sprachwechsel in den städtischen Kanzleien des Nordens:

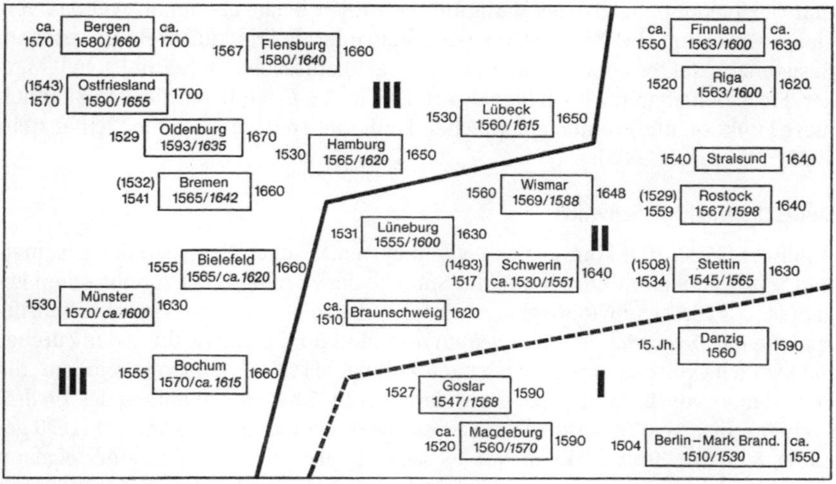

Karte 2.11: Der Übergang der nd. zur hd. Schriftsprache in tabellarischer Übersicht (aus: Gabrielsson 1983, 148)
„Die Jahreszahl vor dem Rechteck bedeutet den Beginn der Aufnahme des Hd. (in Klammer erste Anläufe, die sich nicht durchsetzten), die Zahl hinter dem Rechteck den endgültigen Abschluß des Ablösungsprozesses. Von den beiden Zahlen im Rechteck stellt die erste den Abschluß im auswärtigen, die zweite denjenigen im inneren Kanzleibetrieb dar."

(s. Karte [2.11]). Er erfolgt im wesentlichen zwischen 1500 und 1600, gehäuft zwischen 1540–1560. Je näher eine Stadt zum Ostmitteldeutschen lag, je früher kam es zur Übernahme des Hochdeutschen in der Schrift, also am frühesten im Brandenburgischen (Anfang des 16. Jhs.), am spätesten im Ostfriesischen, in Schleswig und im Oldenburgischen (Ende des 16. Jhs.). Die ersten Übergänge liegen, wie man sieht, vor der Reformation, der große Vollzug allerdings erst im Gefolge der mit der Reformation verbundenen Umwälzungen. Im örtlichen Amts- und Schreibwesen hielt sich Niederdeutsch noch länger, teils auch in Schulbüchern, Gesangbüchern, in der Predigtsprache. Um 1650 gilt die Verdrängung des Mittelniederdeutschen als Schreib- und Druckersprache als mehr oder minder abgeschlossen (Sodmann 2000, 1505f.), nicht so natürlich in der gesprochenen Alltagssprache (Platt). Der Beitritt des niederdeutschen Sprachgebietes zur hoch-deutschen Schriftlichkeit (stark ostmitteldeutscher Prägung) ist ein ganz entscheidender Vorgang. Damit wird der Geltungsraum dieser Schriftform in großem Ausmaß erweitert.

Der Südosten (Donauraum: **‚Gemeines Deutsch'**, ‚süddeutsche Reichssprache'): Hier muss beachtet werden, dass der linguistische Abstand zum frühneuhochdeutschen Sprachtypus, wie er etwa im Bibeldeutsch Luthers vorliegt, ungleich geringer ist als im Vergleich mit dem Niederdeutschen. Ernsthafte Verstehensprobleme bestehen nicht, und wenn überhaupt, dann höchstens gelegentlich im Wortschatz. Die Differenz ist begrenzt auf eine beschränkte Liste von graphischer und flexionsmophologischer Variation, eigentlich leicht abbaubar, wie das vergleichsweise im Schwäbischen, am Oberrhein oder im Frankfurter Raum geschah. Resistenzcharakter erhalten die Varianten als konfessionelle (katholische) ‚Marker'. Sie haben abgrenzenden Signalwert. Erst im 18. Jh. verlieren sie offensichtlich diese Funktion und werden entsprechend aufgegeben (Genaueres bei Reiffenstein 2003c; Wiesinger 2003).

Deutschsprachige Schweiz:

Zollinger (1920, 105) kommt nach einem systematischen Vergleich der allgemeinen Schriftlichkeit in Zürich und der Sprache der Zürcher Bibel zu folgendem Ergebnis: „Es bleibt unwiderlegbare tatsache, daß die aufnahme der nhd. schriftsprache in Zürich sich in allerengstem anschluß an die entwicklung der Zürcher bibelsprache vollzog." Das geschah nach Zollinger (1920, 95) in zwei Perioden: „die erste dauert von 1670 bis 1755, die andere von 1755 bis an den anfang des 19. Jhs." Im hier erörterten Zusammenhang ist es angebracht, den Zeitraum *vor* 1670 genauer zu betrachten. Er kann, wie es scheint, auch als Anlauf zu einer eigenen schweizerdeutschen Schriftsprache gesehen werden, und das würde im übrigen durchaus in die muttersprachliche Aufbruchzeit jener mehr als hundert Jahre zwischen ca. 1530 und 1650 passen, wo auch andernorts die überregionale Orientierung noch nicht klar entschieden war. Es gibt Äußerungen aus früher Zeit, die eine solche Auffassung nahelegen. Zunächst übernimmt man in Zürich von Luther (Vorrede der Zürcher Folio-Bibel von 1531), ‚alemannisiert' aber z.T. im Wortschatz, doch auch sonst. Die **‚Alemannisierung'** war zu diesem Zeitpunkt eine Notwendigkeit, um das Verstehen zu sichern, denn ein gemeinsamer schriftsprachlicher Wortschatz bildete sich erst im Laufe des 16. und 17. Jhs. heraus. Bei den eigenen Wörtern wollte man auch hundert Jahre später noch bleiben, wie aus der Vorrede Johann Jacob Breitingers zu seiner revidierten Fassung des Neuen Testaments, Zürich 1629, hervorgeht. Er wolle, so heißt es: „... *daß dieß New Testament vnserm volk wiederumb gegeben wurde in seiner Eidgenösischen, anerbornen mutterspraach, da sonsten jetz etliche jar har, so oft die testament in einer oder andern form bey vns außgegangen, vil außländische vnd solche wort nach vnd nach eingemischet worden sind, davon vnsere leut im läsen nit wenig verdruß empfangen habend*" (Zitiert nach Mezger 1876, 222). Gut 30 Jahre später wurden in der Vorbereitung der umfassenden Revision der Zürcher Bibel von 1665/67 gutachterliche Äußerungen von Geistlichen eingeholt. Viele eifern gegen das Eindringen der Lutherschen Bibel, wünschen gar einen Rückgriff auf ältere, verständlichere Fassungen der Zürcher Bibel. Wir wissen, dass das Gegenteil geschah, dass der Revisionstext von 1665/67 „den entschiedenen Schritt zur hochdeutschen Sprache wagte" – eine merkwürdige Tatsache, dass dies so rasch geschehen konnte, wie Mezger (S. 243 u. 251) vermerkt.

Von *Landessprache* ist selbst noch in der Vorrede Johann Caspar Ulrichs zu seiner Zürcher Bibelausgabe von 1755 die Rede. Heißt *Landessprache* hier nur schlicht ‚deutsch' oder im engeren Sinn noch *eidgenössische, anerborne mutterspraach*? Letzteres ist nicht auszuschließen, kann aber mit dem Bibeldruck von 1772 als erledigt gelten, der – laut Vorwort – die Absicht verwirklichte „... die ganze Schreibart ... nach dem nun einmal in ganz Deutschland angenommenen Sprachgebrauche einzurichten." Die Entwicklung führt dahin, wohin schließlich maßgebend auch die Lutherbibel geführt hat. War das die ursprüngliche, eigene ‚Mission' der Zürcher Bibel? Lavater (1997, 199f.) behandelt die Wirkungsgeschichte der Zwingli-Bibel unter der Überschrift „Marginalisierung". Die von Zwingli angeregte und auch maßgeblich geprägte Übersetzungssprache habe sich „von Anfang an und für genau 250 Jahre in eine Kulturnische begeben." So kann man eigentlich nur von heute aus urteilen. Historisch gesehen war der landestypische Sprachduktus im 16. Jh. eigentlich der ganz normale Ansatz, bis er im 17. Jh. allmählich durch eine weitgreifende überregionale Richtungsentscheidung auf ein Hochdeutsch ostmitteldeutscher Prägung abgelöst wurde.

Die Entwicklungen im Norden und in der Schweiz zeigen Parallelen im zeitlichen Einschnitt um die Mitte des 17. Jhs.

Für **Gebiete zwischen Nord und Süd** genügen wenige Bemerkungen:

Am **Niederrhein**, in den Grafschaften Bentheim und Lingen sowie in Ostfriesland verursachen angestammte Sprache und z.T. wechselnde territorial-dynastische Zugehörigkeit tiefgreifende Unsicherheiten in der schriftsprachlichen Orientierung. Die endgültige Entscheidung für die deutsche und gegen die niederländische Schriftsprache fällt in diesen Grenzgebieten teilweise erst Anfang des 19. Jhs. (Macha u.a. 2000, 209f., 277f.). Regionalsprachlich wäre eine Überdachung durch die niederländische Schriftsprache weit organischer gewesen als der Anschluss an das 'fremde' Hochdeutsche. Abgeschwächt gilt das auch für den **Kölner Raum**, wo sich der Wechsel zur hochdeutschen Schriftsprache allerdings schon in den Jahrzehnten um die Mitte des 16. Jhs. vollzieht (Macha u. a. 2000, 123f.). In den großen Sprachlandschaften der Mitte, vom Hessischen über Thüringen bis nach Schlesien ist eine frühe drucksprachliche Adaption an den frühnhd. Typus Bibeldeutsch erfolgt. Orthographische Variation gibt es durchaus noch, wie etwa der Streit zwischen dem Wittenberger Korrektor Christophel Walther und dem Frankfurter Drucker und Verleger Sigmund Feyerabend zeigt (Meiß 1994, 67f.), aber das ist in jener Zeit unerheblich. Weiter südlich im Schreib- und Druckzentrum **Straßburg** erfolgt die Anpassung an das Bibeldeutsch Luthers innerhalb von 20–30 Jahren (Stockmann-Hovekamp 1991; Besch 1993b). Der Buchdrucker Wendel Rihel druckt die erste vollständige Wittenberger Bibel von 1534 ein Jahr später in Straßburg buchstabengetreu nach, wie er sagt, *auff das du ein Luterisch Bibel / on wandel / habest* (Hartweg 1984, 184). Er sieht zwar Unterschiede hinsichtlich der lutherischen Orthographie und des Wortschatzes: *so meer auff Sachsisch / denn vnser hochteutsch geprauchct*, aber die Übung wird das verständlich und gebräuchlicher werden lassen all denen, die Verlangen nach der Heiligen Schrift haben. Das Transferieren hat ein Ende, Lutherdeutsch ist in Straßburg noch etwas ungewohnt, aber keine Barriere.

Noch näher an den Wittenberger Texten ist das ostfränkische Schreib- und Druckerzentrum **Nürnberg**. Das erklärt sich aus räumlicher Nähe und lang angelegtem schreibsprachlichem Ausgleichskontakt zu Obersachsen.

Man kann diesen Durchgang durch die deutschen Schreib- und Drucklandschaften im 16. und in der ersten Hälfte des 17. Jhs. etwa mit folgenden Feststellungen abschließen:

(1) Sprachliche Nähe zu diesem frühneuhochdeutschen Sprachtypus ostmitteldeutscher Provenienz führt zu großen Annäherungen schon gegen Mitte bzw. dann in der 2. Hälfte des 16. Jhs. Das betrifft die mitteldeutschen und größere Teile der westoberdeutschen Regionen (mit Ausnahme der Schweiz). Die regionalen Abgrenzungen treten zurück.
(2) Sprachlicher Abstand, groß im Norden und Nordwesten, weniger groß in der alemannischen Schweiz, erschwert und verzögert eine Annäherung. Im Norden kommt es mit der Zeit zu einem Schreib- und Drucksprachwechsel zum Hochdeutschen hin, in der Schweiz zur Sprachangleichung. Die entscheidende Wendezeit für beide Regionen kann etwa auf die Mitte des 17. Jhs. festgelegt werden.
(3) Konfessionelle Abgrenzungen werden in der 2. Hälfte des 16. Jahrhunderts, im 17. und teils im 18. Jh. auch mit sprachregionalen Elementen markiert (Beispiel: das „lutherische – e"). Das betrifft insbesondere das katholische Bayern, etwas weniger rigide die österreichischen Territorien. Die Folge ist eine erhebliche Retardierung eines schon weit fortgeschrittenen Einigungsprozesses. Unter dem Einfluss der Aufklärung fällt dann in der 2. Hälfte des 18. Jhs. auch diese Barriere, die linguistisch nicht sehr markant war.

Im Folgenden ist jetzt die Zielgröße zu beschreiben, auf die offensichtlich die überregionale Richtungsentscheidung im 16. und dann generell von der Mitte des 17. Jhs. an zuläuft. Es kommt damit der ostmitteldeutsche Raum, z. T. verschränkt mit dem ostfränkischen und ostoberdeutschen, in den Blick, und untrennbar damit verbunden ist das Sprachwirken Luthers. Hier liefert die neuere Forschung bessere Einsichten in die Abläufe als das vordem möglich war.

2.10.3. Sprachlandschaft Ostmitteldeutsch / Luther

Ein wesentliches Charakteristikum dieser Region ist, etwa im Vergleich zum Westmitteldeutschen, eine relative Offenheit für Sprachkontakt und Sprachausgleich, beginnend schon in der Besiedlungszeit (Frings) und schließlich grundlegend dokumentiert durch eine wichtige Schreibsprachangleichung zwischen Obersächsisch und Ostoberdeutsch am Ende des Mittelalters, nachgewiesen durch Untersuchungen (etwa Besch 1967, mit Sprachkarten), von Luther ausdrücklich benannt (WATR 2 Nr. 2758/b) unter Hinweis auf die Meißnische Kanzlei Kurfürst Friedrich des Weisen und die Kaiserliche Kanzlei Maxmilians. Luther steht also auf günstigem Boden: der Herkunft nach in geographischer Mittellage zwischen Nord und Süd, zudem im östlichen Teil dieser Mittellage begünstigt durch eine gewisse **Schreiballianz** zwischen Mitte und Süden, eine Art erster Brückenschlag in die Überregionalität. Anfangs steht Luther teilweise noch in regionaler Sprachbindung – und anders konnte das damals gar nicht sein. Dann aber bedient er sich zunehmend der schreibsprachlichen Großfläche jener Schreiballianz, wählt in Problemfällen auch aus und dies bewusst oder intuitiv nach dem Kriterium der größten Verbreitung einer Form oder eines Wortes im hochdeutschen Sprachgebiet. Durch ihn und die nachhaltige Wirkung seines Bibeldeutsch wird somit das Grundgerüst der Schriftsprache des Näheren bestimmt. Es hat eine mitteldeutsch-oberdeutsche Prägung. Am weiteren Ausbau sind auch andere Landschaften und darüber hinaus sprachimmanente Faktoren beteiligt. Luther ist also weder Neuanfang noch Nachzügler. Er steht mitten in der Entwicklung, greift auf, führt weiter und setzt – das ist das Entscheidende – schließlich dieses sprachliche Grundgerüst überregional durch (Besch 1967, 340f.; ders. 2000, 1713f.).

Ehe noch über die Rezeption der Luthersprache in Gestalt seiner Bibel berichtet wird, ist noch auf drei stützende Faktoren aufmerksam zu machen: auf **Luthers Sprachmächtigkeit**, auf die **Weihe der Muttersprache** als Aussagemedium für das Wort Gottes, sodann auf das **Medium Buchdruck**. Zum ersten ist zu sagen: Luther war sprachlich ein Glücksfall. Seine Sprachmächtigkeit erklärt sich aber auch zu einem guten Teil als hervorgehend aus lebenslanger Spracharbeit. Das hat Luther an vielen Stellen selbst bezeugt. Neben dem *ingenium bonum* steht intensivste Bemühung – in beidem unerreicht von den Zeitgenossen. Zum zweiten kommt eine unerhörte Aufwertung der Muttersprache, einer ‚Vulgärsprache', hinzu. Übersetzungsversuche der Bibel in das Deutsche hatten bis zum Ende des Mittelalters letztlich eher dienende Funktion zum besseren Verständnis der lateinischen Bibel. Es galt der Vorrang der Drei Heiligen Sprachen Hebräisch, Griechisch und Latein. Für Luther ist das Deutsche eine gleichwertige Verkündigungssprache. Ihre Formulierung unterliegt dem höchsten Anspruch auf Genauigkeit und Verständlichkeit in der eigenen Sprache. Das ist ein ganz neues Übersetzungspostulat mit dem qualitativen Sprung zu einem bedingungslos deutschen Text der Bibel. Nach Luthers Auffassung *hat gewisslich hie die deutsche sprach eyn bessere Bibel denn die latinische sprache* ... (WADB 8, S.30/32) – eine im Mittelalter so völlig undenkbare Formulierung.

Beide Faktoren, Luthers unbestrittene Sprachmächtigkeit und die Erhebung des Deutschen in den Status einer bibelwürdigen Sprache, haben den Rang der deutschen Bibel bewirkt. Und ohne den dritten Faktor, das Medium Buchdruck, hätte dies alles keine Breitenwirkung entfalten können, wäre nach aller Wahrscheinlichkeit Episode geblieben.

2.10.4. Sprachliche Wirkungsforschung (16.–18. Jh.), insbesondere anhand der Bibelrezeption

Die Bibelverbreitung ist schon zu Luthers Lebzeiten eine unglaubliche Erfolgsgeschichte. Wittenberg allein verzeichnet von 1522–1546 10 Auflagen der Vollbibel und rund 80 Teilausgaben, vornehmlich des Neuen Testaments. Im gleichen Zeitraum kommt es zu 260 auswärtigen Nachdrucken und zusätzlich zu 90 Ausgaben in niederdeutscher Sprache. Nach vorsichtigen Schätzungen waren etwa eine halbe Million Lutherbibeln (bzw. Neue Testamente) in Umlauf, bezogen auf die etwa 12–15 Millionen Einwohner damals. Diese Zahl ist gewaltig im Vergleich zum Mittelalter und lässt auch bereits die unerhörte **Breitenwirkung** für die damalige Zeit erahnen. Zum Zeugnis sei der entschiedene Luthergegner Johannes Cochaeus zitiert, der 1549 im Rückblick folgendes berichtet (Übersetzung aus dem Lateinischen): *Ehe denn aber Emsers Arbeit* [= katholische Übersetzung des NTs 1527] *an den Tag gegeben, war Luthers Neues Testament durch die Buchdrucker dermaßen gemehrt und in so großer Anzahl ausgesprengt, also daß auch Schneider und Schuster, ja auch Weiber und andere einfältige Idioten* [= Laien], *soviel deren dies neue lutherische Evangelium angenommen, wenn sie auch nur ein wenig Deutsch auf einem Pfefferkuchen lesen gelernt hatten, dieselbe gleich als einen Bronnen aller Wahrheit mit höchster Begierde lasen. Etliche trugen dasselbe mit sich im Busen herum und lernten es auswendig.*

Das folgende 17. Jh. wird gelähmt durch den 30jährigen Krieg und seine nachhaltigen Folgen. Das bedeutet Stagnation und führt auch zum Verlust der wittenbergischen Vorrangstellung im Bibeldruck.

Im 18. Jh. allerdings erlebt die Bibelverbreitung einen ungeahnten Höhepunkt. Zentrum wird die **Cansteinische Bibelanstalt** in Halle a. d. Saale. Der Kaufpreis pro Bibel kann dort durch die Einführung des Stehsatzes 1712/13 in erstaunlichem Maß gesenkt werden zugunsten der einfachen Leute. Stehsatz bedeutet, dass die Druckplatten aufbewahrt wurden und jederzeit für weitere Auflagen zur Verfügung standen. So erklären sich jetzt auch die hohen Auflagen und Stückzahlen. Ein Rechenschaftsbericht der Bibelanstalt von 1775 vermeldet als bisherige eigene Produktion über eine Million ganzer Bibeln und über 700 000 Neue Testamente. Nach weiteren gut hundert Jahren (1883) erhöht sich die Gesamtbilanz der Cansteinischen Bibel- und Bibelteildrucke auf über 5,8 Millionen, wohlgemerkt als Bilanz *einer* Druckanstalt. Zahlreiche andere in Deutschland kommen noch hinzu. Der Stehsatzdruck gibt dem Bibeltext zusätzlich eine Note der unverwechselbaren Stabilität über längere Zeiträume. Die Bibel wird das Unterrichtsbuch der Nation, zumindest in den protestantischen Regionen; über Jahrhunderte vielfach das einzige Buch in Schule und Haus. An ihr lernt man buchstabieren, lesen, schreiben. Kerntexte der Bibel, die Lieder, der Katechismus werden auswendig gelernt, gerade auch vom Volk, von den einfachen Leuten. Das steht nicht frei, sondern ist Pflicht eines Christenmenschen. Es kommt zur **„nationalen Aneignung der Bibel"** wie es Burdach (1924) genannt hat, Akzeptation in Kopf und Herz des Volkes.

2.10.5. Zum Verhältnis von neuhochdeutscher Schriftsprache und ‚Lutherdeutsch'

Das Lutherdeutsch liefert das Modell für den überregionalen Ausgleich in der Grundlegungsphase des 16. Jhs. An der weiteren Ausformung im 17. Jh. und der abschließenden Bereinigung verbliebener Regionalismen im 18. Jh. wirken Sprachgesellschaften, Grammatiker, Schriftsteller, im 19. Jh. teils auch Institutionen mit. Das ‚Lutherdeutsch' schon um 1650 für tot bzw. für eine „schöne Fiktion" zu erklären (Virgil Moser 1909, 51f.), ist ein absolutes Fehlurteil. Es beruht auf einer anachronistischen Hochstilisierung von orthographischer Normung schon für frühere Jahrhunderte. Die Luthersprache definiert sich nicht über Orthographie. Anpassungsänderungen im Ablauf der Zeit werden als normal empfunden und vollzogen. Was nicht disponibel ist, das ist Wortschatz und Syntax. Hier scheut man kirchenamtlich über Jahrhunderte jeglichen Eingriff in den lutherischen Bibeltext. Schließlich wird das im Zuge des **Veraltens von Sprache** zu einem Problem. Als Behelfsmittel erscheinen seit 1694 Wortglossare, den Bibeln z.T. bis in das 19. Jh. als Anhang beigefügt, wobei die umfangreichsten bis zu 500 erklärungsbedürftige Wörter altdeutscher und auch grundsprachlicher Herkunft enthalten. Der Sprachhistoriker erkennt leicht, dass sich darunter auch eine Anzahl Wörter aus Luthers Herkunftsraum befinden, die sich trotz Verankerung im Bibeltext langfristig nicht durchsetzen konnten. Beispiele: *Blachfeld* = Flachland; *glum* = trübe; *Hippe* = Winzermesser; *köken* = speien; *lecken* = springen, hüpfen; *Schnur* = Schwiegertochter; u.a.m.

1892 wurde endlich ein erster kirchenamtlich **revidierter Text** der Lutherbibel vorgelegt, 1912 der zweite, 1984 schließlich der dritte und bisher letzte, modernisierend und bewahrend zugleich. Die Unantastbarkeit des Luthertextes über nahezu 400 Jahre hat einerseits Sprachwandelprobleme geschaffen, andererseits stabilisierende Wirksamkeit eines Sprachmusters über Jahrhunderte gewährleistet – im Gegensatz z.B. zur Zürcher Bibel. So ist der große und anhaltende Einfluss auf Literatur, Stilgeschichte, Grammatikschreibung recht eigentlich zu verstehen. Hinsichtlich der Orthographie gab es, wie schon gesagt, keine Hindernisse für kontinuierliche Anpassung im Ablauf der Zeit bis hin zu der überregionalen Einigung in den Berliner Orthographie-Konferenzen von 1876 und 1901.

Blicken wir zurück: Der Weg zur Schrifteinigung war lang, länger als in den Nachbarländern, komplexer infolge eines polyzentrischen Geschichtsablaufes, schwieriger auch angesichts großer und vielfältiger Dialektunterschiedlichkeit in der Gesamterstreckung des deutschen Sprachgebietes.

Was ist Ende des 18. Jhs. prinzipiell erreicht und wie wurde es erreicht?

Die Raumgebundenheit der *Schreibsprachen* ist nun aufgehoben in der neuhochdeutschen *Schriftsprache*. Ein plurizentrisches Land erlangt schriftsprachliche Einheit von den Küstengebieten im Norden bis in die Alpenregionen. Bewirkt wird dies nicht von einer dominanten Zentralregion, nicht von Dynastien, nicht von weltlicher Macht welcher Art auch immer, sondern letztlich von der Bibel. Ein autoritativer Text tritt an die Stelle sonst üblicher Autoritäten. Das ist der deutsche Sonderweg, verglichen etwa mit Frankreich, Spanien, England. Er beanspruchte mehr Zeit und war auch schwerer erkennbar. Daher rührt die Existenz mehrerer, weithin gegensätzlicher Entstehungstheorien. Ein Durchbruch war nunmehr erreicht, das ‚Gebäudegerüst' geschaffen. Der weitere Ausbau erweist sich dann als eine gemeinsame Aufgabe vieler. Davon wird in den synchronen Kapiteln die Rede sein.

Über drei Aspekte soll abschließend in dieser Längsschnittstudie noch kurz gesprochen werden: über die Alphabetisierung; über die Zurückdrängung fremder Sprachen, insbesondere des Französischen, und über die Auswirkungen der neuen Schriftsprache auf das gesprochene Deutsch. Damit weitet sich der Blick ins 19. und 20. Jahrhundert.

2.11. Alphabetisierung / Schulpflicht

Unter **Alphabetisierung** ist vielerorts und lange zunächst die **Schulpflicht** verstanden worden, d.h. Lese- und Schreibfähigkeitserwerb, Zugang zum jeweiligen Schriftsystem für alle. Heute gilt vielfach ein wesentlich erweitertes Verständnis im Sinne von „Entwicklung von Schriftkultur" (s. Maas 2003). Da eine gewisse Messbarkeit und gewisse statistische Angaben nur für das Faktum des elementaren Zugangs zum Schriftsystem gewährleistet sind, empfiehlt sich hier die Festlegung auf **Schulpflicht**.

Deren Durchsetzung hat ebenfalls eine lange und noch nicht befriedigend geklärte Verlaufsgeschichte in Deutschland. 1717 steht als frühes Datum für eine **allgemeine Volksschulpflicht** in Preußen für alle, die den nötigen Unterricht nicht im Hause erteilt bekamen, wie es beim Adel und den städtischen Oberschichten üblich war.

Unterricht war demnach eine Kostenfrage, sowohl für die Individuen wie auch für die Obrigkeit. Den sozial Höherstehenden bereitete das keine Probleme, insofern ist Unterricht wie auch Lese- und Schreibfähigkeit oberschichtlich längst vor 1717 greifbar. Für das breite Volk bedeutete Schulpflicht zweierlei: Aufbringen von Schulgeld, Verlust von Kinderarbeit. Das sind Nöte, die die Ärmeren in der Stadt und die meisten Leute auf dem Land besonders betrafen – und das über die Jahrhunderte fast bis in das 20. Jh. hinein. All dies klingt schon in Luthers erstaunlich moderner „Predigt, daß man Kinder zur Schulen halten solle" (WA 30, 2. Abt.) vom Jahr 1530 an, allerdings eher Desinteresse und Geiz rügend als Not beschreibend.

Es dauert sehr lange, bis genügend Schulen, ausreichend Lehrer mit vertretbarer Ausbildung und auch elterliche Motivation hinsichtlich des regelmäßigen Schulbesuchs ihrer Kinder, auch der Mädchen, vorhanden waren. In Preußen besuchten z.B. 1816 „nur 54,1 % aller schulpflichtigen Kinder die Elementarschule, während in Sachsen um diese Zeit die Quote bei über 80%, im Rheinland dagegen nur bei 50 %, in Westpreußen bei 40 % und in Posen noch niedriger lag" (Jeismann/Lundgreen 1987, 127). Eine genaue Erfassung des **Anteils von Analphabeten** für historische Zeitschnitte ist sehr erschwert. Jüngere Untersuchungen bedienen sich u.a. auch einer seriellen Massenquelle, nämlich der Signierfähigkeitserhebung auf der Basis von Zivilstandsregistern des Königreichs Westfalen über den Zeitraum von 1808 bis 1814/15. Dort hatten nämlich in der ‚französischen Zeit' heiratswillige Paare wie auch deren Eltern für die Register des ‚état civile' je persönliche Unterschriften zu leisten, also Frauen und Männer jeweils zweier Generationen, sofern sie schreibfähig waren. Hier ein beliebig herausgegriffenes Beispiel für das südliche Niedersachsen (1808–1814/15). Bei 3304 erfassten Heiraten waren signierfähig (in %): Bräutigame 76,4; Väter 64; Bräute 37,8; Mütter 18. Man erkennt leicht das Gefälle zwischen männlich und weiblich, ebenso zwischen den Generationen. Ebenfalls in den Registern erfasste Berufsangaben lassen weitere Differenzierungen zu, natürlich auch Differenzierungen nach Stadt/Land – insgesamt hochwillkommene Informationen (s. Bödeker/Hinrichs 1999, 12f.). Eine letzte Quelle: Die Volkszählung von 1871 in Preußen liefert für fast 50 Regierungsbezirke bzw. Provinzen Zahlen bezüglich des Anteils von Analphabeten (in %): Preußen insgesamt 13,7 (10,8 m / 16,4 w); Königsberg 26,3 (23 m / 29,3 w); Danzig 36 (32,4 m / 39,4 w); Berlin 2,6 (2 m / 3,2 w); Hannover 5,7 (4,3 m / 7,2 w); (Jeismann/Lundgreen 1987, 128).

Man kann davon ausgehen, dass die Alphabetisierung auf deutschem Gebiet im Sinne von **elementarer Lese- und Schreibfähigkeit** im späten 19. Jh. weitgehend durchgeführt ist. Damit hat auch das breite Volk Anteil, wenn auch mit unterschiedlichem Sicherheitsgrad, an der überregionalen Schriftsprache. Es gilt Schrifteinheit neben Sprechvielfalt. In der zweiten epochalen Veränderungsphase auf tendenzielle Sprecheinheit hin stehen wir mitten drin. Die Menschen schriftkundig zu machen, ist unbestritten ein Gewinn. Wer es früher konnte (s. Bildungsbürgertum) sollte nicht wegen Vorteilsnahme zwischen den Zeilen gerügt, wer später hinzukam nicht getadelt, aber auch nicht wegen proletarischer Widerständigkeit gelobt werden. Die Lebensrealitäten haben in der Regel den unterschiedlichen Gang diktiert, der sich, wie fast immer in der *conditio humana* mit Wertungen und Abwertungen verbunden hat bzw. verbinden kann, hier wie auch anderswo in der Welt. Der betulich erhobene moralische Zeigefinger in einigen jüngeren sprachhistorischen Arbeiten ist entbehrlich. Es genügt, Gewinn und Problem zu benennen und sachlich zu gewichten.

2.12. Zurückdrängung fremder Sprachen

Dieser Vorgang vollzieht sich beim Latein vom 13. Jh. bis eigentlich in unserer Gegenwart, meist in kleinen Schritten, gelegentlich in Schüben (etwa in der Reformation; im 19. Jh.). Darüber gibt es domänenbezogene Untersuchungen (s. u.a. Henkel 2003). Der geschichtliche Gewinn dieser hochausgebildeten Brückensprache in und für Europa bedarf eigentlich keiner weiteren Darlegung. Mit der Entwicklung nationaler Schriftsprachen übernehmen diese Schritt für Schritt die Funktion des Latein. Für die neuhochdeutsche Schriftsprache ist das Latein im 18./19. Jh. zunehmend kein Konkurrent mehr. Anders **das Französische**. Von Friedrich dem Großen ist dessen Vorliebe für französische Sprache und Literatur zur Genüge bekannt, ebenso die Geringschätzung des Deutschen. So war es weithin im Adel, national wie auch sonst in Europa. Als gesprochene und geschriebene Sprache der führenden Schichten Europas war Französisch ein fast bedrohlicher Konkurrent für Bestand und Verfeinerung anderer Nationalsprachen, eben auch für die deutsche Schrift- und Standardsprache. Schlaglichtartig beleuchtet ein Brief Voltaires, den er 1750 aus Potsdam nach Frankreich schreibt, die damalige Situation: „Je me trouve ici en France. On ne parle que notre langue, l'allemand est pour les soldats et pour les cheveaux; il n'est necessaire que pour la route." (Paul Lévy: La Langue allemande en France, Vol. 1, Lyon/Paris 1950, 191). Er befindet sich also in Potsdam gleichsam in Frankreich. Man spreche nur französisch, deutsch sei für die Soldaten und die Pferde, man brauche es eigentlich nur für Reisen über Land.

Die Königlich Preußische Akademie der Wissenschaften zu Berlin schreibt 1782 einen „Concours sur l'universalité de la langue française" aus (s. Piedmont 1984). Es gehen bis 1784 21 Preisschriften ein; den Preis erhalten zu gleichen Teilen Comte Antoine de Rivarol und der Stuttgarter Philosophieprofessor Johann Christoph Schwab. Die Preisschrift Schwabs, deutsch abgefasst, musste erst in das Französische übersetzt werden, weil Mitglieder der Jury den deutschen Text nicht lesen konnten. Die Verhandlungs- und Protokollsprache der Akademie war Französisch. Das änderte sich, wie übrigens die ganze Sprachsituation, erst mit den Freiheitskriegen Anfang des 19. Jhs. Geblieben ist bis heute in unserer Sprache ein reicher Schatz französischer Wörter in vielen Lebensbereichen von Haus und Wohnung bis zum Theater und Musikleben (s. u. a. Kratz 1968).

2.13. Vereinheitlichung der Schreibung (Orthographienorm)

Wortschatz und Syntax entziehen sich naturgemäß einer rigiden Normierung, weniger die Flexionsmorphologie und die Orthographie. Das liegt am eher begrenzten Inventar der beiden zuletzt genannten Bereiche. Sie ermöglichen leichter eine zunehmende überlandschaftliche Regelung, und das wiederum kommt den Bedürfnissen des Schreibunterrichts an den Schulen und auch den Vorstellungen einer klaren Schreibnorm für nationale Schriftsprachen in Europa entgegen (Deutsche Reichsgründung 1871!). Weitere Ausführungen zu Regulierungsbemühungen in allen Teilbereichen der Sprache im Laufe der Zeit finden sich in den zeitlichen Querschnittskapiteln in diesem Buch.

Hier seien zum Abschluss des langen Weges zur Spracheinheit jene zwei Orthographie-Konferenzen von 1876 und 1901 genannt, die die abschließende Schrifteinheit festgelegt haben. Davor gab es schon weitgehende Annäherungen, beeinflusst von zahlreichen Grammatiker-Vorschlägen des 17. und 18. Jhs., aber im

19. Jh. immer noch Regelunterschiede im Schulbetrieb deutscher Territorialstaaten. Diese weitgehend zu beseitigen, das war das erklärte Ziel beider Konferenzen. Ihre Ergebnisse bestimmten das ganze 20. Jahrhundert. In der jüngsten Reform (1998f.) sollte es nun nicht mehr um Vereinheitlichung im bisherigen Sinn, sondern um größere Systematisierung unter linguistischen Gesichtspunkten gehen. In der Endfassung (2006) trat dieser Gesichtspunkt zugunsten des bisherigen **Schreibusus** wieder stark zurück.

Die **Orthographie-Konferenz vom 4.–15. Januar 1876** in Berlin kam auf Einladung des Königlich Preußischen Unterrichtsministeriums zustande. Beteiligt waren 14 Personen aus mehreren deutschen Staaten, Germanisten, Schulleute, Verleger und Ministerialbeamte. Als Grundlage dienten Rudolf von Raumers 1875 publizierten Vorschläge. Seine leitenden Gesichtspunkte für eine Orthographiereform spiegeln in deutlicher Weise noch die Schwierigkeiten einer Einigung der deutschen Länder in der Endphase, daher seien sie in Kürze angeführt: (1.) Die derzeit erreichte relative Einheitlichkeit darf nicht gefährdet werden. (2.) Eine minder gute Orthographie auf gesamtdeutschen Sprachgebiet allgemein gültig ist besser als eine bessere Orthographie, gültig nur in Teilgebieten. (3.) Neuerungen sind an das Vorhandene anzuschließen. (4.) Der phonetische Grundcharakter der Schrift muss bei Neuerungen gewährleistet sein. (5.) Es gilt die heutige Aussprache. Sie ist annähernd in die Schrift zu bringen. Historische Unterscheidungen sind zu verwerfen.

Die Punkte (1.) bis (3.) sind ein Appell für pragmatische Annäherung an eine Einheitlichkeit unter Wahrung des bisher Gewachsenen; in den Punkten (4.) und (5.) erkennt man klare Stellungnahmen zu wichtigen Positionen in einer über lange Zeit geführten Diskussion über die maßgeblichen Orthographie-Prinzipien. Die Kommission führte einerseits Grundsatzdebatten (Regeln für Vokallänge und Vokalkürze; für die Schreibung der *s*-Laute; für Doppelschreibungen, etwa *Hilfe* / *Hülfe*; für Fremdwortschreibung u.a.m.), andererseits stimmte sie einzeln über Wörter ab, verzichtete bei Stimmengleichheit aber auch auf eine Festlegung.

Die Ergebnisse der Konferenz, Regeln und ein kleines Wörterverzeichnis, werden zum Gebrauch in den preußischen Schulen veröffentlicht, andere Länder schließen sich an. **Konrad Duden**, Direktor der Königl. Gymnasiums zu Hersfeld und selbst Mitglied der Berliner Kommission, veröffentlicht 1880 sein „Vollständiges Orthographisches Wörterbuch der deutschen Sprache“, das in vielen Auflagen zum orthographischen Musterbuch geworden ist – und das bis zu Beginn der Reform 1998f.

Die **Orthographische Konferenz von 1901**, ebenfalls in Berlin, ist von Fachleuten als eine Art „Nachlese“ zur Konferenz von 1876 bezeichnet worden. Grundsatzdiskussionen wurden vermieden, Doppelformen teils beseitigt, teils belassen; die allgemeine Akzeptanz war wichtiger als potentiell strittige Einzellösungen (s. Bramann 1982, 167f.). Nur die Streichung von *th* in allen deutschen Wörtern erlangte eine weitergehende Bedeutung, dann aber auch der Beitritt Österreichs und der deutschsprachigen Schweiz zum Regelwerk und die Erweiterung der Gültigkeit allgemein über den Schulbereich hinaus in den amtlichen Gebrauch der Behörden.

Das ist der lange Weg deutscher Verschriftung und Schriftlichkeit von den tastenden Versuchen der Mönche in den Klosterzellen bis zur Schrifteinheit von der Nordsee bis zu den Alpen gut tausend Jahre später.

Es bleibt noch ein zentraler Aspekt, nämlich die Frage, wie sich die überregionale Einheit in der Schrift mit der Zeit auf die gesprochene Sprache auswirkt, sei es in formellen Situationen, sei es im Alltag. Das wurde im Längsschnitt-Kapitel „Gesprochene Sprache" abgehandelt.

Zusammenfassung

Zunächst einmal gilt: Sprache ist Sprache auch ohne Schrift. Das Medium Schrift ist also spätere Zutat, späte Errungenschaft menschlicher Kultur und gleichzeitig dann auch Voraussetzung kultureller Hochformen im Ablauf menschlicher Geschichte.

Als Schrift und damit als Zeicheninventar dominiert in altdeutscher Zeit eindeutig das Latein. Die germanische Runen-Schrift, in Skandinavien, Island und Grönland noch bis in das späte Mittelalter bekannt, zeigt in altdeutschen Texten nur noch minimale Spuren. Bei der Christianisierung und in der Mönchskultur steht das Latein im Zentrum, Latein ist die Sprache der Bibel, weithin der Texte der Kirchenväter, Latein ist eine Brückensprache im vielsprachigen Europa – und das bis weit in die frühe Neuzeit hinein.

Latein ist eine Buchstabensprache wie alle späteren Schriftsprachen Europas. Die jeweilige Koppelung von Zeichen (Graphem) und Laut wird über die Zeiten und Räume hinweg immer wieder zu einem Problem, so schon in altdeutscher Zeit. Sie ist erstens bestimmt durch das lateinische Buchstabeninventar, zweitens durch die unausweichlich gegebene Dialektgebundenheit der (deutsch-) schreibenden Personen und drittens durch Schreibdialektmischung beim Abschreiben von Textvorlagen aus anderen Klöstern und Regionen. Mit der Zeit bilden sich Konventionen kleinerer oder größerer Schreibregionen von Skriptorien und Kanzleien heraus, so dass man von Schreibdialekten oder im größeren Stil von ‚Schreibsprachen' reden kann. Diese bilden zwar nicht Basisdialekte ab, abstrahieren sehr wohl, haften aber noch in einer gewissen Regionalität. Alle deutschsprachige Schriftlichkeit des ganzen Mittelalters ist ‚schreibsprachlich', also irgendwie noch (groß-)regional geprägt und erkennbar. Erst in der Neuzeit kann dann nach unserer fachlichen Definition von ‚Schriftsprache' gesprochen werden, deren Definitionskriterium Überregionalität ist mit überregional akzeptierter Normierung. ‚Standardsprache' ist schließlich erreicht, wenn zur Schrifteinheit auch überregionale Aussprachenorm hinzutritt. Das Definitionskriterium für ‚Standardsprache' ist dann Polyvalenz, geschrieben wie gesprochen.

Mit diesen terminologischen Festlegungen ist die Entwicklung zur Schrifteinheit im Deutschen zusammenfassend so zu beschreiben: Die Schriftanfänge in altdeutscher Zeit sind punktuelle Versuche heimische Sprache recht und schlecht mittels lateinischer Buchstaben wiederzugeben. Es entstehen sehr heterogene Textprodukte, ihre regionale Provenienz ist für Fachleute heute in der Regel gut erkennbar. Vereinheitlichungen auf großer Fläche lassen sich nicht feststellen, schon gar nicht hinsichtlich einer sog. *Karlingischen Hofsprache* in althochdeutscher, etwas eher hinsichtlich einer *Mittelhochdeutschen Dichtersprache* in mdh. Zeit, nie aber den Status einer Schreibsprache ganz erreichend oder gar überschreitend.

Das Spätmittelalter und die Frühe Neuzeit weisen mehrere Schreibsprachen großterritorialer Prägung auf: niederdeutsch, ostmitteldeutsch, donauländisch, ripuarisch-rheinisch, westoberdeutsch bis hin zum hochalemannisch. Die *Sprache der Hanse* und das *Gemeine Deutsch* in Südosten sind in gewisser Weise als Sonderformen eines Ausbaus mit überregionaler Tendenz zu sehen, sie werden aber von der weiteren Entwicklung überholt.

Wie ging das vor sich? Wie kam es bei diesem föderalistischen Nebeneinander schließlich zu einer überordnenden Einheit? Die Entstehung der Neuhochdeutschen Schriftsprache war für Generationen von Germanisten eine kontrovers behandelte Preisfrage hohen Ranges. Monarchen-Autorität durch eine kontinuierliche Hofhaltung in einer zentralen Region (monozentrisches Modell), wie etwa in London und Paris, gab es nicht im polyzentrischen Deutschland, daher die Verspätung und die Verkomplizierung deutscher Spracheinigung.

Wie es heute verstanden werden kann, wurde die Bibel zur Autorität, Luthers Übersetzung in einem ‚mittleren' Deutsch, bereits geprägt durch eine ostmd.-ostobd. Schreiballianz, mit guter Vermittlungskompetenz nach Norden, Süden und nach Westen hin. Luther ist nicht ‚Schöpfer', er ist Erbe, Katalysator, sprachmächtiger Vermittler. Das fügt sich zu einer Grundlegung zusammen, die im Folgenden einen glanzvollen Ausbau erfährt in Grammatik, Syntax, Wortbildung, Stilistik und Textsortenspektrum z. T. auch durch Sortierung und Neufunktionalisierung von Elementen aus dem Sprachinventar der verschiedenen Schreibsprachen. Das erfolgt vornehmlich im 17. und 18. Jh. Parallel dazu verläuft die Zurückdrängung vorherrschender fremder Sprachen, nämlich des Lateins und des Französischen. Schulpflicht, diverse Orthographie-Normierungen, Massenpresse, Leseexpansion, Tonmedien, Fernsehen etc. bewirken inzwischen eine solche Gegenwärtigkeit der Schriftlichkeit, dass sie nach und nach auf die Mündlichkeit des Alltags einwirkt (s. konzeptionelle Mündlichkeit/Schriftlichkeit, Abschnitt 1.9).

Weiterführende Literaturhinweise: Gabrielsson, Artur (1983, S. 119–153); Glück, Helmut (1987); Grubmüller, Klaus (1998, S. 300–310); Schlieben-Lange, Brigitte (1994, S. 102–121); Sonderegger, Stefan (^{3}2003 a).

3. Sprachenkontakt des Deutschen im geschichtlichen Wandel

3.1. Hinführung: Situationen, Formen, Folgen von Sprachkontakt

Die babylonische Sprachverwirrung (Genesis 11,7) – Alptraum der Menschheit – sollte bewirken, „daß keiner des anderen Sprache verstehe". Biblische Exegese hat später aus dem Genesis-Kontext eine Liste von 72 (bzw. 74) Sprachen als Folge der Babylon-Verwirrung zusammengestellt, die im europäischen Mittelalter und bis in die frühe Neuzeit Geltung hatte. Für heute geht man von fünf- bis sechstausend Sprachen auf der Erde aus, teils in historischen Verwandtschaftsverhältnissen stehend, aber in der Regel so strukturiert, „daß keiner des anderen Sprache" annähernd oder überhaupt versteht. Angesichts dieser Vielfalt wird deutlich, dass sich Sprachenkontakt in der Menschheitsgeschichte immer wieder nahezu zwangsweise ergibt bzw. ergeben hat, sei es in den Grenzzonen zu Nachbarsprachen, sei es durch Wanderung, Handel, Krieg, Gefangenschaft, Kolonisierung, sei es später durch großräumige Nationalsprachen-Politik in Kombination mit privilegierten Standard- und Bildungssprachen. Letztlich ist jede Sprachgeschichte immer auch Sprachkontaktgeschichte.

Man darf beim Thema „Sprachenkontakt des Deutschen" eben nicht nur an Latein/Französisch/Englisch denken, wiewohl deren Wirkungsgeschichte hier das Hauptkapitel im Blick auf die ganze deutsche Sprachgemeinschaft sein wird, sondern man muss im Vorfeld auch an die hunderttausendfachen Einzelschicksale Deutschsprechender erinnern, die zu allen Zeiten für sich oder in kleinen Gruppen auf Zeit oder auf Dauer im Kontakt mit fremden Sprachen lebten, sei es gewollt oder gezwungen. Man denke an Auswandererschicksale im Spannungsfeld zwischen eigener Sprachloyalität und Integrationsnotwendigkeit, oft das Schicksal einer heimatlos gewordenen, verlorenen ‚Zwischengeneration' erleidend. Man denke an Arbeitermigration, an zweisprachige Familien in einseitig dominanter Sprachumgebung, an Verschärfung der Sprachprobleme durch erhebliche ethnische, religiöse Unterschiede, an das Niveau des Neuerwerbs der anderen Sprache, an lexikalische (u.a.) Interferenz, Mischsprache, Pidgin, oder aber komplette Zweisprachigkeit, wiewohl viel häufiger Sprachverlust und damit wieder neue Einsprachigkeit die Regel in der Fremde ist.

Anders wiederum bei Minderheiten in größeren Staatsgebilden, bei Annexion anderssprachiger Areale, bei Zwangsumsiedlung größerer Gruppen. Da gab und gibt es Diskriminierung von Sprache, Wegnahme, Verbot, leidvoll erfahren, insbesondere in Zeiten älterer oder jüngerer Nationalstaat-Ideologie oder auch Tyrannei. Das geht unter die Haut und trifft den Menschen im innersten Kern, weil die Sprache ein Stück seines Wesens, seiner Identität ist. Sprachenkämpfe, oft mit fanatisch-unerbittlicher Note, sind uns räumlich und zeitlich gar nicht so fern, man denke nur an Belgien, Südtirol, an das Elsaß, an zahlreiche Minderheiten in Europa und – wenn auch unter Berücksichtigung zusätzlicher Gesichtspunkte – an den Abbau der Dialekte gegenüber einer medien- und institutionengestützten überregionalen Standardsprache.

Sprachkontakt-Erfahrungen von Individuen und auch Gruppen in Fremdumgebung sind von früher Zeit an existentielle Wirklichkeit, also diachronisch und gegenwärtig zugleich, und in der denkbaren Vielfalt der jeweiligen konkreten Gegebenheiten kaum beschreibbar.

Der nächste Schritt soll uns daher in größere Verhältnisse und in eine konstantere Situation führen, nämlich in:

3.2. Grenzland-Sprachkontakte im Rheinland

Da ist einerseits zeitliche Dauer gegeben, also die diachronische Dimension, zusätzlich nun die diatopische, die raumbezogene Konstante, Grenzräume auf beiden Seiten. Nachbarschaftskontakt, oft über Jahrhunderte, führt notwendigerweise zu Sprachkontakten und Verständigungsformen vielfältiger Art, sei es in Form der Zweisprachigkeit, oder aber einer Reihe reduzierter Register bis hin zur Einzelwort-Übernahme in die eigene Varietät, das war in historischer Zeit: Regionalsprache/Dialekt. Solche Wörter werden dann Gemeingut als integriertes Lehngut. Die Übernahme-Motivation kann topographisch, gewerblich, sachkulturell (u.a.m.) begründet sein, Charakteristisches der anderen Seite aufnehmend, oder aber Neues aufgreifend, Lücken im eigenen Sach- und Benennungsfeld füllend.

Als Anschauungsbeispiel mag das Rheinland am Westrand der Germania dienen, geprägt durch eine bewegte Kultur- und Sprachgeschichte – und im übrigen sprachhistorisch auch gut erforscht (vgl. etwa Post 1982 und 1985, da auch weitere Lit.). Der Blick ist hier auf Entlehnungen aus der Romania in das angrenzende Deutsche gerichtet, denn das ist die Hauptrichtung des Austauschs, nicht die Gegenrichtung. Man muss von drei Kontaktmöglichkeiten ausgehen: 1. von den westlich angrenzenden französischen Sprachregionen (wallonisch, pickardisch, lothringisches Französisch); 2. von französischem Wortgut der Niederlande, vermittelt über den Niederrhein und Köln; 3. vermittelt über die deutsche Hochsprache. Nr. 1 kann als Grenzentlehnung, Nr. 2 als Fernentlehnung bezeichnet werden. Beide Formen lassen sich in ihrer Ausbreitung in rheinischen Dialekten kartographisch dokumentieren. Die 3. Möglichkeit kann in diesem Abschnitt unberücksichtigt bleiben, weil sie wohl kaum auf direkten Grenzkontakt zurückzuführen ist, sondern diastratisch erklärt werden muss, etwa in dem Sinne, dass entsprechende Fremdentlehnungen im Deutschen in der Hochsprache stattfanden und teilweise in die Mundart übernommen wurden, später dann nur noch in der Mundart verblieben – wegen der verschiedenen Purismus-Kampagnen in der Hochsprache.

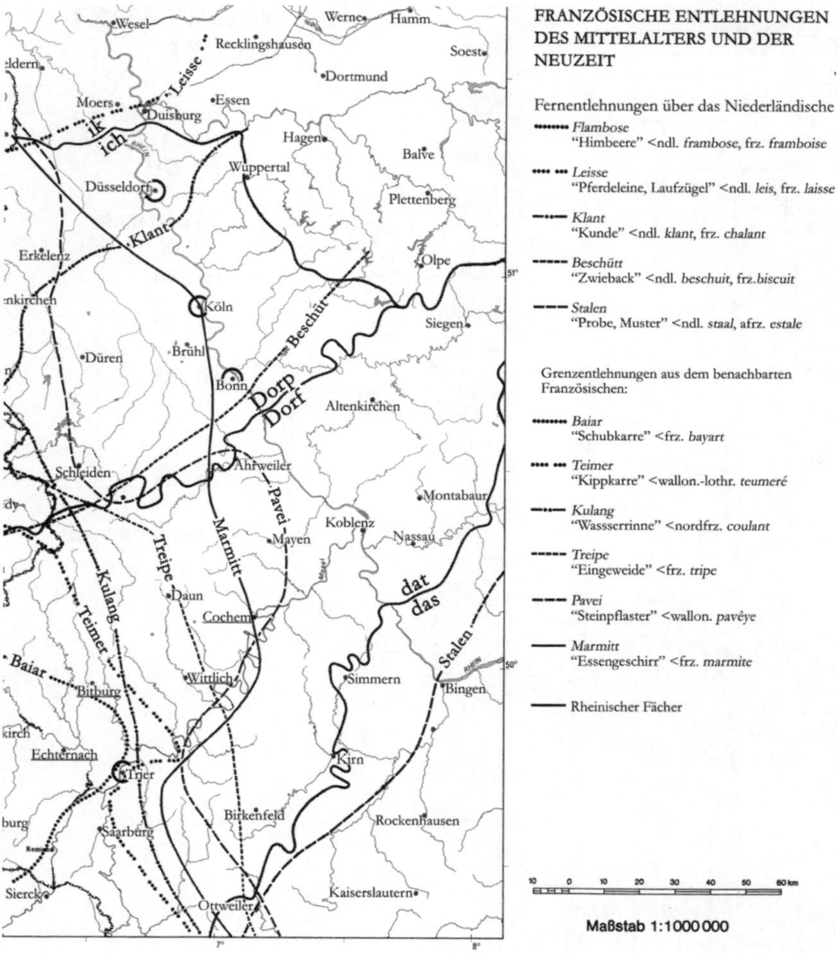

Karte 3.1: Lehn- und Reliktwörter im Rheinland. (Nach: Geschichtlicher Atlas der Rheinlande. Beiheft X/1. Köln 1985, Karte X.1.4, von Rudolf Post)

– Die Karte 3.1 von R. Post zeigt 6 Grenzentlehnungen aus dem benachbarten Französischen, parallel zur Sprachgrenze vorgeschoben in das deutsche Gebiet z.T. bis an den Rhein. Es sind dialektal integrierte Fremdwörter, hochsprachlich nicht übernommen (s. Legende). Post (1985, S. 14) führt in der Rubrik ‚Grenzentlehnungen' noch weitere 29 Lexeme an. Auf der Karte sind auch Fernentlehnungen über das Niederländische in ihrer rheinischen Verbreitung dokumentiert. Die Linien verlaufen der Ausbreitungsausrichtung entsprechend mehr südwestlich-nordöstlich. Weitere 12 Beispiele werden zusätzlich aufgezählt.

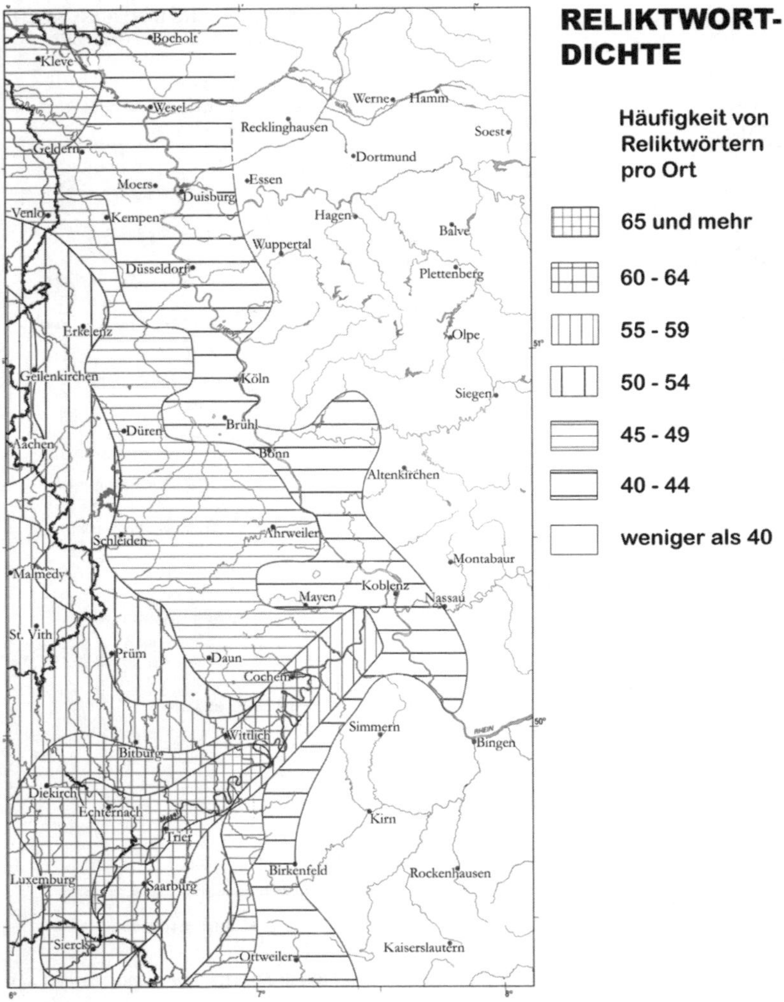

Karte 3.2: Römerzeitliche Lehn- oder Reliktwörter im Rheinland (Nach: Geschichtlicher Atlas der Rheinlande. Beiheft X/1. Köln 1985, Karte X.1.3, von Rudolf Post)

- Karte 3.2 erweitert den Sprachkontakt-Aspekt im Rheinland bis hin zu römerzeitlichen Lehn- oder Reliktwörtern von *Aducht*, „künstlicher Abzugskanal" < *aquaeductus* bis *Zeine* „Bottich" < *tina* „Weinfass", insgesamt über 160 Lexeme mundartlichen Sonderwortschatzes ohne Korrespondenz in der Standardsprache. Eindrücklich sind die Häufigkeitsstaffeln der Sprachkontaktlexeme mit abnehmender Tendenz nach Osten hin und mit ihrer signifikanten Verdichtung im Moseltal. Posts Karte X.1.3 ist Zeugnis eines fundamentalen Sprach- und Kulturkontaktes über viele Jahrhunderte im römisch-romanisch-germanischen Grenzsaum unserer Westgrenze. Kaum eine andere Grenzregion vermag solches so eindrucksvoll zu präsentieren. Auch hinsichtlich der Wortbildung ist das bemerkbar. Zwar kennt auch unsere Standardsprache z.B. zahlreiche Verben mit dem Fremdsuffix *–ieren*, aber die westdeutschen Mundarten haben dieses Element noch produktiver ‚versprachlicht' (vgl. Öhmann 1965), etwa in *armutieren* = in Armut leben; *bastelieren* = sich mit Bändern schmücken; *mordieren* = zu Tode quälen; *schimpieren* = beschämen; *schwänzelieren* = herumlaufen und Zeit vertrödeln; *spinnieren* = grübeln, nicht bei Verstand sein; und zahlreiche weitere Beispiele.

Lehngut in den Mundarten ist im übrigen weit weniger aufgearbeitet als in der Schrift- und Standardsprache. Da besteht großer Nachholbedarf, sofern es für eine Aufarbeitung wegen Mundart-Schwundes nicht schon zu spät ist. Die Notwendigkeit von Verstehen und entsprechendem Sprachaustausch in Grenzräumen und Kontaktsituationen ergab sich ja primär in den gesprochenen Alltagssprachen vor Ort. Da entstanden die Techniken überbrückender Kommunikation. Die Kritik von Munske (1995, S. 408) am Bild des „Einflusses" einer Sprache auf eine andere, ist insofern berechtigt, als es Fremdbestimmung suggeriert, wo doch Entlehnungen notwendige Verstehensbrücken sind, oft aus einer Zweisprachigkeit erwachsen und Produkt einer Akulturationsoffenheit, also nicht fremdbestimmt aufgezwungen.

3.3. Andere Grenzland-Sprachkontakte

Ähnlich im Prinzip werden Grenzentlehnungen im Norden, Osten, Süden zustande gekommen sein, Küsten- und Seefahrtswortschatz aufgreifend, Landwirtschaft und Toponyme im Osten betreffend, Alpenwortschatz im Süden, um nur Weniges anzudeuten. Entsprechende Zusammenstellungen auf neuestem Stand finden sich in Sprachgeschichte, HSK 2.4 (2004), Kap. XIX für Deutsch im Kontakt mit Französisch und Provencalisch; Italienisch und Rätoromanisch; Ungarisch; Slawisch; Jiddisch, Baltisch; Skandinavisch; Niederländisch; Friesisch und Britisches/Amerikanisches Englisch, letzteres allerdings nicht unter dem Aspekt Grenzkontakt, wie auch nicht Lateinisch und Griechisch, Sprachen, die noch eigens besprochen werden. Bei Grenzentlehnungen ist der West-Ost-Trend des Kultur- und Spracheinflusses seit früher Zeit nicht so stark ausgeprägt wie bei Latein und Französisch, aber teilweise doch auch gegeben. Kulturvorsprung und Größe einer Sprachgemeinschaft bestimmen in der Regel Richtung und Intensität der Übernahme.

Nach der Region Rheinland hier noch einige weitere Beispiele für Grenzentlehnungen: Romanische Reliktwörter im Bündtnerdeutsch und im Vorarlberg: *faníl* = Raum für Heu und Stroh (<fenile); *pinkəra* (<punctaria), *ondauxe* (<aquae ductu); *ritša* (<arrugia), *ilts* (<elice), insgesamt vier Bezeichnungen für unterschiedliche Kanalformen der Feldbewässerung. – Als slawische Integrate in der schlesischen

Urkundensprache nennt Bellmann (Art. 207 in HSK 2.4) etwa: *Supan* = hoher Beamter; *Starost* = Gefängnis; *Kretscham* und *Grenze* = Grenzmarkierung, letzteres heute hochsprachlich; *kretscham* dann auch in der Bedeutung Dorfgaststätte, zudem stabilisiert in heutigen Nachnamen wie *Kretschmer, Supan/Schippan.* Sprachkontakte durch bäuerliche Siedlung zeigen auch polnische Integrate wie *Babe* = Napfkuchen; *Graupe* = geschälte Gerste; *Quark* = Weißkäse; tschech. *Powidel* = Pflaumenmus; *Jauche* = flüssiger Stalldünger; *Peitsche.* Die lexikalischen **Slawismen** im Deutschen betreffen zudem eine Vielzahl von Toponymen (Orts-, seltener Flurnamen). – Reflexe des Jiddischen im Deutschen, teils als direkte Kontaktentlehnung, teils durch Sekundärverbreitung: *Schlamassel, Macke, Stuss, betucht, Schmiere stehen* (in der Bedeutung verengt von Jidd. *shmire* = behüten und retten). – **Skandinavische Integrate** finden sich vornehmlich im Mittelniederdeutschen und in hansischer Fachsprache (Naumann 2004). Die insgesamt 65 alten Entlehnungen aus dem Altnordischen ins Niederdeutsche, teils dann auch ins Hochdeutsche, betreffen überwiegend handels- und fachsprachliche Termini, z.B.: mnd. *dûne,* nhd. *Daune,* anord. *dúnn*; in weiterer Aufzählung: *Dorsch, Flunder, Gerfalke, Narwal, Rentier.* Oder Mittelniederdeutsch in der ‚Kontorsprache' der Hanse: *bergervisch* = Stockfisch; *klippink* = geschorenes Schafsfell; *gilt* = vollwertig; *elthus* = Küchenhaus; *lochding* = Gericht; *unbadesman* = Vertrauensmann, u.a.m. Zum **Niederländischen** hin waren die Sprachübergänge über Jahrhunderte hin fließend infolge des niedersächsischen und niederfränkischen Dialektkontinuums im Nordwesten. Erst die moderne Staatenbildung mit je eigener Standardsprache lässt an der Staatsgrenze auch eine Sprachgrenze erwachsen. Insofern kann man für frühere Zeiten nicht so recht von Grenzentlehnung sprechen. Erst die Erstarkung der holländischen Seeprovinzen im 16. und 17. Jh. schafft Distanz und das Bewusstsein sprachlicher Eigenständigkeit. Davor haben aber zahlreiche „flämische' Siedlergruppen (wasserbaukundliche Landleute, Handwerker und Bauern) seit dem 12. Jh. an Weser und Elbe, in Ostholstein, im Fläming, in der Altmark und Neumark zahlreiche Spezialwörter an die Umgebung vermittelt, die dann z.T. im Zuge der Ostkolonisation auch weiter nach Osten vermittelt wurden. Aufzählungen finden sich bei de Smet (2004). Der größte Teil der Lexeme verblieb im Dialektbereich, nur wenige niederländische Reliktwörter fanden Eingang in die deutsche Standardsprache, so etwa *Sahne, Flieder, Spind, Schleuse, Deich, Kanten, Stulle, Erpel.* Seit der frühen Neuzeit gibt es zunehmend auch Fernentlehnungen aus den merkantil und kulturell florierenden nördlichen Niederlanden: *Kabeljau, Makreele, Pack, Bai, Bücking, entern, Klippe, Sorte, Ware, liefern, Kontor, Börse, makeln, Makler* u.a.m.

Zu erinnern ist auch daran, dass schon unserer mittelhochdeutschen Artusepik niederländische Lehnwörter aus der höfischen Ritterwelt zugeflossen sind, etwa *ritter* (< nl. riddere), *ors* = Pferd, *wâpen, herseniere* = Kopfbedeckung unter dem Helm, *muoten, baneken, traben, trecken, gelücke, dorpaere* < nl. *dorp,* Lehnübersetzung nach franz. *vilain.* Neidhard nennt das *vlaemen* – also einen Kulturweg vom Französischen über das Flämische zum Deutschen. Erst im Gefolge der Reformation und der Stabilisierung der neuhochdeutschen Schriftsprache im 17. Jh. ändert sich die Transferrichtung signifikant in Gestalt einer erheblichen Bereicherung der niederländischen Lexik durch die deutsche Schrift- und Literatursprache.

Deutsch ist natürlich nicht nur Nehmersprache, sondern auch sonst **Gebersprache** hauptsächlich nach Norden und Osten hin. Das gilt schon vor Existenz der neuhochdeutschen Schriftsprache etwa für den Einfluss niederdeutscher Lexik auf die skandinavischen und baltischen Regionen, entsprechend deutschsprachiger Einfluss im Gefolge der Ostexpansion etwa des Deutschritterordens und anderer Gruppen in den slawischen Bereich hinein, teils auch bewirkt durch Grenzlandkontakte über Jahrhunderte.

In und nach der Reformationszeit in Deutschland bewirkt die Luther-Bibel insofern einen Anstoß-Einfluss, als im Norden und Osten ebenfalls muttersprachliche Bibelübersetzungen entstehen, die dann auch den Grundstock für eine eigene Schriftsprache bilden können.

In diesem Überblicksartikel ist das Hauptinteresse weniger auf Deutsch als Gebersprache gerichtet, als auf die mannigfachen Anstöße von außen, die unser Deutsch mitgeprägt haben.

3.4. Sprachkontakt-Terminologie

Fremder Spracheinfluss kann grundsätzlich auf alle Teilsysteme einer Sprache (Phonetik, Orthographie, Morphologie, Wortbildung, Lexik, Syntax) Einfluss nehmen. Die geschichtliche Erfahrung zeigt aber, dass dies vorrangig im Bereich der Lexik geschieht, ist dieser doch weniger systematisiert als die anderen Bereiche und dadurch weit offener für Fremdaufnahme. Die Forschung hat anhand von Analysen historischer Texte eine weithin anerkannte Begrifflichkeit lexikalischer Sprachkontakphänomene entwickelt (vgl. Betz 1949, ^{2}1965), und zwar für alles, was sich auf der Schriftebene als Sprachkontaktresultat ablesen lässt.

Der Kontaktvorgang selbst, früher wie heute, ist unter Einbeziehung der Sprechebene und seiner jeweils mannigfaltigen situativen Einbettung wesentlich komplexer zu sehen und zu beschreiben. Oksaar (2004) nennt den Gesamtbereich dann ‚Kontaktlinguistik' und erweitert entsprechend auch die Sprachkontakt-Terminologie. Von E. Oksaar wie auch etwa von Munske (2004b, 156, Anm. 4 u. 161, Anm. 8) wird die entsprechende Terminologie-Diskussion, stark von den Modellen von Betz und Haugen (1953) ausgehend, für die folgenden Jahrzehnte aufgezeigt. Im Handbuch Kontaktlinguistik (1996/97) finden sich detaillierte Angaben zum internationalen Forschungsstand. Im Folgenden wird zuerst die erprobte Kontaktlexik-Terminologie, ausgehend von Betz, in Graphikform präsentiert und knapp erklärt. Zahlreiche Beispiele, vornehmlich für das Althochdeutsche, finden sich dann erst an späterer Stelle im Abschnitt „Latein → Deutsch". Im Anschluss an Betz sollen dann einige Termini der weitergreifenden Kontaktlinguistik angeführt werden, ohne allerdings den faszinierenden Bereich moderner Sprachkontaktforschung an lebenden Sprachen damit angemessen erschließen zu können und zu wollen.

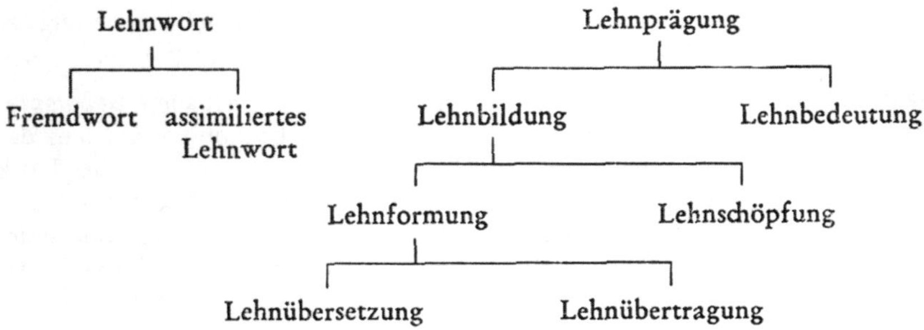

Abb. 3.1: Gliederung des möglichen Lehnguts einer Sprache (aus Betz 1974, 137)

Auf das Wesentliche konzentriert kann man die Graphik von Betz so erklären: Ein fremdes Wort kann in dreifacher Weise auf die Lexik einer anderen Sprache wirken:

(1) Es wird in seiner fremden Lautgestalt übernommen, ist also **Fremdwort** (*Palais*; *Episkopat*), oder es wird lautlich angepasst, ist also **Lehnwort** (= assimiliertes Fremdwort), etwa *Mauer* < lat. *murus*; *Ziegel* < lat. *tegula*. Die Wortübernahme, fremd oder assimiliert, eignet sich besonders gut für die Benennung von ‚Sachwelt', gerade auch von neuen, bisher nicht bekannten Gegenständen.

(2) Das fremde Wort wird Anregung/Muster für eine Wortneubildung aus dem Stoff der eigenen Sprache. Das führt zu einer **Lehnbildung.** Diese kann als ‚Lehnübersetzung', Glied für Glied, auftreten, etwa ahd. *armaherzida* < lat. *misericordia*, oder *Zufall* < lat. *accidens*. Eine freiere Form der Wiedergabe nennt man ‚Lehnübertragung', etwa *Vaterland* für *patria*, oder *Halbinsel* für *paeninsula*. Schließlich wird auch ‚Lehnschöpfung' möglich in Gestalt einer formal unabhängigen Neubildung eines Wortes zur Wiedergabe eines fremden, etwa *Kraftwagen* für Automobil, *Umwelt* für Milieu.

(3) Die Bedeutung (Semantik) des fremden Wortes wird auf ein heimisches Wort übertragen, das ergibt den Fall der **Lehnbedeutung**, etwa *Gnade* für lat. *gratia*, *Geist* für lat. *spiritus*. Hier stoßen wir auf ein Grundproblem: Wie sollen etwa christliche Gedanken und Zentralbegriffe in eine heidnische Sprache transferiert werden, die dafür keine Wörter hat? Bergen diese heidnischen ‚Hilfswörter' nicht die immanente Gefahr der Verfälschung durch ihre alte, ursprüngliche Semantik. Die semantische Umpolung ist das größte Problem aller Missionierung hin zu einer neuen Religion und/oder Geisteswelt. Was hier für den Gegensatz christlich/germanisch in altdeutscher Frühzeit gesagt wird, gilt natürlich grundsätzlich für jede sprachliche Konfrontation grundverschiedener Kulturen. Betz (1974, S. 145) nennt folgende Schätzzahlen bezüglich des ahd. Wortschatzes: etwa 600 Lehnwörter (3 %), ca. 2000 Lehnbildungen (~ 10%), ca. 1000 Lexeme mit Lehnbedeutung

(~ 5%), immerhin ein bemerkenswerter Anteil des Umdeutung-Modells. Die Zahlen und Prozent-Angaben beziehen sich bei Betz auf einen ungefähr auf 20.000 Wörter geschätzten ahd. Gesamtbestand. Neuere Einschätzungen, die auch auf Auszählungen von Einzeltexten beruhen, belaufen sich auf plus/minus 30.000 Wörter als Gesamtbestand (s. Sonderegger ³2003b, S. 375).

Sprachkontakt ist ein historisches und allgegenwärtiges Phänomen in der Welt. Es führte und führt immer noch zu sehr intensiven Spracheinwirkungen über den lexikalischen Bereich hinaus, also ganz konkret auch zu ‚Mischsprachen' mit Einbezug von Morphologie, Syntax und Lautung. Für die deutsche Sprachgeschichte ist das kaum wirksam geworden, wenn man auch ansatzweise auf das *Missingsch* in Norddeutschland, auf das *Kucheldeutsch* (vgl. auch *Kuchelböhmisch*) als tschechisch-deutsche Mischsprache und im weiteren Zusammenhang etwa auf das ‚Halbdeutsch' der Esten und Letten hinweisen kann (vgl. Oksaar 2004). Sprachkontakt hat in verschiedenen Weltregionen zur Pidginisierung und Kreolisierung geführt. **Pidginsprachen** sind Behelfssprachen im intensiven Kontakt zweier Sprachgemeinschaften (Kolonisation, Handel, Arbeitssituationen, Gastarbeiterstatus, etc.), mit starker Reduzierung von Grammatik, Morphologie und Wortschatz. Behelfssprachen solcher Art zeigen in der Regel Variationen individuellen oder auch gruppenmäßigen Zuschnitts. Sie sind nicht Muttersprache. Von **Kreolsprachen** spricht man, wenn eine Behelfssprache (Pidgin) zur Muttersprache einer Bevölkerung wird (z.B. auf Haiti, Jamaika und anderswo). Dies muss in einer Sprachgeschichte des Deutschen nicht weiter behandelt werden. Die Termini Interferenz und Transferenz werden in der Sprachkontaktlinguistik z.T. nicht ganz übereinstimmend verwendet. Oksaar (a.a.O.) empfiehlt nach Prüfung bisheriger Festlegungen, **Interferenz** als Oberbegriff für die Beeinflussung einer Sprache durch andere auf allen sprachlichen Ebenen zu verwenden. Sie unterscheidet linguistische und situationale Interferenz, letztere als pragmatisch von Kulturemen sprachabhängig. Bei **Transferenz** wird der Transfer, also die Übernahme eines Elementes in der Zielrichtung auf eine andere Sprache betont. Transferenz führt aber auch oft zu Einordnung bzw. Umordnung in der betreffenden Sprache, bewirkt also in vielen Fällen eben auch Interferenz im übergreifenden Sinne, also Anstoß und Reaktion. In den folgenden Abschnitten sollen nun unsere Schriftsprache, (also nicht Grenzregionen und Dialekte) und jene drei Sprachen in den Mittelpunkt treten, die in Abfolge und jeweils dominant auf den deutschen Wortschatz Einfluss genommen haben, das ist Latein, Französisch und Englisch.

3.5. Der lateinisch-deutsche Sprachkontakt

Er ist zeitlich der längste und in der Wirkung der intensivste, sowohl quantitativ wie auch qualitativ. Nach den Quellenzeugnissen wie auch z.T. nach linguistischen Kriterien lassen sich drei große Kontaktperioden ausmachen: Entlehnungen zur Zeit des römischen Imperiums, sodann in der Christianisierung der Einfluss der Latinität auf den Ausbau des christlich-deutschen Wortschatzes, schließlich die deutsche Sprache unter dem Einfluss des Humanistenlateins.

3.5.1. Die Entlehnungen zur Zeit des römischen Imperiums

Das betrifft etwa die Zeitspanne vom 1. Jh. vor Chr. bis zum Niedergang des römischen Imperiums im 5. Jh. nach Chr. Das Nordalpenvorland und das gesamte linksrheinische Gebiet waren schon im Jh. vor der Zeitenwende unter römische Herrschaft gekommen, im Jh. danach galten auch die rechtsrheinischen römisch besetzten Gebiete als abgesichert. Im Kontakt zwischen Römern, romanisierten Galliern und Germanen tritt sprachlich besonders die Übernahme römischer Sachkultur und des dazugehörigen Bezeichnungsinventars hervor. Die Übernahme verrät ein Kulturgefälle, Germanien erscheint eher als ‚Entwicklungsland'. Ein wichtiger Übernahmebereich ist **‚Hausbau und Wohnkultur'** Dafür können folgende Beispiele stehen:

nhd.	*Mauer*	ahd.	*mûra (f.)*	lat.	*murus (m.)*
	Pfeiler		*pfîlâri*		*pilarium*
	Ziegel		*ziagal*		*tegula*
	Fenster		*fenstar*		*fenestra*
	Kalk		*kalch*		*calx (calc-em)*
	Keller		*kellari*		*cellarium*
	Kammer		*c(h)amara*		*camera*
	Küche		*chuhhina*		*cocina*

Zudem: *Estrich, Mörtel, Tünche, Pflaster, Kemenate, Kamin, Speicher, Pforte, Kessel (catillus), Schüssel, Pfanne, Spiegel*, etc.Für den Bereich **‚Garten- und Weinbau'** finden sich:

nhd.	*Frucht*	ahd.	*fruht*	lat.	*fructus*
	Birne		*pira*		*pirum*
	Kirsche		*kirsa*		*ceresia*
	Feige		*figa*		*ficus*
	Rettich		*râtih*		*radix (radic-em)*
	Wein		*wîn*		*vinum*
	Most (= gärender junger Wein)		*most*		*[vinum] mustum*
	Kelter		*calc(a)tura*		*calcatura (calcatorium)*

Zudem: *(Wein-)Essig, Winzer <vinitor, Kufe, Küfer, Bottich, Spund, pflanzen, pfrophen/impfen/pelzen* [3 Verben für ‚veredeln'], *Trichter, Kürbis, Kümmel, Fenchel, Minze, Pfeffer.*

Im Bereich **‚Handel und Verkehr'** wurden übernommen:

nhd.	*Straße*	ahd.	*strâz(z)a*	lat.	*[via] strata*
	Meile		*mîla*		*milia [passuum]*
	Kaufmann		*koufman*		*caupo (Schankwirt, Händler)*
	Pfund		*pfunt*		*pondō, pondus*
	Münze		*munizza*		*moneta*
	Kiste		*kista*		*cista*
	Sack		*sac*		*saccus*
	Korb		*chorb*		*corbis*

Zudem: *Schrein, Esel, Maultier, Zoll, Zins, Markt, eichen, Karren, Anker,* etc. Es wurde bewusst eine größere Anzahl von Beispielen gegeben, um das Ausmaß der Übernahme anzudeuten. Alle genannten Beispiele sind heute Bestandteil des schriftdeutschen Wortschatzes, sie sind integrierte Lehnwörter.

3.5.2. Die Wochentagsnamen

in ihrer heutigen Gestalt geben manche Rätsel auf. Sie wurden vielfach für genuin germanisch gehalten; das trifft nicht zu. Man muss sie als ‚interpretatio germanica' der antiken Wochentagsnamen verstehen, also übernommen, sekundär adaptiert, z.T. auch mitbeeinflusst von der gotisch-christlichen Missionssprache (s.u.a. Sonderegger 2003b, 373):

Montag: ahd. *mânatag* (**mânintag*, zu *Mond*), lat. *dies lunae.*

Dienstag: ahd. *zîostag* (< germ. Gott **Teiwa*), lat. *Martis dies.* Für den röm. Gott Mars wird also der germ. Gott **Teiwa*, ahd. *Ziu* gesetzt, folglich im Alem. bis heute *Zîschdig*; vgl. engl. *tuesday. Dienstag*, mittelnd. *dingesdach*, nach einem inschriftlich bezeugten germ. Gott ‚*Mars Thingsus*.' Nach Kluge (1989) ist *Dienstag* die Form Luthers und danach die der deutschen Hochsprache geworden unter Zurückdrängung von südd. *Ziestag.*

Mittwoch: ahd. *mittawehha* (= Mitte der Woche), Lehnübers. von mittellat. *media hebdomas*; lat. (römisch) *dies Mercurii*, frz. *mercredi*; für Merkur wurde auch der germ. Gott *Wotan* gesetzt, vgl. engl. *Wednesday*, niederl. *Woensdag.*

Donnerstag: ahd. *donarestag*, lat. *Jovis dies* (frz. *jeudi*); zurückgehend auf Jupiter als Planet und oberster Gott, dafür dann germ. *Donar* (Wettergott), mhd. *donerstac.*

Freitag: ahd. *frî(j)atag*, Nachbildung von *Veneris dies*, Tag der Venus, germ. *Freia*, altnord. *Frigg*, Odins Gemahlin.

Samstag: ahd. *sambaztag*. Entlehnt aus lat. *sabbatum* zu hebr. *šabbat* ‚Ruhetag', früh aus dem antiken und jüdisch-christlichen Kulturkreis übernommen. Heute die gängige Form im Süd- und Westdeutschen.

Sonnabend: ahd. *sunnunaband*, mhd. *sunnenabent* ‚der Abend vor dem Sonntag', sodann auf den ganzen vorangehenden Tag bezogen. Heute die gängige Form im Norddeutschen (vgl. König 2004b, (186) zur Verteilung von *Samstag, Sonnabend, Sater(s)tag*; ebenso zu regionalen Varianten zu *Dienstag* (187), *Mittwoch* und *Donnerstag* (189)).

Sonntag: ahd. *sunnun tag*, frühe Lehnübersetzung von *dies solis* ‚Tag des Sonnengottes'. Später lat. *dominicus dies* als christlicher ‚Tag des Herrn', vgl. frz. *dimanche*.

Bezüglich der **‚Monatsnamen'** wurden die Bezeichnungen des ‚Julianischen Kalenders' (= Kalenderreform Caesars 46 v. Chr.) schon im Mittelalter übernommen und letztlich bestimmend. Von den germ. Bezeichnungen sind die ältesten bei Beda („De temporum ratione", 725) überliefert. Nach Einhards „Vita Karoli Magni", Kap. 29, gab Karl der Große den Monaten einheitlich fränkische Namen (*iuxta propriam linguam*). Sie waren bisher bei den Franken teilweise durch lateinische, teilweise durch einheimische Bezeichnungen benannt gewesen. Hier die Aufzählung: Für den *Januarium* gilt *uuintarmanoth, Februarium = hornung, Martium = lenzinmanoth, Aprilem = ostarmanoth, Maium = uuinnemanoth, Junium = brachmanoth, Julium = heuuimanoth, Augustum = aranmanoth, Septembrem = uuitumanoth, Octobrem = uuindumemanoth, Novembrem = herbistmanoth, Decembrem = heilagmanoth.*

Die lat. Bezeichnungen haben z.T. Gottheiten als Grundlage (Januar, März, Mai, Juni), oder Kaiser (Juli, August) oder geben die Abfolge in der Zählung an (September, Oktober, November, Dezember – *septem, octo, novem, decem*), gezählt nach dem Kalenderbeginn im März. In den fränk. Bezeichnungen steht uu für w; es ist also *Wintermonat* zu lesen, *Hornung* (= der kürzeste), *Lenz* (= Frühling), *Ostermonat, Weidemonat, Brachmonat* (Umbrechen des Bodens, Dreifelderwirtschaft), *Heumonat, Erntemonat, Holzmonat, Weinlesemonat* (lat. *vindemia* = Weinlese), *Herbstmonat, Heilige* (= Christ-)*Monat*. Die heimischen Bezeichnungen für April und Dezember sind germanischer Herkunft in späterer christlicher Umdeutung.

Wir sehen, wie fundamental das Lateinische auf die heimischen Bezeichnungssysteme eingewirkt und sie im Fall der Monatsnamen völlig verdrängt hat.

3.5.3. Latinität und die Anfänge eines christlich-deutschen Wortschatzes

Hiermit kommen wir in die Zeit der Missionierung der germanischen Stämme in Mitteleuropa. Es ist die Zeit der Klostergründungen (7./8. Jh.), der ersten schriftlichen Notierungen heimischer Sprache im Dienste der Kirche. Diese schriftlichen

Zeugnisse bilden die Beobachtungsbasis für die Auswirkungen des Sprachkontaktes zwischen Kirchenlatein und Stammesdialekten. Die schriftlichen Zeugnisse beginnen im 8. Jh. und nehmen ständig zu an Umfang und Anspruch. Sie betreffen Hilfsmittel zum Verständnis der fremden Sprache (Glossen, kleinere Wörterbücher), sodann die Hauptstücke der Seelsorge (Übersetzungen von Vaterunser, Credo, Tauf-, Abschwörungs- und Beichtformeln), sogar erste kleinere Übersetzungsversuche an der (lat.) Bibel.

Dabei brach das schon erwähnte Grundproblem auf: Wie sollen christliche Gedanken und Begriffe in eine Sprache transferiert werden, die dafür keine Wörter hat? Bei Übernahmen aus der Sachwelt (vgl. den Abschnitt über die Zeit des römischen Imperiums) konnte man fragen: Was ist das? Wie heißt das? Das Wort fand seine Erklärung in der Sache; es bedurfte keiner Interpretation.

Transfer von Geisteskultur, von religiösen, ethischen, sittlichen Mustern ist demgegenüber weit schwieriger. Wie soll ein heidnischer Germane (z.B. Hagen im Nibelungenlied) zentrale christliche Begriffe wie etwa Gnade, Erlösung, Demut, Sünde, Vergebung auch nur andeutungsweise verstehen? In *seiner* Welt kommen sie nicht vor, existieren daher auch nicht sprachlich. Nehmen wir als Beispiel den altsächsischen ‚Heliand' um 830, eine Teilübersetzung des Neuen Testamentes (Leben Jesu) in die Sprache der kurz zuvor bekehrten Sachsen, dies zudem in Versform. Der Autor muss sich der sächsischen Sprache bedienen. Deren Wörter bergen ‚heidnischen' Sinn; er muss sie mit christlichem Sinn füllen. Kann das gelingen? Bleiben gefährliche Reste? Welche Strategien benutzt er?

Nehmen wir *gratia* als zentralen christlichen Begriff. Im Altsächsischen steht ihm zur Annäherung das Wortfeld *huldi*, *helpa*, *anst* (‚gunst'), *geba*, *mildi*, *ginada* zur Verfügung. Welches Wort er auch wählt, es wird zu einem Teil germanische Herrscher- und Gefolgschaftsvorstellungen evozieren zum Schaden des christlichen Gnadenbegriffs. Wie sucht der ‚Heliand'-Autor diese Gefahr zu minimieren? Er versucht, die Wortsemantik durch Textsemantik zu modifizieren, d.h. durch den Inhalt des unmittelbar Erzählten. Zudem stützen formale Mittel den Umdeutungsprozess, etwa so, dass z.B. *huldi* nur mit ‚unbelasteten' Wörtern im Stabreim gebunden wird, etwa *hêlag* (‚heilig'), *hebankuning* (‚Himmelskönig'). Alte Stabreimformeln mit ‚belasteten' Wörtern wie *hild(i)* ‚Kampf', *hildiscalk* ‚Krieger', *hrôm* ‚Ruhm', *hlôt* ‚Los' ‚Schicksal', werden gemieden. Für den Heliand-Dichter scheint *huldi* am nächsten an *gratia* heranzukommen, letztendlich aber obsiegt *Gnade* (urspr. ‚huldvolles Neigen') in der deutschen Sprache, eine Variante, die offensichtlich weniger belastet war als die anderen Konkurrenten. Besonders wirksam war wohl auch die Exemplum-Strategie (etwa anhand der Petrus/Malchus-Szene), wo die Waffentat zwar geschildert, aber sofort getadelt wird.

Sonderegger (2003b, 365) liefert eine wichtige Liste, wie ähnliche **heimische Rechtswörter** christlich-religiös umgedeutet wurden.

Wort	**Alte rechtliche Bedeutung**	**Neue christlich-religiöse Bedeutung**
triuwa f.	‚Vertragstreue, Verlässlichkeit' usw.	Treue gegenüber Gott', sogar ‚Glaube' (Notker)
trõst m.	‚Beistand, Hilfe, Unterstützung'	vor allem ‚spes', consolatio, Trost'
truhtin, -în m.	‚Gefolgsherr'	‚Herr', vor allem für ‚Christus'
gi-thingi n.	‚Gerichtsversammlung, Beratung, Verhandlung'	‚Fürsprache, Hoffnung' (Notker gedingi f., Glossator zu Notkers Psalter dingi f.)
erbi n.	‚Erbe, Erbschaft, Erbgut'	„Vermächtnis' (im geistlichen Sinne; Notker)
suona f.	‚Gericht, Versöhnung	„Friede, Sühne'
huldî f.	‚gütige Gesinnung des Gefolgsherrn, treue Ergebenheit des Gefolgsmannes'	‚Ergebenheit Gott gegenüber, Gnade'
gelstar m (got. *gilstr* n.)	‚Zins, Steuer, Abgabe'	‚Opfer'

Weitere Beispiele:

Lat.	**Altdeutsch**	**Lat.**	**Altdeutsch**
spiritus sanctus	*wîho âtum* *hêlag gêst* *heilago geist*	*resurrectio*	*urrist, urstant* *arstantnisse* *ûferstêunge*
humilitas	*ôdmôdi* *diomuoti*	*dominus*	*druhtîn, frô,* *herre, got*
misericordia	*armaherzi* *barmherzi* *miltida*	*Evangelium* *redemptio*	*cuat-chundida* *urlôsa, irlôsida,* *lôsunga, urchauf,*
beneficium	*wolatât (=Wohltat)*		*irlôsunga*
conscientia	*giwizida* *giwizzi*	*omnipotens* *confessio*	*alamahtîg* *bijiht (=Beichte)*

Wirkungsbereiche klösterlichen Lebens:

clostrum (mlat.)	*Klôstar*	*tincta (aqua)*	*Tinte*
monasterium	*munistri*	*scrîbere*	*scrîban*
monachus			*munih*
(*monicus*, mlat.)			
schola	*scuola*		
magister	*meistar*		
tabula	*tavala*		

Zudem: *Kappe, Kutte, Altar, Kanzel, Kreuz, Lektor, Schuster, Steinmetz, Arzt, Büchse, Lavendel, Lilie, Rose, Petersilie, Salbei,* etc.

Die Wortschatzerweiterung und und Wortschatzumdeutung im Deutschen durch den Kontakt mit der (christlichen) Latinität ist ein fundamentaler Vorgang (vgl. auch Sonderegger 2000a, mit Blick auf den europäischen Rahmen). Dieser Vorgang liefert auch die ersten Ansätze einer philosophisch-wissenschaftlichen Terminologie, wie Sonderegger (2003b, 366f.) etwa für die *septem artes liberales* anhand der Werke Notkers des Deutschen belegt. Das Kontaktprodukt ‚Lehnbedeutung' nimmt neben ‚Lehnbildung' und auch Fremdwort > ‚Lehnwort' einen großen Raum ein (dazu s. auch Splett 2000). Beim Typ ‚Lehnwort', das sei hier nur kurz vermerkt, eröffnet sich in gewissen Fällen die Möglichkeit, anhand von lautlichen Kriterien auf das **Alter der Entlehnung** schließen zu können. Man geht dabei von der Kenntnis wichtiger, einigermaßen verlässlich datierter Lautveränderungen in der Nehmersprache bzw. auch der Gebersprache aus. Eine solche markante Lautveränderung auf der Nehmerseite ist die sog. ‚Hochdeutsche (auch II.) Lautverschiebung', ca. im 6.–7. Jh. nach Chr. vollzogen und [p, t, k] betreffend (s. III/2.1.1.). Man kann nun folgern: Vor dieser Zeit, also vor dem 8. Jh. entlehnte Wörter, machen die Verschiebung mit, die später entlehnten nicht. Beispiele: ***Z**iegel* < lat. *tegula*, früh entlehnt, weil t < z verschoben wurde; ***T**empel* < lat. *templum*, spät entlehnt, weil t nicht verschoben wurde. Entsprechend ***Pf**alz* < lat. *palatium* und ***P**acht* < *pactum*; *Retti**ch*** < *radix, radicem* = früh, *Kal**k*** < *calx, calcem* = spät.

Aber auch ein Blick auf Veränderungen in der Gebersprache kann chronologische Ansatzpunkte geben. So bezeugt ***K**aiser* (*caesar*) noch die klassisch-römische Aussprache des [k] als Guttural und des [ae] als Diphthong; deutsch ***Z**elle* < lat. *cella* dagegen aber die veränderte Aussprache des mlat. c [= k] > [ts] vor i, e (ca. 6./7. Jh.). Hilfreich ist auch die mittellateinische Konsonantenschwächung (Ersatz der Tenues durch Mediae, Beispiel *Spiegel* < mlat. [g] statt lat. [k] *speculum*).

3.5.4. Humanistenlatein und deutsche Sprache

Die Bezeichnung ‚Humanismus' dient im engeren Sinn als Epochenbezeichnung für eine philologisch-kulturell-wissenschaftliche Bewegung des 14.–17. Jhs., ausgehend von Italien. Der Zusammenhang mit der sog. Renaissance am Übergang des Mittelalters zur Neuzeit ist evident. Es geht um Wiederentdeckung und Wiederbelebung antiker Sprache und Kultur, Wegschieben kirchlicher Umdeutungen und Dogmen, Ausformung diesseitiger Lebensgestaltung am Leitbild antiker Philosophie, Literatur und Kunst. Die ‚Humanisten' bemühen sich insbesondere um die Rückgewinnung der klassisch-antiken Sprachform des Lateins und des Griechischen nach den Vereinfachungen und Vergröberungen des Mittelalters (Mittellateinisch, ‚Vulgärlatein').

Der ‚Humanismus' zeigt sich z.T. **doppelgesichtig**: einerseits höchste Bewunderung für Sprache und Poetik klassischer Texte, verbunden mit ehrgeizigem Nachahmungsdrang (etwa ciceronianisches Latein und ‚ne-varietur-Norm') unter offensichtlicher Vernachlässigung der eigenen Muttersprache; andererseits erwachsen daraus auch langsam Bemühungen, die eigene Sprache am klassischen Muster zu messen und analog zu verbessern. Man ist kosmopolitisch und national zugleich (Celtis, Hutten). Es bleibt in den genannten Jahrhunderten „die Bedeutung des ‚Kirchenlateins' und der traditionellen lat. Juristen- und Verwaltungssprache durchaus erhalten ..." (s. Schmitt 2000, S. 1068), insofern ist das Humanistenlatein nicht Neuanfang eines Sprachkontaktes, aber im weiteren geschichtlichen Ablauf zunehmend der bestimmende Faktor im Ausbau der westeuropäischen Nationalsprachen. Der Sprachkontakt beschränkt sich dabei im wesentlichen nicht mehr nur auf den Wortschatz (Lehnwort, Lehnbedeutung), sondern zeitigt auch starke morphematische und ansatzweise auch syntaktische Umstrukturierungen in den erstarkenden Nationalsprachen in z.T. beeindruckender europäischer Parallelführung.

Schmitt (2000, S. 1073f.) führt lange Listen lat. und griech. Formantien (Präfixe, Suffixe) für das Französische an, die weitgehend **‚eurolateinisch'** (vgl. Munske/Kirkness 1996) auch für das Deutsche und andere europ. Nationalsprachen gelten können. Damit ist der Grundstein für die volkssprachlichen Fach- und Wissenschaftssprachen gelegt.

Erinnert sei etwa an die zahlreichen Präfixe lat. Herkunft im Bereich Wortbildung: *multi-*, *inter-*, *bi-*, *mini-*, *audio-*, *intra-*, *retro-*, *sono-*, *trans-* etc. Entsprechend Präfixe vom Griechischen übernommen: *anti-*, *auto-*, *bio-*, *psycho-*, *neuro-*, *hyper-*, *chrono-*, *glosso-*, *mono-*, *para-*, etc. Oder Suffixe: *-ologie*, *-scopie*, *-graphie*, *-ose*, *-pathie*, *-tomie*, etc. (vgl. Schmitt 2000).

Ein ‚Humanist' legte Wert darauf, als ‚homo bilinguis' (Latein/Griechisch) zu gelten. Die eigene (unvollkommene) Muttersprache zählte nicht. Latein war die Lern- und Schulsprache. In ihr wurden sogar die Konzepte für volkssprachliche Texte (Traktate, Flugschriften, etc.) entworfen, **Mischsprache** in Vorlesungen und Tischreden benutzt, wofür es z.B. auch bei Luther viele Beispiele gibt. Die Anzahl der auf diese Weise in deutschsprachige Texte gelangten Fremdwörter ist hoch. Habituell konzentrieren sie sich auf bestimmte Bereiche, etwa auf die Terminologie der Institution ‚Höhere Schule', auf den Akademischen Bereich, auf das Staatswesen, verstärkend auch auf die Rechtssprache, sodann auf den Fachwortschatz für Mathematik, Technik- und Naturwissenschaften, Geographie, Kriegslehre, für Musik, Druckgewerbe, Bildende Kunst. Auffallend gegenüber früherer Übernahme ist nun, dass die fremde Form fast durchgehend beibehalten wird, also keine Eindeutschungsschritte erfolgen. Der ‚Humanismus' ist somit nicht nur eine Epoche des Sprachkontaktes, sondern eher eine Epoche der Sprachadoption. Die deutsche **Bildungssprache** hat davon profitiert, der ‚gemeine Mann' fühlte sich eher ausgeschlossen.

Für die genannten Bereiche müssen jeweils nur wenige Beispiele genügen: *Gymnasium, Sexta, Quinta etc., Pädagogium // Professor, Dozent, Doktorat, Fakultät, Dekan, Senat, immatrikulieren, Kommilitone, Auditorium // Monarch, Regent, Residenz, Aristokratie, Demokratie, Audienz, Deputation, Konspiration // Pact, Consens, Advokat, Mandat, Notar, ad acta, Arrestant, Testament // Sekunde bis Oktave, Dissonanz, Fuge, Takt // Papier-, und Buchformate* (*Folio, Quart, Oktav, Sedez, etc.*).

Universitätsgründungen erfolgen (Prag 1348, Wien 1365, Heidelberg 1386, Köln 1388, Erfurt 1392, Würzburg 1402, Leipzig 1409, etc.). Sie werden die Vermittlungsinstitutionen für den verstärkten Latein-Einfluss. Der greift ja nun über Wortübernahme und Wortbildung hinaus auch in die Flexionsmorphologie und in die Syntax deutscher Texte ein. Entsprechende Belege und zusätzliche Aspekte verzeichnen u.a. Knape (2000, Art. 120, 1673 f.) und Rosenfeld (1974, 399-508):

Namen werden latinisiert (*Molitor* für *Müller*; *Piscator* für *Fischer*; oder schlichter durch *-us*, *-ius*, etwa *Schottelius, Buschius*. Es wird z.T. lateinisch flektiert (des Evangelii von Christo, Christi Himmelfahrt); man geht im Deutschen entsprechend dem Lateinischen auch von sechs Kasus aus, also auch von einem Ablativ und einem Vokativ. Die Verbableitung auf *-ieren* ist sehr produktiv (*approbieren, articulieren*).

Syntaktischen **Transferenzen** zeigen sich in gelegentlicher Änderung des Genus deutscher Substantive: *der* Sonne (lat. sol, m.), *die* Mond (lat. luna, f.); Nachahmung der lat. A.c.I.-Konstruktion (*ich red on spot, mich gewesen sein in großer Not* (Theuerdank), Nachahmung von N.c.I. Ablativus absolutus, von Partizipialkonstruktionen. Hinsichtlich der Entwicklung der Hypotaxe im deutschen Satzbau scheint eine vom Ciceronianismus der Humanisten geprägte Mitwirkung mehr als wahrscheinlich, wohl auch bei der zunehmenden Endstellung des finiten Verbs im Hauptsatz (Knape 2000, 1678f.).

Das Humanistenlatein war bei aller Gefahr für die deutsche Sprachentwicklung am Ende eine große Antriebskraft für den Sprachausbau, ein absoluter Kulturgewinn; es begründete eine europäische Identifikationsklammer in der Lexik.

3.6. Der französisch-deutsche Sprachkontakt

Grenzlandkontakte, die zwischen beiden Sprachen seit ältester Zeit bestehen, sind schon am Beispiel Rheinland paradigmatisch angesprochen worden. Für die jüngere Geschichte kommen zusätzlich **Sprachkontakträume** wie Elsaß-Lothringen, Belgien und Luxemburg, die Westschweiz und gewisse Sprachinseln (Aostatal) in den Blick, die, bedingt durch politische Grenzziehungen und auch Migration ein je eigenes intensives Sprachkontaktschicksal haben. Sprachpolitik und Prestige-Gefälle zwischen den Sprachen bewirkten Verschiebungen im breiten Spektrum von individueller Zweisprachigkeit über Diglossie, Mischsprache bis zur schließlichen Aufgabe der angestammten Sprache und damit zu neuer Einsprachigkeit. Darüber informiert in aktueller Zusammenfassung samt einschlägiger Literatur Zollna (2004). Hier kann das nicht weiter verfolgt werden, weil die kultursprachliche Kontaktwirkung auf das ganze deutschsprachige Gebiet im Mittelpunkt stehen soll. Diese findet kontinuierlich in den Schriftsprachen statt, sozialschichtlich eingegrenzt durchaus auch im Medium der gesprochenen Sprache. Der ganze Vorgang steht von Anfang an unter diastratischen Vorzeichen, ist also sozialschichtlich bestimmt; die einfachen Volksschichten sind daher kaum davon betroffen, selbst nicht zur Zeit des intensivsten franz. Kontaktes im 18. und 19. Jh.

Der französische Einfluss setzt erstaunlich früh ein, nämlich schon im Hochmittelalter (1. Welle), sodann verstärkt in der Barockzeit und abschließend noch einmal forciert durch die Einwanderung flüchtiger Hugenotten Ende des 17. Jhs. und die politischen und geistigen Veränderungen im Gefolge der Französischen Revolution gegen Ende des 18. Jhs. mit Auswirkungen weit in das 19. Jh. hinein (2. Welle).

3.6.1. Französischer Einfluss im Mittelalter (1. Welle)

Frankreich ist früh das europäische Zentrum adliger Hof- und Ritterkultur. Der Kontakt über Kreuzzüge, Turniere, Feste vollzieht sich oberschichtlich. Artusepik und Troubadour-, Trouvère-Lyrik gewinnen dort im 12. Jh. ihre Gestalt. Sie werden in Deutschland rezipiert und ausgestaltend übersetzt, ebenso Chanson de geste-Stoffe und spätantik-hellenistische Erzählüberlieferung in franz. Fassung. Viele Fremdwörter fließen in die **Übertragungen** ein (s. auch II/2.2.2.), so etwa in Gottfrieds von Straßburg ‚Tristan‘, Vers 5059f.: *daz suln die garzune sagen / ... ine mag ir buhurdieren / niht allez becroieren.* (*garzun* ‚Knappe‘ afrz. *garcon*; *buhurdieren* ‚einen Buhurt reiten, d.h. scharweise, <afrz. *behorder*; *becroieren* ‚öffentlich ausrufen‘ <frz. *crier*). In den Werken der mhd. Klassik um 1200 finden sich weiterhin folgende Übernahmen:

amis ‚Geliebter‘ <afrz. *amis*; *baniere* ‚Banner‘ <afrz. *baniere*; *barun* ‚Freiherr‘ <afrz. *baron*; *birsen* ‚mit Spürhunden jagen <afrz. *berser*; *gentil* ‚vornehm‘ afrz. *gentil*; *tjust* ‚Zweikampf mit dem Speer‘ <afrz. *jost*; *kovertuere* ‚Pferdedecke‘ <afrz. *coverture*; *kumpan* ‚Gefährte‘ <afrz. *compain* ... und weiter: *lanze, marveil, massenie, palas, poisun, pris. rim, saluieren, schevalier, turnei, turnieren* u.a.m.

Auch Lehnprägungen sind in beachtlicher Zahl über das Französische, z.T. vermittelt über die Niederlande, ins Deutsche gelangt: *dörper* ‚Tölpel', ‚Dörfler' zu afrz. *vilain*; *hövesch* zu afrz. *cortois*; *hovieren* ‚höfischen Dienst tun' zu afrz. *cortoiier*; *ritterschaft tuon* zu afrz. *faire chevalerie*; *min her Iwein* zu *mes sire Ivain*; *fianze tuon / sicherheit tuon* zu afrz. *faire fiance*.

Man hat für das 13. Jh. ca 700 **Erstbelege** franz. Ausdrücke in deutschen Texten gezählt, rund 300 weitere im 14. Jh., dazu Ableitungen und Lehnbildungen in größerer Zahl. Im 15. Jh. ist die Bewegung eher rückläufig, bedingt wohl durch die Abwahl der höfischen Literatur, den Verfall des Ritterideals, das Aufkommen der Prosa und die Verlagerung der Kulturdominanz vom Adel auf die Städte und das erstarkende Bürgertum. Die übernationalen Kontakte treten eher zurück bzw. verlagern sich im 16. Jh. zeitweilig auch stärker auf das Italienische.

3.6.2. Französischer Einfluss 17.–19. Jahrhundert (2. Welle)

Im 17. Jh. häufen sich Klagen über „Sprachmengerei", „ausländische Flickwörter" und eine „Alamode-Sprache" ganz eigener Art im Deutschen. Die Rede ist vom großen Verfall des Lebens, der Kultur, der Sprache im und nach dem 30jährigen Krieg, „insbesondere von dem Einbruch der gewaltigen Fluth fremder, namentlich französischer Wörter in unsere Sprache" (Der Vnartig Teutscher Sprach-Verderber, 1643). Der unbekannte Verfasser dieser Schrift rügt anhand vieler Beispiele (Konversation, Kriegswesen, Anrede, Titulieren, Korrespondenz, Predigt, Kanzlei, Rechtssprache, Medizinersprache, Kalender-, Zeitungsschreiber) die Vernachlässigung der eigenen und die **äffische Nachahmung** fremden Sprachgebarens, insbesondere des Französischen. Andere Autoren bestärken das.

Statt „gewiss, fürwahr" heiße es *ma fois, par ma fois, par Dieu*; „Herr" wird ersetzt durch *Monsieur*, „Frau" durch *Dame*; man sagt *mon frere, votre Serviteur, à la Santé,* man *praesentiert, discutiert, contestiert, emittiert, confirmiert, agiert, lamentiert, molestiert,* man überschlägt sich in *Complimenten*, was so viel sei wie „Gepräng, Auffschneiderey, Heucheley". „Was mit *Complimenten* gezieret ist / das ist erlogen". Diesem Satz folgt eine illustrierende Gesprächsszene, erlebt oder karikierend erfunden: Ein guter Freund zieht nach Lyon. Dort wird er von einem seiner Landsleute besucht und so angesprochen: „*Monsieur et frere*, werther / sehr geehrter Herr ... seine glückliche *arrivee* ist mir *exoptabel*, vnd dancke GOTT / daß Er jhn durch so manche *perilleuxe occasion* vnd Gefahr durchgebracht / als dessen *fortune* mich von Hertzen also *touchirt*, ob sie mich leiblich angienge ..." Und so geht es noch eine halbe Seite weiter im Vnartig Teutscher Sprach-Verderber, S. 32f.

Aber ungeachtet solcher Sprachmengerei beginnt im 17. Jh. etwas ganz Entscheidendes: Französisch wird neben Latein die Zweitsprache Europas und rückt gegen Ende des 18. Jh. sogar an die erste Stelle. Adel, Gelehrte und Stadtbürgertum schreiben und sprechen Französisch als **europäische Verkehrssprache**. Das gilt bevorzugt in den Domänen Diplomatie, Militär, Handel, Konversationskultur, Etikette, zunehmend auch in Literatur und Wissenschaft. Französisch wird dominante Verkehrssprache Europas, eben nicht nur Deutschlands (vgl. Baum 2000).

Die hugenottischen Religionsflüchtlinge ab 1685 (Widerrufung des Edikts von Nantes) verstärkten und vertieften den franz. Spracheinfluss sehr nachhaltig. Ca. 30.000 kamen insgesamt nach Deutschland, etwa 15.000 nach Brandenburg, davon allein 6.000 nach Berlin (weitere nach Hessen-Kassel, Württemberg, Territorien am Rhein). Für lange Zeit stellten die **Hugenotten** ein Fünftel der Mitglieder der Königlich Preußischen Akademie der Wissenschaften zu Berlin. Deren Verhandlungs- und Protokollsprache war bis Ende des 18. Jh. Französisch. 1782 lautete z.B. das Preisausschreiben dieser Akademie nach Thema und Sprache so: „Concours sur l'universalité de la langue francoise", verbunden mit drei französisch formulierten Fragen zur näheren Begründung. Es gab 21 Einsendungen. Der Preis wurde aufgeteilt zwischen Graf Antoine de Rivarol (frz. Text) und dem Stuttgarter Philosophieprofessor Johann Christoph Schwab (dt. Text). Offensichtlich ergaben sich Schwierigkeiten bei der Beurteilung, weil nicht alle Mitglieder des Preisrichterkollegiums des Deutschen mächtig waren. Die Akademie-Sprache und das Preisausschreiben 1782 über die Universalität der franz. Sprache der Berliner Akademie bezeugen die überragende Geltung des Französischen in Deutschland und Europa (vgl. Piedmont 1984).

Bereits 1750 schrieb **Voltaire** in einem Brief von Potsdam aus nach Frankreich: „Je me trouve ici en France. On ne parle que notre langue, l'allemand est pour les soldats et pour le cheveaux; il n'est nécessaire que pour la route." (Lévy 1, 1950, 191). Er war häufig Gast Friedrichs II. (des Großen), über Jahrzehnte im Briefwechsel mit ihm verbunden, mit dem preußischen König, der lebenslang nach Vollendung in der franz. Sprache strebte, eingeschränkt in der eigenen (dt.) Sprache war, mit abwertendem Urteil über die deutsche Literatur und Sprache. Voltaire starb 1778, Friedrich II. 1786.

3.7. Der englisch-deutsche Sprachkontakt

Er spielt nach ganz spärlich ersten Wortübernahmen bzw. Lehnübersetzungen ab Mitte des 17. Jh., eigentlich erst seit der 2. Hälfte des 18. Jhs. eine nennenswerte Rolle und dann zunehmend im 19. Jh., insbesondere die Domänen Parlamentarismus, Industrie, Ökonomie/Bankwesen und Sport betreffend. So konnte z.B. Hermann Dunger 1909 ein Büchlein mit dem Titel **„Engländerei** in der deutschen Sprache" mit zwei Beilagen : „Deutsche Tennis-Ausdrücke" (I) und „Deutsche Ausdrücke für das Fußballspiel" (II) veröffentlichen (Dunger 1909/1989). Das Vorwort vermerkt: „Mit dem immer wachsenden Einfluß englischen Wesens mehrt sich neuerdings in bedenklicher Weise die Zahl der aus dem Englischen stammenden Fremdwörter. Auch in dieser Spracherscheinung treten die alten Erbfehler des deutschen Volkes wieder hervor: Überschätzung des Fremden, Mangel an Selbstgefühl, Mißachtung der eigenen Sprache." (S.V.).

Ähnliche Klagen waren in den vorangehenden Jahrhunderten schon im Blick auf das Latein und später dann auf das Französische zu hören. Also eigentlich nichts prinzipiell Neues – auch nicht, wenn man die rapide Zunahme von Anglizismen (britisches und amerikanisches Englisch) in den letzten Jahrzehnten und gleichsam unter unseren Augen hinzunimmt. Seit der Barockzeit ist im Deutschen eigener Sprachausbau das vorrangige Ziel, das bedeutet zwar durchaus Wortübernahme und Lehnbildungen im Kontakt mit anderen Sprachen, aber auch entschiedene Abwehr von Überfremdung. Im Abschnitt ‚Phasen des Purismus' (u. 3.8.) wird das genauer ausgeführt. Man greift aber zu kurz, wenn man den heutigen englisch-deutschen Sprachkontakt nur unter dem lexikalischen Aspekt der sog. Anglizismen betrachtet in der Befürchtung von Überfremdung. Was jedoch darüber hinaus immer deutlicher hervortritt, ist viel gravierender, nämlich „...die zunehmende Abwendung vom Deutschen in wichtigen Domänen des schriftlichen und mündlichen Sprachverkehrs." (Munske 2004b, 167). „Es geht um den Gebrauch des Deutschen als **Wissenschaftssprache** in Forschung und Forschungsförderung, als Unterrichtssprache in den Hochschulen, als Geschäftssprache in europäischen Institutionen und als Sprache moderner Technologien in unserem Alltag." (ebd., 167). In einer umfangreichen Monographie hat Ammon (1991) diese Abwahl-Entwicklung anhand vielfältiger Daten und Aspekte aufzuzeigen versucht und in Sprachgeschichte, HSK 2.2, Art. 155 (2000) ein knappes Resümee des derzeitigen Standes geliefert. Deutsch spielt als Sprache internationaler wissenschaftlicher Konferenzen nur noch eine marginale Rolle. Ähnlich dramatisch ist seine Verdrängung aus wissenschaftlichen Publikationen, insbesondere in den Naturwissenschaften, auch in Verlagen, Zeitschriften und Buchreihen im eigenen Land. Großkonzerne benutzen Englisch für die Innen- und Außenkommunikation; im Flug- und See-Verkehr ist das schon länger so; deutsche Hochschulen bieten zunehmend englischsprachige Studiengänge an. „Na und?" wird mancher sagen, „die Globalisierung erzwingt eben neue Verständigungsmodalitäten angesichts der Vielzahl von Nationalsprachen, Verständigung z.B. auf eine gemeinsame Bezugssprache im Rang einer Weltsprache." Warum das nunmehr Englisch sein soll, bzw. bereits ist, bedarf noch der Erklärung. Eine Umkehr dieser Entwicklung ist nicht denkbar. Das ist zu akzeptieren, wenn sich daraus auch gravierende Konsequenzen ergeben. Es entsteht nun weltweit **eine Art neuer Diglossie**, nämlich einer Funktionsverteilung mit Englisch als Hochvarietät (High Variety) und mit zahlreichen ehemaligen Nationalsprachen als niederen Sprachvarietäten (Low Varieties), s. Munske (2004b, 167), der sich mit dem Begriff ‚Diglossia' auf Ferguson (1959) bezieht. Für eine voll ausgebaute Sprache wie das Deutsche, bedeutet das Abstieg. Jahrhunderte hat es gedauert, bis die deutsche Sprache das Latein, dann auch das Französische in allen Bereichen von Politik, Wissenschaft und Kultur vollgültig ablösen konnte. Das war so etwa 1800 erreicht. „Während Dt. [= Deutsch] noch in den [19]20er Jahren als Sprache internationaler wissenschaftlicher Konferenzen mit dem Engl. und Frz. ungefähr gleichrangig war [...], spielt es als solche heute nur noch eine marginale Rolle" (Ammon 2000, S. 2187). Das heißt, Deutsch als Wissenschaftssprache wird zunehmend abgewählt, mündlich wie im Druck. Ob es die einzige Domäne ist, die aufgegeben wird? Anzeichen sprechen dafür, dass andere folgen werden. Es könnte sich sprachgeschichtlich herausstellen, dass die volle Souveränität deutscher Kultursprache nur für 150 bis 200 Jahre gewährleistet war und dann schrittweise wieder abgegeben werden musste an die übergreifende **Globalisierungssprache Englisch**, übrigens ein Schicksal, das auch andere Nationalsprachen betrifft.

Dieser prinzipiellen Einschätzung sollen nun einige Detailangaben zum englisch-deutschen Sprachkontakt folgen. Sie sind im wesentlichen Viereck (2004) entnommen; dort ist auch die wichtigste Spezialliteratur verzeichnet.

Im 17. Jh. finden sich Eindeutschungen wie *Unterhaus, Haus der Gemeinen, Oberhaus, Bill/Gesetzentwurf.* Das 18. Jh. bringt starken literarischen Kontakt, ebenso Berührungen in Philosophie, Politik und anderen Bereichen, meist in Übersetzungsentlehnungen. Einige von vielen Beispielen: *Bombast, Robinsonade, Steckenpferd* (< *hobby-horse*), 2. Entlehnung = *Hobby, Populärlied/Volkslied* (< *popular song*), *lebensüberdrüssig* (< *life-weary*); *Spektrum, Barometer, Koalition, Opposition, Import, exportieren, Papiergeld* (< *paper money*), *Gardinenpredigt* (< *curtain-lecture*), *Gemeinplatz* (< *common-place*), *Tatsache* (< *matter-of-fact*), u.a.m. Man kann wohl Hamburg, Leipzig, Zürich und Göttingen als Zentren des englischen Einflusses ausmachen, wo solche Übernahmen erstmals erschienen und /oder durch Druck (z.B. in den ‚Moralischen Wochzeitschriften') verbreitet wurden.

Das 19. Jh. sieht England führend am Beginn des industriellen Zeitalters mit Fabriken, Eisenbahn, Dampfschifffahrt und vielfachem Benennungsexport in zahlreiche Länder. Beispiele: *Dampfschiff, Dampfmaschine / Feuermaschine, Lokomotive*, u.a.m. Der Einfluss nimmt zu – und eben nicht nur in der Form von Lehnübersetzungen bzw. Lehnprägungen. Wenn Dunger (1909) von der „Engländerei" in der deutschen Sprache spricht, da meint er vor allem die Fremdwortübernahme, man vgl. etwa seine ca. 120 englischen Termini für Tennis, ca. 70 für Fußball. Stiven (1936) bietet eine Gesamtübersicht für die bisher genannten Jahrhunderte, teilweise durch jüngere Arbeiten präzisiert.

Für das 20. Jh. geht man von drei Entlehnungsperioden aus: (1.) vor dem Ersten Weltkrieg, (2.) die Zwischenkriegszeit, (3.) die Zeit nach 1945. Seit der Zwischenkriegszeit nimmt der **amerikanisch-englische Einfluss** zu und wird seit 1945 dominant. Das Anglizismen-Wörterbuch (1993f.) mit seinen drei Bänden für die Zeit nach 1945 lässt den Umfang dieses Worttransports in die deutsche Sprache (und nicht nur in diese) ahnen. Über die Techniken der Übernahme im schriftlichen und mündlichen Bereich wird ausführlich auch von Viereck (2004, 3321f.) gehandelt.

So ganz einseitig ist der englisch-deutsche Sprachkontakt schließlich dann doch nicht, aber die vergleichsweise wenigen Übernahmen dienen vielfach, wenn auch nicht ausschließlich, einer eher kritisch-ironischen Markierung oder auch Charakterisierung: In der engl. Pressesprache der letzten Jahrzehnte gehören *Nazi,*

Nazification und *Nazify* zu den am häufigsten Entlehnungen, weiterhin fanden sich: *diesel, mark, Reich, ostpolitik, lebensraum, wanderung, Weimarization* (= Verschlechterung der politischen Lage); *wallpecker* (< dt. *Mauerspecht*), *blitz, blitz-like precision* = *Blitzgenauigkeit, blitzkrieg* (s. Viereck 2004, 3321f.). Tschirch (1989, 287f.) führt rückgreifend an: *Weltschmerz, Weltanschauung, Wanderlust, Sprachgefühl, Stimmung, Kaiser, Schnitzel, Kümmel, Kirsch, Schnaps, Kindergarten, Zeitgeist, Lebenszeichen, Plattform, Leitmotiv* u.a.m.

Englisch stellt einen neuen Typ von Weltsprache dar. Es verdankt diesen Status letztlich der wachsenden Verbreitung über die ganze Welt in der historischen Abfolge: Siedlersprache, Kolonialsprache (Zweitsprache) und meistgewählte Fremdsprache. Im Verlauf des 20. Jhs. haben die USA dank ihrer führenden Rolle in Wirtschaft, Wissenschaft und Wehrtechnik den Vorgang enorm beschleunigt. Görlach (2000, 1118f.) liefert in gedrängter Form die Daten der **Siedlungsexpansion** und der **Kolonialmacht-Politik**, beides zusammen alle Kontinente betreffend. Englisch als Zweitsprache (vielfach in früheren Kolonialgebieten) und Englisch als Fremdsprache kommen ganz offensichtlich auch dessen „morphologische Einfachheit" (Görlach, 2000, 1121) zugute. Die weltweite Verbreitung birgt natürlich die Gefahr zunehmender sprachlicher Divergenz insbesondere im gesprochenen Bereich, wogegen bisher allerdings die starke Klammer der schriftsprachlichen Norm steht. „Das weitere Wachstum des Engl. ist leicht vorhersehbar." (Görlach, 2000, 1122).

In der Menschheitsgeschichte hat es immer wieder übergreifende Verkehrssprachen gegeben, etwa das hellenistische Griechisch im Mittelmeer-Raum, so das europäische Latein, das Französisch in der Neuzeit, alle in Vorrangstellung zu weniger oder kaum ausgebauten national-regionalen Idiomen. Der neue Typ einer Weltsprache bezieht sich auf einen wahrhaft globalen Geltungsradius im Vergleich zu früheren Verkehrssprachen. Er überdacht zudem, mindestens in Europa, zahlreiche voll ausgebaute Nationalsprachen und mindert deren erreichten Status. Der neue Typ einer Weltsprache wird auch nicht von der Sprache mit der größten Sprecherzahl der Welt (dem Chinesischen) gestellt. Quantität in diesem Sinn ist offensichtlich kein zureichendes Kriterium. Es bedurfte wohl einer Kombination von interkontinentaler Verankerung und zivilisatorisch-technischen Vorsprungs, die dem Englischen als neuen Typ von Weltsprache den Vorzug gegeben hat.

3.8. Phasen des Sprachpurismus

Sprachpurismus verbindet sich zwangsläufig mit dem Ausbau eigenständiger Nationalsprachen im (früh-) neuzeitlichen Europa. Er ist kein bloß deutsches Phänomen und muss, sofern es sich nicht um national-chauvinistischen Missbrauch handelt, in seiner historischen Bedingtheit angemessen beurteilt werden. Zum gegenwärtigen Zeitpunkt der neuen Justierung des Verhältnisses von Nationalsprachen und Weltsprache Englisch, wo Nationalsprachen zunehmend an Domänen und Bedeutung verlieren, wird der lexikalische Sprachpurismus eher nebensächlich und langfristig wohl bedeutungslos.

Die **Internationalismen-Forschung**, in Deutschland erst seit den 1980er Jahren intensiv aufgenommen, will von der isolierten nationalsprachlichen Betrachtung von Fremdwort und Lehnwort wegführen und betont auf europäische Gemeinsamkeiten vornehmlich im Wortschatz aufmerksam machen. Diese entstammen verwandten historischen Entlehnungsvorgängen und vermitteln eine gewisse Internationalität europäischen Zuschnitts, vgl. etwa dt. *Nation*, engl. *nation*, frz. *nation*, ital. *nazione*, span. *nación*. Die Blickrichtung hat sich geändert. Das Übernationale im Wortschatz erlangt nun hohe Wertschätzung als Erleichterung internationaler Kommunikation. Das Englische als neue Weltsprache gehört in diesen europäischen Entlehnungsverbund. Insofern profitieren wir im Deutschen von der Zugehörigkeit zu diesem Entlehnungsverbund, viele andere Sprachen auf unserem Globus allerdings nicht. Purismus und Internationalismen-Gedanke stehen je für sich für nationale Begrenzung einerseits und übernationale Denkrichtung andererseits. Insofern sind sie hier in dieser Abfolge angeführt. Die Probleme, die sich mit Englisch als neuer Weltsprache und entsprechend nachgeordneten Nationalsprachen zwangsläufig ergeben bzw. noch ergeben werden, werden durch das Internationalismen-Erbe nur unwesentlich reduziert werden.

Im deutschnationalen **Sprachpurismus** zeichnen sich drei Phasen ab:

(1.) Sprachpatriotismus im Barockzeitalter (Schwerpunkt 17. Jh.),

(2.) Sprachpurismus nach der Französischen Revolution (Jahrzehnte um 1800),

(3.) Sprachreinigung im Gefolge des Allgemeinen Deutschen Sprachvereins (s. Kirkness 1975 u. 1998 u. da angeführte Lit.).

Die erste Phase fällt in die Zeit der Grundlegung einer eigenen deutschen Schrift- und Nationalsprache in **Absetzung von Latein und Französisch** – und dies eher mit Verspätung im europäischen Vergleich. Es ist die Zeit der Sprachgesellschaften (Fruchtbringende Gesellschaft, 1617f.; Teutschgesinnete Genossenschaft, 1643f. u.a.m.), die sich der Spracharbeit und der Literatur widmen, aus anderen Sprachen übersetzen, Regeln herauszufinden suchen, den deutschen Wortschatz ausbauen, übermäßigen Fremdwortgebrauch eindämmen, Verdeutschungen vorschlagen (Beispiel Philipp Zesen (1619–89)). Für die damalige Zeit ist Sprache nicht Instrument, sondern Identfikation, sie hat sittlich-moralische Kraft, sodass eine gute Sprache auch gute Sitten garantiert. Sprachreinigung bewirkt sittlich-moralische Reinigung, zumal wenn man der ‚uralten deutschen Sprache' wieder nahekommt. (Hierher gehören auch die älteren und jüngeren Herkunftsagen deutscher Stämme). Wiedergewinnung der alten Sprache führt zur Wiedergewinnung der alten deutschen Tugenden. Das **Kriterium des ‚Alters' von Sprache** wird ganz entscheidend für die Wesensbestimmung von Sprache, denn alte Sprache, wie eben das uralte Deutsche, ist näher am Schöpfungsakt der wesenhaften Übereinstimmung von ‚Wort' und ‚Ding', *verbum* und *res*. Patriotisch an dieser Argumentation ist die hohe Rangfixierung der eigenen Sprache bezüglich Alter, übrigens nicht nur bei uns. Im übrigen ist eine solche Auffassung, ja Gläubigkeit, hinsichtlich des Wesens von Sprache zeittypisch weit verbreitet. Wer dies weiß, wird den Sprachpatriotismus der ersten Phase besser verstehen und historisch angemessen beurteilen können.

Die zweite Phase (Jahrzehnte um 1800) bringt ein zentrales Werk hervor: Joachim Heinrich Campes „Wörterbuch zur Erklärung und Verdeutschung der unserer Sprache aufgedrungenen fremden Ausdrücke". Braunschweig 1801, 2. Aufl. 1813.

Neben Campe sind in dieser 2. Phase u.a. an der Diskussion beteiligt und machen z.T. auch eigene Vorschläge: J.F.A. Kinderling, J.C.C. Rüdiger, K.W. Kolbe, E.M. Arndt, F.L. Jahn (vgl. dazu Kirkness 1975, I. u. 1998, 410f.). Campe selbst trägt in seinem Wörterbuch Tausende von Ersatzwörtern aus vielerlei Quellen zusammen, einbegriffen ca. 3.000 eigene **Verdeutschungen**, von denen sich etwa 10% durchgesetzt haben. Die Motivation für Campes Arbeit hängt erstaunlicherweise mit einem Preisausschreiben der Königlich Preußischen Akademie der Wissenschaften 1792 zusammen, deren offizielle Sprache bis 1744 Lateinisch, danach Französisch und erst ab 1807 Deutsch war. Im Preisausschreiben 1792 wurde nach den Grundsätzen zur Herstellung der „Reinigkeit der teutschen Sprache" gefragt (s. Kirkness 1975, I, S. 69). Der 1. Preis wurde Campe zugesprochen.

Wie ist diese 2. Phase sprachhistorisch einzuordnen? Die Existenz einer deutschen Schrift- und Literatursprache ist um 1800 gegeben und nicht mehr gefährdet. Es tritt aber jetzt der **Gedanke der Sprachnation** und der Nationalsprache ganz in den Vordergrund, wie vorher und parallel vielerorts in Europa. Daraus erwuchs in Deutschland eine Politisierung der Fremdwortfrage im 19. und 20. Jh., zunehmend gekoppelt mit Überheblichkeit und Ablehnung alles Fremden. Campe selbst dürfen solche Weiterungen eigentlich nicht angelastet werden. Seine Motivation ist volksaufklärerisch, er fordert und fördert mit seinen Verdeutschungen die Durchsichtigkeit der Wörter für eine bessere Teilhabe des breiten Volkes an den politischen und geistigen Bewegungen der Zeit (vgl. Schiewe 1988). Das lässt sich auch schon an den programmatischen Äußerungen in seiner Preisschrift 1794 erkennen. Campe und ähnlich Denkende untersuchen dann auch große Werke zeitgenössischer deutscher Literatur auf die Fremdwortfrage hin. Das bringt ihnen den Spott der Dichter ein (Goethe, Schiller). Campe vermag sich ironisch zu wehren, ebenfalls in Versen (s. Kirkness 1975 I, 136f.). Hier nur wenige Beispiele für Campes Verdeutschungen: *Acteur = Schauspieler, addiren = zusammenzählen, adoptiren = an Kindes Statt annehmen, Affect = Gemütsbewegung, Agonie = Todeskampf, District = Bezirk* u.a.m.

Die dritte Phase im 19. und 20. Jh. erreicht ihren Höhepunkt mit der Wirksamkeit des Allgemeinen Deutschen Sprachvereins (1885f., s. Dunger 1910). Es sind drei kennzeichnende Faktoren, auch im Vergleich mit Phase 1 und 2, hervorzuheben:

(1) Der Allgemeine Deutsche Sprachverein erreicht über eine Reihe von Jahrzehnten breite Schichten des Volkes. (1930 ca. 50.000 Mitglieder, Hunderte von Zweigstellen im In- und Ausland, Dominanz der mittelschichtigen ‚Sprachlaien' aus nahezu allen Berufen).
(2) Er bewirkt in der Fremdwortfrage und bezüglich besserer Verständlichkeit bemerkenswerte Sprachveränderung in vielen Bereichen (Herausgabe von 12 **Verdeutschungsbüchern**, 1888f.: Speisekarte / Handel / Amtsprache / Berg- und Hüttenwesen / Schule / Heilkunde / Spiel u. Sport, u.a.m. Wirksamkeit der eigenen „Zeitschrift des Allgemeinen Deutschen Sprachvereins", 1886f., und der „Wissenschaftlichen Beihefte" zu dieser Zeitschrift, Nr. 1-36, Berlin 1891-1913; Aufrufe, Sprachecken in über 2000 Zeitungen, Flugschriften).
(3) Der Sprachverein gerät zunehmend in Gefahr eines übersteigerten National-Patriotismus. Der I. Weltkrieg und die Zeit des Nationalsozialismus begünstigen diese Entwicklung. Auch die Juden-Diskriminierung wirkt sich aus. Man glaubt, ganz im Sinne des 3. Reichs zu wirken, **Pflege des Deutschtums** als Dienst am Vaterland zu verstehen. Völlig unerwartet findet man dann allerdings keine Gegenliebe bei den neuen Regierenden: Goebbels rügt (1. Mai 1937) die Sprachreiniger öffentlich, am 19. November 1940 wird ein Erlass Hitlers gegen die Fremdwort-Jagd herausgegeben. Vorsichtige Kritik am Fremdwortgebrauch der Nazi-Elite dürfte diese Reaktionen ausgelöst haben. Das Fazit: Der Purismus hat wider Erwarten im ‚Dritten Reich' keineswegs einen Höhepunkt erlebt.

In den Jahrzehnten nach 1945 trat das Nationale absolut in den Hintergrund, ebenso die Fremdwortfrage. Diese spielt in der „Gesellschaft für deutsche Sprache e.V." (1949f.) und deren Organen, der Zeitschrift „Muttersprache" und dem „Sprachdienst" kaum eine Rolle, und wenn, dann nur eingebunden in eine wissenschaftlich begründete Sprachpflege, der sich die Gesellschaft verpflichtet fühlt.

Entschieden kämpferisch gibt sich der 1997 gegründete „Verein Deutsche Sprache e.V." mit über 18.000 Mitgliedern in 70 Ländern (Stand Juni 2004). Auf der Homepage ist zu lesen: „Uns vereint der Überdruss an der Vermanschung des Deutschen mit dem Englischen zu Denglisch; uns geht das pseudokosmopolitische Imponiergehabe vieler Zeitgenossen, wie es sich insbesondere im hemmungslosen Gebrauch von überflüssigen Anglizismen äußert, gewaltig auf die Nerven."

Offensichtlich wird hier ein Unbehagen formuliert, das sichtliche Resonanz findet. Der Verlust ganzer Sprachdomänen z.B. in der Wissenschaft und Wirtschaft wird dadurch nicht rückgängig gemacht werden können.

Zum Phänomen **Internationalismen** müssen hier einige Beispiele und erste Literaturangaben genügen. Braun (1990, 16f.) führt in der Abfolge deutsch-englisch-französisch-italienisch-spanisch Beispiele aus Politik, Kunst, Technik, Literatur, Drama, für Tänze und Getränke an:

Partei / party / parti / partito/ partido
Aquarell / aquarelle / aquarelle / acquerello / acuarelo
Maschine / machine / machine / macchina / máquina
lyrisch / lyric / lyrique / lirico / lírico
Kaffee / coffee / café / caffè / café

Hinweis: Unter Braun / Schaeder / Volmert 1990 finden sich weitere Beiträge zu verschiedenen Aspekten der Internationalismen-Forschung. Vgl. auch Reichmann (1993) und Wandruszka (1990).

Zusammenfassung

Jede Sprachgeschichte ist letztlich immer auch Sprachkontaktgeschichte. Sprachliche Purismus-Theoreme sind als ahistorisch einzustufen und damit ideologieverdächtig. Sprachkontakte ergeben sich seit eh und je in Grenzlandschaften (s. Abschnitt 3.2 und 3.3), meist im Geben und Nehmen als Alltagsnotwendigkeit des gegenseitigen Verstehens, gesteuert von Sach- und Kulturbedürfnissen. Sprachkontakte können Folge von Überlagerungen sein (Substrat/Superstrat), im Individualfall durch vielfältige Formen des Lebens in der Fremde (Auswanderung, Gefangenschaft, Migration jeder Art). In all diesen Situationen ist der Sprachkontakt vornehmlich sprechsprachlich.

Schriftsprachlicher Einfluss kann sich in Raum und Zeit unvergleichbar intensiver entfalten, vielfach auch noch oral gestützt. Er ist nicht mehr an Grenzlandregionen gebunden, sondern wirkt über Unterricht, Institutionen, Bildungseliten, Führungseliten (z. B. Adel). Die Rede ist speziell vom lateinisch-deutschen und französisch-deutschen Sprachkontakt (s. Abschnitt 3.5 u. 3.6). Erst in jüngerer Zeit dominiert der angelsächsische Einfluss. Ganz im Mittelpunkt steht jeweils der Einfluss auf den Wortschatz als Hauptbezeichnungsmittel z. T. neuer Sach- und Kulturwelt.

Wie stark gerade das Latein ‚Gebersprache' war für das Deutsche zeigen über die Jahrhunderte hin die Abschnitte 3.5.1–3.5.4, Bereicherungen der Alltagswelt (Straßenbau, Hausbau, Gartenkultur u.a.m.); sodann Grundlegung eines geistlich-christlich-kirchlichen Wortschatzes; schließlich lexikalische Fundamente des humanistischen Universitäts- und Schulwesens mit Auswirkungen bis in unsere Zeit (s. 3.5.4).

Anhand der Gebersprache Latein konnte man auch besonders gut die lexikalisch-wortbildungsmäßigen Techniken des Transfers in das Deutsche herausarbeiten, resultierend in einer sehr einleuchtenden Sprachkontakt-Terminologie (s. 3.4).

In zwei Entlehnungswellen (Mittelalter; 17.–19. Jh.) hat das Deutsche vielfache kulturelle Bereicherung durch das Französische erfahren, in Ritter- und Adelskultur, schließlich in der absoluten Dominanz französischer Sprache, Kultur und Literatur im 17. und 18. Jh. in der Oberschicht Deutschlands und ganz Europas.

Der englische Spracheinfluss nimmt im 19. Jh. allmählich zu und hat bis Ende des 20. Jhs. nach zwei Weltkriegen nicht nur längst das Französische als europäische Brückensprache abgelöst, sondern unter amerikanischer Führung inzwischen die Weltgeltung des Englischen stabilisiert. Andere durchaus bedeutende Nationalsprachen geraten in die Gefahr, eigensprachliche Domänen in Wissenschaft, Technik, Ökonomie zu verlieren, bzw. haben solche Domänen schon verloren.

Eine Weltbrückensprache hat angesichts heutiger Globalisierung durchaus ihre Berechtigung. Können die nichtenglischen Nationalsprachen ihren erreichten Status mindestens für die eigene Sprachgemeinschaft bewahren? Angesichts des schon heute erkennbaren Domänen-Verlust wächst die Sorge. Allgemeine Erfahrung erweist die Muttersprache eines Menschen als sein unbestreitbar sensibelstes Medium für das ‚Worten der Welt'.

Weiterführende Literaturhinweise: Baum, Richard (2000, S. 1107–1117); Betz, Werner ([2]1965); Kirkness, Alan (1998, 407–416); Kontaktlinguistik (Goebl/Nelde, 2 Bde., 1996/97); Munske, Horst Haider (Hrsg. 2004); Post, Rudolf (1982); Wandruszka, Mario (1990).

4. Varietäten des Deutschen

4.1. Hinführung

Es bietet sich hier an, einen Überblick über die Varietäten des Deutschen zu geben. Sie stellen gruppenspezifische Ausprägungen dar, die z. T. in früher Zeit schon sprechsprachlich vorgeformt waren, sodann aber in der Verflechtung mit der Schriftsprache der Neuzeit ausgebaut und differenziert wurden. Erst in der Gesamtschau werden die Umstände ihrer Entstehung, ihrer Funktion und Geltung erkennbar.

Die Bezeichnung **Varietät** war lange schon in der Biologie geläufig und stand für Spielart, Abart eines bestimmten Pflanzentyps. Sie wurde nachmals in der angelsächsischen Soziolinguistik auch als Bezeichnung für die Variabilität einer Sprache mit ihren Teilsprachen/Subsystemen übernommen (variety, varieties) und gelangte als Varietät (ca. 1980f.) in das deutsche sprachwissenschaftliche Vokabular. Damit zielt man auf einen entscheidenden Wandel in der Betrachtungsweise, nämlich Einzelsprachen im Sinn von Standardsprachen/Nationalsprachen nicht nur als homogene Größen zu verstehen, sondern als ein Ensemble von Gruppensprachen, ‚Varietäten', die ein gewisses Maß an sprachlichen Merkmalen gemeinsam haben und sich hinsichtlich anderer sprachlicher Merkmale unterscheiden. Vielfach ist das auch sprachhistorisch beeinflusst. Hinsichtlich der Analyse von Sprachvarietäten müssen vor allem zwei Aspekte im Mittelpunkt stehen: „Einmal muß es darum gehen, die soziolinguistischen Strukturen, die die Varietäten innerhalb einer Gesamtsprache bilden, zu beschreiben. [...] Ein zweiter zentraler Gegenstand der Varietätenlinguistik ist die Herausarbeitung der linguistischen Struktur einer Varietät." (vgl. Mattheier 2001, 354; ebenda S. 352f. terminologische Klärungen für den Bereich Varietätenlinguistik).

Welche Varietäten können wir heute oder auch früher der Bezeichnung ‚Deutsche Sprache' subsumieren?

Beginnen wir mit Dialekten, Umgangssprachen/Substandard, Standardsprache, Fachsprachen, also Sprachformen, in die jeweils große Sprechergruppen einbezogen sind. Sie alle haben ihre je eigenen Funktionen innerhalb der Gesamtsprache Deutsch. Diese nimmt in der Gestalt einer überregionalen Schriftsprache erst seit dem 17. Jh. eine wirklich überdachende Funktion wahr. Davor existiert durchaus schon die Bezeichnung ‚deutsch', dies aber vornehmlich als sprachliche Verwandtschaftsvorstellung und insbesondere als Abgrenzungswort nach außen gegenüber anderen Sprachen. Die Ausbildung einer den ganzen deutschen Sprachraum überdachenden Schriftsprache in der Neuzeit markiert einen epochalen sprachgeschichtlichen Einschnitt: **Danach** geraten die Varietäten auf Umwegen oder direkt immer stärker in den Sog der ‚Richtgröße' Schriftsprache, die zunehmend eben nicht nur geschrieben, sondern auch gesprochen wird. **Davor**, also im Mittelalter und im Übergang zur Neuzeit, zeigen die Varietäten regionale, teils großregionale Prägung und sind dadurch in gewisser Weise jeweils eigenständiger und linguistisch weniger oder gar nicht harmonisiert untereinander. Als Varietäten dieser Zeit können genannt werden: die oberdeutschen, mitteldeutschen und niederdeutschen Dialekte, die entsprechenden (groß-)regionalen Schreibsprachen, auch als Geschäfts- und Kanzleisprachen, später Druckersprachen fassbar; Ansätze einer Mittelhochdeutschen Literatursprache, das Gemeine Deutsch im Süden, die Sprache der Hanse im Norden, das Jiddische; Ansätze lateinisch-deutscher Mischsprache in Klosterschulen und Skriptorien, auch in der Reformationszeit und noch später – insgesamt viele ‚Sprachen' in dem Varietäten-Ensemble, das damals schon in einem ahnenden Zusammengehörigkeitsgefühl *diutisk, tiutisch, deutsch* (vgl. auch II/1.2.) genannt wurde.

Noch ein Zweites lässt sich im Davor und Danach beobachten: **Davor** gilt für die große Mehrheit der damals lebenden Menschen hauptsächlich ein monolinguales Verhaftetsein in der Basis-Varietät, in die sie hineingeboren wurden, etwa in ihren regionalen Dialekt als einzige und wirkliche Muttersprache. Dies bedeutete Geborgenheit und zugleich Begrenzung.

Danach bewirken übergreifende Schriftsprache und wachsende Mobilität einesteils überregionale Sprachverständigung, andernteils große Verunsicherung und soziale Differenzierung im Erwerb der ‚zweiten' Muttersprache (= Schriftsprache). Nach und nach ergibt sich dann auch erstmals eine mögliche sprachliche Freiheit im Gebrauch von Varietäten, sei es aus situativen, funktionalen oder stilistischen Gründen. Muttersprachliche ‚Mehrsprachigkeit' einer Person oder auch von Gruppen ist jetzt möglich. Die Einsatzmöglichkeiten finden sich generell in Kommunikationssituationen des Alltags wie in Literatur und Theater, nunmehr nicht nur klischeehaft typisierend, sondern im Sprachspiel mit Varietäten subtil differenzierend. Es ergeben sich „Handlungsspielräume im sprachlichen Variationsfeld" (Henn-Memmesheimer 2004, 26–40), in denen die früheren sprachlichen Indikatoren für regionale und soziale Herkunft neutralisiert erscheinen, dies allerdings erst so recht seit den 1970er Jahren in der Bundesrepublik Deutschland (BRD), wie zurecht vermerkt wird. Sprachwahl und Sprachvariation zeigen neue Freiräume, können sogar ästhetische Präferenzen und Lebensstile markieren, wie Henn-Memmesheimer anhand jugendlicher Sprachbeispiele in Internet-Chaträumen nachweisen kann (S. 29f.). Da ist allerdings in der gegebenen Chat-Anonymität der spielerische Freiraum besonders groß. Normal verlaufende Alltagskommunikation steht sicher stärker unter den einschränkenden Bedingungen von Schule, Alter, konventionalisiertem Textsortengebrauch und entsprechender Varietätenselektion. Aber die Entlassung aus einer determinierenden Varietät, wie es etwa die regionalen Dialekte über viele Jahrhunderte für viele waren, ist irreversibel. Der **Freiraum der Variabilität** bis zur Standardsprache hin ist im Deutschen besonders groß. Das gilt nicht nur für die Lautung, sondern auch für Variation in der Lexik, in der Morphologie und in der Syntax. Wohin wird die langfristige Entwicklung führen? Offensichtlich sind wir derzeit eher in einer transitorischen Phase. Der in den letzten Jahrzehnten intensivierte Dialektabbau wird den Variantenreichtum zunehmend verringern. Standardnähe der Alltagsvarietäten könnte sich als Trend abzeichnen, wie heute schon in Norddeutschen Umgangssprachen ersichtlich (vgl. Sprechertyp

D bei Mihm 2000, 2125), also sozusagen wieder eine gewisse Monolingualität, diesmal eine überregionale, alle regionalen ‚Sprachbarrieren' hinter sich lassend. Ein grandioser Bogen sprachgeschichtlicher Entwicklung – etwa von der kleinregionalen Sprachgebundenheit des jungen Simplizissimus bei Grimmelshausen bis zum gemeinsamen Idiom einer Sprach- und Kulturnation – gemeinsame Kommunikation ermöglichend und dennoch Raum lassend, Identitäten innerhalb des Ganzen kenntlich zu machen mit Hilfe weniger spezieller sprachlicher Signale, sog. ‚Marker'.

4.2. Varietäten des Deutschen (in Auswahl)

4.2.1. Standardvarietät(en)

Der Blick soll von den Zuständen heute zurückgehen zu früheren Konstellationen.

Wenn wir mit den ganz großen Untereinheiten im gesamtdeutschen Sprachgebiet beginnen wollen, dann ist von **staatlichen Varianten/Varietäten** zu sprechen: jeweils von der Standardvarietät (oder Variante) der deutschen Standardsprache in der Bundesrepublik Deutschland (BRD), in Österreich und in der Schweiz. Die Unterschiede betreffen Lautung, Lexik und in ganz wenigen Fällen auch Morphologie, Syntax und Pragmatik, wobei das Gemeinsame bei weitem überwiegt. Eine entsprechende Zuordnung ist im gesprochenen Bereich leichter möglich als im geschriebenen. Für nähere Angaben zur Terminologie, zu kennzeichnenden sprachlichen Varianten und zur Spezialliteratur ist auf Clyne (2000, 2008–2016) zu verweisen, ergänzend auf Löffler (2002, 147–159).

4.2.2. Umgangssprachen

Nächst den staatlichen Varietäten der deutschen Standardsprache bestimmen sog. **Umgangssprachen** als Varietäten des Alltags für viele das sprachliche Geschehen. Sie sind in der BRD nicht einheitlich zu beschreiben, auch nicht in Österreich und schon gar nicht in der deutschsprachigen Schweiz. In der Schweiz unterscheidet sich das Varietätenspektrum grundlegend von der sonst zu beobachtenden Entwicklung zu großräumigeren ‚Zwischenformen'. Mihm (2000, 2107–2137) bietet hilfreiche Informationen zu dem ausgesprochen schwierigen Komplex ‚Umgangssprachen', ordnet jeweils auch linguistische Merkmalsets zu und wagt eine Art Typisierung von vier Sprechertypen mit ihren je eigenen Sprachlagen im Spannungsfeld Ortsdialekt-Standardsprache (s. auch Längsschnitt ‚Gesprochene Sprache', I/1, im vorliegenden Band).

Dass die großregionalen Arrondierungen in den umgangssprachlichen Varietäten nicht zwangsweise direkt auf die Standardsprache zulaufen müssen, ist häufig schon vermerkt und insbesondere auch durch die zweidimensionale Dialekterhebung und die entsprechenden Karten des Mittelrheinischen Sprachatlasses (Bände 1–5), 1994–2002) exemplarisch aufgezeigt worden. In einer intensiven Ortsstudie (Wittlich/Eifel) hat Lenz (2003) Struktur und Dynamik solcher Vorgänge zu einem **Substandard** hin analysiert. Diesen Terminus wählen auch Bellmann und seine Mitarbeiter am Mittelrheinischen Sprachatlas. Substandard ist nicht defizitär gemeint und wird auch von den Sprechern nicht so empfunden, zumal viele in formellen Situationen durchaus standardsprachliches Niveau erreichen können. Substandards sind Kompromissformen zwischen regionaler Herkunftssprache und Standardsprache, weiträumiger verständlich, wegführend von den Ortsdialekten, vielfach ausgerichtet auf Zentren der größeren Regionen, somit also vermittelnde Varietäten mit eher mittlerer Reichweite.

Noch ein Wort zur Vielfalt und auch Unschärfe im Bezeichnungsfeld für Varietäten zwischen Standardsprache und Ortsdialekten. Benutzt werden: **Umgangssprache,** deutsche Umgangssprachen (also Plural, s. z.B. Eichhoff 1977–2000), Sprachlagen, Substandards, **Regiolekte**, gelegentlich auch **Register**. Mit dem Terminus Register gerät man allerdings in Konflikt mit der Konvention der englischsprachigen Soziolinguistik, die unter registerbedingten Varianten nur solche des formellen oder informellen Gebrauchs der Standardsprache versteht ohne Beimischung regionaler oder sozialschichtlicher Varianten. Das informelle Register eines gesprochenen Standarddeutsch würde dann etwa einem ‚Colloquial English' vergleichbar sein. Natürlich gibt es im Deutschen eine gewisse Parallele, aber sie trägt nicht weit. Es gibt natürlich informelle Reduktionsvarianten der deutschen Standardsprache, etwa als „gemäßigte Hochlautung", „Alltagslautung" (Siebs 1969), mit Endsilbenschwächung, Zusammenziehungen, Kurzformen, auch mit umgangssprachlichen Wörtern überregionaler Geltung. Das kann überall von Standardgeübten gesprochen werden, sicher im Norden häufiger als im Süden. Alltagsdominant ist das aber nicht. Informelles Sprechen im Deutschen bedeutet für viele Millionen sowohl standardsprachliches Reduzieren als auch in gewisser Weise Regionalisieren mit Varianten regiolektaler Geltung. Darin liegt die große Schwierigkeit, etwa ausländische Deutschlernende mit einer allgültigen informellen Variante der deutschen Standardsprache vertraut zu machen (vgl. Durrell 2004, 71f.) Die gibt es so nicht; und mehrere informelle deutsche Register im DaF-Unterricht zu lehren, geht wohl auch nicht, also wird der oft erwähnte Sprachschock beim ersten Besuch in Deutschland auch weiterhin nicht ausbleiben, Sprachschock deshalb, weil regionaler Habitus auf die informell gesprochene Standardsprache des Alltags einwirkt.

4.2.3. Dialekte

Die **Dialekte** sind im Längsschnitt-Artikel ‚Gesprochene Sprache' (I/1) ausführlich behandelt. Als Varietäten waren sie über viele Jahrhunderte jeweils die eigentliche ‚Muttersprache' aller Deutschen, und ihre Prägekraft reicht bis heute in die umgangssprachlichen Zwischenformen hinein. Ihr Abbau als Basisform hat aber seit den 1970er Jahren eine große Beschleunigung erfahren, im Norden noch früher. Das Niederdeutsche (Platt) wird z. T. unter dem Stichwort ‚Hansesprache' behandelt (vgl. Längsschnitt ‚Geschriebene Sprache', I/2)

4.2.4. Stadtsprachen

Stadtsprachen als Varietäten lösen sich mehr oder weniger früh aus dem arealen Sprachmuster ihrer Umgebung. Das hängt stark von der Stadtgröße und ihrer Verkehrslage ab. Einige Zahlen: Für Köln nimmt man im 16. Jh. etwa 35.000 Einwohner an, für Straßburg 25.000, für Lübeck 20.000. (Zum Vergleich: Paris 200.000, Venedig 100.000). Zahl und Zuwanderung bewirken soziale Dynamik, sprachlichen Ausgleich wie auch sprachsoziale Differenzierung. Stadtsprachen erhalten Prestige und größere Reichweite. Das Stadt-Land-Gefälle existiert über Jahrhunderte und bedeutet große Unterschiedlichkeit in der Alltagskultur, in Verwaltungs- und Schulwesen, im Gewerbe, in überregionalem Kontakt. In den Städten konzentrieren sich dann später auch die Institutionen überregionaler Verwaltung, der Druckmedien und der höheren Bildung. (Stadtsprachgeschichten für Hamburg, Berlin, Köln, Nürnberg u. Wien finden sich in: Sprachgeschichte, HSK 2.3 (2003), die Artikel 160–164).

Erst die gesteigerte Mobilität des 20. Jhs. und die Allmacht der neuen Tonmedien (Rundfunk, Fernsehen) haben die Stadtsprachen aus ihrer Pionierrolle verdrängt.

4.3. Fachsprachen

Fachsprachen werden ebenfalls als Varietäten einer Einzelsprache verstanden. Ihre Entstehung und Ausbildung wird durch zunehmende Arbeitsteilung und entsprechende Spezialisierung menschlicher Tätigkeiten bewirkt, die jeweils eine spezialisierte sprachliche Verständigung darüber erforderlich machen. Das geschieht vor allem über einen Spezialwortschatz für Objekte, ihre Teile, ihre Erreichung, Bearbeitung, Verwertung, man denke schon in früher Zeit etwa an Jagd, Ackerbau und Viehzucht, Bergbau, an die Vielzahl von Handwerksarten, an Bau- und Kunstgewerbe. Das notwendige Fachwissen wird durch Mittun und mündliche Verbalisierung erworben; im Spätmittelalter und in der Neuzeit über die Artes-Literatur hinaus überwiegend durch Verschriftlichung und eine unaufhaltsam wachsende Menge von Fachtexten in Technik, Wirtschaft, Wissenschaft, Informatik etc. Man denke nur an die Vielfalt von Fachtextsorten, die uns im Alltag begegnen, angefangen von Beipackzetteln, Gebrauchs- und Montageanleitungen bis zu Verordnungen, Gesetzesparagraphen, Behördenbescheide, Fachzeitschriften. Es zeigt sich, dass die Fachlexik in terminologischer Systematisierung immer noch die Hauptrolle spielt, aber auch fachtextsortenspezifische Eigenheiten in der Syntax zunehmend Beachtung finden.

Fachsprachen sind ‚Varietäten', somit eingebunden in eine Gesamtsprache, also nicht eigenständige Vollsprachen. Sie vermögen aber ihrerseits auch wieder auf die Gesamtsprache einzuwirken, vor allem über ihre Fachlexik. Übernahmen (metaphorischer Art) z.B. aus den Fachsprachen Sport, Medizin, Technik aller Ausprägung u.a.m. gehören zum sprachlichen Alltag. Orientierungsliteratur zur Theorie und Praxis von Fachsprachen findet sich etwa bei Roelcke (2005), Hoffmann

(2000) und Seibicke (2003). International ausgreifend ist das Handbuch ‚Fachsprachen' (1998/99).

4.4. Jiddisch

Das Jiddische hat einen Sonderstatus als Kontaktvarietät mit dem Deutschen. Die Anfänge gehen weit in das Mittelalter zurück, Millionen haben es gesprochen über die Jahrhunderte hin, allmählich in der Aufteilung westjiddisch und ostjiddisch, bis schließlich der 2. Weltkrieg mit Vertreibung und Tod den deutsch-jiddischen Kontakt grausam beendete.

Welchen Einfluss hatte die deutsche Sprache auf das Jiddische?

Kiefer (2004, 3260) stellt fest: „Die enge genetische Verwandtschaft zum Dt. bleibt im Verlauf der Jidd. Sprachentwicklung richtungsweisend und zeigt sich mit großem Gewicht auf allen sprachlichen Ebenen." Das wird dann von Kiefer auf den Folgeseiten im einzelnen dargelegt. Darüber hinaus ist das Jiddische, insbesondere in der Lexik, stark geprägt vom Hebräischen, auch von romanischen und slavischen Komponenten. Darin spiegeln sich Kontakteinflüsse historischer Wanderbewegungen. Geschrieben und damit auch ‚verfremdet' für nichtjüdische Europäer erscheint das Jiddische dominant in hebräischer Schriftgestalt. Es ist aber vor allem ein gesprochenes Idiom, eine vermittelnde Kontaktsprache zur Verständigung mit den Leuten in deutschen Landen, in denen die Juden lebten. Das bedeutete in Mittelalter und in der frühen Neuzeit nachgewiesenermaßen regionales Deutsch, später Schriftsprache-Einfluss – und dies führte im 19. Jh. im Westjiddischen zunehmend zu einer Abwertung und schließlich auch Aufgabe des Jiddischen insbesondere bei stark deutschintegrierten Juden.

In Osteuropa konnte sich das Jiddische besser behaupten und auch kulturell eine beachtliche Wirkung entfalten. Als weiterführende Literatur ist u.a. zu nennen: Kiefer (2004) mit ihrem Artikel Jiddisch/Deutsch; dieselbe 1995; der Sprach- und Kulturatlas des Ashkenasischen Judentums, s. LCAAJ; Matras (1991); Althaus (2003).

4.5. Sondersprachen

Sondersprachen können nur in einer weiten Begriffsauslegung auch als Varietäten des Deutschen bezeichnet werden. Sie betreffen aber in der Regel kleine Gruppen mit enger sozialer und funktionaler Bindung, häufig gesellschaftlich isoliert und sich auch sprachlich-beruflich ausgrenzend, sei es durch Verfremdungsregeln gängiger Sprache (Laut- und Silbenmetathese, neue Wortbildungsstrategien, kontrastierende Semantik, etc.), sei es durch Beimischung von Elementen fremder Sprachen. Letzteres war wohl der Grund dafür, dass etwa in der Viehhändlersprache, im Hausiergewerbe u.a.m. auch Anleihen beim Jiddischen gemacht wurden, um den Verfremdungseffekt zu steigern. Sondersprachen dieser Art wirken gruppenbindend nach innen und ermöglichen geheime Sprachverständigung im Kontakt mit der Außenwelt. Das verschaffte Vorteile bei vielen Geschäften und Handlungen zur Sicherung einer oftmals gefährdeten Existenz als soziale Randgruppe. Dazu zählten früher in der mittelalterlichen Ständeordnung die sog. ‚unehrlichen' Leute/Berufe: Bader, Müller, Schäfer, Abdecker, Henker, Prostituierte, Fahrende, Spielleute, Landstreicher (Möhn 2003, 2397); generell Vaganten, Räuber, Vorbestrafte. Unter der Bezeichnung **Rotwelsch** ist ein Haupttyp der Sondersprache des fahrenden Volkes, der Sprache der Bettler und Gauner, bekannt (*Rot* = Bettler, *welsch* = unverständliche Sprache). Dass dieser Haupttyp im Blick auf Zeitablauf und sozialer und regionaler Situierung sehr verschiedene Ausprägungen erfahren hat, liegt auf der Hand. Als Beispiel einer rotwelschen Ortsmundart ist etwa das *Manische* in Gießen bis in unsere Zeit bekannt und auch beschrieben (Lerch 1976).

Sprache ist ein faszinierendes Element, Gruppenidentität zu signalisieren, sei es berufliche, religiöse, ideologische, sei es durch zwanghafte Gemeinschaften wie Militär, Gefangenschaft, Gefängnis, sei es durch Jugendgruppen, akademische Traditionen, Sportgruppierungen. Das kann ansatzweise bis zur Minimalform einer Familiensprache, sogar einer Zweierbeziehung gehen. Hier jedoch und auch schon bei der einen oder anderen Form von Sondersprache macht es wenig Sinn, von einer Varietät bzw. von Varietäten des Deutschen zu sprechen. Variabilität als Kriterium reicht allein nicht aus, eine *Varietät* setzt ein gewisses Volumen an Sprachteilhabern und Zeitdauer voraus und dies mit einem erkennbaren und beschreibbaren Usus. Dann erst ist es wohl berechtigt, von einer „Varietät des Deutschen" zu sprechen.

4.6. Sprache der Hanse

Rückschreitend in frühere Zeiten stoßen wir auf eine bedeutende historische Varietät des Deutschen, auf die **Sprache der Hanse** und damit auf die **mittelniederdeutsche Schreibsprache** (ca. 13.–17. Jh.). Zwischen den niederdeutschen und niederfränkischen Dialekten (Platt) im Norden und den hochdeutschen Dialekten im Süden bestanden (und bestehen noch bis heute) große lautliche, grammatische und lexikalische Unterschiede. Beide Großzonen bildeten im Mittelalter eigenständige Schreibsprachen aus, eben eine mittelniederdeutsche und eine (mittel-)hochdeutsche, jeweils mit gewissen Binnengliederungen. Als Geschäfts- und Verkehrssprache der Hanse erlangte das Mittelniederdeutsch große Bedeutung in Norddeutschland und in den Küstenregionen von den Niederlanden bis in das Baltikum.

Diese Großraumtypik lässt in der Tat nicht ohne weiteres einen **Sprachwechsel** erwarten. Er fand zu Beginn der Neuzeit dennoch statt, zwar in zeitlichen Schüben, aber irreversibel zugunsten der neuhochdeutschen Schriftsprache (s. Längsschnitt ‚Geschriebene Sprache', im vorliegenden Band I/2). Für die im Norden lebenden Deutschen war das ein tiefgreifender Vorgang. Zwar findet sich auch im Süden kein Dialekt gleichsam aufgehoben in der nhd. Schriftsprache, aber die Differenz hat nie die Qualität eines wirklichen Sprachwechsels. Für die Norddeutschen aber war es eine Abwahl, eine ‚Degradierung' ihrer Sprache, zunächst ihrer Schriftlichkeit, später dann ihrer gesprochenen Sprache. Schulprotokolle und viele andere Quellen bezeugen Verunsicherung, hilflose Annäherungen an die ‚fremde' Sprache, millionenfach und über lange Zeit hin Minderwertigkeitskomplexe angesichts der hochdeutschen Schul- und Bildungssprache. Oft mischen sich Platt-Substrate und Hyperkorrektismen zu einem **Niederhochdeutsch** oder **Missingsch**, insbesondere wenn sich seit dem 18 Jh. untere städtische Schichten gegenüber Höhergestellten um das Hochdeutsche bemühen. Das hat rührende und auch komische Aspekte, in der Literatur z. B. von Fritz Reuter (1810–1874) anhand des Missingsch des Inspektors Bräsig (in: „Ut mine Stromtid", 1862–64) lebensnah präsentiert. Die Bezeichnung *Missingsch* ist auf *misnisch* = meißnisch als Kernlandschaft der Hochdeutschen zurückzuführen, volksetymologisch wird wohl auch ein Bezug zu Messing als einem Mischmetall hergestellt (vgl. Wiesinger 2000, 1938f.; s. auch Möhn 2003, Stadt Hamburg). In der jüngeren Zeit tritt die Basissprache für Missingsch, nämlich Platt, immer mehr zurück. Das ist anhand aktueller Befragungen im Längsschnitt ‚Gesprochene Sprache', I/1 im vorliegenden Band, dokumentiert.

4.7. Gemeines Deutsch

Gab es, ähnlich wie im Norden mit der Hanse-Sprache, auch im hochdeutschen Süden des späteren Mittelalters und der frühen Neuzeit eine über den Dialekten stehende Schreibsprache? Eine oft genannte Bezeichnung, gleichsam korrespondierend zu Hanse-Deutsch, ist das **Gemeine Deutsch**, insbesondere bezogen auf den Donauraum. Die bisherigen Erstbelege von 1384 (*in gemeinen teusche*) und 1464 (*schlechten gemainen teücz*) sind wohl eher stilistisch im Sinne von ‚gewöhnlich, nicht herausgehoben' (*vulgaris*) zu verstehen als im Sinne von ‚allgemein, weit verbreitet, überregional'. Andererseits scheint sich im 15. Jh. ansatzweise eine Art donauländischer Schreibsprache größerer Reichweite herauszubilden, auf die sich mit einiger Sicherheit Luther (WA Tischreden, Bd. 2, Nr. 2758/b) beruft mit dem Hinweis auf die ihm so dienliche Zusammenführung der kaiserlichen Kanzleisprache im Süden mit der sächsisch-wettinischen seiner Region. Wie dem auch sei – nach der konfessionellen Trennung im 16. Jh. beharrt das katholische Oberdeutschland noch über ein Jahrhundert in der donauländischen ‚alten Reichssprache', eventuell ansatzweise vorgebildet von einem ‚Gemeinen Deutsch' der südlichen Lande.

Zusammenfassung

Die Bezeichnung **Varietät** war schon lange in der Biologie geläufig und stand für ‚Spielart, Abart' eines bestimmten Pflanzentyps. Sie wurde im Gefolge der angelsächsischen Soziolinguistik (variety, varieties) auch im Deutschen als Bezeichnung für die Variabilität einer Sprache übernommen und markierte zugleich einen wichtigen Wandel in der Betrachtungsweise, nämlich Standardsprachen/Nationalsprachen nicht nur als homogene Größen zu sehen, sondern als eine Ensemble von Gruppensprachen/Varietäten, die eine gewisses Maß an sprachlichen Merkmalen gemeinsam haben und sich in anderen unterscheiden. Die unterschiedlichen Merkmale lassen sich historisch, medial und sozial erklären. Im historischen Ablauf stehen areal begrenzte Sprechgemeinschaften (Dialekte) nebeneinander, später kommt (medial) Verschriftung hinzu, über Jahrhunderte immer noch (groß-)regionaler Prägung, Dialekte wie Schreibsprachen schon mit der verwandtschaftlichen Kennzeichnung **deutsch** bezeichnet. Die Ausbildung einer den ganzen deutschen Sprachraum überdachenden Schriftsprache in der Neuzeit, aus der die nun auch gesprochene Standardsprache erwächst, markiert einen epochalen sprachgeschichtlichen Einschnitt. Von da an geraten die früheren Varietäten immer stärker in den Sog der ‚Richtgröße' Schriftsprache. Daraus resultieren soziale, bildungsschichtliche, fach- und sondersprachliche Verschiebungen im Varietätenspektrum des Deutschen. Man kann von diesem Einschnitt her ein ‚Davor' und ‚Danach' in klarer Unterschiedlichkeit konstatieren: ‚Davor' eher kleinere, gefestigte, den einzelnen Sprecher stark bindende Varietäten mit begrenzter Reichweite, ‚Danach' schrittweise entgrenzende Umgangssprachen, mediale oder gar vollständige Diglossie, schließlich ‚muttersprachliche Mehrsprachigkeit' als sprachliche Freiheit im Gebrauch von Varietäten, sei es aus situativen, funktionalen oder stilistischen Gründen. Das ist der neueste Stand – die früher unabdingbar gegebene areale Geprägtheit von Sprache ist aufhebbar bzw. für viele aufgehoben.

Das sind die Grundüberlegungen, von denen her sich die verschiedenen Varietäten des Deutschen verstehen und beschreiben lassen (4.2.1–4.2.4): staatliche Varietäten/Umgangssprachen/Dialekt/ Stadtsprachen, sodann 4.3 Fachsprachen, 4.4 Das Jiddische mit seinem Sonderstatus als Kontaktvarietät, schließlich 4.5 Sondersprachen als Funktionssprachen sui generis. Mit 4.6 und 4.7 sind Arondierungen wesentlich schreibsprachlicher Art und größeren Ausmaßes im Spätmittelalter und früher Neuzeit im Norden und im Süden beschrieben.

Weiterführende Literaturhinweise: Althaus, Hans Peter (2003); Clyne, Michael (2000, S. 2008–2016); Mattheier, Klaus J. (2001, S. 351–363); Möhn, Dieter (2003, S. 2391–2402); Seibicke, Wilfried (2003, S. 2377–2391).

5. Anredeformen als Spiegel der Gesellschaft und ihrer Veränderungen

5.1. Hinführung: Anrede-Konventionen als Spiegel der Sozialgeschichte

Sprache ist kein autonomes Gebilde, also nicht eigenbestimmt, sondern von Menschen gemacht. Sie ist kein Organismus, der, wie alles Leben, der vorgezeichneten Bahn von Blüte, Reifezeit und Verfall unterliegt. Jacob Grimm vertrat einen solchen Organismusgedanken, letztlich verbunden mit der Idealisierung eines menschlichen Urzustandes natürlicher Unschuld und Unversehrtheit. Die weitere Entwicklung trägt nach ihm den Keim des Verfalls in sich. Das Alte hat demnach den Mehrwert, nicht das Spätere. Letztlich ist diese Sicht antizivilisatorisch. Sie sieht den Menschen nicht als den Handelnden, Weiterführenden, sondern eher als den Erleidenden, vielleicht sogar als den schlechten Verwalter eines großen Erbes.

In heutiger Sicht wird dem Menschen prinzipiell sprachlicher Gestaltungsspielraum zugebilligt – kaum dem einzelnen, als vielmehr den Sprachgemeinschaften. Sprache ist Absprache, Konvention (de Saussure), sie spiegelt gesellschaftliche Übereinkunft im Benennen, Grammatikalisieren, im Formulieren von Texten. Gewisse Teile solcher Sprache haben Langzeitwert, andere wiederum sind gesellschaftssensibel stärker veränderbar. Ein Musterbeispiel für letzteres sind die Anredeformen (im Deutschen). Grammatische Elemente, wie die Pronomen, subtile semantische und syntaktische Strategien treten etwa in der frühen Neuzeit sprachlich in den Dienst hierarchisch hoch ausdifferenzierter Gesellschaften, werden zwingende Konvention, provozieren am Ende revolutionäre Umbrüche, die das **Anrede-Inventar** einebnen und neu ordnen, entsprechend dem jeweils neuen Verständnis gesellschaftlicher Umstrukturierung.

So kommt es, dass am Anfang der Entwicklung deutscher Anredeformen erst und allein ein *du* steht, bald das duale Modell *du* – *ir* (2. Pers. Plural als Höflichkeitspronomen), Konvention das ganze Mittelalter hindurch, schließlich *du* – *Er/Sie* (3. Pers. Singular) und *Ihr* in der frühen Neuzeit, ergänzt und überboten sodann durch das neue *Sie* als Höflichkeitsform, nunmehr in der 3. Pers. Plural, ganz ungewöhnlich in Europa. Das 19. Jh. führt langsam wieder zurück zu einem dualen Modell, nunmehr *Du* – *Sie*, – und unsere Zeit ist allem Anschein dabei, weiter umzusortieren mit noch offenem Ausgang. Flankiert wird das alles durch Veränderungen im **Titulaturinventar**, auch in der Titelsemantik und der Soziologie der Syntax sowie des Schriftbildes. Deutlich wird aber auch auf diesem sozialsensiblen Gebiet, dass Wandlungen erst im größeren Überblick deutlich erkennbar heraustreten, nicht in kurzatmiger Interpretation. Dadurch erhält dieser Überblicksartikel seine besondere Legitimation.

5.2. Anrede im Mittelalter

Über die Alltagsmündlichkeit der Anrede wissen wir kaum etwas. Alle Kenntnis kommt aus den überlieferten Texten, und diese wiederum sind zum größten Teil christlich-kirchlicher Herkunft. Das kann zusätzlich eine gewisse Einschränkung bedeuten, weil in religiöser Sprache die *du*-Anrede für die Gläubigen und für Gott Konvention ist – und das bis heute. Entsprechende Zeugnisse finden wir vielfach in den seelsorgerlichen Missionstexten, in Taufgelöbnissen, Abschwörungsformeln, Hymnen und im Vaterunser früher althochdeutscher Zeit: *Gilaubis***tu** *in got fater almahtigan?* Und die Abschwörung: *Forsahhis***tu** *unholdun?* „Schwörst du den Teufeln ab?" (beides im fränkischen Taufgelöbnis um bzw. nach 800). Bei der Ankündigung der Geburt Johannes des Täufers spricht der Erzengel Gabriel zu Zacharias: *ni forhti* **thu** *thir* „fürchte du dich nicht" (Tatian, Lukas 1,13, 9. Jh.). Das sog. Freisinger Paternoster (9. Jh.) beginnt: *Fater unser,* **du** *pist in himilum* und in der Gotischen Bibel, fünf Jahrhunderte früher, lautet die Zeile so: *Atta unsar* **þu** *in himinam.* Das ist das **Gebets-Du**, Gott gegenüber, von Anfang an bis heute. Das Englische, auch Französische kennt späterhin z.T. die Höflichkeitsanrede (2. Plur.) Gott gegenüber. Für das Deutsche gilt hier und generell: Im Anfang war allein das *du* – auch im weltlichen Heldenlied, ebenso im Preislied. Hildebrand und Hadubrand, Vater und Sohn, stehen sich im ‚**Hildebrandslied**' (Hs. Anfang 9. Jh.) fremd und unerkannt zwischen zwei Heeren gegenüber. Sie sind herausgehoben aus der Menge, also von ‚Rang', reden sich aber mit *du* an, sowohl bei der gegenseitigen Vorstellung als auch dann bei der Reizrede vor dem Zweikampf: *hwelihhes cnuosles* **du** *sis* „welchen Geschlechts du bist", oder dann: **du** *bist dir alter Hun, ummet spaher* „du dünkst dich, alter Hunne, unmäßig klug". Im Preislied auf den Sieg Ludwigs III. über die Normannen bei Saucourt am 3. August 881, dem sog. Ludwigslied, wird der König mit *du* angeredet: *fro min, so lango beidon uuir* **thin** „Herr, schon so lange warten wir auf dich". Das *du* bedarf keiner weiteren Bezeugung mehr.

Anders steht es mit dem *ir* (2. Pers. Plural) als Höflichkeitspronomen für eine Einzelperson. Erste Belege liefert uns Otfrid von Weißenburg in seiner Evangeliendichtung um 865. Die Plural-Ehrung (*ir* und Verb im Plural) erhält sein verehrter Lehrer Bischof Salomo (Ad Salomonem 12) in einer gereimten Dankadresse: *thaz ir mih lertut harto* „daß Ihr mich so vorzüglich lehrtet". Auch in Otfrids lat. Begleitschreiben an Erzbischof Liutbert von Mainz findet sich die Höflichkeitsform der 2. Person Plural, der sog. **pluralis reverentiae**, und es besteht insgesamt kein Zweifel, dass Otfried damit auf eine lateinisch geprägte frühe abendländische Schrift- und Kulturtraditon zurückgreift. Aus der deutschen Muttersprache ist diese Konvention nicht erwachsen und es gibt auch keine verlässlichen Hinweise, dass sie in ahd. Zeit allgemein üblich war. Die Ausbildung eines dualen Modells (*du* – *ir*) im Deutschen braucht Jahrhunderte und findet sich als akzeptierte Konvention erst in hochhöfischer Literatur um 1200.

Die Fremdübernahme wird sozusagen auch durch eine hübsche Art historischer Legendenbildung bestätigt. Das ‚Annolied' (ca. 1080) und etwas später auch die ‚Deutsche Kaiserchronik' (Vers 525f.) liefern uns eine noble Herkunftstheorie der *Ihr*-Anrede, auch ‚Ihrzen' genannt, die alter Brauch sei und schließlich auf keinen Geringeren als auf Caesar zurückgehe. Diesen hätten die Römer nach seinem Sieg über Pompejus hoch gefeiert und mit dem neuen Brauch der Plural-Anrede geehrt. Solchen Brauch ließ dann Caesar auch die Deutschen ehrenhalber lehren: *den sidde hîz er dů cêrin diutischi liuti lerîn* (Annolied 28,11–12). Die Franken (Deutsche) sind ja auch seine alten Verwandten, so das Annolied, wie die Römer auf Troja zurückgehend.

Mit dem *pluralis reverentiae* beginnt eigentlich die **europäische Höflichkeitskultur** der Anrede. Die Anfänge führen zurück in die Latinität (Briefstil) des 4. Jh. n. Chr. Schon im klassischen Latein findet sich darüber hinaus der Pluralgebrauch für die 1. Pers. Singular, allerdings mit unterschiedlicher Funktion (s. Ehrismann 1901–1904; J. Grimm 1837 und 1855). Es haben sich folgende Fachtermini eingebürgert: **pluralis modestiae**, auf eine einzelne Person bezogen, die sich mit dem *nos = wir* aus der *ich*-Position in die Gemeinschaft einreiht. Ähnlich der **pluralis societatis**, d.h. Einbeziehung des Publikums durch den Autor oder Redner. Schließlich wird mit der 1. Pers. Plural auch der **pluralis majestatis** gebildet, ursprünglich gebraucht im Zusammenhang mit der Aufteilung der Macht in der römischen Kaiserzeit auf z.T. mehrere Personen, späterhin pluralisches Machtpronomen für Einzelherrscher: *Wir, Kaiser von ..., König etc.* Der *pluralis reverentiae* erlebt mit den Jahrhunderten einen Siegeszug durch die Sprachen Europas. Er ist eben keine Selbstbezeichnung wie bei der 1. Pers. Plural, sondern eine von andern ehrend und verehrend zugesprochen. Ehrismann (1901, 119f.) nennt wichtige Zeugnisse von Quintus Aurelius Symmachus über Briefe von und an Karl den Großen (Epistolae Carolinae) im Mischstil bis zu Otfrid u.a. Das ist der Beginn der *du-ir*-Konvention in sozialer Verteilung, *ir* für Adel, Geistlichkeit, Regierende, überhaupt für alles Herausgehobene, *du* für das Volk. Sozialer Abstand bewirkt Asymmetrie der Anrede; Gleichstand lässt symmetrisches *ir* oder auch *du* zu, wenigstens bei den Oberen, bei den ‚Niederen' gilt nur *du*.

5.3. Stabilisierung des *du-ir*-Modells im Mittelalter

Ein rascher Durchgang durch die Überlieferung deutscher Texte des Mittelalters soll die allmähliche Stabilisierung des *du-ir*-Modells, sodann aber auch dessen subtile Abwandlungsmöglichkeiten aufzeigen. Es wird dabei von der Annahme ausgegangen, dass die zahlreichen Belege aus der Erzählliteratur auch als Widerspiegelung real höfisch-adeliger Anredekonvention verstanden werden dürfen. Für den Gesamtüberblick ist die materialreiche Untersuchung von Gustav Ehrismann (1901–1904) immer noch unentbehrlich – eigene Beobachtungen fügen sich da ein.

Im 11. und 12. Jh. nimmt die *ir*-Verwendung fast kontinuierlich zu, ohne schon zu klar erkennbaren Regeln zu führen. Es kommen Schwankungen bei einzelnen Personen oder Personengruppen vor, ohne dass Gründe dafür erkennbar sind, auch keine situativen. Geistliche Erzählliteratur, auch die sog. Spielmannsepen bleiben eher beim *du*, Erzählstoffe aus lat. oder französischen Vorlagen vermitteln offensichtlich eine starke Hinwendung zum Höflichkeitspronomen *ir*. Das zeigt sich besonders deutlich in der deutschen Artusepik, aber auch im ‚höfisierten' Nibelungenlied. Zwei Beispiele mögen genügen, um zum einen die völlige Durchsetzung der *du-ir*-Konvention um und nach 1200 zu zeigen, zum andern aber auch die feine Kunst der Bedeutungsnuancierung etwa durch **symptomatischen Wechsel** der Anrede an dramtischen Höhepunkten des erzählten Geschehens.

Im Nibelungenlied wird Kriemhild von Hagen durchgehend geihrzt – als Königstochter am Burgunderhof, als Königin an der Seite Siegfrieds, als Gattin des mächtigen Hunnenkönigs Etzel. Dann steht er ihr am Ende der mörderischen Saalschlacht gegenüber in tödlicher Rivalität. Sie hat ihren Bruder Gunther enthaupten lassen, um Hagen schließlich doch noch zur Preisgabe des Hortes zu zwingen. Da schleudert er ihr angesichts des eigenen Todes hasserfüllt das *du* entgegen: *du hâst iz nâch dînem willen z'einem ende brâht* und fährt dann fort: „Dir, du Teuflin, soll der Schatz für immer verborgen bleiben" (Str. 2370f.). In dieser Situation ist kein Raum mehr für Hofesetikette. Anredewechsel in die andere Richtung, nämlich vom *du* zum *ir* findet sich im ‚Königinnen-Streit' der 14. Aventiure des Nibelungenliedes. Er markiert die Aufkündigung der Vertrautheit zwischen den Schwägerinnen Kriemhild und Brünhild. Das *ir* steht für feindliche Distanzierung. Ein kleines Wörtchen besagt mehr als wortreiche Erklärungspassagen.

Das zweite Beispiel bietet nicht nur den Anredewechsel, sondern begründet ihn auch – eine der ganz seltenen Fälle im Mittelalter, in denen Sprache und Sprachgebrauch thematisiert wird. Wir finden die Stelle im ‚Parzival' Wolframs von Eschenbach (Anfang des 13. Jhs.): Parzival trifft im Zweikampf auf Feirefiz. Erst in einer Kampfpause erkennen sie sich als Brüder. Feirefiz will dem nun auch in der Anrede Rechnung tragen und erbittet das *du*: *du solt niht mêre irzen mich: wir heten bêd doch einen Vater! mit brüederlîchen triwen bater daz er irzens in erlieze und in duzenlîche hieze.* (749, 18–30). Also: Parzival solle nun das Ihrzen lassen und ihn als Bruder duzen. Dieser jedoch widerspricht mit folgender Begründung: Das widerspreche gutem Benehmen, denn der Bruder sei der mächtigere und ältere. Für Parzival sind also (die Variablen) **Alter und Sozialrang** wichtiger als engste Verwandtschaft. Er bleibt beim *Ihr* seinem Bruder gegenüber bis er dann selbst Gralskönig, also gleichsam gleichrangig ist (814, 19–21).

Man könnte noch viele Belege für die *du-ir*-Anredekonvention im Mittelalter anführen – ein stabilisierter Höflichkeitsstil bis in die frühe Neuzeit hinein. Das muss aber in diesem Überblicksartikel unterbleiben. Weiteres Material verzeichnet Besch (2003b und auch schon ²1998). Es bietet sich hier vielleicht aber ganz gut an zu fragen, ob neben ‚Alter' und ‚Sozialrang', vielleicht noch andere Steuerungsgrößen (Variablen) grundsätzlich im Spiel sind bei der Herausbildung von Anredekonventionen, früher und heute, bei uns im Deutschen, in Europa oder gar darüber hinaus.

5.4. Exkurs: Anredebestimmende Variablen

Die Fachliteratur nennt vier Variablen: ALTER, GESCHLECHT, SOZIALRANG und SITUATION. Die Gewichtung dieser Variablen kann je nach Zeitraum und je nach Sprache unterschiedlich sein, denn Anrede ist ja immer auch Spiegelbild der jeweiligen Gesellschaftsstruktur.

Alter als wirkende Variable im Deutschen zeigt sich z.B. beim Kinder-*Du* und Erwachsenen-*Sie* (Asymmetrie), daher (früher) im Gymnasium das Oberstufen-*Sie*, sodann generell in der Höflichkeitsanrede bei großen Altersabstand. Andere Sprachen, z.B. ostasiatische, geben dieser Variablen besonderes Gewicht. Bei uns hat die *Du*-Expansion seit den 1968er Jahren eine gewisse Unsicherheit hinsichtlich des Siezen-Alters geschaffen.

Im deutschen Anredesystem ist die Variable **Geschlecht** nicht oder nur in feinen Nuancen des Gebrauchs funktionalisiert, abgesehen einmal von den geschlechtstypischen Nominalformen *Frau, Präsidentin* u.a.m. Nuancen des Gebrauchs könnte man nennen, dass Frauen, wie Umfragen ergeben haben, wesentlich zurückhaltender gegenüber einem ‚schnellen *du*' sind als Männer und dass sie, in bestimmten Situationen höflicher angesprochen werden. Andere Sprachen, etwa arabische, ostasiatische, haben die Variable Geschlecht stark markiert, sei es über geschlechtsspezifische Anredepronomina, spezielle Sprechweisen und Sprachebenen z.B. für Frauen. Es spiegelt sich darin die jeweilige Positionierung der Frau in der Gesellschaft. Die Variable **Sozialrang** oder auch **soziale Position** scheint fast in allen Sprachen stark wirksam zu sein. Sie umfasst alle Positions- und Rangunterschiede in der Gesellschaft, die eben auch in der Anrede versprachlicht werden können, etwa durch Höflichkeitssteigerung in der Anrede für Höherrangige, pronominal, nominal (Titel), sogar syntaktisch; Steigerung auch durch Eigendegradierung gegenüber dem Hochrangigen (*alleruntertänigst, unwürdig* u.a.m.), durch *ich*-Tilgung, durch Demonstration der eigenen notorischen Unzulänglichkeit. Das zeigt sich in Überprofilierung besonders in der frühen Neuzeit – man vergleiche das folgende Kapitel.

Es bleibt noch die Variable **Situation**. Gemeint sind damit Anlässe, Gelegenheiten, Situationen, in denen das ‚Anrede-Protokoll' aufgehoben ist, sei es prinzipiell oder auch gemeinschaftlich-spontan. Im Deutschen ist das *Sie* am Grabe für einen Toten nicht möglich. Umgekehrt wiederum kann ein Staatsoberhaupt in öffentlicher Rede nicht geduzt bzw. mit dem Vornamen angeredet werden, selbst wenn in jüngster Zeit die Oberen relativ schnell beim *Du* und beim Vornamen sind. So redete z.B. Bundeskanzler Gerhard Schröder in seiner Laudatio auf den amerikanischen Präsident Bill Clinton bei der Verleihung des Karlspreises in Aachen (2000) diesen immer wieder mit *lieber Bill* und *Du* an. Ein Journalist vermerkte (General-Anzeiger, Bonn, 3./4.6.2000): „Schröders Duzerei klingt in amerikanischen Ohren unpassend. Selbst Clintons Frau Hillary sagt in der Öffentlichkeit Mister President." Es gilt auch im Deutschen immer noch die Regel: je formeller eine Situation, umso strikter die Regeln der Anrede. Zwischen **formeller** und **informeller** Interaktion gibt es Abstufungen im Anrede-Protokoll. Mit einigen ‚Situationen', z.B. Mannschaftsspielen im Sport, Bergsteigen, Reizrede vor Zweikämpfen in alter Zeit, Verbrecherjagd heute, u.a.m. verbindet sich in der Regel die informelle Variante der Anrede, gelegentlich oder häufig auch bei fröhlichen Festen, beim Karneval, im Ferienbetrieb. Es genügt also nicht, das korrekte Anrede-Inventar zu kennen, man muss es auch situativ angemessen einsetzen können, was wohl in der Muttersprache noch am ehesten gelingt. Zur Anrede insgesamt, wie auch speziell zu den Variablen vgl. man Winter (Hrsg. 1984); Braun/Kohz/Schubert (1986, kommentierte Bibliographie, über 1100 Bücher und Aufsätze zu über 170 Sprachen/Dialekten); Kohz (1982); Besch (2003).

5.5. Frühe Neuzeit (16.–18. Jh. größtenteils)

Wir kommen hier in eine Zeit größter sozialer Differenzierung, verbunden mit einer komplizierten **Überprofilierung** der Anrede-Regularitäten. Das *du-ir*-Modell des Mittelalters erscheint demgegenüber als Ausdruck eines ungekünstelten, normalen Lebens. Für Georg Philipp Harsdörfer (1607–1658) „ist die Höfligkeit an etlichen Orten dahin gelangt, daß man die Menschen wie weiland die Götter ehren muß / wann man nicht für Bäurisch wil gehalten werden." (Discurs, 1658, s. 345). In seinem Teutschen Secretarius (^{3}1656, S. 30) gibt er folgende Regeln an:

> Schreibt man an geringere/als [= wie] Unterthanen/Knechte/Kinder/ec. So pflegt man sie zu dutzen. Schreibt man an seinesgleichen/so pflegt man sie zu ehren wie wir von ihnen wollen geehret seyn/und soll si zum wenigsten geirtzt und geherret oder mit ihnen in der dritten Person geredet werden. Schreibet man an hͤohere/so muß man ihnen ihren angebornen Titul beylegen/nach ihren Stand und Ambtsdiensten. Solche aber werden nicht auff eine Art geherret/dann etliche nennet man gůnstig/andre gestreng/hͤohre gnådigst/und allergnådigst.

geherret im Text bedeutet mit ‚Herr' titulieren. Es ist daran zu erinnern, dass die Anreden *herre* ‚Herr', *frowe* ‚Frau' und *frowelîn* ‚Fräulein' im Mittelalter und weit in die Neuzeit hinein Adelsbezeichnungen waren und ‚Herrschaft' signalisierten. Als Anredepronomen ist nach Harsdörffer dann mindestens *Ihr* zu wählen, oder aber die „dritte Person". Das kann zu seiner Zeit wohl nur die 3. Person Singular (*Er, Sie*) gewesen sein, etwa: ‚hat *Er* (der Herr), hat *Sie* (die Herrin) schon gespeist?' Die frühesten Belege für unser heutiges *Sie* (3. Person Plural) finden sich nämlich erst gegen Ende des 17. Jhs. Die Reihe der Anredepronomen ist jetzt also erweitert: *du-/Er/Sie* (3. sg.) – *Ihr* (2. pl.). Bei den Titeln ist sowohl auf Geburts- wie auf Amtstitel zu achten, ebenso auf die zugehörigen **Epitheta ornantia** (*günstig ... allergnädigst*), in der Kombination mit Titeln jeweils genau festgelegt. Fehlgriffe in dieser Nomenklatur waren verletzend, oder galten als ‚bäurisch', d.h. gesellschaftlich deklassierend, wie Harsdörffer im ersten Zital andeutet.

Worin soll hier der Höflichkeitsgewinn bestehen? Offensichtlich in der Indirektheit als Steigerung sozialer Distanz. Eine direkte Anrede (*Ihr*) verlangt ja das ‚Gegenüber', missdeutbar als unangebrachte Nähe. „Non-intimate ist third person" (s. Listen 1999, 149). Das gilt dann übrigens auch für unser heutiges *Sie*, als 3. Pers. Plural in der Funktion der **Distanzvergrößerung**, entstanden als Bezugspronomen auf abstrakte Titelanrede wie *Majestät, Königliche Hoheit, Hochwürden*, etc., unter bewusster Vermeidung eines Anredepronomens. Dann kann etwa eine Äußerung wie: „Majestät haben bereits angeordnet..." mit einem anaphorischen *sie*, rückverweisend auf Majestät, aufgegriffen bzw. weitergeführt werden.

Das **neue Sie** trat als generalisierte Form des rückverweisenden *sie* erst Ende des 17. Jhs. allmählich zutage, war also, streng genommen, gar kein Anredepronomen (vgl. Listen 1999). Nunmehr ist die **Reihe fünfteilig**: *du – Er/Sie – Ihr – Sie*, und in Steigerung des Abstandes kommt noch ein (rückverweisendes) *dieselben* etc. hinzu.

Soziale Distanz/Indirektheit führt zur 3. Person (Non-intimate is Third); „Power is Number" (Listen 1999, 148) lässt die Pluralform verstehen, beides vereint sich zur hohen Stilform der Anrede. Schon Brown/Gilman (1960) reden von „pronouns of power" für solche Formen und im Gegensatz dazu von „pronouns of solidarity", etwa für das *du*.

Johann Christoph Adelung (1782, I., 684) beschreibt in der 2. Hälfte des 18. Jhs. die Anwendungsregeln des nunmehr voll ausgebauten Anrede-Systems:

> Du wird nur noch 1. gegen Gott, 2. in der Dichtkunst und dichterischen Schreibart, 3. in der Sprache der engen Vertraulichkeit, und 4. in dem Tone der hochgebiethenden Herrschaft und tiefen Verachtung gebraucht. Außer diesen Fällen redet man sehr geringe Personen mit ihr, etwas bessere mit er und sie, noch bessere mit dem Plural sie, und noch vornehmere wohl mit dem Demonstrativo Dieselben oder auch mit abstracten Würdenamen, Ew. Majestät, Ew. Durchlaucht, Ew. Excellenz u.s.f. an.

Man erkennt jetzt eine Wertskalierung bei den Anredepronomen: *Ihr* hat sehr an Würde verloren, dann folgt aufsteigend *Er* und *Sie* (Singular), darauf das neue *Sie* (mit dem Plural) und als vornehmste Form des Demonstrativum *Dieselben* oder rein abstrakte Würdenamen. Hinzu kommen in jeweils klaren auf- bzw. absteigenden Reihen korrespondierende **Ornativa** (*günstig, gestreng*, etc.). Die Hierarchisierung ist bis in die Syntax (Ich-Vermeidung, Satzgliederung) und Semantik (Wortwahl) allgegenwärtig. Im Schriftverkehr gibt es eine **Devotionsschrift**, dann auch in den Druck übernommen, markiert durch Variation der Schriftgröße, Spatiumgröße, angemessenen Abstand zwischen Briefkopf (Titel, Anrede) Text, Grußformel und Unterschrift, wobei auch Papierformat und -qualität nach Größe und Güte gewährleistet sein muss. Im übrigen verstärken natürlich auch andere Markierungen die **soziale Klassifizierung**, man denke nur an Kleidung, Haartracht, Körperbewegung, Gestik, Konversationsfähigkeit, Jagd-, Fecht- und Tanzschulung und Versiertheit in allen Protokoll- und Zeremonialvorschriften (s. Beetz 1990; von Rohr 1728 u. 1733).

Gegen Ende des 18. Jhs. signalisiert wohl am deutlichsten die Französische Revolution den beginnenden **Niedergang** dieser dominant rangdifferenzierenden feudalen Höflichkeit. *Höflichkeit* kommt von *höflich*, mhd. *hovelîch*, d.h. wie am *Hof* üblich. Mit dem wachsenden Einfluss des Bürgertums ergeben sich notwendigerweise Umorientierungen und damit auch Reduzierungen der hochstilisierten Höflichkeit und der Komplimentierkunst. Jacob Grimm wundert sich im Rückblick (1864, 332–334) darüber, wie unser Volk

> allmählich den unnatürlichsten und verschrobensten formen der rede verfallen konnte? [...] Es ist die schwüle luft galanter höflichkeit in der ganz Europa seinen natürlichen ausdruck preisgab; wir Deutschen aber sind nicht dabei stehn geblieben, sondern haben den widersinn dadurch pedantisch gesteigert, dasz wir nicht einmal die zweite Person in ihrem recht, sondern dafür die dritte eintreten lassen, wozu wiederum das begleitende verbum in die tertia pluralis gestellt wird. [...] Die Steigerung schwer zu sättigender höflichkeit ist freilich nicht aus dem volk, das sich zulängst dawider sträubte, hervorgegangen, sondern ihm von oben, durch die vornehmen stände zugebracht worden.

Das *Sie* der 3. Plural als Anrede für eine einzelne Person hat sich allerdings bis heute behauptet. Im Blick auf andere europäische Sprachen ist das ein ‚deutscher Sonderweg'. Im 18. und 19. Jh. zeigte sich das Russische, Polnische und Tschechische davon beeinflusst. Der Abbau solcher Formen erfolgte zeitlich unterschiedlich und auch unterschiedlich motiviert (s. Comrie/Stone 1978, 177f.; Betsch 2000, 167f.). Neben der Überprofilierung existierte in der frühen Neuzeit auch eine eklatante Unterprofilierung – nämlich den **Juden** gegenüber. In zeitgenössischen Formularbüchern (vgl. Besch 2003) wird ihnen jegliche Höflichkeitsform, etwa auch das *Ihr* verweigert. Es werden im wesentlichen zwei Gründe angeführt: (1.) Sie haben Christus umgebracht; (2.) sie haben keinen Adel mehr (gemeint ist wohl: seit der Zerstörung Jerusalems).

5.6. Vom adligen zum bürgerlichen ‚Decorum' (Ende 18. – 20. Jahrhundert)

Der Bereich der Anrede ist gesellschaftsrelevant, also verwundert es nicht, dass sich auch Revolutionen darum kümmern. So hat die **Französische Revolution** das allgemeine *Du* (*tu*) propagiert. 1793 wurde ein *Duz*-Dekret erlassen, das alle republikanisch gesinnten Franzosen verpflichten sollte, sich ohne Unterschied zu duzen („de tutoyer sans distinction", vgl. Brunot 1967, 10,2 S. 691 und Besch [2]1998, 27

u. Anm. 13). Wer das nicht tue, der mache sich verdächtig, weiterhin die Arroganz zu stützen, die als Vorwand für die Ungleichheit unter den Menschen diene. Auch die kurzlebige revolutionäre ‚Mainzer Republik' ging gegen die alte Form devoter Sprache an (Dekret vom 20. November 1792, vgl. Herrgen 1990, auch 2000). Ein weiteres Zeugnis für eine **‚revolutionäre' Anredekorrektur** führt in das Jahr 1848. Es kommt aber nicht von Aufständischen, sondern vom innovativen Herzoglich Sächsischen Staats=Ministerium, die Vereinfachung des amtlichen Sprachgebrauchs betreffend (s. Besch ^{2}1998, 28): In Zukunft sollen Anreden wie *Excellenz, Hochgeboren, Hochwohlgeboren*, etc. wegfallen, ebenso devote Schlussformeln vom Typ *unterthänigst, gehorsamer*, u.a.m. Schließlich gehört auch die *Du*-Expansion der **1986er Studentenbewegung** in die aufgezeigte große Entwicklungslinie. Solchen Beschleunigungsanstößen stehen aber auf der anderen Seite lange Übergangszeiten von adligen zum bürgerlichen Decorum gegenüber, teilweise zeitverschoben in Adel, Bürgertum und beim ‚gemeinen' Volk. Mit der Zeit tritt aber die Grundtendenz in der Verschiebung immer deutlicher hervor: Zurückdrängen der reinen Sozialrang-Anrede zugunsten einer Anrede, die menschliche Beziehungsverhältnisse markiert. Das betrifft insbesondere die Anredepronomina, natürlich auch den Titularbereich.

Bei den Pronomen findet man Spielraum genug in dem neuen dualen **Modell Du – Sie**. Friedrich Gedike bezeichnet 1794 in seinem Vortrag vor der Berlinischen Akademie der Wissenschaften es als vorteilhaft für eine Sprache, wenn sie wenigstens zwei solcher Formen hat: „Die eine als Sprache des Herzens, die andere als Sprache des Verstandes [...]. Es ist ein wahres Glück, daß unsere Sprache die Form des *Du* nicht gänzlich ausgestoßen [hat] ..." (1794, 44f.). Wie etwa die englische Sprache, wird man hier hinzudenken müssen. Auch Georg Christoph Lichtenberg (1742–1799) konstatiert in seinem „Lob der Mannigfaltigkeit" deutscher Anrede die diesbezügliche Verarmung der Engländer: „Ja selbst das seelenverwandte *Du*, wenn es zumal zwischen Personen von verschiedenem Geschlecht aus dem *Sie* erwächst, ist für ihn verloren, denn sein *Thou* ist entweder feierlich wie im Gebet, oder dichterisch oder drollig oder quäkerhaft." (Bd. 3, S. 401/402). Heute ist es auch in diesen Rückzugsnischen nahezu verschwunden. Im Deutschen drohte damals wohl eine ähnliche Entwicklung. Es war mit großer Wahrscheinlichkeit die ‚Sturm und Drang'-Bewegung, die mit ihrem Freundschaftskult und dessen Seelen-*Du* der Entwicklung Einhalt gebot.

5.7. Geltung von Sie und *Herr, Frau, Fräulein* für das ‚Volk'

Gesellschafts- und korrespondierend Anredeänderungen vollziehen sich nicht von ‚heute auf morgen', sondern eher langsam, gleichsam generationenverhaftet. Das soll an zwei Phänomenen gezeigt werden, an der Generalisierung von *Sie* für alle im Volk und an den Anreden *Herr, Frau, Fräulein.*

Eine 1786 anonym erschienene Schrift propagiert das **Eheleute-Sie** und glaubt feststellen zu können, dass es sich im kultivierten Leben und auch in der Ehe durchgesetzt habe und dass das aussterbende *Du* „dem Pöbel, der Verschwisterung und der Kindheit überlassen" bleibe (vgl. Anonymus 1786). Der schon zitierte Gedike (1796, S. 314f.) bestätigt das Eheleute-*Sie*, sieht aber schon Einbrüche selbst bei höchsten Ständen: „Die Sitte, daß selbst Eheleute in den höhern Klassen, statt des zutraulichen, herzlichen und die Herzen gegenseitig nähernden *Du* sich der kalten, entfernenden, zurückstoßenden Form des *Sie* bedienen, leidet in unserem Zeitalter selbst bei den höchsten Ständen, schon immer mehrere Ausnahmen." Heute ist die Ausnahme die absolute Regel, wiewohl die ‚zurückstoßende' Höflichkeitsform den Ehen und Familien nicht grundsätzlich abträglich sein konnte, wie man von Teilen der französischen Gesellschaft bis in die nahe Gegenwart weiß.

Auch die **Anrede in der Familie** ist anfangs vom Aspekt der Rangordnung geprägt. 1811 war noch eine Schrift mit folgendem Titel möglich: „Ueber die Sünde des *Du* und *Du* zwischen Eltern und Kindern." (vgl. Eckstein 1869, S. 486). Beklagt wird, dass dies die natürliche Rangordnung erschüttere. – In solchen Äußerungen spiegeln sich am ehesten die Auffassungen der oberen Stände, sicher nicht die des einfachen Volkes. Dennoch gibt es im ganzen 19. Jh. Zeugnisse genug für den Bürger-, Bauern- und Handwerkerstand, die eine gewisse Autoritätsdistanz der Höflichkeitsanrede belegen, vor allem dem Vater gegenüber. In ländlichen Gegenden ist das *Ihr* für die Eltern noch aus Erzählungen der Großeltern belegt. Das *Sie* hat dort, wie überhaupt in den Dialekten, keinen Eingang gefunden.

In der Wertskala der Prononmina bei Adelung (1782) stand, wie wir gesehen haben, das *Sie* an ziemlich hoher Stelle. Entsprechend lange wird es gedauert haben, bis am Ende auch Arbeiter, Tagelöhner und Knechte von Fremden das *Sie* erwarten konnten. Später war es dann zwingend erforderlich, und unabgesprochenes Duzen von Erwachsenen konnte (mindestens bis zu den 1968er Jahren) mit Geldstrafen gerichtlich geahndet werden (vgl. etwa Besch ^{2}1998, 14f.).

Parallel verläuft die Adaption der nominalen Anreden vom Typ *Herr, Frau, Fräulein* von ursprünglichen Titeln des Adels zu Allerweltstiteln (These: ‚gesunkenes Kulturgut'). Es sind Stufen der Anpassung in längeren Zeitphasen. So wehrt Gretchen in Goethes Faust I (1808) die Anrede *Fräulein* für sich entschieden ab, weil sich nach ihrem Empfinden damit eine höhere Standeszugehörigkeit zu verbinden scheint („Bin weder Fräulein, weder schön..").

Für die **Anrede Herr** finden wir in Campes Wörterbuch (1807–1811) eine Anwendungsbeschreibung, die wie ein Zeitprotokoll des immer breiteren Gebrauchs zu lesen ist, wenn auch die Gegenwart noch nicht ganz erreicht wird:

> Ehemals führten nur Personen von hohem Adel den Namen Herr (...). Nach und nach aber wurde es eine Benennung jeder männlichen Person von Adel, wie auch jedes Gutsherrn und selbst jedes Hausherrn, welcher von den Unterthanen und dem Gesinde, auch vorzugsweise nur der Herr genannt zu werden pflegt. Die Gattin eines solchen Herren wird zwar gewöhnlich Frau genannt, doch aber auch Herrin (...). Auch die Glieder des Rathes, die obrigkeitlichen Personen werden in den Städten oft nur die

Herren genannt. Dann nennt man überhaupt auch jede männliche Person von einigem Ansehen einen Herren. Ein guter, alter Herr. Ein junger Herr (...). In weitere Bedeutung ist Herr ein bloßer Titel, welcher allen männlichen Personen von einigem Stande beigelegt wird, und welchen man sowohl ihrem Namen, als auch dem Worte, welches ihre Würde, ihren Stand oder ihr sonstiges Verhältnis bezeichnet, vorsetzt. Herr Beyer. Herr Becker. Der Herr Graf von N. (...). Der Herr Pfarrer. Der Herr Verleger (...). In dieser ganzen Bedeutung, wenn Herr als Titel gebraucht wird, ist im ähnlichen Falle beim weiblichen Geschlecht das Wort Frau gewöhnlich (...). In noch weiterer Bedeutung nennt man Herr jede erwachsene Person männlichen Geschlechts, die nur nicht ganz niedrigen Standes sein darf, sonst ohne Rücksicht auf Stand, Rang, Ansehen, Alter, etc.

Die **Anredekonvention im Deutschen um die Mitte des 20. Jhs.** kann man in knapper Form so beschreiben: *Du* und *Sie* sind komplimentär stabil verteilt, *Du* für Familien, Freunde, Kinder, sonst noch für Gott, die Heiligen, für Dinge (Sonne, Erde, etc.), Abstracta (Freude, Liebe, etc.), auch für Tiere; *Sie* für sonstige Erwachsenenkontakte, weniger vertraute, eher formelle, öffentliche, entsprechend auch die höflich-achtungsvolle Anrede. Gruppen, die sich durch entscheidende Gemeinsamkeiten verbunden fühlen (Gewerkschaften, z.T. Parteien, Sportgruppen, Soldaten, etc.) haben früh schon das *Du* gewählt. Asymmetrie in wechselseitiger Anrede ist gegenüber früheren Jahrhunderten eigentlich nicht mehr akzeptiert, mit Ausnahme zwischen Kind und Erwachsenen. Anredewechsel bei Erwachsenen (vom *Sie* zum *Du*) unterliegt gewissen Regeln, deren Anwendung Sensibilität erfordert. Der Wechsel von Kinder-*Du* zum Mündigkeits-*Sie* erfolgte, etwa am Gymnasium, beim Eintritt in die Oberstufe (ca. 16 Jahre).

Insbesondere im nominalen Bereich (Titel-Anrede) haben drei Bereiche ältere Traditionen länger und z.T. bis heute bewahrt, das sind: die Diplomatie, die römisch-katholische Kirche und gewisse Universitäten (vgl. etwa Besch ^{2}1998, 17f.).

5.8. „Vom Sie zum Du — mehr als eine neue Konvention?" Wandel in der zweiten Hälfte des 20. Jahrhunderts

Die Frage hier in der Überschrift war 1989 eine ‚Preisfrage' der ‚Deutschen Akademie für Sprache und Dichtung'. Endgültige Antworten waren in den 49 eingesandten Beiträgen nicht zu finden, auch nicht in der Schrift des Preisträgers (s. Kretzenbacher 1991). Die Anstöße für die Änderung der geltenden Anrede-Konvention im Deutschen kamen gegen Ende der 1960er Jahre eindeutig von den Hochschulen. Zwei markante Signale sind zu nennen: **Titelverweigerung** und *Du*-**Expansion**.

Die Weglassung des Professortitels (z.T. auch der akademischen Ämtertitel: Dekan, Rektor) war als Affront gedacht und wurde auch so empfunden. Mit der Zeit reduzierte sich das Affrontpotential, auch im Blick auf ausländische Vorbilder moderner Infomalisierung (eng. *informal* in der Bedeutung ‚zwanglos'). Und – könnte man in Kenntnis der großen Abläufe fragen, fügt sich Titelreduzierung nicht gut ein in den großen Entwicklungsbogen der Minderung einer einst überprofilierten Status-Markierung?

Als wesentlich wirkungsmächtiger erwies sich allerdings die *Du*-Expansion. In wenigen Jahren galt das studentische *Du* untereinander in allen deutschen Hochschulen. Bis gegen Ende der 1960er Jahre siezte man sich (vgl. etwa Augst 1977). Dieses *Du* hatte solidarischen Charakter; es wurde zum Erkennungszeichen des ‚progressiven' Teils der Studentenschaft. Wer sich ausschloss, musste mit unduldsamer Ablehnung rechnen. Das bisherige *Du – Sie*-Modell geriet z.T. in Konflikt mit dem ‚neuen', stark ideologisch aufgeladenen. Es waren unruhige, wenn auch interessante Zeiten damals an den Universitäten.

Was ist nun nach fast 40 Jahren von diesem Aufbruch geblieben?

Das studentische *Du* ist geblieben und hat sich inzwischen als selbstverständliche Anrede zwischen Personen jüngeren Alters (bis etwa 30 – 35?) in allen Lebensbereichen durchgesetzt. Zur Anrede für alle, wie etwa in skandinavischen Ländern, ist es nicht geworden. Die Duz-Welle der beschriebenen Art hatte die DDR so nicht erreicht. Heute verläuft die Entwicklung in Ost und West weitgehend gleichgerichtet. Neu in der Geschichte der Anrede bei uns scheint nun auch zu sein, dass akademisierte Betriebsabteilungen in High-Tech Firmen und global vernetzten Konzernen zunehmend ein Erwachsenen-*Du* in den oberen Etagen kultivieren und damit Schule machen – dies sozusagen im Rollentausch gegenüber früher, wo *Du* eher in der Unterschicht, konventionelle Anrededifferenzierung (natürlich mit *Sie*) in Mittel- und Oberschicht gepflegt wurde. Das englische *You* mit *Vornamen* fördert die neue Tendenz. Immerhin stehen jetzt drei Spielarten im Deutschen zur Verfügung: (1.) wie lange Zeit: *Herr/Frau + Familienname + Sie*; (2.) *Vorname* mit *Sie*; (3.) *Vorname* mit *Du*. Eine andere Zwischenform mit *Du + Frau + Familienname* ist gelegentlich von jüngeren gegenüber älteren Kolleginnen, etwa in Kaufhäusern zu hören. Gegen ein verordnetes *Du* mit Vornamen-Anrede im ganzen Betrieb, etwa bei Ikea und Hennes & Mauritz, als Firmen-Philosophie, ist auch gerichtlich nicht anzukommen (vgl. die kritische Einschätzung bei Roellecke 1999).

Auch sonst ist der informale Trend greifbar, etwa in den verschiedenen Auflagen eines ‚Ratgebers für Anschriften und Anreden' des Innenministeriums oder in der teilweisen ‚Abschaffung der Eltern, Onkel, Tanten', ironisch gesagt, indem nämlich die Kinder ihre Eltern, eventuell auch die Großeltern, dann auch Onkel, Tanten, auch Paten schlicht mit dem Vornamen anreden, gedacht ursprünglich als Autoritätsabbau zwischen den Generationen. Gegenüber den Schwiegereltern ist *Vorname* bereits als Usus zu bezeichnen (vgl. zu diesen Aspekten etwa Besch ^{2}1998, 71f.).

5.9. Standortbestimmung heute – ein Versuch

Anredeformen sind Spiegel der Gesellschaft. Daran kann nach dem geschichtlichen Durchgang kein Zweifel sein. Ändert sich die Gesellschaft in ihrer Binnengliederung, so folgen auch Änderungen in der Anrede. Die Frühzeit zeigt noch einfache Strukturen, dann tritt heraushebende Höflichkeitsmarkierung hinzu, dies aber nicht nur zur Bezeichnung von sozialem Rang, sondern generell von Respekt und Verehrung. Daraus entwickelt sich dann in der Feudalzeit ein hochdifferenziertes und zugleich obligatorisches Anrede-Inventar zur minutiösen Markierung sozialer Rangabstufungen. Ende des 18. Jhs. setzt langsam ein Abbau und Umbau ein, Abbau der strikten Sozialrang-Anrede, Umbau hin zu eher individueller Bezeichnung ‚menschlicher Beziehungsverhältnisse'. Das erwächst zunehmend auch aus einem neuen Bewusstsein allgemeiner Menschenrechte, mündend schließlich in ein demokratisches Leitbild gesellschaftlichen Miteinanders.

So gesehen, kann man den gegenwärtigen Stand der Anrede-Entwicklung als folgerichtig und somit auch als positiv betrachten. Nicht alle tun das aber. Sie fürchten Verlust an Höflichkeit, Verlust nötiger Distanz, insbesondere durch das expandierende *Du*. Ist das schlicht Ausdruck von Gleichmacherei in kumpelhafter Zeit; behält das *Du* eine ideologische Komponente? Wie drückt sich dann das individuelle, ‚seelenverbindende' Element des bisherigen *Du* aus? Wird nicht das bisherige *Sie* durch den veränderten *Du*-Gebrauch nicht auch eine Verschiebung erfahren?

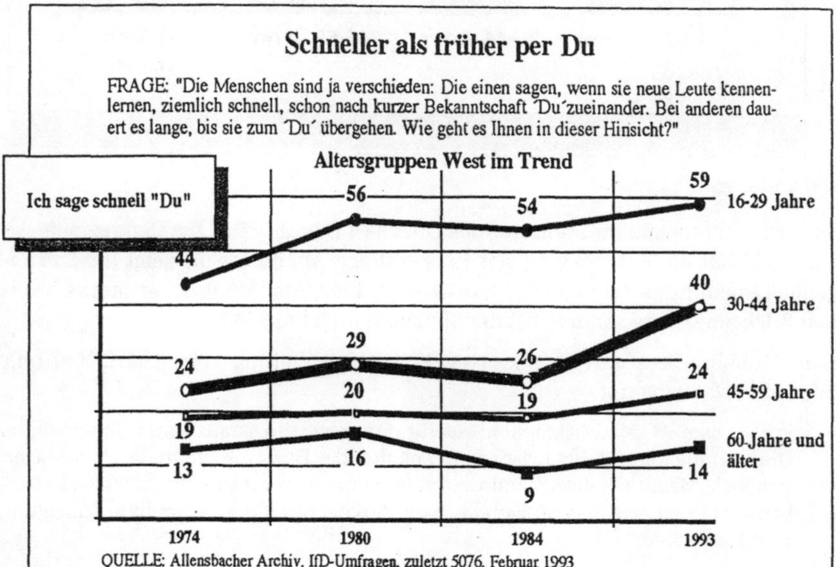

Abb. 5.1: Schneller als früher per Du

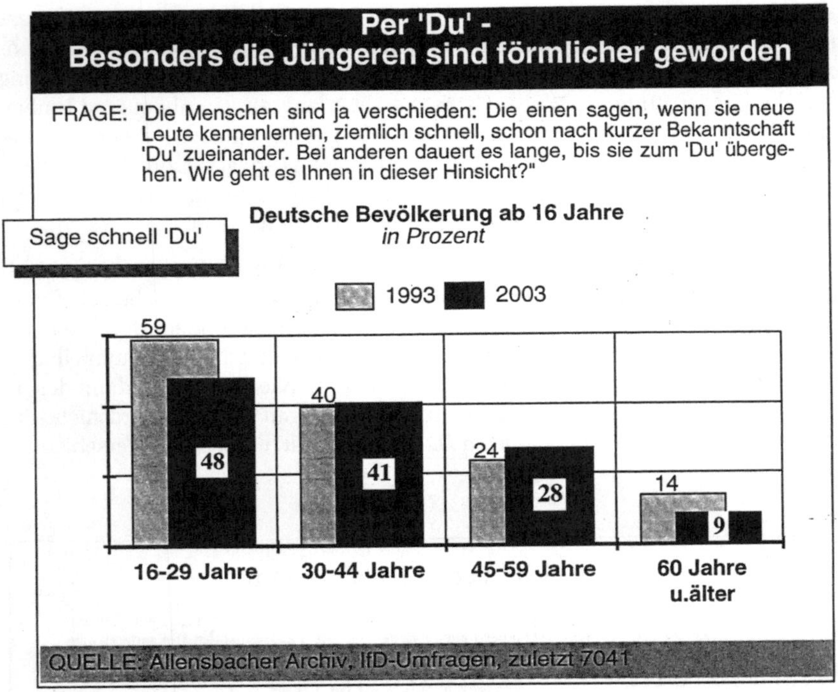

Abb. 5.2: Per ‚Du'

Sind wir schon ganz im „Zeitalter des Duzens"? Das „Institut für Demoskopie Allensbach" hat die Entwicklung seit 1974 verfolgt. Abbildung 5.1 zeigt die aufsteigende Linie für das ‚schnelle Du' von 1974 bis 1993; Abbildung 5.2 ansatzweise einen Rückgang, insbesondere bei den Jüngeren im Jahre 2003.

Eine Mobbing-Beraterin (Frankfurter Allgemeine Zeitung vom 22.07.2000) teilt folgende Erfahrung mit:

> Früher siezten sich Mitarbeiter, was für eine gewisse Distanz unter ihnen sorgte. Dieser Höflichkeitspuffer existiert im Zeitalter des Duzens nicht mehr. Heute sagen sich viele Menschen die schamlosesten Gemeinheiten ins Gesicht. In vielen Betrieben geht es zu wie in einer Familie, ohne daß der Streit durch familiäre Zuneigung gemildert wird.

Die Hofschranzen-Höflichkeit wollen wir heute nicht mehr. Sie hat längst ausgedient. Ihr sprachliches Inventar ist Schritt für Schritt reduziert worden – und das muss nicht bedauert werden. Nur ist Vorsicht geboten, dass wir nicht alles über Bord werfen. Immerhin existierte das Höflichkeitspronomen schon lange vor den Hofschranzen und so manche andere ehrende (honorative) Anredeform ebenfalls. Höflichkeit hat es leichter, wenn dafür gleichzeitig sprachliche Ausdrucksmittel akzeptiert sind. Sie bilden wichtige Rahmenbedingungen für Höflichkeit (vgl.

Weinrich 1986, 22). Das ist möglicherweise auch einer der Gründe, warum uns betont informelle Kulturen leicht als ‚unhöfliche' Kulturen erscheinen, wiewohl sie es sicher nicht sind oder sein müssen.

Gegenwärtig ist das langfristige Ergebnis der Umsortierung in der *Du/Sie*-Konvention noch nicht klar erkennbar. Derzeit befindet sich das *Sie* noch in einer passablen Position. Eines aber scheint gewiss und ein Trost zu sein: Mag sich noch so vieles ändern in der Welt, auch in der Sprache – das, was dem sprechenden Wesen ‚Mensch' existentiell wichtig ist, das wird er benennen und selbst, wenn er es neu tun muss, weil alte Benennungen abhanden gekommen sind.

Zusammenfassung

Das sprachliche Inventar für Anrede ist einerseits klein, andererseits in hohem Maße gesellschaftssensibel. An dem Wandel im Gebrauch der Pronomina personalia und der nominalen Titulaturen lässt sich Sozialgeschichte in klaren Konturen ablesen. Als Hauptentwicklung erweist sich eine immer stärker werdende soziale Hierarchisierung, die in der frühen Neuzeit (Absolutismus ca. 16.–18. Jh.) auch sprachlich ihre höchste Stufe erreichte, sodann nach und nach einen bürgerlichen Zuschnitt erlangte und spätestens seit dem 19. Jh. das duale Modell (*Du/Sie*) allgemeingesellschaftlich akzeptierte. In ähnlicher Weise erreichten die Titulierungen und die schmückenden Beiwörter (Epitheta ornantia) absolutistische Steigerungen, späterhin Reduzierungen bis hin zum Absinken ehemals adlig-herrschaftlicher Bezeichnungen (*Herr, Frau, Fräulein*) zu Alltagsbezeichnungen für alle.

Im Mittelalter stabilisierte sich das *du-ir*-Modell, *ir* (=ihr) als Höflichkeitspronomen der 2. Pers. Plural für eine Einzelperson (nach mittellat. Vorbildern). Mit diesem *pluralis reverentiae* beginnt recht eigentlich die europäische Höflichkeitskultur (s. auch *pluralis modestiae, pluralis societatis*, vgl. 5.2). Im 16./17. Jh. kam zu *du-ir* eine weitere Variante hinzu: *Er/Sie* (3. Pers. Singular). Der 'Gewinn' ist Indirektheit, soziale Distanz; vom 17. Jh. an noch gesteigert durch das *Sie* (3. Person Plural), entstanden als Bezugspronomen auf eine abstrakte Titelanrede wie Majestät (=*Sie*). Zu dieser Zeit galt in der deutschen Sprache folgende Reihe der Anredepronomina: *du* – *Er/Sie* (3. sg.) – *Ihr* (2. pl.) – *Sie* (3. pl.). *Er/Sie* (3. sg.) wurde späterhin aufgegeben, *Ihr* (2. pl.) hielt sich länger, in den Dialekten bis in unsere Zeit. Schrift- und standardsprachlich ist das duale *Du/Sie* die akzeptierte Norm in der Bedeutungsopposition 'vertraut – nicht vertraut' im Bezug auf die anzuredenden Personen. Das expandierende *Du* der 1968er-Bewegung hat diese Bedeutungsopposition zwar nicht aufheben, jedoch in Nuancen verschieben können.

Was sind die anredebestimmenden Variablen? Im Blick auch auf andere Sprachen nennt die Fachliteratur folgenden steuernde Faktoren: ALTER, GESCHLECHT, SOZIALRANG und SITUATION (vgl. 5.4). Die Gewichtung dieser Variablen kann je nach Zeitraum und je nach Sprache unterschiedlich sein, denn Anrede ist ja immer auch Spiegelbild der jeweils gegebenen Gesellschaftstruktur. Sprachliche Verstöße dagegen werden in der Regel direkt oder indirekt ‚bestraft'.

Weiterführende Literaturhinweise: Beetz, Manfred (1990); Besch, Werner (2003, S. 2599–2628); Braun, Friederike u.a. Hrsg. (1986); Kretzenbacher, Heinz Leonhard, u.a. (1991); Listen, Paul (1999).

II. Zeitstufen

1. Das Althochdeutsche

1.1. Abgrenzungen und Grundlegungen

1.1.1. Zeit

„Unter Althochdeutsch verstehen wir die älteste Periode jener Sprache, deren jüngstes Stadium das heutige Deutsch ist.“ (Braune/Reiffenstein 2004, 1) Ausgangs des 8. Jhs. tritt das ‚Deutsche‘ in seine geschichtliche Phase, d. h. es beginnt die schriftliche Fixierung volkssprachlicher Texte. Bei der Überlieferung der Textarten sind zwei Traditionsstränge festzustellen (nach Sonderegger 1974, 88):

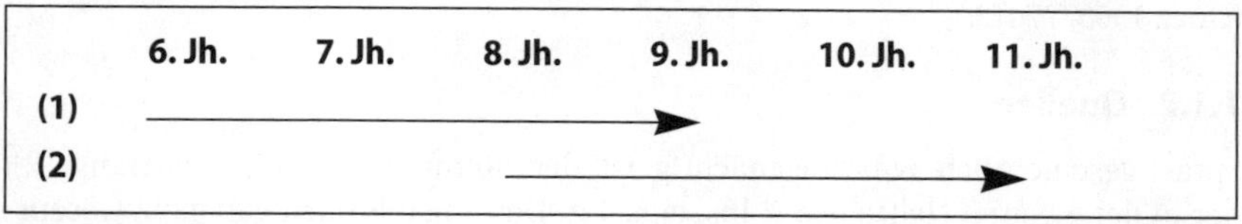

(1) „auslaufende germanische Formtradition“: Runeninschriften, Zaubersprüche, Stabreimdichtung“,□
(2) „Neubeginn eines klostergebundenen Bildungs- und Kirchenschrifttums“: Glossierung, Segenssprüche, christliche Dichtung, Übersetzung.

Das Ende des Ahd. wird in der Regel mit der Mitte des 11. Jhs. angesetzt, als sprachinternes Kriterium gilt die Durchführung der ‚Nebensilbenabschwächung‘ (s. III/2.2.4.1.). Allerdings müsste man hier formulieren, dass die Nebensilbenabschwächung dann auch in der Schriftlichkeit begegnet; die ‚St. Galler Vorakte‘ zeigen ja, dass in der Mündlichkeit die abgeschwächten Nebensilbenvokale schon viel früher zu beobachten sind.

Ein großer Teil der Quellen des Ahd. dient der sprachlichen (z.B. Glossierungen, Übersetzungen) und/oder mentalen (z.B. Otfrids ‚Evangelienbuch‘) **Bewältigung der Latinität**, die mit dem römischen Christentum als Staatsreligion ins Frankenreich gelangt war. Der St. Galler Mönch Notker III. Labeo oder Teutonicus, der zwischen 950 und 1022 an der Klosterschule lehrte, formuliert, vermutlich um 1015, in einem Brief an Bischof Hugo II. von Sitten, dass man „in der Muttersprache“ schnell „begreift, was man in einer fremden Sprache kaum oder nicht völlig erfassen kann“ (*quam cito capiuntur per patriam linguam quae aut vix aut non integre capienda forent in lingua non propria*. Zit. und übers. von Sonderegger 1970b, 83). D.h. dass Notker als erster den Wert des Textierens in der Muttersprache betont, sodass sich der Zweck der volkssprachlichen Texte grundlegend geändert hat. So gesehen, könnte man das Ende des Ahd. auf die Jahrtausendwende ansetzen.

Wir haben somit im frühmittelalterlichen Deutsch zwei Perioden zu unterscheiden:

(1) Althochdeutsch im engeren Sinn; „in den hundert Jahren zwischen 770 und 870, zwischen Arbeo und Otfrid, hat eine gewisse Kontinuität bestanden, dank der Initiative aufgeschlossener und vorausdenkender Persönlichkeiten, nicht zuletzt des Kaisers Karl selbst" (Schröder 1959, 58). Es handelt sich um die Verwendung der Volkssprache im Zuge der *renovatio imperii*: etwa 2. Hälfte 8. Jh. bis 900.
(2) Die Übergangsperiode vom Alt- zum Mittelhochdeutschen, repräsentiert durch die beiden Persönlichkeiten Notker und Williram: 1. Hälfte 11. Jh.

Die Lücke zwischen diesen beiden Perioden könnte mit dem Zerfall des fränkischen Reichs und der Reichsidee zusammenhängen. Der neue Ansatz volkssprachlichen Schaffens könnte mit einem erneuten Aufleben der Reichsidee zusammenhängen, die sich ja unter den Ottonen als *translatio imperii* gefestigt zeigt (Goez 1958, 77 ff.).

1.1.2. Quellen

Sprachgeschichtlich wirkungsmächtig ist der literarische Traditionsstrang (2), der in der zweiten Hälfte des 8. Jhs. einsetzt. Den Anstoß dazu gab ganz wesentlich die Reichspolitik der Karolinger, vor allem **Karls des Großen**. Der Biograph Einhard berichtet in seiner ‚Vita Karoli Magni', Kapitel 29, über folgende kulturpolitischen Aktivitäten: Vereinheitlichung der Stammesrechte (‚Lex Salica' und ‚Lex Ribuaria'), Sammlung germanischer Literatur, Beginn einer „Grammatik"□ seiner Muttersprache (*inchoavit et grammaticam patrii sermonis*), Einführen fränkischer Namen für die Winde und die Monate. Daneben erließ Karl eine Reihe von Gesetzen bzw. Verordnungen, von denen am bekanntesten die ‚Admonitio generalis' v. J. 789 ist. Es handelt sich hier um ein „Gesetz über Lebens- und Amtsführung der Geistlichen und über die kirchliche Volkserziehung" (Eggers 1963, 48), ein „für die ganze Bildungsreform grundlegende[s] Kapitular" (Fleckenstein 1953, 51). Darin wird u. a. festgelegt, dass jeder Priester dem Volke das Paternoster und das Credo beibringen solle. Der Klerus, vor allem die Klöster erhalten die Aufgabe übertragen, Schulen zu betreiben und somit für eine Tradierung der (damals lateinischen) Bildung zu sorgen. In diesem Zusammenhang kommt es sowohl zur intensiven Beschäftigung mit lateinischen Texten als auch zur schriftlichen Fixierung deutscher Texte oder zumindest deutscher Textpassagen um 800.

Für die volkssprachlichen Texte des frühen Mittelalters gilt, dass im Althochdeutschen „unter dem Begriff ‚Literatur' alles erfaßt [wird], was es an Zeugnissen in deutscher Sprache gibt, und es wäre vielleicht richtiger, von ‚Schrifttum' oder von ‚Denkmälern zu sprechen" (Mettke 1982, 13). Für die althochdeutsche Zeit kann es keine Geschichte der deutschen resp. volkssprachlichen Literatur geben, dafür aber sehr wohl eine Geschichte dessen, was in der Volkssprache niedergeschrieben worden ist. Die Geschichte der althochdeutschen Texte ist schon deshalb keine Literaturgeschichte, weil es keine Geschichte der althochdeutschen Literaturtradition gibt; jeder althochdeutsche Text ist gewissermaßen eine Insel, ohne Zusammenhang mit den Inseln in der näheren oder weiteren Umgebung. Das Meer, das diese Inseln umgibt, ist das Latein, das hin und wieder ein Eiland der Volkssprache freigibt. Wenn wir uns also mit althochdeutschen Texten befassen, dann müssen wir zuallererst fragen, welche Domänen, welche Verbalisierungs- oder Kommunikationsbereiche die Volkssprache vom Lateinischen übernimmt und ob diese Übernahme von Dauer oder bloß einmalig ist.

Sonderegger (2003b, 106ff.) versucht dennoch eine **„entwicklungsgeschichtliche Übersicht"**:

(1) „Ausklang der südgermanischen Runeninschriften des 6. bis. 7. Jhs.",
(2) „Nachleben, Umgestaltung und Übergangsformen germanischer Stabreimdichtung",
(3) „Der Beginn einer vor allem bildungsgeschichtlich zu verstehenden althochdeutschen Glossierung",
(4) „Einsetzen einer katechetischen Übersetzungsliteratur über die bloße Glossierung hinaus",
(5) „Entfaltung der Bibelübersetzung und Bibelerklärung über die kleinen katechetischen Stücke hinaus",
(6) „Übersetzung christlicher Hymnendichtung"
(7) „Neuschöpfung einer volkssprachlichen Bibeldichtung in Endreimversen",
(8) „Christliche Legend-, Preis und Heiligendichtung in Reimversen",
(9) „Historische Lieddichtung",
(10) „Neusetzung und Verfestigung einer volkssprachlichen Rechtsprosa",
(11) „Schaffung einer deutschen Wissenschaftsprosa",
(12) „Beginn einer dichterischen Übersetzung antiker Werke",
(13) „Beginn einer deutschen Physiologus-Tradition im 11. Jh.",
(14) „verstreute Spuren volkstümlicher Kleindichtung".

Abgesehen davon, dass man kaum „verstreute Spuren" einen „entwicklungsgeschichtlichen" Strang nennen kann, ist festzuhalten:

- Die zahlreichen Glossierungen sind in erster Linie Zeugnisse der Beschäftigung mit lateinischen Texten; zudem sind auch zahlreiche lateinische Glossierungen überliefert, aus dem späten 8. und frühen 9. Jh. sogar viel mehr als volkssprachliche.
- Die meisten Übersetzungen haben nicht den Zweck, einen eigenständigen volkssprachlichen Zieltext zu erzeugen, sondern dienen dem (besseren) Verständnis des lateinischen Ausgangstexts.
- Eine Reihe von Texten, die als Übersetzungen gelten, sind nur Interlinearglossierungen, was an zwei Beispielen gezeigt sei.

(1) **‚Ahd. Benediktinerregel'**: im frühen 9. Jh. in St. Gallen entstanden:

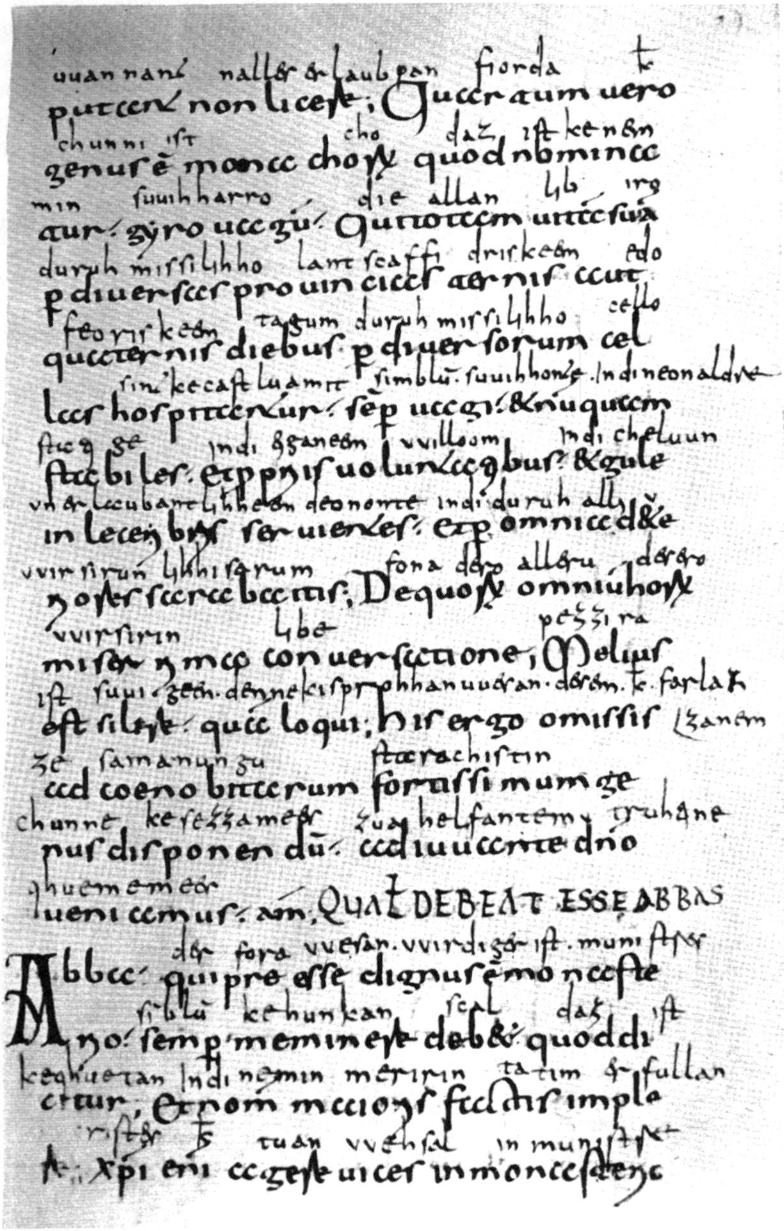

Abb. 1.1: Cod. Sang. 916, fol 3[r] (aus Fischer 1966)

Die kommunikative Funktion des zweisprachigen Textes (lateinisch-althochdeutsch) wird mit graphostilistischen Mitteln deutlich: Der lateinische Text ist in einer breiten Minuskel geschrieben, „wie sie [...] für die alemannischen Klöster Reichenau und St. Gallen kennzeichnend war“ (Masser 1997, 32). Über jeder lateinischen Zeile stehen die althochdeutschen Einträge, deren Schrift „von jener des lateinischen Basistextes nicht grundsätzlich [differiert], auch wenn sie dem zwischenzeiligen Charakter wie der Funktion der Einträge entsprechend viel dünner und gedrängter ist und dadurch optisch anders wirkt“ (Masser 1997, 33). Graphostilistika signalisieren also die Funktion der beiden Sprachen in diesem Text: Hauptsache ist der lateinische Text, der volkssprachliche hat die Aufgabe, die Lektüre des lateinischen zu erleichtern: Jede Wortform steht über der entsprechenden Basisform. Es geht nicht darum, wohlgeformte deutsche Sätze zu produzieren, sondern einen wohlgeformten lateinischen Text mit volksprachlichen Entsprechungsformen zu kommentieren. Auf späteren Seiten der Handschrift werden nicht mehr alle lateinischen Formen kommentiert; dennoch ergibt sich nicht einmal ein Lückentext; häufig genügt auch eine (deutsche) Kasusendung, die die lateinische Kasusendung erkennbar machen kann/soll. Dies ist schon auf der hier wiedergegeben Seite zu sehen: In Zeile 2 des lateinisches Textteils steht der abgekürzt geschriebene Genitiv Plural *monachorum*, darüber stehen nur die nur die beiden letzten Buchstaben des volkssprachlichen Substantivs [*muni*]*ch* ‚Mönch‘ mit dem *o* der entsprechenden Kasusendung: [*muni*]*cho* ‚der Mönche‘. Es handelt sich bei der ‚Ahd. Benediktinerregel‘ nicht um einen Text der „katechetischen Übersetzungsliteratur“ (Sonderegger 2003b, 107), die deutschen Ausdrücke ergeben überhaupt keinen Text.

(2) **‚Murbacher Hymnen‘**: Interlinearglossierung ambrosianischer Hymnen, die im frühen 9. Jh. auf der Reichenau entstanden und im elsässischen Kloster Murbach erweitert worden sind:

Die ‚Murbacher Hymnen‘ enthalten noch weniger volkssprachlichen Text als die ‚Ahd. Benediktinerregel‘. Die Abbildung zeigt deutlich, dass hier kein volkssprachlicher Text intendiert ist, dass wir es auch nicht mit einer „dichterische[n] Interlineaversion“ (Sonderegger 2003b, 108) zu tun haben, sondern um Hilfen oder sogar Eselsbrücken für Lateinschüler; auf keinen Fall war „an eine zusammenhängende Lektüre der interlinearen Interpretamente gedacht“ (Henkel 1988, 71).

Derartige Texte sind an das **Medium des Buchs** gebunden, und sie sind Zeugnisse der Schriftlichkeit. Ganz anders verhalten sich die deutschen ‚Originale‘, von denen das größte und wichtigste Werk das ‚Evangelienbuch‘ (‚Liber evangeliorum‘) des elsässischen Mönchs Otfrid von Weißenburg (60er Jahre des 9. Jhs.) ist. Dem ‚Evangelienbuch‘ hat Otfrid drei Widmungsvorworte (ein deutsches an Ludwig den Deutschen, ein lateinisches an Erzbischof Liutbert von Mainz und wiederum ein deutsches an Bischof Salomo von Konstanz) sowie eine Vorrede ‚*Cur scriptor hunc librum theotisce dictaverit*‘ vorangestellt. Im lateinischen Widmungsbrief stellt Otfrid die spätantiken Bibeldichter Iuvencus, Arator und Prudentius den

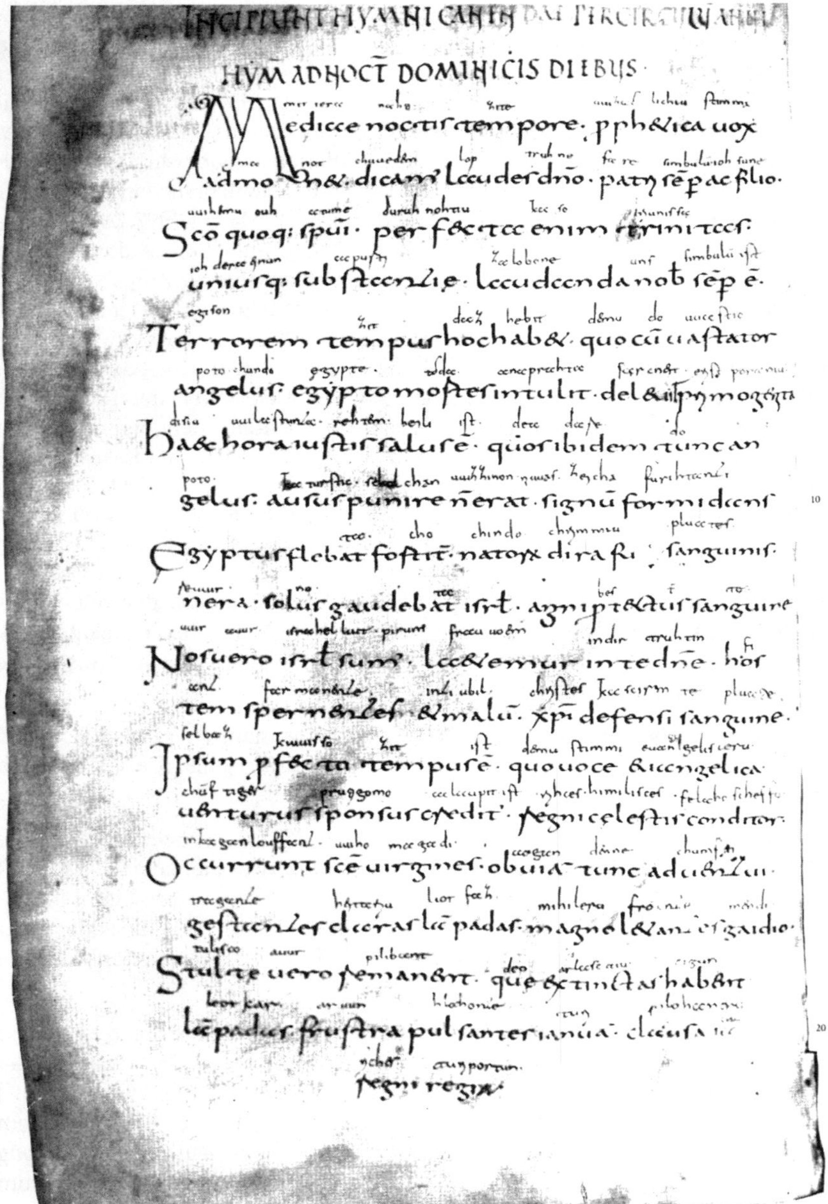
INCIPIUNT HYMNI CANENDI PER CIRCULUM ANNI
HYMNUS AD NOCTURNOS DOMINICIS DIEBUS
Mediae noctis tempore · prophetica vox
admonet · dicamus laudes domino · patri semper ac filio ·
Sancto quoque spiritui · perfecta enim trinitas ·
uniusque substantiae · laudanda nobis semper est ·
Terrorem tempus hoc habet · quo cum vastator
angelus · Aegypto mortes intulit · delevit primogenita ·
Haec hora iustis salus est · quos ibidem tunc an
gelus · ausus punire non erat · signum formidans
Aegyptus flebat fortiter · natorum dira funera · sanguinis ·
solus gaudebat Israel · agni protectus sanguine ·
Nos vero Israel sumus · laetemur in te domine · hos
tem spernentes et malum · Christi defensi sanguine ·
Ipsum profecto tempus est · quo voce evangelica ·
venturus sponsus creditur · regni caelestis conditor ·
Occurrunt sanctae virgines · obviam tunc adventui ·
gestantes claras lampadas · magno laetantes gaudio ·
Stultae vero remanent · quae extinctas habent
lampades · frustra pulsantes ianuam · clausa iam
regni regia ·

Abb. 1.2: Ms. Junius 25 der Bodleian Library Oxford (aus Fischer 1966)

gentilium vates Vergil, Lukan und Ovid gegenüber. Seine Aufgabe sieht **Otfrid** also darin, den heidnischen Autoren christliche Themen entgegen zu stellen. Es handelt sich hier um eine ‚mentale' Bewältigung der Latinität. Dazu kommt, dass Otfrid nicht Latein, sondern die *propria lingua* der Franken verwenden will, was er dann in der Vorrede ausführlich begründet: Die Franken sind *so sáma chuani sélb so thie Románi* (I, 1, 59), sie werden in der Widmung an König Ludwig *thie gótes liuti* (59) genannt. Auch hier verweist Otfrid auf die Antike und nicht auf germanische Traditionen. Die original volkssprachliche Literatur schließt also bewusst an römische, antike Dichtungsstraditionen an, die Volkssprache wird dem Lateinischen gleichgesetzt, der Herrscher ist „der Repräsentant des christlichen Reichs, dem, analog dem antiken Usus, das Buch in der Reichssprache gedichtet wird" (Gasser 1970, 57). Damit erhält die Verwendung der Volkssprache eine politische Idee: Die Kaiserkrönung Karls des Großen im Jahre 800 erfolgte nach Akklamation der Römer, sie war noch keine *translatio,* sondern nur eine *renovatio imperii* (vgl. dazu Goez 1958, 72). Das Einsetzen der Schriftlichkeit, die ganze Bildungsreform bis hin zu ‚Kleinigkeiten' wie der Wahl des Alphabets könnten politisch, d. h. politisch im Dienst des Reichs, motiviert sein.

Damit wird die Funktion der verschiedenen Textarten noch deutlicher:

(1) Die Texte, die dem Vortrag bzw. dem Vorlesen dienen, sind nicht übersetzt, sondern sie sind ‚Eigenschöpfungen'. Von den Nachläufern germanischer Dichtungstradition abgesehen (s. bes. das ‚Hildebrandslied'), die sprachgeschichtlich eher rückwärts weisen als vorwärts und deshalb für eine Darstellung der ahd. Sprachgeschichte kaum von Belang sind, stehen sie im Rahmen der karolingischen Reichsidee. Sie verhalten sich deshalb sprachlich anders die Übersetzungen.

(2) Die Glossierungen und Übersetzungen stehen „ganz im Dienste des Lateinlernens und Lateinverstehens" (Schröder 1978, 426). Glossen, Glossierungen, Interlinearversionen „waren noch nicht als Vorübung und Vorstufen einer deutschgeschriebenen Literatur gedacht" (ebd.). Ziel also war die Latinität mit ihren durchaus politischen Implikationen. So sind auch zweisprachige Handschriften wie die des ahd. ‚Tatian' oder das ahd. ‚Isidor' zu erklären.

Das alles bedeutet, dass die althochdeutsche Sprachperiode die Texte umfasst, die im Zusammenhang mit der *renovatio imperii* entstanden sind; deshalb ist das 9. Jahrhundert der Höhepunkt im Text-Schaffen dieser Epoche. Etwas Neues im Textieren kommt durch die Schultexte Notkers Labeo in die Volkssprache: Notkers Texte sind nicht mehr reine Übersetzungen, sondern volkssprachliche Wiedergaben lateinischer Originale, mit eigenen Kommentaren durchsetzt (vgl. dazu die Rekonstruktion der Entstehung von Notkers III. deutschen Schriften durch Sonderegger 1980). Wie oben ausgeführt, schreibt Notker auf Deutsch, weil in der Muttersprache Texte besser verständlich seien. Die Volkssprache hat ihren Eigenwert erhalten.

1.1.3. Räume und/oder Orte

Aufschlussreich ist eine Textgeographie der sog. literarischen Denkmäler des Ahd.; es ist dabei günstig, auch die großen altniederdeutschen (altsächsischen) Texte miteinzubeziehen:

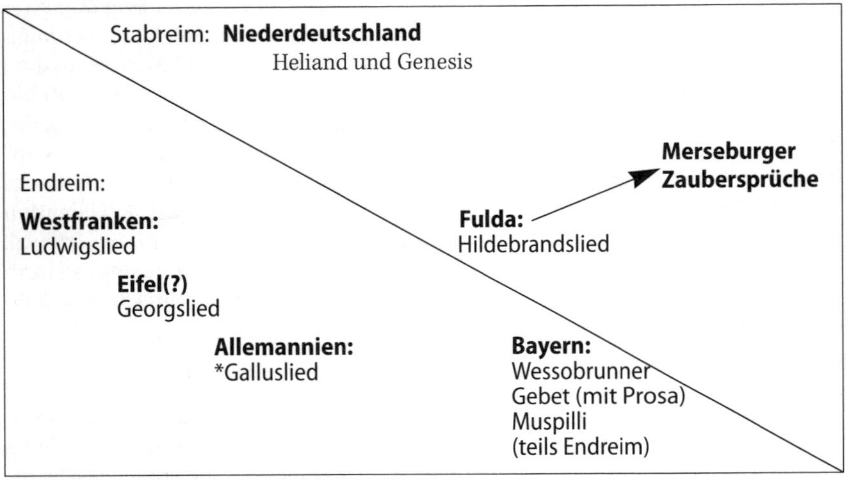

Abb. 1.3: Die literarischen Denkmäler des Ahd. (nach: Schlosser 1977, 23)

Wir können hier an Lautgeschichtliches anschließen: Der Süden bzw. Südwesten und der Westen des Areals, in dem Sprachen bzw. Dialekte gesprochen wurden, die das heutige Deutsch ergeben, sind der Kernbereich der sprachlichen Neuerungen sowie der Übernahme des Endreims aus der spätantiken lateinischen Literatur. Im Osten, vor allem im Nordosten des Gebiets bleiben sowohl die traditionellen sprachlichen/lautlichen als auch literarischen Formen in Geltung. Das **‚Wessobrunner Gebet'**, das aus zwei Teilen besteht, ist gewissermaßen ein ‚Scharnier' zwischen den beiden Traditionsräumen: Der erste Teil, ein Schöpfungshymnus, ist ganz in germanischer Tradition geschrieben und steht in engem Zusammenhang mit vergleichbaren angelsächsischen Dichtungen; der zweite Teil ist ein Gebet und in ‚moderner' Prosa geschrieben.

„Es sind nur wenige, fast ausschließlich klösterliche Überlieferungsorte, die das althochdeutsche Schrifttum in weiter räumlicher wie mundartlicher Streuung sprachtragend bestimmen." (Sonderegger 2003b, 57). Wenn man sowohl das ahd. Textschaffen als auch die Glossierungstätigkeit, die ja auch eine intensive Beschäftigung mit Texten und/oder Sprache voraussetzt, zusammenfasst, kann man die „Hauptorte ahd. Überlieferung" in einer Karte zusmmenfassend darstellen:

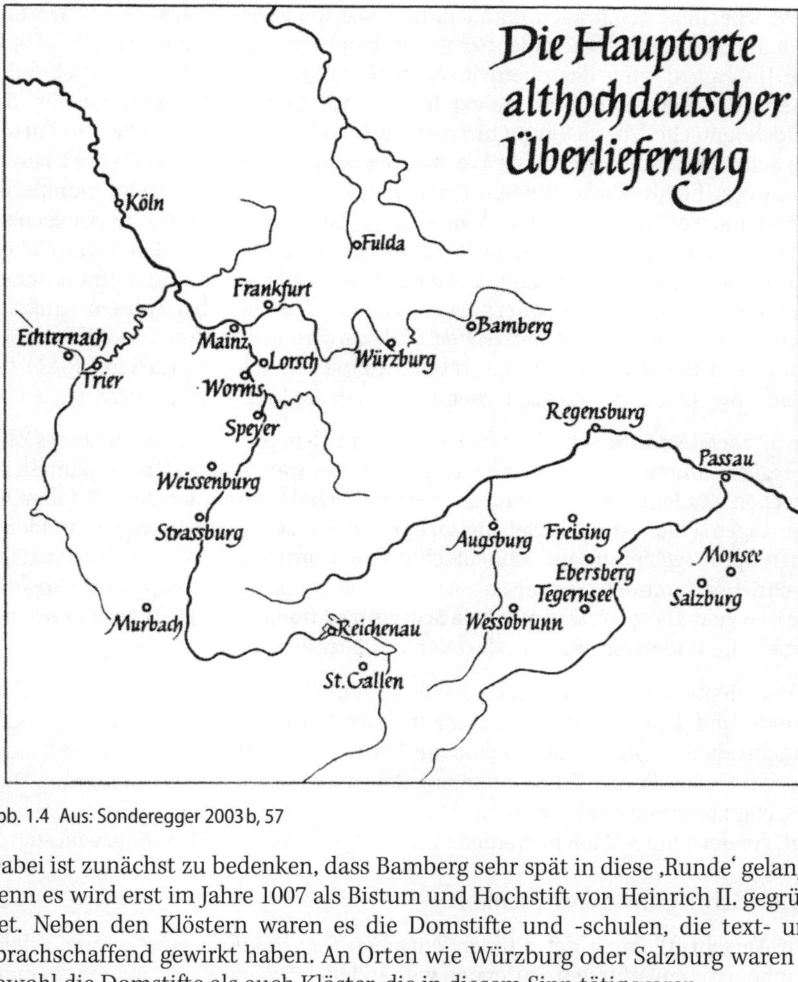

Abb. 1.4 Aus: Sonderegger 2003 b, 57

Dabei ist zunächst zu bedenken, dass Bamberg sehr spät in diese ‚Runde' gelangt, denn es wird erst im Jahre 1007 als Bistum und Hochstift von Heinrich II. gegründet. Neben den Klöstern waren es die Domstifte und -schulen, die text- und sprachschaffend gewirkt haben. An Orten wie Würzburg oder Salzburg waren es sowohl die Domstifte als auch Klöster, die in diesem Sinn tätig waren.

Die „**Schreiborte** ahd. Handschriften" (Braune/Reiffenstein 2004, 5, § 3) können aufgrund von dialektgeographischen Kriterien klassifiziert werden:

Alemannisch: St. Gallen Reichenau, Murbach
Bairisch: Regensburg, Freising, Tegernsee, Salzburg, Mondsee, Passau
Fränkisch:

- Südrheinfränkisch: Weißenburg
- Rheinfränkisch: Mainz, Lorsch, Speyer, Frankfurt
- Ostfränkisch: Würzburg, Fulda, Bamberg
- Mittelfränkisch: Trier, Echternach, Köln, Aachen

Diese Übersicht mach auch deutlich, dass wir die althochdeutschen Schriftdialekte und somit das Althochdeutsche überhaupt nur punktuell kennen. Eine weitere Untergliederung der oberdeutschen Dialekte, aber auch des Mittelfränkischen, wie sie modernen dialektalen Verhältnissen entspricht, ist für die althochdeutsche Überlieferung nicht möglich (vgl. auch Wagner 1956). In einzelnen Schreiborten hat zudem ein Wechsel des Schriftdialekts im Laufe der Überlieferungsgeschichte stattgefunden: Reichenau z. B. war zunächst eine fränkische Gründung, wechselte im letzten Viertel des 8. Jahrhunderts zum Alemannischen, „im 9. Jh. aber – bedingt durch die Wirksamkeit seines bedeutenden Abtes Walahfrid Strabo, der seine Ausbildung in Fulda erhielt – teilweise" zum Ostfränkischen (Sonderegger 2003b, 62). Oder: „Das bedeutendste und bei weitem umfangreichste Denkmal" des ostfränkischen Dialekts (Braune/Reiffenstein 2005, 10, § 6 Anm. 4) ist der althochdeutsche ‚Tatian', wahrscheinlich geschrieben im Kloster Fulda, obwohl dieses heute „auf rheinfränk. Gebiete liegt" (Schatz 1927, 1).

Die althochdeutsche Schriftlichkeit ist also an Orte gebunden, in denen es einschlägige Einrichtungen gab. Schwierig ist es, von Sprach- oder Dialekträumen zu sprechen. Zudem geht es nicht an, rezente Dialekträume auf das Mittalter zu übertragen. Fulda – um ein Beispiel zu erwähnen – liegt heute im westmitteldeutschen Sprachgebiet, in althochdeutscher Zeit wurde dort teilweise ostfränkisch geschrieben (von den ‚Verweisen' auf das Niederdeutsche/Altsächsische abgesehen). Es geht also primär um **lokale Schreibtraditionen** und nicht so sehr um die graphische Widerspiegelung dialektaler Verhältnisse.

Althochdeutsch sind demgemäß die Texte und sprachlichen Elemente, die Formen der ahd. Laut-/Konsonantenverschiebung (s. III/2.1.1.) aufweisen. Texte oder Sprachelemente ohne lautverschobene Formen sind Altniederdeutsch/Altsächsisch. Wenn in diesem Zusammenhang Raumbezeichnungen der modernen Dialektgeographie verwendet werden, so ist damit nichts über ahd. Sprachräume gesagt, sondern nur auf die Provenienz von Texten oder Textteilen hingewiesen.

1.1.4. Schrift und Schriftlichkeit

„Zur Verschriftlichung der althochdeutschen Sprachäußerungen wurde ... kein Graphemsystem erfunden. Unter den vorhandenen Systemen, die in Frage kamen, Runenschrift, lateinisches Alphabet, griechisches Alphabet, wählte man das System der lateinischen Alphabetschrift." (Zürcher 1978, 22). Zürcher sieht die Gründe hierfür im Studium der lateinischen Grammatiker, der Römer und in der Tatsache, dass das lateinische Alphabet für das Althochdeutsche am geeignetsten gewesen sei. Mit dieser Begründung wird aber eine endgültige Antwort nur hinausgeschoben, denn es bleibt die Frage, warum die lateinischen Autoren so intensiv studiert wurden. Das Verschriftlichen volkssprachlicher Elemente und Texte mit Hilfe der lateinischen Schrift ist eine kulturpolitische Entscheidung, auch wenn – wie im Altsächsischen – germanische Formtraditionen noch länger weiter wirkten. Auf alle Fälle steht die Verwendung der lateinischen Schrift (fast) immer im christlichen Zusammenhang; und das römische Christentum war ja im fränkischen Reich Staatsreligion geworden. Das alles will sagen, dass besonders im hochdeutschen Bereich der Beginn einer volkssprachlichen Schriftlichkeit nur aufgrund des Anknüpfens an lateinische Traditionen möglich war. Mit dieser Feststellung ist die Frage nach der Funktion des Deutschen, der Volkssprache in einer Zeit, in der die hauptsächliche Literatur- und Bildungssprache das Latein war, zu stellen; war doch die „verbindende Sprache der Wissenschaft [...] im ganzen Mittelalter das Latein. Mit ihm besaß man ein Verständigungsmittel oberhalb von Mundart- und Sprachgrenzen. Wie sollten ausgerechnet die Kleriker und Mönche, deren zweite Muttersprache das Lateinische war, das Bedürfnis nach einer deutschen Schriftsprache verspürt haben!" (Schröder 1959, 56).

Die Anfänge der deutschen Sprachgeschichte sind, wie schon mehrfach gesagt, wesentlich durch die Bildungsreform Karls des Großen bestimmt, die mit der Reichspolitik in engem Zusammenhang stand. Die Verwirklichung dieser Reform ist „aus verschiedenen Kräften heraus erfolgt, den Grundkräften nämlich, die die Welt des Mittelalters überhaupt gestaltet haben: Germanentum [das sich im fränkischen Selbstbewusstsein manifestierte; vgl. auch das oben zu Otfrid Gesagte], Christentum, Antike." (Fleckenstein 1953, 86). In diesem Zusammenhang ist auch die Verwendung der Volkssprache in schriftlichen Denkmälern zu sehen. Einhard, der bekannteste Biograph Karls des Großen, erwähnt die Bemühung Karls um die Volkssprache in expliziter Verbindung mit der Kaiserkrönung *(post susceptum imperiale nomen)*, hier auch eine **grammatica patrii sermonis**. Die ältere Forschung verstand darunter entweder überhaupt die Schaffung einer einheitlichen Hofsprache oder die Schaffung einer fränkischen Grammatik nach dem Muster Donats, der antiken Schulgrammatik schlechthin. Klaus Matzel (1966, 1970, 1971) hingegen hat wahrscheinlich gemacht, dass *grammatica* in seinem ursprünglichen Wortsinn eher den Versuch bezeichne, die Volkssprache vor allem im Bereich der Orthographie zu einer geregelten Schriftsprache zu machen; das beste Beispiel dafür seien die Texte der ‚Isidor'-Gruppe, deren Übersetzung im Umkreis Karls des Großen entstanden seien. „*Grammatica* war die Lehre von der geregelten Schriftsprache, dem Latein." (Grundmann 1958, 39f.) *grammaticam patrii sermonis inchoare* bedeutet also nichts anderes, als die Volkssprache dem Lateinischen ebenbürtig zu machen. Auch an dieser Stelle kommen wir zur *renovatio imperii* zurück. So gesehen sind dann Notkers Bemühungen „um die Verwirklichung eines althochdeutschen Schreibsystems aus der phonetischen Beobachtung des Tonfalls (Qualität, Quantität, Rhythmik) gesprochener Sprache heraus" (Sonderegger 1980, 73f.) eine neuerliche Spiegelung einer veränderten Haltung der eigenen Muttersprache gegenüber (vgl. auch 1.2. zu Wort und Begriff ‚deutsch'). Damit wäre auch ein weiteres Kriterium für eine Periodisierung gewonnen, nämlich das Bewusstsein bedeutender Sprachteilhaber von der eigenen Sprache: Während im 9. Jh. noch das Stammesgebundene vorherrscht (vgl. Otfrid, der in seinen deutschen Textteilen von den Franken bzw. dem Fränkischen spricht), hat sich im 11. Jh. ein überregionales Sprachbewusstsein durchgesetzt, was sich auch aus der semantischen Entwicklung des Wortes ‚deutsch' ablesen lässt (s. u.), was auch vom politischen Bewusstsein abhängig sein dürfte. Auf diese Weise wächst das Althochdeutsche von einer Literatursprache, der als einer reinen Mönchs- und Klostersprache nach einem – sicher überspitzten – Urteil Arno Schirokauers (1926, 141 ff.) jede Emphase fehlte, zu einer „Volkssprache"; „ das eigentliche Sprachereignis des Althochdeutschen ist doch dies: dass es alsVolkssprache sichtbar wurde trotz seiner zunächst spröden Schreibsprachlichkeit" (Sonderegger 2003b, 166).

1.2. Das Entstehen eines volkssprachlichen Wir-Gefühls: das Wort ‚deutsch'

Bei den überlieferten Vertextungsmöglichkeiten kann von einem expliziten Normbewusstsein, von Reflexionen darüber und über die Aufgabe der Volkssprache nicht die Rede sein .Dennoch lassen sich aber besonders aus der Geschichte des Wortes ‚deutsch' und seiner Verwendung Schlüsse ziehen, die den Ansatz zu einem solchen Bewusstsein bzw. zu dessen Entstehen deutlich machen.

Die **Etymologie** des Wortes ist klar: Ein germanisches Adjektiv **þeud-isk-az,* vom Substantiv **þeudō* ‚Volk' abgeleitet, dürfte als Zugehörigkeitsbezeichnung die Bedeutung ‚zum Volk gehörig' gehabt haben. Je nach Äußerungsbedürfnis hat es dann in germanischen Einzelsprachen seine Bedeutung modifiziert oder spezialisiert, sodass es im Gotischen in der Adverbform *þiudisko* als Übersetzung von griech. ἐϑνικῶς ‚heidnisch' (<dem fremden Volk zugehörig), im Altenglischen als Adjektiv *dēodisc* ‚heidnisch', als Kompositum *eldēodisc* ‚fremd' (Übersetzung von *peregrinus* in Mt. 27,7) begegnen konnte.

Im Westfränkischen kommt das Adjektiv nur in der latinisierten Form *theodiscus* vor und ist sicher von Anfang an eine Sprachbezeichnung – dies im Gegensatz zu den gotischen und altenglischen Beispielen, wobei im Altenglischen das Adjektiv auch zum Neutrum *deodisc* ‚Rede, Sprache' substantiviert vorkommt. Der älteste Beleg dafür bezieht sich auf das Jahr 786 (wenngleich er erst aus dem Ende des 10. Jahrhunderts überliefert ist): Der päpstliche Legat Georg von Ostia berichtet Papst Hadrian I. über zwei Synoden in England; bei der zweiten seien die Beschlüsse der ersten vorgelesen worden *tam latine quam theodisce, quo omnes intellegere potuissent; theodisce* bedeutet hier, wie in allen anderen vergleichbaren Belegen, ‚nicht lateinisch, germanisch-volkssprachlich'. Noch Walahfrid Strabo meint auch das Gotische mit diesem Adjektiv *(a Gothis qui... nostrum, id est theotiscum sermonem habuerint.* Daneben bezeichnet *theodiscus* (in der Graphie *teudiscus)* auch den Kontrast zum Romanischen, so in den Strassburger Eiden, die Ludwig der Deutsche *romana lingua,* Karl der Kahle hingegen *teudisca lingua* leistet.

Soweit einige Fakten, über deren Interpretation sich die Forschung bis heute nicht einig ist (vgl. die Dokumentation in Eggers 1970, dazu die Rezension von Eroms 1970). Wichtig ist, dass die Lautform des lateinischen Adjektivs auf eine westfränkische Basis **þeodisk* verweist, das Althochdeutsche, darauf wird noch zurückzukommen sein, hätte die Form *thiudiscus* evoziert. Während die ältesten Belege, wie dargelegt, auf die Bedeutung ‚nicht-lateinisch, germanisch-volkssprachlich' weisen, könnte schon die Verwendung in den Strassburger Eiden andeuten, dass *theodiscus* politische Konnotationen hat: „Im offiziellen Sprachgebrauch karolingischer Urkunden und Rechtstexte ist die Sprache der germn.-vordt. Stämme in Karls Reich, aber des Mitte des 9. Jhs. im Ostfrankenreich gemeint." (Reiffenstein 2003a, 2192). So begegnet es auch in Otfrids lateinischer ‚Praefatio ad Liutbertum' sowie in seinem Inhaltsverzeichnis; im deutschen Text hingegen steht nur *frenkisg (so wir nu hiar bigunnun, in frenkisga zungun* I, 1, 114). Gerade hier wird der politische Anspruch sowohl des lateinischen als auch des volkssprachlichen Adjektivs deutlich. Diese politischen Implikationen dürften auch der Grund dafür sein, dass im altsächsischen ‚Heliand' nur die lateinische Praefatio *theudiscus* kennt, der altsächsische Text hingegen keine Entsprechung dafür enthält.

Daneben lässt sich bereits „für das zweite Viertel des 9. Jahrhunderts" (Worstbrock 1978, 208) die Graphie *thiutisce/diutisce,* also *-iu-* statt *-eo-* sicher feststellen. Diese Schreibung setzt, wie zuletzt Reiffenstein (1971) nachgewiesen hat, ein volkssprachliches *diutisk* voraus. Demgegenüber nahm Eggers (1961/1970, 385) eine späte etymologische Schreibung an; diese Vermutung widerlegt sich allerdings, wenn man bedenkt, dass */eo/* und */iu/* im 9. Jahrhundert „längst selbständige Phoneme, keine kontextbedingten Allophone des Phonems *leul* mehr" waren (Reiffenstein 1971, 254).

Wichtig in diesem Zusammenhang ist die Beleggeographie: Die fränkischen Stammlande verwenden das „kanzleimäßige" *theodiscus,* die östlichen Gebiete hingegen *thiutiscus/diutiscus,* das wohl auf „lebendigem *diutisc*" (Frings 1941/1970, 232) basiert. „Die Opposition *theodiscus: thiutiscus* prägt sich demnach als eine wesentlich regionale aus" (Worstbrock 1978, 210), wobei die östliche Form zwar auch die Sprache bezeichnet, aber eben ohne politische Nebenbedeutung: die „Lautform *thiutiscus* dürfte für ihren Bereich, nicht anders als *theodiscus* für den seinen, typische und damit lexikalische Geltung gehabt haben" (ebd. 211). Es dürfte zudem kein Zufall sein, dass *diutisce* zunächst als Sprachbezeichnung in Glossen belegt ist; hier steht im Vordergrund „der Gegensatz der Volkssprache zum Lat. (in dessen Kontext die Markierung meist überhaupt erst Sinn gewinnt)" (Reiffenstein 2003a, 2192, von dort auch das nachfolgende Beispiel): *Unio* [...] *et dicitur thiutisce perula*. Im Kontext der wissenschaftlichen Beschäftigung mit lateinischen Texten, wofür die Glossen ein Zeugnis sind, war eine politische Bezeichnung nicht notwendig. Damit ist allerdings nicht gesagt, dass sich die beiden Wörter, die ja lautlich und graphisch sowie semantisch einander sehr ähnlich waren, nicht auch gegenseitig beeinflusst hätten. Gerade der Weg des östlichen *diutisk* bzw. *diutiscus* von einer zunächst allgemeinen (‚nicht-lateinisch, volkssprachlich') zu einer speziellen Sprachbezeichnung (‚deutsch') ist ohne den Hintergrund von *theodiscus,* das aufgrund seines politischen Nebensinnes viel früher eine ‚konkrete' Bedeutung hatte, nicht denkbar.

Die politischen Implikationen der Form *theodiscus* sind aber auch seine Schwächen; sobald sich der besondere politische Anspruch nicht in einem Kunstwort manifestieren muss und „man sich in Deutschland [...] sehr nachdrücklich mit dem Gedanken und den Grundlagen des Deutschtums beschäftigte" (Weisgerber 1953/1970, 156), in dem man Autoren des Altertums wie Tacitus und Plinius studierte, kommt als weiteres Wort *Teutonicus* auf, das schließlich *theotiscus* verdrängt. Notker, dem eben das Epitheton *Teutonicus* und nicht (mehr) *theodiscus* oder *diutiscus* gegeben worden ist, kennt volkssprachlich nur noch *diutisk*, lateinisch hingegen *teutonicus*. Er aber schreibt nicht mehr in und aus einem Stammesbe-wusstsein, sondern, wie schon ausgeführt, aus einem überregionalen Wir-Gefühl, das im Zusammenhang mit der *translatio imperii* schon unter Otto I. möglich geworden war. Es ist auch kein Zufall, dass „in Urkunden Ottos I. über Magdeburg" *Teutonici* „in den vollen Volksnamen" stehen, „dass dort die *Teutonici* den *Sclavi* gegenübergestellt sind" (Weisgerber 1953/1970, 158). *diutisk* indes ist noch nicht so weit, neben der Sprache auch deren Träger bezeichnen zu können (darüber s. II/2.2.1.).

1.3. Morphologie und Syntax

Das Ahd. tritt, wie mehrfach gesagt, in der zweiten Hälfte des 8. Jhs. in die Geschichte, d.h. dass die Volkssprache verschriftlicht wird. In diesen Texten, aber auch in Texten des 9. Jhs. erscheinen die verbalen und nominalen Flexionssysteme noch weitgehend ‚intakt', die Auswirkungen der Endsilbenabschwächungen scheinen noch nicht so gravierend, dass das System umgebaut werden muss. Allerdings machen die St. Galler Vorakte – das sind gewissermaßen Notizen, die vor der Ausfertigung von Urkunden gemacht wurden und auf mündlicher Zeugenbefragung beruhen – deutlich, dass in der gesprochenen Sprache die Endsilbenabschwächung schon weit fortgeschritten war, sodass die Kasus- und die Personalendungen nicht mehr so distinkt waren, wie dies aufgrund der (weitaus konservativeren) Schriftlichkeit der Fall war. Dazu kommt, dass mit der Latinität in der Volkssprache Texte bewältigt werden mussten, die durch ein überaus differenziertes Verbalsystem gekennzeichnet waren, bei dem sich synthetische und analytische Flexionsformen ergänzten. Um in der Volkssprache zumindest ansatzweise die Bedeutungen im Feld der **Diathesen** und der **Tempora** in die volkssprachlichen Texte zu bringen, zumal da viele von ihnen zum Latein hinführen sollten, mussten strukturelle Ansätze genutzt werden.

Zu diesem Zweck sowie mit anderen Zielen wurden syntaktische Phänomene ausgenutzt und morphologisiert. Dennoch bleibt die syntaktische Wirkung morphologischer Phänomene erhalten, etwa der Übergang vom synthetischen zum analytischen Sprachbau mit der für das Deutsche typischen Klammerstruktur. Diese Entwicklungstendenzen soll im Folgenden skizziert werden, ohne dass einer herkömmlichen Grammatik ‚Konkurrenz' gemacht würde.

1.3.1. Flexionsmorphologie: Grammatikalisierung der Verbalperiphrase

Da die verbale Periphrase sich in allen germanischen Sprachen, zumindest ansatzweise, vergleichbar entwickelt hat (lediglich im Gotischen finden sich noch Reste eines synthetischen Passivs, aber auch da nur im Präsensparadigma), kann man annehmen, dass es sich in den Einzelsprachen um die Entfaltung älterer systemimmanenter Tendenzen handelt.

Im Althochdeutschen, so schon im ‚Isidor' (Ende 8. Jahrhundert), begegnet bereits ein vollausgebildetes Diathesensystem. Das Präteritum des Zustandspassivs allerdings kommt im ‚Isidor' nur in der Form des Konjunktivs II vor, der aber auch temporale Funktion hat; häufiger taucht es dann bei Otfrid und schließlich bei Notker auf.

Die ersten verbalen Periphrasen entwickeln sich aus dem Partizip II mit Kopula- oder kopulaähnlichen Verben und gehen von prädikativen Fügungen aus. Das Passivparadigma – es geht zunächst nur um die Akkusativkonverse – bildet sich aus folgenden Fügungen:

ist + Part. II → Zustandspassiv
was + Part. II

wirdit + Part. II → Vorgangspassiv
ward + Part. II

Bei den Partizipien handelt sich um die Partizipien von mutativen Verben, also von Verben, die eine Zustandsveränderung ausdrücken; für passivische Strukturen sind vor allem transitive Verben von Bedeutung. Ausgenützt wird ferner die Opposition zwischen ‚sein', das einen Zustand bezeichnet, und ‚werden', das den Eintritt in einen Zustand signalisiert. Das Partizip II hat vor allem im 9. Jahrhundert noch stark nominalen Charakter:

ist arslagan: ‚er ist ein Erschlagener',
wirdit arslagan: ‚er wird ein Erschlagener'.

Diese Strukturen begegnen häufig im Plural, wo die Partizipien noch flektiert werden:

Druhtines uuordu sindun himila chifestinode (Isidor 15);
In dhinemu samin uuerdhant chiuuihido allo dheodun (Isidor 33);

daneben aber auch *Endi in imu uuerdhant chiuuihit alliu aerdhchunni* (ebd.).

Bei Otfrid sind auch zahlreiche Partizipien in Singularkonstruktionen flektiert (vgl. die Belege bei Erdmann I [106] S. 222).

Es kommt aber nicht nur zu solchen Syntagmen mit Transitiva, sondern auch mit intransitiven Mutativa:

Christ ... ist ... quhoman (Isidor 26);
ir ... quhoman scolda uuerdan (Isidor 33).

Hier finden sich die Ansätze zu einer Perfektbildung, ebenfalls mit einem Kopulaverb und einer nominalen Vollzugsform. Die Fügung mit *werdan* konnte sich, obwohl zunächst systemkonform, nicht durchsetzen. Das dürfte wohl damit zusammenhängen, dass *wesan* + Part. II von intransitiven Mutativa in das Perfektparadigma integriert, somit funktional vom (grammatikalisierten) Passiv geschieden wurde.

Wichtig ist, dass es bei all diesen Fügungen zunächst nicht um eine Unterscheidung von Diathesen oder Tempora ging. „Der Vorgang, der zur Verfassung des Subjekts führt", die eben durch das Partizip ausgedrückt wird, „ist nur dadurch in der Aussage enthalten, dass den Verben *werdan* und *wesan* kein Adjektiv oder Substantiv, sondern ein Verbaladjektiv folgt." (Rupp 1956, 282) Das Partizip ist dabei „in den meisten Belegen [...] der alleinige Träger einer inaktiven Semantik" (Kotin 1998, 75). Und je nach Valenz des mutativen Verbs entsteht eine passivische oder perfektivische Fügung.

In vielen Fällen nutzt das Partizip die Valenz des Verbs und lässt daher die Leerstellen um sich besetzen:

Sus quhad dher gomo, ***dhemu*** *izs firgheban uuard* (Isidor 10).

Auf diese Weise entwickelt sich das Partizip vom Prädikatsnomen zum eigentlichen verbalen Kern mit dem syntaktischen und syntaktiko-semantischen Hauptgewicht, gleichzeitig werden die Kopulaverben auxiliarisiert. Deren Hauptfunktion ist es dann, als finites verbales Element grammatische Morpheme wie Person, Numerus und Modus zu liefern. Äußeres Zeichen für diese Grammatikalisierung ist die Tatsache, dass die Partizipien nicht mehr flektiert vorkommen, was schließlich bei Williram der Fall ist.

Das Entstehen **analytischer Passivformen** geht also von vorhandenen syntaktischen und semantischen Möglichkeiten aus. Dadurch ist sehr bald ein Diathesensystem vorhanden, das sich aus der Opposition Vorgang – Zustand konstituiert. Der Gegensatz zwischen *werdan* und *wesan* wird also nicht zur Wiedergabe von lateinischen Tempusoppositionen ausgenützt, wie die ältere Forschung immer wieder hervorgehoben hat, sondern ist vom Lateinischen unabhängig.

Dagegen sprechen auch nicht zahlreiche Gegenbeispiele aus dem ahd. ‚Tatian', weil diese als Interferenzen in einem volkssprachlichen Text, der sich, wie unten noch gezeigt werden wird, eng an die lat. Vorlage anlehnt, zu interpretieren sind. Demgegenüber gilt der ahd. ‚Isidor' als ein Beispiel „einer selbständigen althochdeutschen Übersetzungsprosa von erstaunlicher Sprachbeherrschung in der Genauigkeit der Übertragung wie in der eigenen Gestaltung" (Sonderegger 2003b, 129).

Im ahd. ‚Isidor' zeigen sich „bescheidene Ansätze zu einem aktivischen Perfekt" (Schröder 1955, 45) in der Form eines ‚sein'-Perfekts; es kann aber keinesfalls als Vergangenheitstempus gelten, sondern als der Ausdruck perfektiven Aspekts im Präsens. Demgegenüber kennt der ‚Isidor' keinerlei ‚haben'-Perfekt, wohl aber der ‚Tatian' und Otfrid. Im ‚Tatian' (163,10-12) finden wir:

arborem fici habebat	*phígboum habeta*
quidam plantatam	*sum giflanzotan*
in uinea sua	*in sinem uuingarten*

Wir können hier sehr schön die Übersetzungsweise im ‚Tatian' beobachten: Es wird ziemlich genau Zeile für Zeile übersetzt, sodass man annehmen möchte, dass zuerst der lateinische Text in die linke Spalte geschrieben wurde; der Übersetzer konnte danach eine Zeile nach der anderen übersetzen (und in die Handschrift eintragen). Die erste Zeile des obigen Zitats beginnt mit dem Akkusativobjekt, worauf der verbale Kern folgt; in der zweiten Zeile steht zunächst ein Indefinitum als Subjekt, danach kommt das Partizip II als Objektsprädikativ, welches sich auf das Substantiv *phigboum* bezieht. Wir haben also kein Plusquamperfekt vor uns, sondern ein Präteritum mit einem prädikativen Partizip, der Vollzugsform. Im Vordergrund dieser Konstruktion steht demnach ebenfalls der perfektive Aspekt. Dazu kommt, dass die Konstruktion, wie sie im Ahd. begegnet, schon vom lateinischen Ausgangstext vorgegeben ist. Anders ist dies an der folgenden Stelle (262,4-6):

dicens. domine. V. talenta tradidisti	*quedenti. trohtin fimf talenta saltostu*
mihi. & ecce alia quinque	*mir. senu nu andero fimui*
super lucratus sum.	*ubar thaz haben gistriunit.*

Die Partizipform *gistriunit* bezieht sich hier auf das Numerale *fimui*, ist aber nicht flektiert. Die Fügung *haben gistriunit* entspricht dem lateinischen *lucratus sum*, der Perfektform eines Deponens. Dennoch hat die volkssprachliche Konstruktion wiederum präsentischen Charakter, der perfektive Aspekt ist deutlich. Wenngleich dies die einzige ‚haben'-Konstruktion im ahd. ‚Tatian' ist – dem stehen drei Fügungen mit dekliniertem Partizip gegenüber –, können wir auch hier den Weg zur **Grammatikalisierung** dieser Konstruktion beobachten, und dies an der Stelle, die sich relativ weit vom lat. Ausgangstext löst. Bei Otfrid, einem Autor, der weitgehend unabhängig von lateinischen Vorbildkonstruktionen schreibt, weist die überwiegende Mehrzahl der Belege unflektiertes Partizip auf (Erdmann 1874, 228: „Flektiert ist das Part, nur zweimal bei *haben,* einmal bei *eigan*", wobei diese drei Partizipien jeweils in Reimposition stehen). Doch ist auch zu bedenken, dass „es auch bezüglich ‚einfacher' Adjektive keine klaren Regeln für eine Distribution von flektierten und endungslosen Formen gab" (Kotin 1998, 74).

Ebenfalls Otfrid verwendet die Konstruktion ‚haben' + Part. II ohne Akkusativobjekt *(so wir eigun nu gisprochan* I, 25,11; *nu gene al eigun sus gidän* III, 18, 36) oder mit abhängigem Objektsatz (*Thoh habet er mo irdeilit joh selbo gimeinit, thaz...* I, 5, 57). In all diesen Fällen kann das Partizip nicht mehr als Objektsprädikativ angesehen werden, der verbale Kern hat sich auf die infinite Verbform verlegt; „die Bedeutung des Besitzens", die ursprüngliche Bedeutung von *habēn/eigan*, ist in diesen Fällen „nicht mehr nachvollziehbar" (Schrodt 2004, 16, § S6). Im ‚Heliand' begegnen auch ‚haben'-Fügungen mit dem Partizip eines intransitiven Verbs *(siu habde ira drohtine uuel githionod* 505 f.), häufig dann bei Notker *(er habet sin ein luzzel ergezen;* zit. nach Behaghel 1924, 274).

In der Frühzeit der **‚haben'- Periphrase** werden beide ahd. ‚haben' Verben *habēn* und das Präteritopräsens *eigan*. Im Zuge der Grammatikalisierung der Periphrase setzt sich *habēn* durch, vermutlich auch deshalb, weil *eigan* zwar „noch recht gut belegt, allerdings im Formenbestand stark defektiv" (Braune/Reiffenstein 2004, 304, § 371) ist. Nach Ausweis von Schützeichels ‚Ahd. Wörterbuch' (1995) ist *eigan* in Willirams ‚Hohelied-Paraphrase' nicht mehr belegt.

Für das ‚haben'-Perfekt hat die ältere Forschung lateinischen oder romanischen Einfluss als die wichtigste Entstehungsursache angenommen, weil in diesen Sprachen, wie au ich das obige ‚Tatian'-Zitat (163, 10–12) zeigt, ähnliche Tendenzen zu beobachten sind. Dagegen sprechen mehrere Argumente: Das „ältere Altisländische, das sicher nicht vom Lat. oder Romanischen beeinflußt wurde", (Ebert 1978, 59) kennt eine Perfektumschreibung mit *hafa* oder *eiga* + Part. II, wobei flektiertes und unflektiertes Partizip in einem Satz vorkommen können: *hafþe Gunnarr sáerþa átta menn, er veget tuá* (‚Gunnar hatte acht Männer verwundet, erschlagen aber zwei'; (zit. nach Heusler 1921, 140, § 432). Der Versuch, eine etwaige Übernahme aus dem Lateinischen oder Romanischen zeitlich festzulegen, bereitet große Schwierigkeiten, weil eben alle germanischen Sprachen Ansätze zu einer solchen Periphrase zeigen (vgl. auch den Ansatz dazu in got. *sa skatts þeins þanei habaida galagidana in fanin* ‚deine Mine, die ich in ein Tuch gelegt aufbehielt' Lk. 19, 20; zit. bei Dal 1962b, 121). Der knappe Forschungsbericht von Ebert (1978, 59) belegt dies deutlich. Ferner: „damit ... die Einwirkung des Lateinischen eine so tiefe Umwandlung des germanischen Verbs hätte veranlassen können, wären historische und soziale Bedingungen notwendig gewesen, die niemals erfüllt wurden; insbesondere eine lange Zeit germanisch-lateinischer Zweisprachigkeit" (Benveniste 1974, 233).

Es dürfte sich daher empfehlen, auch hier nach **systeminternen Ursachen** zu suchen. Wichtig ist dabei, dass die Fügungen mit *haben* + Part. II zunächst, wie ausgeführt, als eingebettete ‚ist'-Prädikationen anzusehen sind. Mit der ‚haben'-Periphrase wird zugleich eine Opposition zwischen den Verben ‚sein' und ‚haben' ausgenützt: Beides sind Verben des Zustands, wobei *„sein* eine immanente Identitätsbeziehung" herstellt, während „die beiden durch *haben* verbundenen Begriffe voneinander unterschieden" bleiben (Benveniste 1974, 223; Ähnliches lässt sich noch für die deutsche Gegenwartssprache feststellen, vgl. Helbig 1978/2004). Das ‚haben'-Perfekt, das ja in den ältesten althochdeutschen Texten nicht vorkommt, wäre dann eine parallele Weiterbildung zu den ‚sein'-Fügungen. „Es ist eine Form, in der der Begriff des Zustands, verbunden mit dem des Besitzes, auf die handelnde Person übertragen wird." (Benveniste 1974, 225).

Es liegt nahe, dass eine Verbform, die zunächst das Resultat eines Vorgangs wiedergibt, dann auch für die Bezeichnung dieses Vorgangs verwendet wird. Der früheste Beleg dafür findet sich bei Notker: *Uuaz ist mir danne geskehen? Arbeite und ängeste begágendon mir* (zit. nach Oubouzar 1974, 13). Das Perfekt steht hier in einem präteritalen Kontext, es „dient zur Unterbrechung des Berichts über die vergangenen Ereignisse" (ebd.). Wohl stellt auch das Personalpronomen *mir* einen Bezug zur Aktualität des Sprechers her, aber das Temporaladverb *danne* deutet doch an, dass die Grammatikalisierung dieser Periphrase soweit fortgeschritten ist, dass Funktionsübertragungen möglich werden. Dass dies zuerst bei einem ‚sein'-Perfekt vorkommt, ist wohl kein Zufall, weil dies ja die ältere Fügung ist.

Eine vollständige Grammatikalisierung dieser Periphrasen lässt sich erst im 13. Jahrhundert feststellen: Alle Diathesen kommen in allen Tempora vor; Perfekt: *in senender nôt bin ich begraben gewesen lange stunde* (Konrad von Würzburg, ‚Trojanerkrieg' 16948f.); *wan ir von ungemüete sît enpferwet worden sêre* (ebd. 7917); Plusquamperfekt bzw. Konj. II der Vergangenheit: *und het mich sô sêre sîn selbes vart niht gewert, ich wære gewesen unernert* (Heinrich von dem Türlin, ‚Krone' 22746ff.; hier hat das Partizip deutlich adjektivischen Charakter, worauf das Präfix *un*-weist); *nu wasez ouch über des jâres zil, daz Gahmuret geprîset vil was worden* (*Wart* Gg) *dâ ze Zazamanc* (Wolfram von Eschenbach, ‚Parzival' 57, 29ff.). Erst in einem solchen Stadium können sich dann die einzelnen Formen ihre Funktion(en) im System zuweisen, kann sich das System neu strukturieren. Durch die Auxiliarisierung der Verben *wesan/sîn, werdan* und *haben* bildet sich in Kombination mit transitiven Verben eine **dreigliedrige Hilfsverbopposition** aus, die dann für die Diathesen- und Tempusopposition signifikant wird:

	prozessbezogen	agensbezogen
wesan/sîn	–	–
werdan	+	–
habēn	+	+

Diese Matrix macht deutlich, dass die ursprüngliche Opposition nur zwischen *wesan/sîn* und *werdan* bestand; diese Relation „ist am besten mit aktional-aspektuellen Begriffen zu beschreiben" (Schrodt 2004, 9, § S5). In der Folge wird durch die Auxiliarisierung von *haben* eine im System angelegte Möglichkeit genützt. Die zunächst zweigliedrige Opposition dient primär der Kennzeichnung von Aktionsarten (perfektiv - inchoativ), erst *haben* fügt ein weiteres Merkmal hinzu, so dass einerseits die Opposition Aktiv - Passiv in formal vergleichbaren Syntagmen klar ersichtlich wird, sich andererseits zusätzlich eine Tempusopposition bilden kann. Demgegenüber ist der Gegensatz von ‚sein' und ‚haben' bei der Perfektbildung eine rein ausdrucksseitige Opposition ohne inhaltsseitige Entsprechung geblieben.

1.3.2. Die Substantivgruppe: Artikel und Subjektspronomen

1.3.2.1. Das Aufkommen der Artikelformen

Lat. ‚Tatian' (Lk. 1,5)	**Ahd. ‚Tatian'** (25,29-32)	**Otfrid ‚Evangelienbuch'** (I,4,1-2)
Fuit In diebus herodis regis	uuas In tagun herodes **thes** cuninges	In dágon **eines** kúninges, joh hárto firdánes,
iudeę quidam sacerdos	Iudeno sumer biscof	was **ein** éwarto, zi gúate sį er ginánto!
nomine zacharias de uice abia:	namen zacharias fon **themo** uuechsale abiases	

Der lateinische Ausgangstext kennt bekanntlich keine Artikelformen. In unserer Textpassage begegnet als einziges Determinativ das Indefinitpronomen *quidam*, dem im ahd. ‚Tatian' das Indefinitum *sum(er)* entspricht. *quidam* und *sum* sind keine Artikel, sondern Indefinita in der Funktion ‚irgendein, ein gewisser', die also ausdrücken, dass der Sprecher/Schreiber an eine bestimmte Person oder Sache denkt, diese zunächst aber nicht genauer bezeichnen will oder kann.

Im Gegensatz zum lat. Text enthält die ‚Tatian'-Stelle zweimal den bestimmten Artikel, und zwar immer mit Begriffen, die als bekannt vorausgesetzt werden; dazu passen die Eigennamen, deren Verwendung ja ebenfalls andeutet, dass der Namenträger als bekannt vorausgesetzt werden kann. Otfrid verwendet an der entsprechenden Stelle keinen Namen, er führt ganz im Stile eines narrativen Anfangs *ab ovo* neue, bislang noch nicht genannte Personen in seine Erzählung und setzt zweimal einen unbestimmten Artikel. Mit anderen Worten: Für Otfrid, dessen Text nicht von einem lateinischen Ausgangstext abhängt, ist der Artikelgebrauch schon so weit grammatikalisiert, dass das Artikelparadigma abhängig von der Erzählintention verwendet werden kann. In der gotischen Bibel Wulfilas sieht diese Stelle ganz anders aus:

Griech. Ausgangstext	**Gotischer Text**
ἐγένετο ἐν ταῖς ἡμέραις Ἡρῴδου τοῦ βασιέως τῆς τῆς Ἰουδαίας ἱερεύς τις ὀνόματι Ζαχαρίας ἐξ ἐφημερίας Ἀβιά.	was in dagam Herodes þiudanis Iudaias gudja namin Zakarias us afaram Abijins.

Im Gegensatz zum Lateinischen kennt das Griechische den definiten Artikel, nicht aber einen indefiniten. Das will sagen, dass es im Griechischen eine Artikel-Opposition definit – ∅ gibt; das Lateinische hat kein derartiges Strukturmerkmal. Allerdings haben die romanischen Sprachen im frühen Mittelalter ebenfalls definite und indefinite Artikelformen entwickelt. Der griechische Text ist der Ausgang für die gotische Bibel, dennoch finden sich in unserem kurzen Textstück keinerlei gotische Artikel, dies im Gegensatz zum Griechischen (Streitbergs griechischer Text enthält sogar einen Artikel mehr als der bei Nestle: τοῦ βασιλέως), auch das griechische Indefinitum τις hat im gotischen Text keine Entsprechung. Demgegenüber verwendet der althochdeutsche ‚Tatian' einmal – und dies nun gegen das Vorbild – einen bestimmten Artikel: *thes cuninges.*

Da auch die anderen südgermanischen Sprachen Artikelformen entwickeln, ist anzunehmen, dass es sich hier um die gemeinsame Tendenz, Determinativformen zu entwickeln und zu grammatikalisieren, handelt. Im Nordgermanischen geht diese Entwicklung einen etwas anderen Weg: Die Artikelformen werden zu enklitischen Elementen. Die südgermanischen Sprachen standen von Anfang an in Kontakt zueinander, aber auch in regem Kontakt mit den entstehenden gallo- und italoromanischen Sprachen, wo ähnliche, wenn nicht gleiche Tendenzen zu beobachten sind. Und diese Kontakte können die Tendenzen im Deutschen (sowie im Niederdeutschen/ Niederländischen und im Englischen) gestützt und befördert haben.

Die hier zitierten ‚germanischen' Texte verhalten sich verschieden. „Der got. Bibeltext steht unter dem Eindruck einer artikelreichen Vorlage, und nur das Fehlen des Artikels lässt uns got. Eigenart erkennen; die ahd. Texte stehen vielfach hochlateinischen Vorlagen gegenüber, die den Artikel nicht verwenden, und es ist daher damit zu rechnen, dass der lateinische Sprachgebrauch der Artikelverwendung ahd. Texte, zumal der Übersetzungen, engere Grenzen zog." (Brinkmann 1931, 16). Das Gotische kannte demnach keinen Artikel im engeren Sinne, wenn man darunter „das gewohnheitsmäßig und notwendig zugefügte Demonstrativum, das eine Person oder Sache als bekannt hinstellt", versteht (Streitberg 1920, 188, § 281,2). Im Althochdeutschen hingegen macht sich Artikelgebrauch bemerkbar, was die Lk 1,5 entsprechende Stelle in Otfrids ‚Evangelienbuch' zeigt. Hier begegnen bereits die zwei Artikelformen, die auch in der deutschen Gegenwartssprache vorkommen, der bestimmte und der unbestimmte Artikel. Der Textvergleich macht deutlich, dass das Germanische den Artikel im heutigen Sinn noch nicht kannte, dass in althochdeutscher Zeit sich beide Artikelformen herausbildeten, wobei der definite Artikel die ältere Form sein dürfte. Die Literatur betont zudem, dass auch die „indogermanische Grundsprache ... keinen Artikel" besaß (Dal 1962b, 89), wofür das Lateinische noch steht. Das Griechische dagegen repräsentiert einen fortgeschrittenen Zustand. „Wir dürfen also wohl mit Sicherheit annehmen, dass der Artikel der indogermanischen Ursprache gefehlt hat, und dass der indische, der griechische [...], der germanische und später der romanische Artikel in den Einzelsprachen entwickelt worden sind." (Hodler 1954, 9). Doch bereits im Gotischen kommen Ansätze zu Artikelformen im Gebrauch des Demonstrativum *sa/so/þata* vor: *jah was jainar manna gaþaursana hahands handu ... jah qaþ du þamma mann þamma gaþaursana hahandin handu* (‚Dort war ein Mann, der eine verdorrte Hand hatte ... Und er sagte zu dem Mann, der eine verdorrte Hand hatte' Mk 3,1 ff.). Die beiden Demonstrativa hier haben anaphorische, textsyntaktische Funktion: Sie verweisen auf vorher Genanntes zurück und wirken so satzverknüpfend. Die deiktische Funktion der Demonstrativa ist hier abgeschwächt, es wird nicht auf ein Element der Sprachsituation verwiesen, sondern des Kontexts. Ähnliches lässt sich an zahlreichen anderen Stellen ablesen. Überdies begegnet im Gotischen das Demonstrativum *sa* auch dann, wenn auf die Weltkenntnis oder das Wirklichkeitsmodell eines Hörers verwiesen werden soll: *ni draibei þana laisari* (‚Belästige den Meister nicht' Lk 8, 49), *hvaiwa usluknodedun þus þo augona* (‚Wie öffneten sich dir die Augen' Jo. 9,10). Im Gotischen steht demnach das Demonstrativum *sa* häufig „ungefähr in der Mitte zwischen deiktischem Demonstrativum und bestimmtem Artikel" (Krause 1968, 195). Wichtig ist die deiktische Funktion, mit der das Demonstrativum auf Gegenstände oder Sachverhalte der Außenwelt oder auf Elemente des Kontextes verweisen kann. In beiden Fällen wird dem Hörer signalisiert, dass der Sprecher etwas Bekanntes (durch Weltkenntnis oder Text) meint. Dadurch aber schwächt sich die deiktische Kraft der Demonstrativa ab, sie bekommen primär identifizierende Funktion. Aus diesem Grund hat auch das Gotische mit der enklitischen Partikel *-uh* sehr früh das ‚verstärkte' Demonstrativpronomen *sah/soh/þatuh*,„ein stark deiktisches Demonstrativ" (Krause 1968, 196, § 181), gebildet, das aber nur in der „Übersetzung von gr. οὗτος oder αὐτός gebraucht wird, nicht aber zur Wiedergabe des griech. Artikels" (Braune/Heidermanns 2004, S. 135, § 154).

Es dürften vor allem die textsyntaktischen Funktionen sein, die aus dem Demonstrativum den Artikel haben entstehen lassen; demgemäß nimmt Behaghel (1923, 38) überhaupt an, dass der definite Artikel „aus dem anaphorischen Pronomen – nicht aus dem deiktischen, wie vielfach angenommen wird –" stammt (ähnlich auch Heinrichs 1954, bes. S. 46ff., wo er spezielle syntagmatische Bedingungen für das Entstehen des Artikels vermutet). Es ist also die Notwendigkeit, einen kohäsiven und kohärenten Text zu produzieren, die systematisierte sprachliche Mittel hervorbrachte, um explizit auf Bekanntes oder Unbekanntes zu verweisen.

Deshalb geht gleichzeitig mit dem Wandel ein **Ausbau des Artikelsystems** vor sich: Neben dem bestimmten Artikel entwickelt sich der unbestimmte, der, textsyntaktisch gesehen, kataphorische Funktion hat:

Lat. ‚Tatian'	Ahd. ‚Tatian' (47,1ff.)
accessit ad eum centurio [...] & respondens centurio	gieng zi imo **ein** centenari [...] tho antlinginti **ther** cenenari

Zunächst wird der Centurio in die Erzählung eingeführt; der ahd. unbestimmte Artikel ist in dem Sinn kataphorisch, dass auf Informationen des nachfolgenden Kontextes verwiesen wird. Deshalb kann einige Verse später der bestimmte Artikel *ther* verwendet werden. Sowohl in der germanischen als auch in den romanischen Sprachen entwickelt sich der unbestimmte Artikel aus dem Numerale ‚eins'. Im ‚Wessobrunner Schöpfungshymnus' heißt es noch:

Do dar niuuiht niuuas *enteo ni uuenteo*
ento do uuas der ***eino*** *almahtico cot*

Gott ist ein ‚Unikat', weswegen er von Anfang des Textes an mit dem bestimmten Artikel (*der eino*) versehen wird. Davon unterscheidet sich die ‚Tatian'-Stelle grundlegend. Schrodts (2004, 26) Feststellung, dass bei „Isidor und Tatian [...] *ein* überall Zahlwort" ist, trifft nicht zu; dann wäre auch in der Gegenwartssprache jede Verwendung des Ausdrucks ‚ein' die Verwendung des Numerales. Andererseits ist deutlich, dass das Artikelsystem des Ahd. mit dem der Gegenwartssprache noch nicht völlig identisch ist und dass sich auch die Vertextungsweisen insgesamt weiterentwickeln mussten, bis sie den heutigen Stand erreicht haben. Dazu kommt, dass im Gegenwartsdeutschen die Artikelformen auch Aufgaben der Flexionskennzeichnung übernommen haben.

1.3.2.2. Das Subjektspronomen

Ein Vergleich zwischen dem Gotischen und Althochdeutschen kann auch hier aufschlussreich sein:

Gotische Bibel	**Ahd. ‚Tatian'**
bihve kunnum þata? (Lk 1,18)	uuanan weiz **ich** thaz (2,8)
jah sai sijais þahands (Lk 1,20)	Inti nu uuirdist **thû** suigenti (2,9)
jah wairþiþ þus faheds (Lk 1,14)	Inti **her** ist thir gifeho (2,6)
qiþandans þatei gasaihvam wulþaga (Lk 5,26)	sus quedante. **uuir** gisahumes uuvntar (54,9)
bigitid barn biwundan (Lk 2,12)	thaz **ir** find& / kind (6,2)
wesunuh þan garaihta (Lk 1,6)	**siu** uuarun rehtiu beidu fora gote (2,2)

Ein solcher Befund hat in der älteren Literatur zu einer ziemlich einheitlichen Bewertung geführt; stellvertretend Brinkmann (1931, 19): „Das Gotische steht noch auf einer älteren Stufe; es genügt im allgemeinen die Kennzeichnung des Subjekts durch die Verbalform [...] Das läßt sich am sichersten dort erkennen, wo Wulfila den griechischen Text umformt, ohne das Subjekt anders als durch die Verbalform zum Ausdruck zu bringen." In der Tat sind in Wulfilas Bibelübersetzung die zahlreichen Sätze ohne formales Subjekt auffällig. Man kann annehmen, dass in der Regel, d. h. dort, wo Wulfila eine griechische Konstruktion getreu wiedergibt, das Fehlen eines Subjektspronomens durch das Vorbild des Ausgangstextes begründet ist. Ähnliches lässt sich auch in anderen germanischen Texten beobachten. Daneben begegnet im Gotischen in Nebensätzen das Subjektspronomen ziemlich häufig. „Die gewohnheitsmäßige Stellung der Pronominalsubjekte im got. Nebensatz läßt sich also auf die gleiche Formel bringen, die Ries bei der Untersuchung des Heliand und des Beowulf gefunden hat: ‚Pronominales Subjekt schließt sich an das einleitende Wort des unselbständigen Satzes an.'" (Schulze 1924, 106 f.) Somit aber kann auch für das Gotische nicht mehr ohne weiteres behauptet werden, dass es ein pronominales Subjekt nicht kenne, weil es einen frühen Sprachtypus verkörpere, sondern es wird wohl vieles auf das griechische Vorbild zurückzuführen sein. Nur dort, wo sich das Sprachgefühl allzu sehr gegen eine griechische Konstruktion sträubte (Subjunktion + Pronomen), zeigen sich mehrere Abweichungen vom Griechischen, auch wenn es zahlreiche Gegenbeispiele gibt.

Problematisch ist es, aus ahd. Texten einen vergleichbaren Befund zu erwarten. Wenn es heißt, dass „die [ahd.] Benediktinerregel noch regelmäßig des Pronomens" (Behaghel 1928, 42) entbehre, dann ist zu bedenken, dass die ‚Ahd. Benediktinerregel' keine Übersetzung mit einem vollständigen Zieltext ist, sondern eine **Interlinearglossierung**, die sich weniger auf Syntax und Textkonstitution konzentriert, sondern auf die Wiedergabe einzelner Wörter und Wortformen (vgl. II/1.1.2). Wenn also der lat. Text kein Pronomen enthält, dann wird es nicht glossiert.

Aufschlussreich ist eine tabellarische Übersicht über die Verwendung des Subjektspronomens in den wichtigsten althochdeutschen Denkmälern (aus Eggenberger 1961, 165f.):

	1. Sg.		**2. Sg.**		**3. Sg.**		**1. Pl.**		**2. Pl.**		**3. Pl.**	
	mit	ohne	mit	ohne	mit	ohne	mit	ohne	mit	ohne	mit	ohne
‚Isidor'												
Im HS	36	2	3	2	15	29	2	3	1	0	4	12
Im NS	4	1	6	0	60	4	5	0	0	1	10	4
‚Tatian'												
Im HS	415	103	131	84	394	460	62	27	262	42	170	244
Im NS	222	10	143	7	400	44	26	1	192	15	197	18
Otfrid												
Im HS	426	28	186	51	1194	174	144	29	103	24	479	121
Im NS	353	3	201	17	966	91	212	11	96	4	393	44
Notker												
Im HS	98	4	74	0	140	3	7	0	2	0	41	1
Im US	51	0	58	0	152	0	11	0	3	0	42	0

HS = Hauptsatz, NS = Nebensatz; die Zahlen bei Notker beziehen sich auf das erste Buch des ‚Boethius', bei den anderen Texten immer auf das ganze Werk.

Das Bild, das diese Übersicht vermittelt, unterscheidet sich wesentlich von der Gegenüberstellung Gotisch-Althochdeutsch. Es zeichnet sich eine Reihe von Tendenzen in der Setzung bzw. Nicht-Setzung von **Subjektpronomina** ab:

- Die Texte müssen nach ihrer Nähe zum lateinischen Ausgangstext befragt werden. Relative Zahlen, die 3. Person Singular betreffend, geben hier eine eindeutige Antwort:

		mit	ohne
‚Isidor'	Im HS Im NS	34,1% 93,8%	65,9% 6,2%
‚Tatian'	Im HS Im NS	46,1% 90,1%	53,9% 9,9%
Otfrid	Im HS Im NS	87,3% 91,4%	12,7% 8,6%
Notker	Im HS Im NS	97,9% 100 %	2,1% 0%

Es wird deutlich, dass sich der althochdeutsche ‚Isidor' und der ‚Tatian' sehr ähnlich verhalten, obgleich ein halbes Jahrhundert zwischen der Entstehung dieser beiden Denkmäler liegen dürfte und außerdem dem ‚Isidor'-Übersetzer die souveränere Handhabung der Volkssprache nachgesagt wird. Davon unterscheidet sich Otfrids ‚Liber evangeliorum' grundlegend: Auch in den Hauptsätzen überwiegt die Setzung der pronominalen Subjekte. Dies lässt den Schluss zu, dass die Nicht-Setzung doch wesentlich vom Lateinischen beeinflusst ist.

- In einem besonderen Bereich gleichen sich alle Texte: In Untersätzen (Gliedsätzen, Attributsätzen) scheint die Setzung des Subjektspronomens nahezu obligatorisch zu sein, eine Parallele zur gotischen Bibel, in der ja ebenfalls Subjektpronomina auch gegen das griechische Vorbild stehen.
- Schließlich ist ein Unterschied bei den einzelnen ‚Personen' festzustellen: In der 1. und 2. Person Singular und Plural dürfte die Setzung des Subjektspronomens im Unterschied zur 3. Person ebenfalls die Norm sein. Psychologisierende Erklärungen der älteren Literatur sind – das machen die Zahlen deutlich – jedenfalls nicht ganz stichhaltig (z. B. „Die sachliche 3. Person und der Indikativ [...] sind lebendig affektischer Anteilnahme am stärksten entzogen, und darum greift hier zunächst die Mechanisierung des Subjektpronomens durch." Brinkmann

1931, 19). In diesem Punkt unterscheiden sich die althochdeutschen Texte auch grundlegend von der Wulfila-Bibel.

Es hat also den Anschein, dass die „Mechanisierung des Subjektpronomens" weniger ein sprachgeschichtlicher Vorgang ist, als man zunächst annehmen möchte. Vielmehr dürfte das Setzen von Subjektpronomina von der jeweiligen Textfunktion abhängen. Das Problem ist also umgekehrt zu sehen: In bestimmten Kontexten (1. und 2. Person, Untersätze) ist es weniger akzeptabel, das Subjektspronomen wegzulassen als in anderen. Das sprachliche Problem ist also nicht eines der zunehmenden Setzung, sondern des abnehmenden Weglassens. Der Prozess ist insofern ein Vorgang der Sprachgeschichte, als sich dann die volkssprachliche Norm ganz durchsetzt, sobald man entweder einen ‚original' deutschen Text schreibt oder nicht mehr um des Lateins, sondern der Zielsprache willen ins Deutsche übersetzt (Notker); Interlinearversionen können daher weitestgehend auf Subjektpronomina verzichten (‚Benediktinerregel').

Zu fragen bleibt, warum bestimmte Kontexte ein Weglassen des Subjektspronomens nicht so leicht erlauben. Schwierig ist diese Frage bei der Wirkung der ‚Personen' zu beantworten. Doch könnte man das oben erwähnte psychologisierende Argument auch ‚umdrehen': Da sich im kommunikativen Akt die 1. und die 2. Person an Personen wendet, die an der Kommunikation beteiligt sind (sprechende und angesprochene Person/Personen), ist es auch in geschriebener Sprache nicht so leicht möglich, ein eindeutig kommunikatives Signal wie es das Personalpronomen ist, wegzulassen; vgl. als eindrucksvolles Beispiel dafür *ibu* ***du*** *mi enan sages,* ***ik*** *mi de odre uuet* (Hildebrandslied V. 12). Für diese These spricht auch die Tatsache, dass ‚schwere' Verbendungen wie *-mes* für die 1. Person Plural leichter auf das Personale verzichten als ‚leichte' Flexive. In den Untersätzen folgt das Subjektspronomen meist unmittelbar auf das Einleitewort. Diese Kombination ist dann für den Hörer/Leser ein eindeutiger Hinweis auf eine untersatzmäßige Struktur, der auch deshalb notwendig ist, weil „die ahd. Nebensatzeinleitungen neben ihren konjunktionalen meist noch andere Funktionen ausüben" (Eggenberger 1961, 168).

Noch weniger als beim Artikel kann es demnach die **Endsilbenabschwächung** gewesen sein, die „die Setzung des Subjektpronomens begünstigt" hat (Brinkmann 1931, 19). Wenn hier ein Einfluss vorliegt, dann in umgekehrter Richtung. Doch ist zu bedenken, dass die Personalendungen des Verbs bis auf einige Ausnahmen (1. und 3. Pers. Plur., 1. und 3. Pers. Sing. Prät. und Konj. I/II) distinkt sind, das System also in diesem Bereich noch weitaus ‚intakter' ist als das der Kasusendungen. Gerade das Beispiel Otfrid zeigt, dass das Setzen des Subjektspronomens auch bei vollen Endsilben einer vorhandenen Norm entsprochen hat.

1.3.3. Folgerung: Vom synthetischen zum analytischen Sprachbau

Die Herausbildung einer Verbalperiphrase bedeutet nicht nur den Ausbau und die Differenzierung temporaler oder/und diathetischer Möglichkeiten, sondern vor allem in seinen Auswirkungen auf die Syntax, wie oben (s. 1.3.1.) schon angedeutet, einen großen Schritt zum analytischen Sprachbau. D. h. „die materielle Bedeutung und die Relationsbedeutung [werden] an verschiedenen Worten ausgedrückt" (Dal 1962b, 167). Dies heißt nun nicht, dass die beiden ‚Bedeutungen', die materielle = lexikalische und die relationale = kategoriale streng getrennt sind, sondern dass wichtige Bestandteile davon auf bestimmte, als eigene ‚Wörter' erscheinende Elemente verteilt sind. Beim Perfekt z. B. enthält die infinite Verbform nicht nur die lexikalische Bedeutung, sondern auch ein aktionales Element, ausgedrückt durch die Form des Partizips II. Das Hilfsverb hingegen liefert das temporale Moment sowie die grammatisch-syntaktisch notwendigen Morpheme.

Der **analytische Sprachbau** betrifft sehr häufig die ohnehin interdependenten Teilsysteme der Flexionsmorphologie und der Syntax. Es handelt sich dabei im Deutschen, aber nicht nur dort, sondern auch in den anderen germanischen (und indogermanischen) Sprachen um systemimmanente Tendenzen, die dann je nach (sprach-)historischer Situation wirksam werden. Dal (1962b, 170) denkt dabei auch an die Wirkung von sprachlichem Substrat: „Die analytische Sprachstruktur, die dem Bau des Indogermanischen so sehr widerstreitet, mag, wie dies auch im allgemeinen angenommen wird, der bodenständigen Bevölkerung der später germanisch sprechenden Gebiete zuzuschreiben sein." Daneben aber ist zu bedenken, dass die Auseinandersetzung mit einer neuen, differenzierteren Umwelt auch neue, differenziertere Ausdrucksmöglichkeiten notwendig macht. Und hier bieten sich analytische Formen geradezu an, sofern die Möglichkeit dazu im jeweiligen Sprachsystem vorhanden ist. Das bestätigt sich ja in der Gegenwartssprache in der Herausbildung sprachlicher Mittel zum Ausdruck aktionaler Differenzierungen vor allem mit Hilfe von Funktionsverbfügungen aufs Neue.

In der althochdeutschen Periode bilden sich neben der Verbalphrase vor allem im nominalen Bereich zwei Formen analytischer Satz- bzw. Satzgliedgestaltung heraus: die Artikelformen und das Subjektpronomen. In beiden Fällen handelt es sich wiederum um eine Systematisierung vorhandener Möglichkeiten, wobei das Ergebnis eines solchen Vorgangs weit über die Ausgangsmöglichkeiten hinausgeht.

Wenn das Subjekt nicht pronominal, sondern substantivisch realisiert ist, dann ist es nicht weglassbar. Die feste Norm, das Pronomen, mit Ausnahme des Imperativs, zu setzen, ist zudem eine Systematisierung des Satzbaus: Das Subjekt ist nahezu immer notwendig, selbst bei nullwertigen Verben wie *es regnet* muss die Form *es* als ein nur ausdrucksseitiges ‚Scheinsubjekt' stehen. Auch dieses „expletive *iz*" (Schrodt 2004, 74) ist im Ahd. noch weglassbar: *hêlîas, ther iu ni liaz reganôn then liutin* (Otfrid III,12,15).

1.4. Zum Wortschatz: Ausbau durch Transferenzen und Wortbildung

Die althochdeutsche Schriftlichkeit hat, wie mehrfach gesagt, die Aufgabe und das Ziel , sich sprachlich mit der Latinität christlicher Prägung auseinanderzusetzen: Somit wird der Wortschatz des Althochdeutschen das Mittel, eine neue Umwelt, neue Referenzbereiche zu bewältigen. Dass hierfür das überkommene Lexikon nicht ausreicht, ist klar. Es sind nun vor allem Wortbildungsmittel, die diese Aufgabe bewältigen helfen.

1.4.1. Entlehnungen aus dem Lateinischen

Wenn zwei Sprachen zueinander in Kontakt treten (s. I/3) und auch längere Zeit miteinander in Kontakt bleiben – **Sprachkontakt** kommt im zwei- oder mehrsprachigen Sprecher zustande –, dann kommt es zu Entlehnungen: Eine ‚Nehmersprache' übernimmt, vornehmlich im Bereich des Lexikons, sprachliche Einheiten von einer ‚Gebersprache'. In ahd. Zeit fungiert vornehmlich das Lateinische als Gebersprache. Grundsätzlich lassen sich folgende Gleichungen feststellen (Beispiele aus Götz 1979):

(1)	lat. Wort	~	ahd. Wort
	voluntas	~	*uuillo*
(2)	lat. Wort	~	ahd. Wortgruppe
	renuntiare	~	*anauuart gituon*
(3)	lat. Wortgruppc	~	ahd. Wortgruppe
	per intelligentiam capere	~	*anauuart uuerdan*
(4)	lat. Wortgruppe	~	ahd. Wort
	dignus supplicio	~	*buozuuirdig*

Mit solchen Gleichungen sind aber noch nicht alle Möglichkeiten der Darstellung von **Transferenzphänomenen** erschöpft. Doch wird in diesem Zusammenhang schon deutlich, dass sprachgeschichtlich die Wortbildung wohl die größte Wirkung gehabt hat, zunächst wohl für den Typus (1), dann aber auch für (4), sobald eben die Muster zur Verfügung standen und produktiv waren. So stammt das letzte Beispiel aus Notkers Boethius-Übersetzung, also aus einen sehr späten Text, der nur noch bedingt als althochdeutsch bezeichnet werden kann.

Aus dem Gesagten wird nun die grundsätzliche Bedeutung der lateinischen Sprache für die Entwicklung des althochdeutschen Wortschatzes deutlich. Sie ist Vorbild und kann deshalb Muster verschiedener Art zur Verfügung stellen bzw. in der Zielsprache vorhandene Muster aktivieren, wie wir es in einem anderen Bereich, bei den periphrastischen Verbformen, gesehen haben. Im Althochdeutschen werden also Entlehnungen wirksam. Wir können zwei Klassen solcher Transferenzphänomene unterscheiden:

- Entlehnungen von Lexemen oder Morphemen (mit Inhalts- und Ausdrucksseite),
- Entlehnungen von Kombinationsmuster im satzsynaktischen (Lehnsyntax) oder morphologischen (Wortbildungs-) Bereich.

Die detaillierteste Klassifikation von **lexikalischen Transferenzen** stammt von Werner Betz (1974), der sie gerade anhand von ahd. Sprachmaterial (vgl. auch Betz 1965) entwickelt hat (vgl. Abb. 3.1 in I/3.4.).

- Das **Lehnwort** ist eine Übernahme von Inhalts- und Ausdrucksseite. In einer Lehnprägung wir die Inhaltsseite eines gebersprachlichen Zeichens in der Nehmersprache mit eigenen Mitteln nachgebildet.
- Das **Fremdwort** ist (noch) nicht in das System der Nehmersprache integriert; es weist Fremdphoneme, fremde Phonemkombinationen oder auch fremde flexivische Elemente auf. Demgegenüber ist das assimilierte Lehnwort bzw. das Lehnwort im engeren Sinne in das phonologische und das morphologische System der Nehmersprache integriert.
- Durch eine **Lehnbedeutung** erhält ein vorhandendes sprachliches Zeichen die Inhaltsseite eines Zeichens der Gebersprache.

Die **Lehnbildungen**, Nachbildungen fremdsprachiger Muster mit Mitteln der Nehmersprache, werden nach ihrem Verhältnis zum gebersprachlichen Vorbild klassifiziert. Um das neue Signifié verständlich vermitteln zu können, wird das Signifiant mit Mitteln der eigenen Sprache neu geformt:

- **Lehnübersetzung**: das Vorbild Morphem für Morphem nachgebildet.

lat.	*beneficium*	→	ahd.	*woltâ*
	conscientia	→		*gewizzeni*
	senior	→		*hêriro*
	acceptio	→		*antfangida*
	providentia	→		*forascauwunga*

Auch lateinische Syntagmen können als Lehnübersetzungen in Form von Komposita wiedergegeben werden:

lat.	*domus dei*	→	ahd.	*goteshûs*

- **Lehnübertragung**: Wiedergabe in partieller Anlehnung an das Vorbild, meist wohl nach vorhandenen Wortbildungsmustern.

lat.	*salvator*	→	ahd.	*heilant*
	oboediens	→		*(gi)hôrsam*
	rationabilis	→		*redihafti*

- **Lehnschöpfung**: „Neubildung nach fremdem inhaltlichen Vorbild ohne formale Anlehnung" (Höfler 1969/70, 63). Die Lehnschöpfung schließt sich im Gegensatz zu den Lehnformungen nicht an ausgangssprachliche Lexeme oder Morpheme an, sondern stellt „allenfalls die Übernahme eines begrifflichen Inhalts aus einem fremden Sprach- oder Kulturkreis" (Höfler 1969/70, 64) dar und schließt sich ebenfalls an vorhandene Wortbildungsmuster an.

lat. *experimentum* → ahd. *findunga* ‚Erfahrung'
examen → *ursuahhida* ‚Erforschung'

Alle Beispiele für Lehnbildungen – das macht die kleine Auswahl deutlich – bedienen sich der Wortbildung als eines wesentlichen Mittels zum Ausbau des Wortschatzes. Zugleich aber ist zu betonen – dies vor allem in Ergänzung der Arbeiten von Werner Betz und seinen Schülern – dass nicht jeder Text in gleichem Ausmaß Lehnbildungen enthält, sondern dass dies sehr stark von der jeweiligen Textfunktion abhängt (vgl. Siebert 1971).

Dazu kommt, dass das Lehngut in Beziehung zum überlieferten Gesamtwortschatz des Althochdeutschen zu setzen ist. Betz (1974, 145) gibt den althochdeutschen Wortschatz mit ca. 20000 Wörtern an, davon sind 600 Lehnwörter (3%), 2000 Lehnbildungen (10%) und 4000 Lehnbedeutungen (20%). Dem hält Siebert (1971), dem die folgenden Zahlen entnommen sind, entgegen, dass nicht nur die Wörter zu zählen sind, sondern auch deren Frequenz; dann kommt man zu dem Ergebnis, dass der Erbwortschatz weitaus häufiger verwendet wird. Dieser Befund erklärt sich zu einem wesentlichen Teil auch daraus, dass, wie schon angedeutet, das Vorkommen von Lehnbildungen, von Lehngut überhaupt an bestimmte Textfunktionen gebunden ist. Eine Statistik der Frequenz von Erbwörtern in zwei Texten (‚Benediktinerregel' und Otfrid) kann dies verdeutlichen:

Sachbereiche	**Ben.-Regel**	**Otfrid**
Fühlen, Affekte, Charaktereigenschaften	52,5%	88%
Denken	50,8%	82,7%
Geräte, Technik	53,8%	67,4%
Rechtssprache	77,3%	78,3%

Diese Tabelle zeigt: Bei Otfrid wird das Lehngut weitaus seltener verwendet als in der ahd. ‚Benediktinerregel'. Eine Ausnahme macht nur der Rechtswortschatz, hier bedienen sich beide Texte in nahezu gleichem Maße des überkommenen Wortgutes. Die ahd. ‚Benediktinerregel' ist eine Interlinearversion, die Handschrift geht vom lat. Text aus, die deutschen Entsprechungen werden Wort für Wort, teilweise auch Morphem für Morphem darüber geschrieben. Es ist also kein kursiver deutscher (Ziel-)Text geplant, sondern eine Erleichterung des Verständnisses des lat. Textes durch die übergeschriebenen deutschen Gleichungen. Bei solchem ‚glossierenden' Verfahren liegt es näher, das lat. Vorbild so genau wie möglich nachzuahmen als bei einem Text, der nicht direkt der Latinität verpflichtet ist.

Deshalb ist auch der Unterschied zwischen Otfrid und Notker nicht so groß wie zwischen Otfrid und der ‚Benediktinerregel', weil ja Notker ins Deutsche übersetzt, um einen deutschen Text bieten zu können:

Sachbereiche	**Otfrid**	**Notker**
Fühlen, Affekte, Charaktereigenschaften	88,0%	87,4%
Denken	82,7%	75,0%
Dichtung, Schrifttum	26,7%	22,3%
Kunst	82,6%	54,5%
Gesellschaft und Gemeinschaft	81,5%	85,0%
Geräte, Technik	67,4%	82,7%
Sittlichkeit, Recht	78,3%	89,3%

Die Angaben beziehen sich wiederum auf den Erbwortschatz.

Aus all dem lässt sich folgern, dass der lateinische Einfluss auf den „kulturell hervorragenden" (Betz 1974, 146) Wortschatz des Althochdeutschen nicht so mächtig war, wie manche Autoren meinen; hier ist eben die jeweilige Textfunktion in Rechnung zu stellen. Viel wichtiger, d. h. für die Geschichte der deutschen Sprache wichtiger, dürfte nicht die Tatsache sein, dass neue Wörter gebildet worden sind, sondern dass die Produktivität von Wortbildungsmodellen gefördert und dass das morphologische System teilweise umstrukturiert worden ist.

Die Lehnbildungen wurden ja häufig überhaupt nur für einen bestimmten Text, somit in einer bestimmten **Übersetzungssituation** geprägt. Dies zeigt deren Weiterleben im Mittelhochdeutschen (wobei der Stand der mittelhochdeutschen Lexikographie ein großer Unsicherheitsfaktor ist, trotzdem hat die nachfolgende Übersicht zumindest Symptomwert):

Noch interessanter ist die Statistik, die das Weiterleben zum Neuhochdeutschen zeigt:

Texte	**Nhd.**
Tatian	3
Notker	296 (davon viele heute veraltet) + 56 (die in den mhd. Wörterbüchern nicht belegt sind, was entweder auf lückenhafte Überlieferung oder Neubildung im Nhd. schließen lässt)

Diese Zahlen bestätigen, dass ein textpragmatischer Ansatz für die Beurteilung von Lehnbildungen von großer Bedeutung ist: ‚Überlebensfähige' Neubildungen werden hauptsächlich erst dann geprägt, sobald volkssprachliche Texte als deutsche Texte produziert werden und nicht als Widerspiegelung des Lateinischen. Trotz alledem darf auch die sprachgeschichtliche Leistung der ‚vor-notkerschen' Übersetzungen in zweifacher Hinsicht nicht unterschätzt werden: Nicht nur die Textfunktion dürfte der Grund für das Weiterleben von Lehnbildungen sein, sondern auch die Frage, ob eine neue Bildung sich an ein vorhandenes Wortbildungsmuster anschließt. Die Tatsache, dass sich zahlreiche Neubildungen Notkers erhalten haben, ist wohl auch darin begründet, dass ihm – dank der Bemühungen seiner Vorgänger – zahlreiche Wortbildungsmuster zur Verfügung gestanden haben, weshalb auch eine Übernahme in andere Texte und somit Kontexte (leichter) möglich war. Wichtig ist, dass die Berührung des Althochdeutschen gerade mit dem Latein ein bedeutsames Ergebnis zeitigte, denn die Lehnbildungen sind ja in erster Linie Ausdruck neuer Inhalte, die vorher in der Volkssprache noch nicht vorhanden waren. Das Latein „vermittelte" somit der Volkssprache „abstraktes Denken und ermöglichte den Ausdruck eines verfeinerten Gefühlslebens sowie der religiösen und sittlichen Begriffe" (Rosenfeld 1980, 653).

1.4.2. Zur Wortbildung: Nomina agentis

Die lautgeschichtlichen Vorgänge, etwa die Endsilbenabschwächung (s. III/ 2.2.4.1.) , können ebenfalls Wirkung auf die Produktivität von Wortbildungsmodellen haben. Als ererbte Suffixe zur Bildung von Nomina agentis stehen dem Althochdeutschen zur Verfügung:

-o: *kebo* ‚Geber', *gehelfo* , Helfer, Gehilfe',

-il: *tregel* ‚Trägcr', *weibel* ‚Gerichtsdiener' (zu *weibôn* ‚sich hin und her bewegen'), *wartil* ‚Wärter', *butil* ‚Büttel' (zu *biotan* ‚bieten'), *fuozkengel*, Fußgänger, Wanderer'.

In den althochdeutschen Texten scheint *-il* kaum noch produktiv; es bestand ja keine Notwendigkeit für eine größere Anzahl von Suffixen zur Bildung von Nomina agentis. Für den Abbau von redundanten Morphemen bot sich am ehesten *-il* an, dieses war semantisch am stärksten eingeschränkt, es bezeichnete „vielfach Amts- und Dienstpersonen" (Meid 1967, 86); zudem dürfte die Homonymie mit einem Diminutivsuffix den Verlust der Produktivität unterstützt haben.

Durch die **Endsilbenabschwächung** droht das Suffix *-o*, das aus nur einem Phonem besteht, mit anderen, ebenfalls einphonemigen Suffixen zusammenzufallen. Deshalb verstärkt sich die Produktivität des Lehnsuffixes ahd. *-âri* (< lat. *-arius*) mhd. *-ære* ' nd. *-er* (vgl. dazu Erben 2006, 150ff.). Zunächst verbindet sich *-âri* bevorzugt mit schwachen Verben, die ebenfalls die produktivere Verbklasse sind (*schreiben* < lat. *scribere* und *preisen* < afrz. *preisier* werden, obschon Entlehnungen, wohl in Analogie zu anderen Verben mit Stammvokal *î* wie starke Verben der ersten Ablautreihe konjugiert). Schon früh stehen (nach Ausweis von Bergmann 1991) in ahd. Texten aber auch Bildungen wie *scrîb-o* (Notker) neben *scrîb-âri*

(Monseer Fragmente, Otfrid, Notker) geradezu nebeneinander. Dass die Ableitung mit dem entlehnten Suffix häufiger belegt ist, kann ein Indiz dafür sein, dass diese Bildung den Autoren als die zeitgemäßere, die lebendigere erschien.

Zusammenfassung

Das **Althochdeutsche** ist die sprachgeschichtliche Periode des Deutschen, in der die Volkssprache in die Schriftlichkeit, somit in die Geschichte eintritt. Die wesentliche Aufgabe ist, die Latinität, die dadurch, dass das römische Christentum Staatsreligion wird und die Karolinger, vor allem Karl der Große, das Römische Reich wieder aufnehmen (wollen), eine wichtige Grundlage der allgemeinen und der Kulturpolitik wird. Die Texte, die aus althochdeutscher Zeit überliefert sind, dienen im Wesentlichen der **Bewältigung der Latinität**, ganz gleich ob in sprachlicher oder in dichterischer Hinsicht. Es bilden sich spezielle Textsorten wie Interlinearglossierungen (‚Ahd. Benediktinerregel') oder zweisprachige Texte (‚Tatian') heraus, die die Art der Bewältigung der Latinität deutlich machen. Dazu kommen Bischofssitze und/oder Klöster als Orte der Überlieferung ahd. Texte. Das Adjektiv ‚deutsch' bezeichnet die Sprache und noch nicht die Sprachträger.

In der Morphologie und in der Morphosyntax ist die Tendenz zum analytischen Sprachbau zu beobachten. Prädikative Syntagmen grammatikalisieren sich zu periphrastischen Verbformen (Passiv, Perfekt), Artikel und Subjektspronomen werden obligatorisch. Indem die Latinität in der Volkssprache bewältigt werden muss, bekommt das Lateinische, insbesondere in der Lexik einen großen Einfluss auf das entstehende Deutsch: Entlehnungen aller Art kennzeichnen die Texte und schaffen die Grundlagen für den Ausbau des volkssprachlichen Wortschatzes.

Weiterführende Literaturhinweise: Sprachgeschichte (2000), 1144–1240. Sonderegger (2003b). Braune/Reiffenstein (2004), 1–18.

2. Das Mittelhochdeutsche

2.1. Grundlagen und Abgrenzungen

2.1.1. Sprachwille

Wie in II/1.1.1. dargelegt, schreibt kurz nach 1000 der St. Gallener Mönch **Notker**, dass er deshalb aus dem Lateinischen in die Volkssprache übersetze, weil man in der „eigenen Sprache" besser verstehe. In solchen Worten offenbart sich ein neues Programm: Das Übersetzen, sofern man überhaupt übersetzt und nicht nur glossiert, hat den Zweck, einen zielsprachlichen Text zu erzeugen. Doch zeigt der Brief Notkers auch, dass seine Zeitgenossen sich an das Neue, das im volkssprachlichen Textieren liegt, erst gewöhnen müssen.

Gleichwohl, Notker ist kein Einzelfall. Er formuliert, was bei Zeitgenossen und noch stärker bei Nachfahren zur Gewissheit geworden ist: Die Volkssprache ist eine Sprache, in der man wichtige und wertvolle literarische Aussagen machen kann. In der zweiten Hälfte des 11. Jhs., möglicherweise in den 60er Jahren, schreibt der Benediktinerabt **Williram von Ebersberg** (* vor 1010; † 3. Januar 1085) einen lateinisch-deutschen Text, der in den Handschriften in drei Spalten überliefert ist:

In der mittleren Spalte steht der lateinische Bibeltext des Hohen Liedes, in der linken Spalte befindet sich ein lateinischer Kommentar in gereimten Hexametern, und die rechte Spalte enthält eine volkssprachliche Paraphrase des Bibeltextes. Wir können aus diesem Beispiel die Domänenverteilung des Lateinischen und des Deutschen eindrucksvoll sehen: Latein ist (weiterhin) die Sprache der Bibel; Latein ist ebenfalls die Sprache der Theologie un der kunstvollen sprachlichen Gestaltung; Deutsch ist die Sprache der Bibelparaphrase, die allerdings ohne lateinische Einsprengsel nicht auskommt: *Cvsser míh mít démo cússe sînes múndes. Dícco gehîezzer mit sîne chuônft per prophetas* („Küsse er mich mit dem Kuß seines Mundes. Oft verhieß er mir sein Kommen per prophetas"; Text und Übers. aus Schützeichel/Meineke 2001).

Ungefähr gleichzeitig entsteht in Bamberg ein geistliches Gedicht, das **‚Ezzolied'**, das in zwei Fassungen in einer Straßburger und in einer Vorauer Handschrift überliefert ist; die Vorauer Fassung dürfte etwa 60 Jahre später entstanden sein. Die ältere Fassung beginnt mit den Worten *Nv wil ih iv herron / heina war reda vor tuon / uon dem angenge, / uon alem manchunne, / uon dem wistuom alse manicualt, / ter an dien buchin stet gezalot, uzer genesi unde uzer libro regun, tirre werlote al ze dien eron* („Nun will ich Euch Herren / den einen wahren Bericht geben / vom Ursprung, / von der ganzen Menschheitsgeschichte, / von der vielfältigen Weisheit,

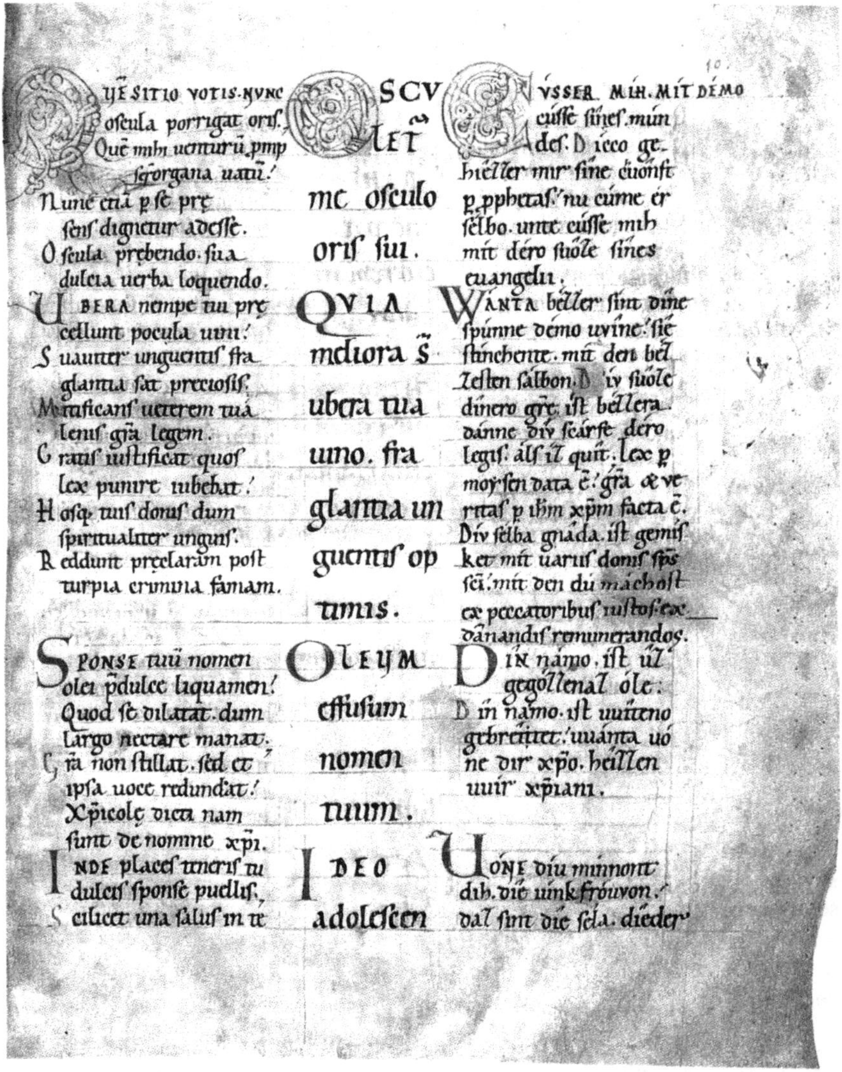

Abb. 2.1: Williram von Ebersberg: Hohes Lied, München, Bayer. Staatsbibliothek, cgm 10, fol 10ʳ. (aus: Schützeichel/Meineke 2001, 352)

die in der Schrift steht, / in der Genesis und im Buch der Könige, / zur Verherrlichung der ganzen Welt"; übers. Haug 1991, 567). Die Bücher der Bibel werden auf Latein genannt und noch dazu in der Kasusform, die die vorausgehende deutsche Präposition regiert. Die deutschen Verse und Reime wirken auf uns heute etwas unbeholfen; doch muss eine solche Form nicht (mehr) gerechtfertigt werden. Außerdem ist eine Anbindung der Volkssprache an das Lateinische, wie sie bei Williram begegnet, nicht (mehr) notwendig; der deutsche Text steht nur für sich. Dies dürfte seinen Grund darin haben, dass in V. 1 die *herron* als Zielgruppe der Dichtung genannt wird; damit sind vornehme **Laien**, und keine Kleriker gemeint. Damit ist ein grundlegender Wandel angedeutet: Während die volksprachlichen Texte des Ahd. klerikale oder geistliche Aufgaben haben, richten sich die mhd. Texte an ein Laienpublikum, das möglicherweise gar nicht des Lateinischen mächtig ist, weswegen die volkssprachigen Texte ihren Eigenwert haben und nicht mehr der Latinität dienen. Äußerungen in denen ‚Herren' als intendiertes Publikum genannt werden, gibt es zu dieser Zeit und in der Folge mehrere.

Gegen Ende des 12. Jhs. oder um 1200 entstand im **Benediktinerkloster Millstatt** eine Sammelhandschrift, die zwei Bibeldichtungen (‚Altdeutsche Genesis', ‚Altdeutsche Exodus'), eine Fassung des ‚Physiologus' und mehrere kürzere Texte enthält. Darunter befindet sich eine Reimpredigt, die heute den Titel ‚Vom Rechte' trägt und „die Gesamtheit der Rechte und Pflichten" (Haug 1991, 1504) zum Thema hat. Es werden drei Pflichten formuliert, die die Menschen im Laufe ihres Lebens beachten sollten: *Ein reht daz sint die triuwe – Ein andir recht daz ist also getan, / daz wir uns selben wellen haben, / daz sollten wir ein andir geben – Wir solten sin gewære, / daz wære michil ere.* Wenn man diese drei Pflichten lebt, dann lebt man ein christliches Leben. Es ist dies eine Belehrung für Laien, für ein alltägliches Leben, und diese Lehre wird schon ganz selbstverständlich in deutschen Versen und Reimen niedergeschrieben. Die Verse sind noch unregelmäßig, ungleich lang; ein Bezug auf das Lateinische ist nicht (mehr) zu erkennen. Die deutsche Sprache hat sich weitgehend vom Lateinischen emanzipiert und als Sprache der Literatur etabliert. Dennoch bleibt anzunehmen, dass die Autoren bis zum Ende des 12. Jahrhunderts Kleriker sind.

Dies äußert sich auch in zwei anderen Werken, die beide im dritten Viertel des 12. Jhs. entstanden sind: Im ‚Rolandslied' des **Pfaffen Konrad** ist im Epilog zu lesen: *ich haize der phaffe Chunrât. / alsô ez an dem buoche gescriben stât / in franzischer zungen, / sô hân ich ez in die latîne betwungen, /dann in die tiutische gekêret* (9079ff.). Der Autor ist ‚Pfaffe', also Weltpriester und nicht mehr Mönch; er beruft sich auf eine Quelle in französischer Sprache, die er allerdings zunächst ins Lateinische übersetzt haben will, bevor er sich an die deutsche Fassung wagt. Auch wenn die heilsgeschichtliche Bedeutung der erzählten Geschichte offenkundig ist, handelt es sich bei diesem Text um ein *liet*, was wohl dem französischen *chanson* entspricht. Vergleichbares findet sich im Prolog zum ‚Alexanderroman' des **Pfaffen Lambrecht**, dessen älteste Fassung in der ‚Vorauer Handschrift' (‚Vorauer Alexander') überliefert ist: *Diz mugit ir wol hôren / in libro Machabeorum. / Alberich von Bisinzo, / der brâhte uns diz lît zuo. / Er hetez in Walhisken getichtet, / nû sol ich es euh in Duotisken berihten* (11ff.). Lambrecht nennt sich selbst gleich zu Beginn seines Werkes: *Diz lît, daz wir hî wurchen, / daz sult ir rechte merchen. / Sîn gevuoge ist vil reht. / Iz tihte der phaffe Lambret* (1ff.). Der Autor stellt sich ebenfalls als

‚Pfaffe' vor, sein Werk bezeichnet er ebenfalls als ‚Lied' und greift auch auf eine ‚romanische' (‚welsche') Dichtung zurück; allerdings geht er nicht dem Umweg übers Latein, sondern macht seine ‚welsche' Quelle für die Wahrheit seiner Dichtung verantwortlich: *Louc er, so leuge ich* (18). Es sind also nicht mehr die Klöster, die sich der Volkssprache bedienen, um die Latinität auf die eine oder andere Weise zu bewältigen, sondern ‚Pfaffen' schaffen volkssprachliche Texte, die für Laien gedacht sind. Das ‚Rolandslied' und der ‚Alexanderroman' haben zwar weltliche Stoffe zum Inhalt, doch haben beide Texte noch eine deutliche heilsgeschichtliche Aufgabe. Beim ‚Vorauer Alexander' wird dies auch in der Überlieferung deutlich sichtbar: Der ‚Alexanderroman' „steht, (heils-)geschichtlich korrekt, zwischen ‚Jüngerer Judith' und Frau Avas ‚Leben Jesu'" (Lienert 2007, 34); zudem verweist V. 11 auf das Makkabäer-Buch im Alten Testament.

Das Neue der mittelhochdeutschen Epoche ist die Tatsache, dass die Laien Publikum für (geistliche und weltliche) Texte werden. Die **Versform**, und zwar der paargereimte viertaktige Vers setzt sich als das formale Kennzeichen der erzählenden Dichtung durch, es wird geradezu das Charakteristikum der höfischen Epik des 13. Jhs. Gerade im ‚Vorauer Alexander' wirken die Verse oft mühsam zusammengestellt und die Reime entsprechen noch nicht der späteren höfischen Norm.

2.1.2. Quellentypen und zeitliche Abgrenzung

Der Brief Notkers an Hugo von Sitten über den Wert der *Lingua propria* (s. II/1.1.1.) ist, wie gesasgt, um etwa 1015 geschrieben. D.h., dass wir zu Beginn des 11. Jhs. ein eindrucksvolles Zeugnis dafür haben, dass sich Einstellung bewusster Sprachteilhaber zur Volkssprache und ihrem Domänen grundsätzlich geändert hat. In den 60er Jahren des 11. Jahrhundert entsteht dann die Hohelied-Paraphrase Willirams von Ebersberg. Aus all dem können wir schließen, dass sich von etwa 1000 an eine neue Periode der deutschen Sprachgeschichte, dass Mittelhochdeutsche, ankündigt und dass sie sich um die Mitte des 11. Jhs. durchgesetzt hat.

Damit ist auch der Anstoß zu weiterer Entwicklung volkssprachlicher Literatur gegeben, eine deutsche Versliteratur bildet sich heraus. Einige Bereiche bleiben aber weiter dem Latein vorbehalten, z. B. die **Bibel**, für die erst Luther die sprachtheoretischen und -theologischen Voraussetzungen zu einer gleichwertigen volkssprachlichen Fassung schafft. Klaus Kirchert (1979 I, 155) hat diese Problematik am besten zusammengefasst:

> „Das enge Festhalten am Latein, die sprachliche und stilistische Unbeholfenheit, und was man noch Negatives anmerken mag, dürfen in erster Linie nicht als Folge übersetzerischen Unvermögens interpretiert werden. Die Übersetzer beschränkten vielmehr bewußt ihre eigensprachlichen Möglichkeiten ... Die ... historischen Bedingungen für die Übersetzung der Bibel, die grundsätzlich mit dem Glauben an ihren göttlichen Ursprung zusammenhängen, machen es auch verständlich, warum in diesem Bereich von den ersten Interlinearversionen bis zu den Druckbibeln im gro-

ßen und ganzen heutige Maßstäbe nicht befriedigende Leistungen hervorgebracht wurden, während sich diejenigen auf anderen Gebieten durchaus sehen lassen können. Es wäre unbegreiflich, daß sich z. B. im deutschen Sprachraum sieben Jahrhunderte hindurch meist nur unfähige Ubersetzer ausgerechnet der Heiligen Schrift zugewandt haben sollen."

Dies alles gilt natürlich nicht für Bibelkommentar und Bibeldichtung. Wie stark die verwendete Sprache mit der Auffassung von der Rolle ihrer Träger zusammenhängen kann, zeigt die Tatsache, dass bis ins 18. Jahrhundert Latein die Sprache der Universitäten bleibt, ja noch im Jahre 1981 sah die Promotionsordnung der Philosophischen Fakultäten der Universität Würzburg vor, dass eine Dissertation auf Deutsch oder Latein abgefasst sein müsse.

Vier ,Textgruppen' sind unter sprachgeschichtlichem Aspekt zusammenzufassen. Dabei ist völlig klar, dass hiermit bei weitem nicht alle literaturgeschichtlich relevanten Gattungen erfasst sind, wie etwa das breite Feld der geistlichen Epik oder die historische Epik. Hier geht es nur um Gruppierungen, die für sprachhistorische Tendenzen signifikant sind.

(1) Die frühmittelhochdeutsche **geistliche Dichtung**, in starkem Maße initiiert von den geistlichen Reformbewegungen, in der Zeit von etwa 1070 bis 1170 entstanden. Ihre Hauptfunktion ist nicht (mehr) politisch oder schulisch, sondern sie dient der „Propagierung und Popularisierung", wobei der „lehrhafte Predigtton" auffällt (Wapnewski 1960, 27). „Die Verfasser reden zu einem Laienpublikum, das sich deutlicher zu konstituieren beginnt." (Wehrli 1980, 134)

(2) **Weltliche Dichtung**: hier zeigt sich deutlich der Weg zur Literatur des Rittertums. Der Übergang von der mächtigen geistlichen Literatur zu einer weltlichen wird dadurch sichtbar, dass geistliche Autoren (mit Namen bekannt sind die Pfaffen Lamprecht und Konrad) weltliche Stoffe bearbeiten, wenngleich der heilsgeschichtliche Zusammenhang ihrer Werke noch deutlich zutage tritt. Das neue laikale Bewusstsein tritt am deutlichsten in der höfischen Literatur in Erscheinung, die durch eine starke Ideologisierung im ritterlichen Sinn, bemerkbar vor allem auch im Wortschatz (darüber s. II/2.2.2.), gekennzeichnet ist. Die sog. späthöfische Literatur ist als Versuch anzusehen, auch unter geänderten sozialen und politischen Bedingungen konservativ zu textieren. Zugleich fallen auch eine geänderte Ideologie und eine geänderte Ethik auf. Dabei muss man sich der Tatsache bewusst bleiben, dass die hochhöfischen Texte bis weit im späten Mittelalter hinein abgeschrieben, d. h. rezipiert werden, wenn auch unter geänderten Bedingungen.

(3) Von der Mitte des 13. Jahrhunderts an beginnt der Strom der **geistlichen Prosa** zu fließen, der dann im 14. Jahrhundert zu großer Breite anschwillt. Vielfältige Bereiche werden hier verbalisiert: Bibelrezeption, dogmatisches und moraltheologisches Schrifttum, kanonistische, liturgische Literatur, Enzyklopädien, scholastisch-spekulatives, vor allem auch mystisches Schrifttum, Predigt, Erbauungsliteratur, Heiligenlegende (nach Ruh 1978). Immer mehr Sachbereiche

werden durch die Prosa der deutschen Sprache erschlossen, dies natürlich nicht nur im deutschen Sprachraum. Diese Form der Prosa reicht bis in die frühe Neuzeit, in manchen Punkten (z. B. Lucidarius, *Vitas patrum-Prosa)* bis ins 18. Jahrhundert. Dieses Phänomen ist als typisch spätmittelalterlich zu bezeichnen.

(4) **Urkunden**: Vor der Mitte des 13. Jahrhunderts wird noch hauptsächlich auf lateinisch geurkundet, doch der Mainzer Landfriede von 1235 kennzeichnet einen neuen Anfang, wenngleich diese Urkunde noch zweisprachig überliefert ist. Immer häufiger werden in der Folge deutsche Urkunden verfasst. Zahlen sprechen hier eine eindeutige Sprache. Im ersten Band des ‚Corpus der altdeutschen Originalurkunden' sind 564 deutsche Urkunden von 1200 bis 1282 enthalten. Sie verteilen sich wie folgt:

Zeitraum	**Anzahl**
1200–1250	13
1251–1275	246
1276–1282	305

Um die Jahrhundertmitte und noch stärker gegen Ende des 13. Jhs. nimmt die Zahl auch der deutschsprachigen Urkunden stetig zu, sie steigt bis auf 2500 Urkunden (dazu Wilhelm 1932, bes. 20ff.).

Der Befund aus dieser Übersicht ist eindeutig: „Seit Beginn des 13. Jhs., vor allem ab etwa 1250 sehen wir uns dann einer völlig anderen Quellenlage gegenüber, Folge bedeutsamer wirtschaftlicher, sozialer und kultureller Wandlungen, was uns berechtigt, von dieser Zeit an vom spätmittelalterlichen Deutsch zu sprechen." (Schieb 1970, 348).

Die Quellen des Mittelhochdeutschen sind – wie des Althochdeutschen – durchweg in Handschriften überliefert. Dabei ist zu beachten, dass häufig ein längerer Zeitraum zwischen der Entstehung eines Werkes und der jüngsten und erhaltenen Auf zeichung liegt. Als Extremfälle sind hier die Versnovelle ‚Mauritius von Craun', Hartmanns von Aue ‚Erek' und die ‚Kudrun' zu nennen, die alle erst in einer Abschrift im ‚Ambraser Heldenbuch' überliefert sind, das auf Veranlassung von Maximilian I. entstanden ist (von den ‚Erek'-Fragmenten abgesehen).

Damit ist eine zentrale Frage noch nicht beantwortet: Was ist überhaupt das Mittelhochdeutsche? Was macht die sprachliche Einheit dieser Periode aus? Es ist interessant, dass gerade im Zusammenhang mit einem neuen mittelhochdeutschen Wörterbuch diese Frage schon einmal erörtert worden ist. Im Jahre 1952 veranstaltete die Berliner Akademie der Wissenschaften eine Tagung anlässlich der Eröffnung des neu gegründeten Instituts für deutsche Sprache und Literatur. Damals wurde auch das Projekt ‚Mittelhochdeutsches Wörterbuch' vorgestellt; Richard Kienast ging dabei im Sinne Jacob Grimms von einem zeitlichen Ansatz von 1050–1500 aus und stellte dazu fest: „In den viereinhalb Jahrhunderten [...] ist ein sprachlich sehr verschiedenes Wortmaterial schriftlich überliefert. Man kann geradezu sagen, daß wir es mit drei ganz verschiedenen und in sich selbständigen Sprachen zu tun haben." Er nennt dann das Frühmittelhochdeutsche, „das Mittelhochdeutsch der sogenannten klassischen Epoche" und als „dritte Sprache [...] die des Spätmittelalters" (Kienast 1954, 99f.). Wichtig ist die Schlussfolgerung aus diesen Beobachtungen: „Bei diesem Zustand unserer Sprachquellen haben wir uns nach langen Erwägungen entschlossen, das Mittelhochdeutsche in die drei eben genannten Sprachepochen aufzuteilen und jeder dieser Epochen ein selbständiges Alphabet innerhalb des mittelhochdeutschen Wörterbuchs einzuräumen" (Kienast, 1954, 100).

Heute hat sich das Frühneuhochdeutsche als eigenständige Epoche etabliert, deren Beginn meistens in der Mitte des 14. Jhs. angesetzt wird. Angesichts der Tatsache, dass von etwa 1250 an – wie schon gesagt – in zunehmendem Maße Prosaliteratur und Urkunden entstehen, kann man das Jahrhundert von etwa 1250 bis 1350 zumindest als Übergangsperiode ansehen.

Das hohe und das späte Mittelalter sind – dies sei zusammenfassend noch einmal festgehalten – die Epochen, in denen sich das Deutsche immer weitere Domänen erobert:

- **Hohes Mittelalter**: Deutsch wird eine eigene Literatursprache, der Vers wird ein Mittel der künstlerischen Gestaltung, das mit steigender Souveränität gehandhabt wird. Während die frühmittelhochdeutsche Dichtung noch von Geistlichen verfasst wird und hauptsächlich der Lebensorientierung dient, macht sich in höfischer Literatur der Geschmack des ritterlichen Publikums, zu dessen Unterhaltung sie ja geschrieben wird, bemerkbar.
- **Spätes Mittelalter**: Geistliche und weltliche Prosa sowie Urkundentexte setzen in großem Umfang ein.

Der Einschnitt um 1250 ist somit auch eine Zäsur in der Auffassung von den gestalterischen Normen. Für das hohe Mittelalter, für zahlreiche Werke des Spätmittelalters, für viele hochmittelalterliche Dichtungen, die im späten Mittelalter weiter abgeschrieben werden, gilt: „Deutschsprachige Literatur im Mittelalter steht weitgehend unter der Allmacht des Reimverses." (Besch 1972, 745) Dies hat besonders für narrative Literatur seine Gültigkeit, doch können auch sog. Sachtexte wie z. B. medizinische Traktate, die sich nach unserer modernen Auffassung gereimter Bearbeitung doch eher verschließen würden, in Reimversen abgefasst sein. Der Vers hat sich von Beginn der frühmittelhochdeutschen Literatur an durchgesetzt. Seine Verwendung wird nicht eigens begründet. Demgegenüber bedeutet Prosa etwas grundsätzlich anderes, das dann auch bisweilen explizit begründet wird. Wir stoßen hier auf ein Phänomen, das uns auch später in ähnlicher Weise begegnen wird: Der Reimvers ist eine normierte Darbietungsform von Sprache in Literatur. Obwohl sie, soweit wir sehen, nicht kodifiziert ist, handelt es sich um eine Norm. Und die Abweichungen von dieser Norm müssen begründet werden, woraus wir dann wieder auf diese Norm schließen können. Eine der frühesten Äußerungen dazu findet sich in der ‚Kaiserchronik', wobei es hier noch nicht um die Begründung einer Normabweichung geht: *manege erdenchent in lugene / unt vuogent si zesamene / mit scophelichen worten. / nû vurht ich vil harte / daz diu sele darumbe brinne* (V. 29ff.). Noch deutlicher wird dieser Gedanke in der gereimten Vorrede des Braunschweiger ‚Lucidarius' (vor 1196) ausgedrückt, wo auch der Auftrag Heinrichs des Löwen erwähnt wird, keine Verse zu verwenden: *sine capellane er hiez / die rede suchen an den schriften / und bat daz sie es tichten / an* [= ohne] *rimen wolden / wan si ensolden / nicht schriben wan die warheit / als ez zu latine steit* (V. 12ff.); der Verfasser betont ausdrücklich, dass er imstande gewesen wäre, das Werk auch in Reime zu fassen. Er sagt, dass die Prosa der lateinischen Vorlage folge. Es geht nicht mehr um die Entscheidung Latein oder Deutsch, auf die Otfrid ausführlich hat eingehen müssen, sondern dass der Autor vor der Frage Reim oder Prosa steht. Und es ist nun das Problem der Wahrheit, das den Autor die Prosa wählen lässt, wie auch dem lateinischen Original diese Wahrheit zukommt. In der Folge begegnen derartige Begründungen immer häufiger (vgl. Ruh 1978, Unger 1969, Besch 1972).

Mit all dem ist ein sozialgeschichtlicher Prozess verbunden, der sich am besten anhand der volkssprachlichen Urkunden exemplifizieren lässt: Deren geradezu abruptes Auftreten erklärt sich aus dem Interesse einmal des aufkommenden niederen Adels und zum anderen des **Stadtbürgertums** an Urkunden. Gerade in den Städten sind aber nicht mehr Mönche bzw. Kleriker die Schreiber, sondern lateinunkundige Laien. Die Volkssprache muss also in die Funktion des Lateins eintreten. In diesem Zusammenhang sind im theologischen Bereich auch noch die spätmittelalterlichen religiösen Bewegungen zu nennen, die wesentlich zu einem starken Bedürfnis an volkssprachlicher Literatur vor allem bei Nonnen, Konversen und zahlreichen Mitgliedern der neuen Bettelorden beigetragen haben. Es handelt sich also um einen sehr komplexen kulturgeschichtlichen Vorgang.

Eine Erörterung der Quellenlage bedarf auch des Hinweises, dass Sprachgeschichte immer auch eine Geschichte des Mittels zur Archivierung von Sprache ist: Vom Beginn einer Sprach-Geschichte des Deutschen an, also im früh- und hochmittelalterlichen Deutsch, ist es nur das Pergament, das der Fixierung sprachlicher Produkte dient; im späten Mittelalter, in Deutschland erst mit wenigen Ausnahmen im 14. Jahrhundert, kommt das **Papier** dazu, das weit billiger als Pergament herzustellen ist und deshalb zu einer verstärkten (Re-)Produktion von Texten führt. Die ‚Prosaauflösung' des späten Mittelalters ist auch unter diesem Aspekt zu sehen.

2.2.1. Das Wachsen des volkssprachlichen Wir-Gefühls: Das Bewusstsein von der Zusammengehörigkeit und der Vielfalt

Mit Notker ist in der Entwicklung des Wortes ‚deutsch' ein Wendepunkt erreicht: In seinen Texten bezeichnet *diutisk* ‚deutsch' im heutigen Sinn, doch nur die Sprache, nicht deren Träger. Die lateinische Entsprechung *teutonicus* hingegen steht bereits in Urkunden Ottos I. für den Volksnamen. Es kann demnach nur eine Frage der Zeit sein, bis *diutisk* ‚nachzieht'. Dieser Weg lässt sich sehr klar anhand des ‚Annoliedes', (ca. 1080 entstanden, doch erst in Drucken des 16. und 17. Jahrhunderts erhalten), in dem sich die frühesten Belege für die erweiterte Verwendung finden, nachzeichnen:

(1) *man sagit, daz dar in halvin noch sîn, / die dir diutischin sprecchin* (20, 21f.)
(2) *den sidde hîz er dů cerin / diutischi liuti lêrin* (28, 11f.)
sidir wârin diutschi man / ci Rôme lîf und wertsam (28, 17f.)
(3) *in diutischemi lande* (7, 4)
wider diutsche laut (18, 12)
ci diutischimo lante (24, 8)

Wir sehen hier drei Typen der Verwendung: (1) bezeichnet die Sprache, (2) die Sprachträger, (3) das Land der Sprachträger, wobei in (2) und (3) das Adjektiv ‚deutsch' die Substantive *man* bzw. *liuti* und *lant* attribuiert. Man spricht in der Volkssprache also nicht mehr von einzelnen Stämmen, sondern von einem größeren Ganzen. Der ehemalige östliche Teil des Frankenreiches hat aufgrund der politischen Entwicklung zu so viel Selbstbewusstsein gefunden, dass die einzelnen ‚Dialekte' als Teile dieses größeren Ganzen empfunden werden. Dieses Ganze kann nun als Identifikationsmerkmal der Sprachteilhaber dienen. In diesem Sinne gebraucht dann Walther von der Vogelweide in seinem zweiten ‚Reichstonspruch' *tiuschiu zunge* für deutsches Volk: *ôwe dir, tiusche zunge, / wie stet din ordenunge* (9,8f.). Und Wolfram von Eschenbach theoretisiert im ‚Willehalm' (73,8ff.): *er dunket mich der witze ein kint, / swer nicht der zungen lât ir lant / dâ von die sprâche sint bekant* („so halte ich den für kindisch, der nicht glaubt, zu jeder Sprache gehöre auch ein Land, nach dem die Sprache ihrerseits heiße"; Text und Übersetzung aus Kartschoke 1968). Die Ausweitung der Kontexte des ursprünglichen Sprachadjektivs hat eine Gleichsetzung von Sprache und Sprachraum ermöglicht.

Von diesem Stadium an kann ‚deutsch' auch der Abgrenzung gegenüber Anderen dienen. In den **‚Kasseler Glossen'** (etwa 810) heißt es noch: s. S. 178

Die Handschrift liefert, wie das Bild zeigt, keinen durchlaufenden Text, sondern reiht die zweisprachigen Textteile ineinander. Die nachfolgende Tabelle versucht, dies etwas übersichtlicher darzustellen:

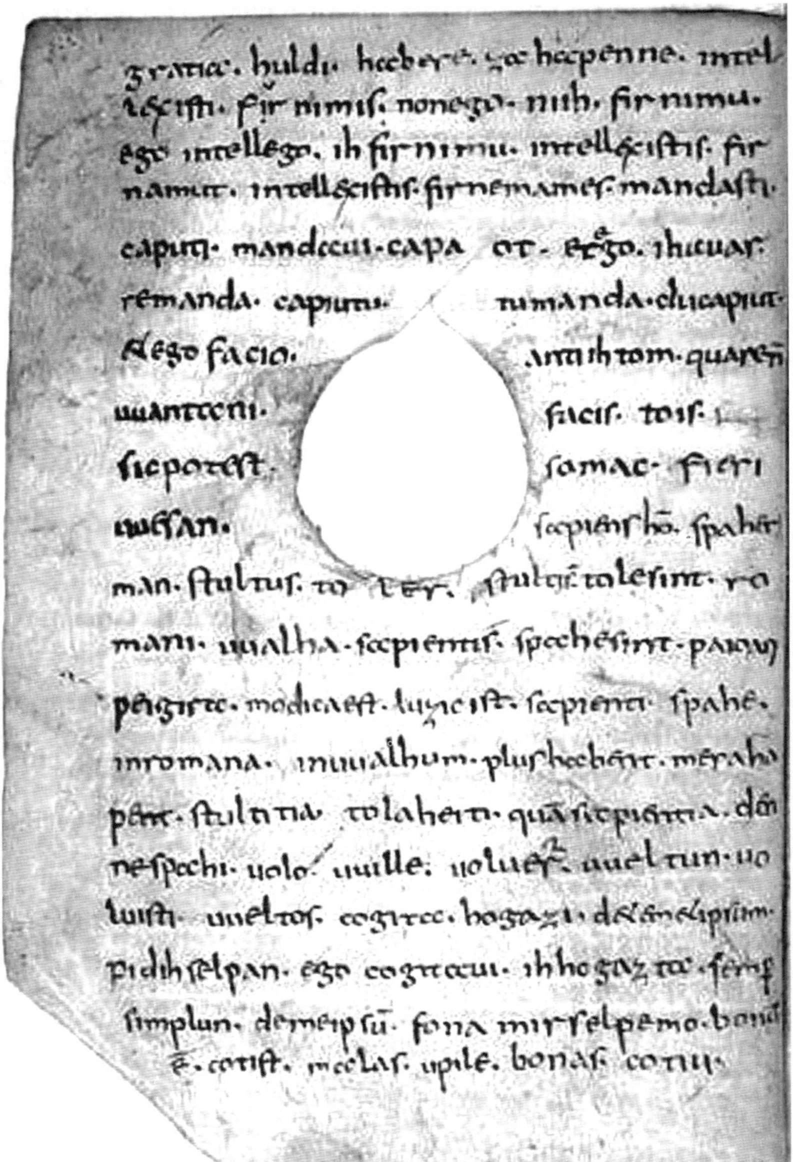

Abb. 2.2: Kasseler Glossen (aus: www.uni-kassel.de/bib/ub_bb06/bb6_ausstellungen.html; Zugriff: 13.06.08)

Lat. Text	Ahd. Glossierung
sapiens homo	spâher man
stultus	toler
Stulti sunt Romani, sapienti sunt Paioari, modica est sapientia in Romana, plus habent stultitia quam sapientia	Tole sint Uualhâ, spâhe sint Peigira; luzîc ist spâhi in Uualhum, mêra hapênt tolaheitî denne spâhi

‚Dumm sind die Romanen/Welschen, klug die Bayern. Klein ist die Klugheit bei den Welschen, sie haben mehr Dummheit als Klugheit.' Die ‚Kasseler Glossen' demonstrieren, wenn man das originale Medium, die Handschrift, zu Grunde legt, das althochdeutsche ‚Texte' die Latinität zum Ziel haben. Die hier abgebildete Handschriftenseite liefert uns nicht zwei Texte, einen lateinischen und einen volkssprachlichen, sondern einen gemischtsprachlichen Text, in dem immer auf einige wenige lateinische Wörter die deutschen Entsprechungen folgen. Die beiden Sprachen sind durch keinerlei Markierungen graphisch unterschieden.

Hier stehen also die Baiern den Romanen gegenüber, doch in der **‚Kaiserchronik'** ist es „dann *daz Dutisc volch,* das den *Romaeren* gegenübergestellt wird" (Reiffenstein 1971, 259). In der ‚Kaiserchronik' begegnen auch die ersten Belege für die Substantivierung ‚die Deutschen': *Rômære in neliezen / die mûre si nider stiezen; / diu burgetor wâren enge, / die Diutiscen newolten niht in daz gedrenge* (16896ff.).

Der **deutsche Sprachraum** wird als eine Einheit gesehen: Walther von der Vogelweide umgrenzt ihn *Von der Elbe unz an den Rin / und her wider unz an Unger lant* (56, 38f.); und er spricht ganz selbstverständlich von *tiuschen vrowen* (56, 22), und er lobt *Tiusche man* (57, 7). Gottfried von Straßburg sagt vom Limburger Heinrich von Veldeke: *er inpfete daz erste rîs / in tiutischer zungen* (V. 4738f.). Reinbot von Durne (um 1250) spricht *von Tyrol rehte unz an Bremen / ... / von Bresburg unz an Metze* (‚Hl. Georg' V. 61ff.), und Friedrich von Sonnenburg nennt um 1270 noch Verona als deutsch: *Von Metze hin zu Bruneswîc / von Lübeke ze Berne* (55, 9f.).

Im späten Mittelalter, das keine literatursprachliche Norm mehr kennt, äußern sich die Autoren auch über die Dialekte, wobei diese stets als Teile des Deutschen empfunden werden. Berthold von Regensburg (um 1260) macht die Gliederung des deutschen Sprachraums in **‚Ober-'**, und **‚Niederländisch'** zum Thema seiner

18. Predigt; darin heißt es: *Ir wizzet wol, daz die niderlender unde die oberlender gar ungelîch sint an der sprâche und an den siten. Die von Oberlant, dort her von Zürich, die redent vil anders danne die von Niderlande, von Sahsen, die sint ungelîch an der sprâche.* Berühmt, häufig zitiert und immer noch unverstanden ist die Stelle aus Hugos von Trimberg ‚Renner' (um 1300), in der der Autor die einzelnen Dialekte charakterisiert: *Swâben ir Wörter spaltent, / Die Franken ein teil si valtent, / Die Beier si zezerrent, / Die Düringe si ûfsperrent, / Die Sahsen si bezückent, / Die Rînliute si verdrückent, / Die Wetereiber si würgent, / Die Misener si vol schürgent, / Egerlant si swenkent, / Œsterrîche sî schrenkeni, / Stirlant si baz lenkent, / Kernde ein teil si senkent, / Beheim, Ungern und Lamparten.* (V. 22265ff.) Die hier genannten Merkmale der einzelnen Regionalsprachen „lassen sich freilich nicht in phonetische Terminologie übertragen (und werden z.T. auch reimbedingt sein)" (Reiffenstein 2003b, 2208). Die Dialekte nennt Hugo *lantsprâche* und ordnet sie ausdrücklich dem Deutschen zu: *Die lantsprâche da vor genant / in tiutschen landen sint bekant* (V. 222f.).

Es ist sicher kein Zufall, dass sich das Bewusstsein der sprachschöpferischen Sprachteilhaber im späten Mittelalter so gewandelt hat. Dies dürfte mit literatursprachlichen Normen zusammenhängen. Das hohe Mittelalter, das zu einer Norm tendierte, brauchte die dialektale Vielfalt nicht zu artikulieren. Erst zu dem Zeitpunkt, zu dem sich die Zielnormen geändert haben, zu dem überregionale Schriftdialekte die Spitze der sprachsoziologischen Pyramide zu bilden beginnen, wird die diatopische Struktur des Deutschen auch schreibsprachlich bewusst.

2.2.2. Die höfische Dichtersprache als literatursprachliche Koine

Die herausragende sprachgeschichtliche Leistung des Mittelhochdeutschen ist, wie gesagt (s. II/2.1.1.) die Entwicklung des Deutschen zur artifiziellen Literatursprache. Diese Literatursprache ist weitestgehend gruppen- und textsortenbedingt und in keiner Weise irgendein Vorläufer der neuhochdeutschen Schriftsprache. „Bis etwa 1250 greifen wir fast nur mundartfernste Schichten der Schriftlichkeit, Literatur- und Dichtersprache, in einer verwirrenden Fülle orthographischer Gewohnheiten fixiert." (Schieb 1970, 351f.) Im Bereich der Dichtersprache hat es wohl Tendenzen zu einem überregionalen Ausgleich gegeben. Das zeigt sich vor allem auch in der Forderung nach reinen Reimen, die in verschiedenen Regionen akzeptabel sein sollten (daneben bestehen auch wichtige stilistische Normen). Es gab aber keine Tendenzen zu einer überregionalen orthographischen Normierung, die ja das Kennzeichen der nhd. Schriftsprache ist.

Im späteren 12. Jahrhundert werden die **Höfe** als kulturelle und mäzenatische Zentren wichtig. Von ungefähr 1170 an ist „eine temperierte maasländ.-westmd.-thür. **Literatursprache** im Werden" (Schieb 1970, 352), die man nicht zuletzt deshalb vermuten kann, weil „sich Literaturdenkmäler, die irgendwo in dem weiten Raum von der Maas im Nordwesten über den Rhein und den ganzen westmd. Streifen bis nach Thüringen entstanden, oft so schwer sprachlich gegeneinander abgrenzen lassen" (ebd.). Dieser Literatursprache konnten sich auch niederdeutsche Autoren anschließen, was den Zusammenhalt des deutschen Literaturraums sicherlich förderte. Die Autoren erhielten dadurch die Möglichkeit, sprachlich (und literarisch) überregional zu wirken.

Kurze Zeit später können wir die Herausbildung einer Dichtersprache auf süddeutscher, vor allem alemannisch-ostfränkischer Basis, der sog. höfischen Dichtersprache, beobachten. Die Vermeidung dialektaler Merkmale ist teilweise so stark, dass es schwer fällt, Autoren bzw. deren Werke bestimmten Mundartgebieten zuzuweisen. Diese **höfische Dichtersprache** bekam besonderes Gewicht, weil sich die bedeutendsten und einflussreichsten Dichter ihrer bedienten. Da die ‚klassischen' mittelhochdeutschen Autoren auch für spätere Generationen Vorbildcharakter hatten, wurde auch ihre Sprache gestalterisches Vorbild. Damit wurden die niederländisch-niederdeutschen-ostmitteldeutschen Ansätze überflüssig, bzw. verloren an Bedeutung.

Eine zeitgenössische Aussage (um 1200) lässt ebenfalls auf zwei koexistierende Literatursprachen schließen: *Der sîn sinne an ditze buch / zu rechte hât gevlizzen, / der er ist sult ir wizzen: / enweder dirre zweier, / weder Swâp noch Beier, / weder Dürinc noch Franke* (Albrecht von Halberstadt, ‚Metamorphosen', V. 42ff.). Albrecht stellt hier die Oberdeutschen (Schwaben und Baiern) den Mitteldeutschen (Thüringer und Franken) gegenüber, „das Bestehen zweier Literatursprachen wird also ausdrücklich anerkannt" (Socin 1888, 107).

Latein fungierte weiterhin als **überdachende Kultursprache**, was einerseits – kulturhistorisch betrachtet – die europäische (‚abendländische') Kultureinheit erhielt, andererseits – unter sprachsoziologischem Aspekt – den ‚funktionalen Bilingualismus' („functional bilingualism", Keller 1978, 241) des Mittelalters aufrecht erhielt.

Die höfische Dichtersprache ist auch ein (forschungs-)geschichtliches Problem. Bereits J. Grimm (1870, I, S. XII) eröffnete die Diskussion: „Im zwölften, dreizehnten jahrh. waltet am Rhein und an der Donau, von Tyrol bis nach Hessen schon eine allgemeine spräche, deren sich alle dichter bedienen." Lachmann (1820/1876, 161) (die Erstfassung wurde bereits 1820 gedruckt) geht noch ein Stück weiter; für ihn ist die Sprache der mittelhochdeutschen Dichter, „bis auf wenige mundartliche Einzelheiten, ein bestimmtes unwandelbares Hochdeutsch". Die Folgerung, die Lachmann aus dieser These zog, ist ‚sein' normalisiertes Mittelhochdeutsch, das auf einer graphematischen Normalisierung im Sinn einer einheitlichen ‚Schriftsprache' beruht. Das aber entspricht, wie schon festgestellt, keineswegs dem handschriftlichen Befund.

Über diese Frage gab es eine lange und ausführliche Diskussion in der Germanistik. Auch extreme Gegenpositionen wurden vertreten, wonach „die dichter nur ihren heimischen dialekt geschrieben haben" (Paul 1873, 37). (Vgl. die Darstellung und Dokumentation bei Henzen 1954, 51ff., die ältere Forschung bei Socin 1888,

80ff.). Heute nimmt die Forschung eine vermittelnde Position ein: „Versucht man, die verschiedenen bisher gezeitigten Ergebnisse zusammenfassend in Einklang zu bringen, so darf einmal so viel als sicher gelten, daß eine mittelhochdeutsche Schrift- oder Gemeinsprache im Sinn der neuhochdeutschen Schriftsprache nicht bestanden hat." (Henzen 1954, 54) Andererseits waren die höfischen Autoren bestrebt, extrem Dialektales zu vermeiden. Die ‚höfische Dichtersprache' ist nicht mehr (und nicht weniger) als ein Funktiolekt unter mehreren möglichen, auch wenn sie aus der Zeit um und kurz nach 1200 der einzig fassbare Funktiolekt ist und in einer bestimmten sozialen Gruppe als Mittel der literarischen, aber eben nur der **literarischen Kommunikation** diente. Die ‚höfische Dichtersprache' ist kein Soziolekt, weil sie nicht innerhalb der Gruppe der ‚Ritter' als Kommunikationsmedium, als Mittel der Verständigung und Identifikation nach innen und als Mittel der Abgrenzung nach außen verwendet wurde.

Sprachgeschichtlich ist diese Dichtersprache also besonders deshalb wichtig, weil wir nach den tastenden Versuchen der vor- und frühhöfischen Denkmäler zum erstenmal einen ausgeprägten Funktiolekt mit besonderen Merkmalen, die nun einmal eine Sondersprache kennzeichnen, vor uns haben. Eine Norm dieser Dichtersprache lässt sich aus zahlreichen Einzelheiten ableiten, die auf einen Konsens unter Autoren hinweisen, auch wenn diese Norm nirgends explizit formuliert ist. Vier Punkte sind hervorzuheben:

(1) Dialektale Position:

Die höfische Dichtersprache basiert auf oberdeutscher, vor allem alemannischer Grundlage. Das ist auch den zeitgenössischen Autoren bewusst, und zwar in zweierlei Hinsicht: Einmal, indem sie ihr Abweichen von der Norm begründen (vgl. auch oben), zum andern, indem sie dem Schwäbischen und den **Schwaben** ein besonderes Prestige zukommen lassen (dazu zahlreiche Belege bei Socin 1888, 76ff. und 108ff.) Bereits Ebernand von Erfurt entschuldigt sich in seinem um 1220 entstandenen Werk ‚Heinrich und Kunigunde' dafür, dass er in seinem thüringischen Dialekt schreibe: *Ich bin ein Durenc von art geborn: / het ich die sprâche nu verkorn / unt hête mîne zungen / an ander wort getwungen, / warzuo wêre mir daz guot?* (V. 4467ff.) Nicht in der expliziten ‚Thematisierung', sondern in der tatsächlichen Auswirkung Vergleichbares begegnet im Südosten des Sprachgebiets: In seiner ‚Kindheit Jesu' (um 1200) richtet sich Konrad von Fussesbrunnen auf Höfisches aus, vor allem auf Hartmann von Aue, aber in seiner Sprache sind starke dialektale Merkmale festzustellen. Es ist dabei sicher kein Zufall, daß es sich hier um geistliche Literatur handelt, die zu dieser Zeit nur sehr spärlich vertreten ist; gerade ex negativo tritt die Norm der höfischen Literatursprache noch deutlicher vor Augen.

Derartiges muss sich auch in der literarischen Praxis auswirken. Die germanistische Forschung hat hierzu zahlreiches Material zusammengetragen, z. B.:

von ‚gehen' und ‚stehen' gibt es die Doppelformen *gên/gân* und *stên/stân*, wobei eine ziemlich klare Verteilung herrscht: „alem.-mfrk. (überwiegend) *gân, stân* gegen bair..-ofrk.-omd., meist auch rhfrk.-hess. *gên, stên*" (Paul/Klein/Solms/Wegera 2007, 96, § L37). Bairische Autoren verwenden schon früh auch die Form mit *â*, nicht nur des leichten Reimes wegen, sondern auch „weil man sich deren im maßgebenden Kreisen bedient, weil sie feiner und höfischer gilt" (Bohnenberger [45] S. 214); dies und die nachfolgenden Beispiele sind „entlehnte ‚literarische' Reime" (Paul/Klein/Solms/Wegera 2007, 13, § E9), die es nur in einer Literatursprache geben kann.

Hartmann von Aue verwendet auch in Reimen nebeneinander *seit* und *saget, geseit* und *gesaget,* obwohl in seinem Dialekt sicherlich nicht beide Formen nebeneinander gebraucht worden sind. Da von alemannischen Autoren in der Regel die kontrahierten Formen bevorzugt werden, kann man annehmen, dass von Hartmann auch Nicht-Schwäbisches verwendet wird, wohl aus Reimgründen, aber auch, um überregional wirksam zu sein. Diese These wird durch die Beobachtung gestützt, dass im Spätwerk Hartmanns solche Doppelformen gemieden werden, zugleich auch Reime, die für einen bairischen Hörer kaum akzeptabel gewesen wären (vgl. ausführlich Zwierzina 1898, 1900/1901 sowie Fischer 1889).

(2) Transferenzen aus anderen Sprachen:

Die deutsche höfische Literatur ist ohne die französische nicht denkbar. Dementsprechend macht sich in der höfischen Dichtersprache auch der sprachliche **Einfluss des Französischen**, vor allem in der Verwendung von Lehnwörtern, bemerkbar. Vgl. folgende Übersicht aus Palander (1902):

Text	**Entlehnungen a. d. Frz.**
Jüngere Judith	4
Kaiserchronik	12
Alexanderlied	24
Rolandslied	39
Reinhard Fuchs	11
Hartmann: Erek	71
Hartmann: Iwein	37

Es ist also Hartmann, der als erster in reichem Maße französische Lehnwörter als Mittel der höfischen Stilisierung verwendet. Gottfried von Straßburg nimmt geradezu ganze französische Partien als ein Mittel der Variation: *„â!“ sprâchen s'al gemeine / grôze unde cleine, / „de duin dûze âventûre / si dûze crêatûre: / got gebe süeze âventiure / so süezer crêatiure!“* („„Ah!“ sprachen alle, die Großen und Kleinen. „Gott gebe Glück einem so lieblichen Geschöpf!“ (V. 3267ff., Übersetzung von Krohn 1984), wobei als besonderer Reiz an dieser Stelle dazukommt, dass die Reimwörter in den beiden ‚deutschen‘ Versen ebenfalls entlehnt sind. Weiters zu Entlehnungen aus dem Französischen s. I/3.2. und 3.3.

Daneben kommen auch **flämische Elemente** vor. „In mhd. höfischer Dichtung begegnet eine Reihe von Wörtern, deren Lautform auf ndl. Herkunft hinweist und deren Bedeutungsgehalt den Schluß zuläßt, daß die sozialen Normen und literarischen Ausgestaltungen des frz. Ritterideals über südndl. Vermittlung nach Deutschland gelangten.“ (Munske 1980, 668). In der zeitgenössischen Literatur wird dieses Phänomen meist als Modeerscheinung negativ bewertet. Im Winterlied 27 beklagt sich Neidhart über seinen Widersacher: *mit sîner rede er vlæmet* (VII, 12). Wernher der Gartenære lässt den jungen Helmbrecht bei seiner ersten Heimkehr u. a. sagen: *Ey waz snacket* [*sackent* Hs. A, *sagt* B] *ir gebürekin / und jenez gunerte wîf? / min parit, minen klâren lîf / sol dehein gebûric man / zewâre nimmer gegrîpen an* (V. 764ff.) und damit vor seiner Familie und seinen Dorfgenossen ‚ritterlich‘ prunken. Allerdings scheint den Schreibern der Hss. A und B eine niederländische Form wie *snacket* nicht gerade geläufig gewesen zu sein, sodass man sich fragen kann, wie sehr sich die Zeitgenossen über das ‚Flämen‘ überhaupt bewusst gewesen sind. Zudem versucht der junge Helmbrecht in dieser Szene auch noch Lateinisch und Tschechisch zu parlieren. Er scheint also mehr mit Fremdsprachen überhaupt renommieren zu wollen als mit dem Flämischen allein.

(3) Rhetorische Stilisierung:

Poetische Normen, die zu einem großen Teil auf der **antiken Rhetorik** basieren, bestimmen die Gestaltung höfischer Werke. Gottfried von Straßburg bietet hier besonders reiches Material, weil er in seinem ‚Tristan‘ diese Normen an mehreren Stellen, vor allem im Prolog und im Dichterkatalog ‚thematisiert‘ (vgl. dazu ausgezeichnete zusammenfassende Darstellung von Ganz 1978, vor allem das Kapitel ‚Gottfried als „poeta doctus“‘, S. XXIVff.). Gottfried bestätigt auch die These, dass die höfische Dichtersprache ein gruppengebundener Funktiolekt ist. Durch die sozial determinierten Lexeme *êre* ‚Ansehen in der Gesellschaft, Prestige‘ und *lop* weist er darauf hin, dass die Intention eines Werkes und sein Publikum aufeinander bezogen sein müssen. Der Autor setzt bei seinem Publikum Verständnis für seine Intention und somit auch für seine formale Gestaltung voraus: *Êre unde lop diu schepfent list, / dâ list ze lobe geschaffen ist* (‚Hochachtung und Anerkennung fördert die Kunst, wo Kunst zum Lobe taugt“, V. 21f.). „Der Dichter braucht die Resonanz des verständigen Publikums, seine Kunst muß also in der Gesellschaft verankert sein und sich auf sie [...] beziehen.“ (Ganz 1978, XXVI) Im Dichterkatalog bringt Gottfried dazu spezielle Aussagen über einzelne Autoren; z. B.: *Hartman der Ouwaere / âhî, wie der diu maere / beide ûzen unde innen / mit worten und mit sin-*

nen / durchverwet und durchzieret! (‚Hartmann von Aue, ja, wie der seine Geschichten sowohl formal wie inhaltlich mit Worten und Gedanken völlig ausschmückt und verziert.' V. 4621ff.), *ûzen unde innen* meint den Schmuck der figurae verborum (äußeren Schmuck) und der figurae sententiarum (inneren Schmuck).

Zum ersten Mal in deutscher Sprache ist von Gottfried ein **ästhetisches Ideal** formuliert: Sprachlicher Ausdruck und Inhalt müssen einander entsprechen: *das sint diu wort, daz ist der sin: / diu zwei diu harpfent under in / ir maere in vremedem prîse* (‚Das eine ist der Ausdruck, und das andere ist der gedankliche Gehalt. Beide miteinander gestalten ihren Erzählgegenstand mit fremdartiger Pracht.' V. 4707ff.; Übersetzung im Anschluss an Krohn 1984). „Aus einer solchen Adäquatheit... resultiert dann eine durchsichtige Klarheit und Korrektheit des Stils, die es dem Geist des Lesers ermöglicht, dem Gang der Erzählung ungehindert zu folgen, gleichsam als ritte man, ohne über Unebenheiten zu stolpern, auf einer geraden Straße entlang." (Ganz 1978, XXV), vgl. dazu auch: *wir ensuln ez [= daz lôrzwî] nieman lâzen tragen, / sîniu wort ensîn vil wol getwagen, / sîn rede ensî ebene unde sleht* (‚Niemandem wollen wir ihn [=den Lorbeerzweig] verleihen dessen Worte nicht völlig geläutert sind, dessen Sprache nicht gerade ist und geglättet', V. 4659ff.). Äußerungen in demselben Sinn finden sich, obschon nicht in Gottfrieds Prägnanz und Eleganz auch bei anderen Autoren, z. B. im ‚Renner' Hugos von Trimberg (bes. V. 1207ff.) oder im ‚Wilhelm von Österreich' Johanns von Würzburg (vgl. dort die Verse über Gottfried von Straßburg 2062ff.).

Es existieren also normierte Stilvorstellungen von einer Dichtersprache, die poetologisch bzw. rhetorisch begründet sind. Gerade hier wird die gesellschaftliche Gebundenheit der Dichtersprache deutlich, begründet in einem Wir-Gefühl der sozialen Gruppe der Ritter.

(4) Gruppengeprägter Wortschatz

In der höfischen Literatur finden wir einerseits zahlreiche Ausdrücke des Rittertums. Sie bezeichnen vor allem Tätigkeiten, Ausrüstungsgegenstände und gesellschaftliches Leben. Darunter sind auch viele Lehnwörter aus dem Französischen, die vorwiegend in diesen Texten vorkommen. Andererseits – und das macht das Gruppenspezifische aus – stoßen wir auf ethische Begriffe, die wesentliche Bedeutungselemente aus dem **Wir-Bewusstsein des Rittertums** beziehen. Vier Beispiele mögen genügen:

tugent: Das Wort eine Ableitung vom Präteritopräsens *tugen* mit der Bedeutung ‚Tauglichkeit' und muss nicht nur auf Menschen bezogen sein (*der tatelkerne hât die art, daz er sibenzic jâr lît in der erden âne tugende*, zit. nach Lexer 1876, 1560). Es bekommt dann unter christlichem Einfluss die Lehnbedeutung ‚virtus'. „Im Bereich der höfischen Dichtung bezeichnet *tugent* die Vorbildlichkeit des höfischen Verhaltens und der höfischen Gesinnung" (Gerdes/Spellerberg 1972, 111): *mir hât getroumet michel tugent:*

/ ich hete geburt unde jugent, / ich was schœne unde rîch / .../ ich was hövesch unde wîs / und hân vil manegen herten prîs / ze riterschefte bejaget (Hartmann von Aue, ‚Iwein' 3517ff.)

triuwe: Der Feudalismus nützt die alte Bedeutung ‚Vertragstreue' und bezeichnet damit die gegenseitige Verpflichtung, die sich aus einem Lehnsvertrag ergibt. In der höfischen Literatur wird daraus ein ethischer Terminus, häufig auch auf die Minne bezogen: *si ist iu ze edel und ze rîch / daz ir si kebsen soldet, / ob ir erkennen woldet, / waz rîters triuwe wære* (‚Iwein' V. 3170ff.).

mâze: Die Ableitung zu *mezzan/mezzen* ist im Althochdeutschen seit Notker belegt (‚Maß, Größe, Dimension'). Unter dem Einfluss von lat. *temperantia* (vgl. lat. *temperare* ‚eine richtige Abmessung, Begrenzung vornehmen') entwickelt sich die Bedeutung ‚das rechte Maß, Maßhalten", woraus der höfische Begriff („das maßvolle Verhalten bei allen Handlungen", Eggers 1965, 129) entstehen kann: *leg ûf die wâge ein rehtez lôt, / und wig ouch dar mit allen dînen sinnen, / als ez diu mâze uns ie gebot* (Walther von der Vogelweide 23, 8ff.). „Die Tugend *mâze* bildete die normative Grundlage jeder anderen Tugend." (Ehrismann 1995, 130)

zuht: Die Ableitung von *ziohan/ziehen* bedeutet bereits im Althochdeutschen sowohl ‚Unterhalt, Nahrung' als auch ‚Erziehung, Belehrung'. „Der Frucht einer auf die *mâze* gerichteten Erziehung entspricht der – innere Haltung und äußeres Benehmen einschließende – höfische Begriff der *zuht*: ‚edle Bildung, Feingefühl, Liebenswürdigkeit' und ‚feine Lebensart, höfische Manieren'" (Gerdes/Spellerberg 1972, 113): *ir zuht von art gebôt in daz* (‚die *zuht*, die ihrer Herkunft angemessen war, hieß sie das tun', ‚Iwein' V. 6292).

Man darf nun nicht annehmen, dass diese Wörter im ganzen Mittelhochdeutschen diese sozial fixierte Bedeutung haben; ein Blick in ein mittelhochdeutsches Wörterbuch belehrt eines Besseren. Auch in den höfischen Werken kommen diese Wörter in ihrer ‚eigentlichen' Bedeutung vor. Es ist der Kontext, der die Bedeutung jeweils fixiert. Zugleich wird gerade hier die Funktion der Dichtersprache für eine Elite klar: Außerhalb der sozialen Gruppe, in der die Dichtersprache funktioniert, können diese Wörter gar nicht die sozial fixierte Bedeutung haben; sobald sich die sozialen Voraussetzungen ändern, muss sich auch die Bedeutung ändern, sodass in der späthöfischen Literatur der Eindruck entsteht (entstehen muss?), dass „die höfischen Vorstellungen weiterwirken, ohne daß sie lebendig fortentwickelt werden", dass das höfische Ethos „längst zum wesenlosen Schall geworden ist" (Eggers 1965, 141).

Zur Ermittlung der tatsächlichen Wortbedeutungen kann die **geistliche Literatur** aufschlussreich sein. So findet sich eine Reihe von Wörtern, die als ‚höfische Termini' in der höfischen Literatur begegnen, aber nicht mit der gruppenspezifischen Bedeutung verwendet werden. Hans Eggers (1965, 170) meint, dass Berthold „an die von höfischem Geist noch nicht berührte Ethik der frühmittelhochdeutschen

Geistlichkeit an, soweit wir deren Sprache rekonstruieren können", anknüpfe. Doch könnte es auch sein, dass Bertold diese Wörter einfach in der ‚normalen', d.h. nicht gruppengebundenen, Bedeutung verwendet; dass Berthold diese Wörter aus der höfischen Literatur übernommen hat, ist kaum zu vermuten, weil sich bei ihm keinerlei Kenntnisse dieser Literatur nachweisen lassen. Die oben dargestellten Wörter bieten sich bei Berthold nun etwas anders dar:

tugent: bei Berthold „die rechtschaffende Tüchtigkeit des Christenmenschen" (Eggers 1965, 170), daneben auch einzelne moralische Qualitäten wie Barmherzigkeit, Demut. Der Einfluss von lat. *virtus*, der ja die semantische Entwicklung von *tugent* wesentlich mitbestimmt hat, ist nicht zu übersehen.

triuwe: meint bei Berthold „das treue Festhalten am verordneten Recht" (ebd.); vom Lehenswesen ist nichts zu merken.

mâze: hat bei Berthold eine „ganz vordergründige Bedeutung. Sie wird vornehmlich auf das Essen und Trinken bezogen, und als ihr Gegenbegriff erscheint manchmal *vrâzheit* ‚Viel-esserei' (ebd.). Hier findet also ebenfalls sich die alte, von lat. *temperantia* beeinflusste Bedeutung ‚Maßhalten'.

zuht: Berthold geht von der Grundbedeutung ‚Erziehung, Belehrung' aus und bezeichnet mit *zuht* die „Erziehung, und zwar im Hinblick auf den moralischen Nutzeffekt" (ebd.).

Somit wird eine weitere sprachgeschichtliche Wirkung offenbar: Vor allem durch die speziellen Bedeutungen eines zentralen Wortschatzbereichs entstehen Differenzierungen funktionaler Varietäten, was die Übernahme neuer Domänen durch Volkssprache erleichtert, wenn nicht gar ermöglicht.

2.3. Morphologie und Syntax

2.3.1. Umbau der Substantiv- und Verbflexion

Die althochdeutsche Grammatik kennt noch eine Reihe von ererbten **Deklinationsklassen**, die allerdings im Vergleich zu anderen germ. oder idg. Sprachen schon vereinfacht sind. Im Gotischen ist das Deklinationssystem noch weit komplizierter. Folgende althochdeutschen Klassen werden gemeinhin aufgeführt:

- *a*- Deklination: Maskulina (*tag*), Neutra (*wort*), dazu einige Subklassen, von den besonders die sog. *iz/az*-Stämme (*kalb*, Pl. *kelbir*) sprachgeschichtliche Funktion bekommen.
- *i*- Deklination: Maskulina (*gast*), Feminina (*anst*).
- *o*- Deklination: Feminina (*geba*)
- *n*- Deklination: Maskulina (*hano*), Neutra (*herza*), Femina (*zunga*)

Die zahlenmäßig kaum repräsentierten Klassen wie *u-*, *r-*, *nt-*Stämme sowie die sog. Wurzelnomina bleiben hier außer Betracht, da sie sehr früh schon entweder von den starken Reihen aufgesogen werden oder ein bloß relikthaftes Dasein führen. Die vier wichtigsten Deklinationsklassen sind vor allem in der Pluralflexion, genauer: in der Endung der 1. Person Plural distinkt, während sie im Singular teilweise zusammengefallen sind. Das zeigt folgende Übersicht, die das ahd. Flexionsschema der Substantive vom Typ *tag*, *gast*, *wort* und *kalb* enthält:

Sing. Nom. Akk. Dat. Gen.		-∅ -∅ -e -es	
Plur. Nom. Akk. Dat. Gen.	-a -a -um -o	*-i *-i *-im *-o	(*-ir)-∅ (*-ir)-∅ (*-ir)-um (*-ir)-o
	tag	gast	wort, kalb

* bedeutet Umlaut des Stammvokals, im Ahd. also den Wechsel /a/ → /e/.

*-ir ist kein Kasus, sondern ein Pluralsignal, an das, entsprechend den *a*-Neutra die Kasusendungen treten.

Das althochdeutsche Deklinationssystem lässt bereits einige Tendenzen erkennen: Eine Opposition zwischen Nominativ und Akkusativ besteht nur noch bei den maskulinen und femininen *n*-Stämmen *(hano – hanon, zunga – zungun)*, Genitiv und Dativ Plural neigen zum selben Flexiv in allen Klassen.

Auf dieses System wirken seit dem Spätalthochdeutschen der **‚Sekundärumlaut'** (s. III/2.2.3.) und die **‚Nebensilbenabschwächung'** (s. III/2.2.4.1.). „Dazu kommt der Wandel von flexiv. *-m* > *-n* und der Schwund des unbetonten Vokals in zweiter flexivischer Silbe (*-ono* > *-en*)." (Stopp 1974, 329 Anm. 4), weiters in bestimmten Fällen Apokope und Synkope von ahd. schwachtonigem /a/ (im ‚Normalmhd.' meist durch <e> wiedergegeben) nach /l/ und /r/ (Genaueres dazu s. Paul/Klein/Solms/Wegera 2007, 109ff, § L52ff.). Das oben aufgeführte ahd. Teilsystem der Substantivflexion sieht im Mittelhochdeutschen dann folgendermaßen aus:

Sing.	Nom. Akk. Dat. Gen.	-∅ -∅ -(*e*) -(*e*)*s*	
Plur.	Nom. Akk. Dat. Gen.	(*)-(*e*) (*)-(*e*) (*)-(*e*)*n* (*)-(*e*)	(*-*er*)-∅ (*-*er*)-∅ (*-*er*)-(*e*)*n* (*-*er*)-(*e*)
		tac, gast	*wort, kalp*

Bereits bei dieser kleinen Auswahl aus dem Flexionssystem wird der Strukturwandel deutlich: Ursprünglich distinkte Klassen sind zusammengefallen (maskuline *a*- und *i*-Stämme). Der Umlaut ist einerseits lexemgebunden, d. h. es gibt kein äußerlich erkennbares Zeichen, ob ein Substantiv seinen Plural mit Umlaut oder ohne ihn bildet. Andererseits tritt er nunmehr bei allen Vokalen auf, sodass er eine deutlichere Aufgabe erhält, er wird zu einem speziellen Pluralsignal. Weil der Umlaut morphologisiert worden ist (s. III/2.2.3.), tritt er auch bei Flexionsklassen auf, bei denen der Umlaut nicht etymologisch begründet ist: z. B.

	ahd.	mhd.
Sing. Plur.	*fater* *fatera*	*vater* *vater*(*e*)/*veter*(*e*)

vater, ursprünglich der *r*-Deklination angehörig, tritt auf diese Weise in die Klasse von *gast* über. Ähnliches gilt für das Pluralmorph *-er*, das im 13. Jh. seinen Funktionsbereich auszuweiten beginnt. Im ‚Armen Heinrich' Hartmanns von Aue z. B. kommen die Pluralformen *kleit* und *kleider* kurz hintereinander vor: *hiez er die maget alzehant / abe ziehen diu* ***kleit****. / des was si frô unde gemeit; / si zarte diu* ***kleider*** *in der nât* (V. 1204ff.), je nach den Bedürfnissen des Metrums oder des Reims (Genaueres zum *-er*-Plural bei Gürtler 1912/1913). Die Tendenz, die **Numerusopposition** eindeutig zu kennzeichnen, ist unübersehbar. In all den Fällen, in denen der Umlaut eintritt, ist es möglich im Sinn eines „radical de pluriel" (J. Fourquet, zit. bei Werner 1968, 101) von einem eigenen ‚Pluralstamm' zu sprechen.

Diese deutliche Opposition ist allerdings nur als Tendenz vorhanden. Bei einer Reihe von Substantiven besteht kein solcher Gegensatz. Er wurde nicht zuletzt dadurch ermöglicht, dass die Endung des Nominativs Singular, die, falls sie vokalisch bzw. nicht ∅ war, zu ə geworden war, sich zu einem Teil des Stamms entwickelt hat:

	ahd.		mhd.	
Nom. Gen.	*tag-∅* *tag-es*	*hirt-i* *hirt-es*	*tac-∅* *tag-es*	*hirte-∅* *hirte-s*

Klassen bzw. Subklassen fallen zusammen, <e> wird positionsgebundene Variante eines Flexivs (vgl. die Beschreibung der Distribution bei Stopp/Moser 1967). Der Nominativ Singular ist von da an im Deutschen ein unmarkierter Kasus. Ermöglicht wurde die Verlagerung der morphologischen Grenze durch die Abschwächung der Endsilben. Da schon im Althochdeutschen die Hauptopposition Nom./Akk. vs. Dat. + Gen. lautete, genügte zu deren Kennzeichnung die morphologische Opposition ∅ vs. Flexiv.

-(e)n wird zur Endung des Dativs Plural in allen Klassen. Doch dies ist nur ein kleiner Schritt zu einem System, in dem jede Funktion durch eine Form ausgedrückt wird, zugleich ein Hinweis auf die ‚Auflösung' der alten Klassen. ‚Starke' und ‚schwache' Substantive sind in ihrer Grundform nicht mehr zu trennen:

mask.	*hirti*	→ ←	*hano*
neutr.	*kunni*	→ ə ←	*herza*
fem.	*geba*	→ ←	*zunga*

Die Klassenzugehörigkeit ist somit lexemgebunden, auf diese Weise dem Umlaut vergleichbar. Damit sind völlig neue flexivische Verhältnisse geschaffen, das System der Substantivflexion muss sich neu strukturieren. Das Ergebnis dieses Prozesses s. in der übersichtlichen Tabelle von Stopp/Moser 1967, 99 und Paul/Klein/Solms/Wegera 2007, 185, § M4.

Zugleich liegt in diesem System schon der Ansatz zu weiteren Wandlungen: Bereits das Mittelhochdeutsche hat den Gegensatz Singular – Plural zu der Hauptopposition in der Substantivflexion gemacht. Doch bei einer Reihe von Wörtern ist der Plural unmarkiert: *hirte – hirte*, *krône – krône*, *wort – wort*. Derartige Wörter übernehmen dann vor allem in der frühneuhochdeutschen Periode eindeutige Pluralendungen vor anderen Klassen: *hirte-n*, *krône-n*, *wört-er*. Damit ist das System im wesentlichen beim neuhochdeutschen Stand angelangt.

Vergleichbares ist auch beim Konjugationssystem zu beobachten: Das Althochdeutsche kannte folgende Großgruppen:

‚Starke Verben': dadurch gekennzeichnet, dass sie das Präteritum ohne spezielles Flexiv, sondern durch einen regelmäßigen Wechsel des Stammvokals (‚Ablaut') bilden; in den Flexionsendungen gleich, verschieden in der Bildung der Tempusstämme; im ganzen acht ‚Ablautklassen', die zwei Subklassen der ‚ehemals reduplizierenden Verben' eingeschlossen.

‚Schwache Verben': mit dem Charakteristikum, dass sie das Präteritum mit einem Dentalflexiv bilden; in der Flexion des Präsens Indikativ und des Konjunktivs I unterschieden; die Präteritalendungen hingegen sind gleich.

‚Präteritopräsentien' und einige Resttypen.

Die schwachen Verben sind nach Bildungsweise und ansatzweise nach semantischen Kriterien zu trennen:

(1) mit dem Suffix vorahd. *-j-*, das im Ahd. meist schon geschwunden ist; zum großen Teil entweder kausative Ableitungen von Verben oder von Adjektiven: *sprengen* < **sprang-j-an* (Präteritum von *springan*, somit eigentlich ‚springen machen'), *heilen* < **heil-j-an* (‚heil machen');

(2) mit dem Suffix *-o-*; häufig Ableitungen von Substantiven mit der Bedeutung ‚das Basissubstantiv „als Instrument tätig werden lassen"' (Naumann/Betz 1962, 74): *salbôn* ← **-salba*;

(3) mit dem Suffix *-ê-*; einige wenige ererbte *e*-Stämme (*habên*, vgl. lat. *habere*, ebenfalls ein *e*-Stamm; allerdings ist ‚haben' nicht mit lat. *habere*, sondern mit lat. *capere* verwandt: Was man genommen hat, das ‚hat' man) oder, wenn es sich um Derivate handelt, häufig inchoative Verben: *fûlên* ← *fûl* (‚faul werden, faulen').

Aufgrund dieser Klassenbildung sind bestimmte Oppositionen möglich:

ahd. *rôten* < **rôt-j-an* ‚rot machen'	vs.	ahd. *rôtên* < **rôt-ê-n* ‚rot werden'

Durch die Vorgänge im Phonologischen ändert sich das Verbsystem in mehreren Punkten:

– Im Mittelhochdeutschen gibt es nur noch eine ‚reduplizierende' Klasse:

	ahd.	**mhd.**
Vokal des Präterital stammes (s.III/ 2.2.2.1.)	/ia/	/ie/
	/io/	
	haltan – hialt	*haltan – hielt*
	loufan – liof	*loufen – lief*

- Die Präsensflexion der starken und der schwachen Verben wird einheitlich, die Verbalklassen sind aufgrund der Flexionsendungen vom Präsens Indikativ und Konjunktiv I nicht mehr zu unterscheiden (s. dazu Wolf 1971 und 2007b). Eine Ausnahme bilden neben dem Verbum ‚sein' die Präteritopräsentien, zu denen im Mittelhochdeutschen auch *wellen*, eine ehemalige Optativform, zu zählen ist. Diese Gruppe hat ihre Eigenart bis heute erhalten, wofür wohl auch semasiosyntaktische Gründe anzuführen sind: Es handelt sich im wesentlichen um die Gruppe der Modalverben.
- Die drei ‚schwachen' Konjugationsklassen fallen zusammen. Dadurch entfallen die morphologischen Möglichkeiten der semantischen Differenzierung. Bei umlautfähigen Stammvokalen bekommt der Umlaut distinktive Funktion:

rœten < *rôten* vs. *rôten* < *rôtên*

Als Ersatz zum Ausdruck bestimmter **Aktionsarten** werden periphrastische Mittel verwendet: *tuon* und *machen* z. B. zum Ausdruck kausativer Bedeutung (*diu mich frœlich singen tuot.* Ulrich von Winterstetten XVIII 2, 9. Vgl. dazu auch Schröbler/Prell 2007, 308, § S28), *beginnen* oder *werden* mit jeweils verschiedener Syntagmatik für inchoative Aktionsart (Schröbler/Prell 2007, S. 306f, § S28).

- Die Opposition Präsens Indikativ – Konjunktiv I wird vor allem im Pluralparadigma neutralisiert:

ahd.	**mhd.**	**ahd.**
nemumês/nemêm *nemet* *nemant*	*nemen* *nemet* *nemen(t)*	*nemêm/nemên* *nemêt* *nemên*
Präs. Ind.		Konj. I

Zunächst sind im Mhd. die Formen der 3. Pers. Plur. noch distinkt: *-ent* vs. *-en*. „Das Ausgleichsstreben mit der 3. Pl. Conj. wirkte wol darauf, daß eine Nebenform *-en -in* sich bildete, die zuerst fränkisch begegnet . [...] Bei den Mitteldeutschen des 12. und 13. Jh. ist sie schon häufig." (Weinhold 1967, 391, § 369)

Streben nach **Ökonomie im Flexionssystem** zeigt sich vor allem auch im Flexiv der 2. Pers. Sing. Im Althochdeutschen waren dafür drei Endungen vorhanden:

-s: im Präsens, Konjunktiv I und II der starken und schwachen Verben und im Präteritum der schwachen Verben: *nimis, nemês, nâmis*; *suochis, suochês, suohtôs, suohtîs,*

-i: Präteritum Indikativ der starken Verben: *nâmi.*

-t: bei den Präteritopräsentien: *scalt, maht, weist.* Daneben auch *st*-Formen: *gitarst, kanst.*

Schon im 9. Jahrhundert wird die Endung *-s* „durch *t* zu *-ist* bzw. *-êst, -ôst* verlängert" (Braune/Reiffenstein 2004, 261, § 306b). Ausgangspunkt dafür dürfte das enklitisch angefügte Pronomen *thu/du* sein: *lisistu, suachistu.* Unterstützt haben diesen Vorgang die *st*-Formen der Präteritopräsentien. Im Laufe des Mittelhochdeutschen können wir einen völligen Ausgleich beobachten, der dann zum modernen Stand führt:

Ahd. und mhd. Formen	**Mhd. und Nhd.**
-is → *-est*	
-i → *-e*	-(*e*)*st*
-(*s*)*t* → -(*s*)*t*	

Das Mittelhochdeutsche ist, was die Flexionssysteme betrifft, eine sprachhistorisch wichtige Epoche: »Die eingreifendsten morphemischen Strukturveränderungen ergeben sich auf dem Weg vom Ahd. zum Mhd.« (Werner 1965/1970, 367 über die Verbflexion). Zahlreiche Oppositionen werden aufgegeben, womit die im Althochdeutschen funktionierenden Systeme weitgehend zerstört werden. Zwei Möglichkeiten der Neuorganisation werden genutzt: die Umstrukturierung, dies vor allem im Bereich der Substantivdeklination, und der weitere Ausbau der analytischen Möglichkeiten. Dies zeigt sich ganz deutlich im verbalen Bereich (neue Tempora, Periphrasen zur aktionalen und modalen Differenzierung), aber auch im substantivischen (Artikelgebrauch ist im Mhd. die Regel). Das bedeutet aber nicht bloß, dass „immer mehr lautliches Material nötig geworden [ist], um eine gleichbleibende Menge von Mitteilungen zu transportieren" (Werner 1965/1970, 381), sondern darüber hinaus die Schaffung neuer Differenzierungsmöglichkeiten, neuer Oppositionen. Das System wird dadurch vielfältiger.

2.3.2. Ausbau der analytischen Verbformen: Die ‚werden'-Periphrase

Im Bereich der Verbalperiphrase mit dem Part. II setzt das Mhd. Tendenzen fort, die im Ahd. wirksam geworden sind. Es entsteht dadurch die Möglichkeit, in die Zeitopposition Aktualität – Vorzeit, ausgedrückt durch die Tempora Präsens – Präteritum, zusätzliche Aspektoppositionen (unmarkiert – vollzogen) zu bringen. Die neu entstandenen und grammatikalisierten Tempora übernehmen dabei – das lehrt ein Blick in die Darlegungen von Schröbler/Prell (2007, 287ff., § S2ff.) – allmählich Aufgaben des ‚alten' synthetischen Präteritums, das teilweise durch das Präfix *ge-* unterstützt worden ist. Die Opposition Präteritum – Perfekt ist einseitig in Richtung Präteritum aufhebbar, wobei dann meist der Kontext Vollzugssignale liefert. Was die Funktionenverteilung bei den Vergangenheitstempora betrifft, erscheint das Mittelhochdeutsche als eine Übergangsperiode zum Neuhochdeutschen.

Ganz anders hingegen bei den sprachlichen Mitteln zum Ausdruck **zukünftigen Geschehens**. Das Althochdeutsche kannte dazu verschiedene Möglichkeiten:

(1) Einfaches Präsens:

Mit thiu ***quimit*** *ther hêrro thes uûingarten, uuaz* ***tuot*** *her thanne then uuînzurilon* (Tatian 203,30ff.)	*cum ergo* ***uenerit*** *dominus vineæ quid* ***faci&*** *colonis illis.*

Dies auch in deutschen Originaltexten: [Es ist die Rede vom Jenseits.] *thie lázit man thar íngan* (Otfrid II, 23, 21).

(2) Konjunktiv I:

Inti thin fater ther íz gisihit In tougalnesse ***gelte*** *thír* (Tatian 67,7f.).	*& pater tuus qui vid& in abscondito* ***redd&*** *tibi.*

(3) „Im Hochdeutschen ist von der ältesten Zeit bis zum Ausgang des Mhd. *scal* mit Infin. die bevorzugteste Umschreibung; allerdings sind sichere Beispiele stets wenig zahlreich“ (Behaghel 1924, 258f.):

Miin gheist ***scal uuesan*** *undar eu mittem* (Isidor 17)	*Spiritus meus* ***erit*** *in medio uestri.*

Er ***scal*** *sinen drúton thráto* ***gimúnton*** (Otfrid l, 5, 51).

(4) Seltener: *wellen* + Inf.:
then alten sátanasan wílit er gifáhan (Otfrid I, 5, 52);
den Vers davor mit *scal* s. o. unter (3); auch Otfrid dürfte diese beiden Fügungen als Varianten einer Ausdrucksmöglichkeit angesehen haben.

(5) Wohl erst bei Notker und dann im Mittelhochdeutschen: *muozan* + Inf.:

so ***muoz*** *iomannolih keuago* ***sin*** *dero guollichi* (Notker, zit. bei Behaghel 1924, 260)	***erit*** *contentus*

(6) *werdan* + Part. I:

Inti nu ***uuirdist*** *thû* ***suigenti*** *Inti nimaht sprehhan* (Tatian 17,17f.)	*Et ecce* ***eris tacens*** *& non poteris loqui*

In dieser Funktion, d. h. zur Kennzeichnung inchoativer Aktionsart, begegnet häufig auch das Präteritum von *werdan*: *Tho **ward** múnd siner sar **spréchanter*** (Otfrid I, 9, 29).

Das Althochdeutsche – das kann diese Übersicht belegen – kennt keine systematischen Mittel zur Kennzeichnung zukünftigen Geschehens. Temporale Möglichkeiten, Mittel der modalen oder/und aktionalen Differenzierung überlappen sich hier. Dies ist auch noch der Stand im Mittelhochdeutschen (folgende Übersicht nach Schröbler/Prell 2007, 294ff., § S12f.):

(1) *sol* + Inf.:
*swaz der küneginne liebes geschiht, des **sol** ich ir wol **gunnen***
(„bin ich verpflichtet ihr z.g.' oder ‚werde ich ...'" ‚Nibelungenlied' 1204).

(2) *muoz* + Inf.:
*want uns dâ **sehen müezen** vil minneclîchiu wîp* (‚Nibelungenlied' 506).

(3) *wil* + Inf.:
*ir **welt** iuch alle **vliesen*** („ihr werdet euch zugrunde richten"), ***welt*** (*sult* Hss. B und d) *ir die recken bestân* (‚Nibelungenlied' 1031).

(4) *werden* + Part. I:

Diese Fügungen „bezeichnen zunächst den Beginn einer Handlung oder eines Zustandes, also die inchoative oder ingressive Aktionsart. Da aber die Präs.-Formen von *werden* die reine Gegenwart als den ausdehnungslosen Punkt zwischen Vergangenheit und Zukunft nicht zu bezeichnen vermögen, geht ihre Verbindung mit dem Part. Präs. von der inchoativen Bedeutungen in die temporale des zukünftigen Geschehens über" (Schröbler/Prell 2007, 295, § S13):

jâ wirt ir dienende vil manic wætlîcher man (‚Nibelungenlied' 1210).

Keiner dieser Ansätze hat sich gehalten, sondern durchgesetzt hat sich die Fügung ‚werden' + Infinitiv.

Einzelne Belege für diese Periphrase finden sich schon ziemlich früh, auch wenn eine Reihe von ahd. Belegen als umstritten gelten muss (die Zusammenstellung und Diskussion der hierher gehörenden Beispiele bei Saltveit 1962, 185ff.). Als, nicht ganz eindeutiger, frühester Beleg für **‚werden' + Inf.** kann folgende Stelle gelten:

*Súntar thaz gescrib min **wirdit** bézzira **sin*** (Otfrid V, 25, 45)

Diese Stelle steht im Kapitel *Conclusio voluminis totius* (‚Abschluss des ganzen Werkes'): Das Erzähler-Ich des ‚Evangelienbuchs' beteuert, dass es sich bemüht habe, etwas Brauchbares zu schreiben; weniger Brauchbares möge man seiner *dumpheiti* (V, 25,30) zuschreiben. Ein wohlwollender Leser könne auch das Schlechte einfach wegschneiden; die Folge dieses Handelns: *thaz gescrib min wirdit bézzira sin* ‚mein geschriebenes Werk wird besser sein'. Mit anderen Worten:

Was vor diesem Vers steht bzw. gesagt wird, ist die Bedingung für den Zustand, der in V. 45 beschrieben wird: Es wird ein Zustand sein, der sich – dies drückt die Komparativform *bezzira* aus – vom vorausgehenden Zustand unterscheidet. Es handelt sich also deutlich um die Schilderung eines – vom Sprechzeitpunkt des Erzählers aus gesehen – zukünftigen Geschehens; schon alles, was vor V. 45 gesagt wird, ist eine Aufforderung an Leser, auf die Bewertung ihrer Lektüre zu reagieren, somit ebenfalls Zukunftsreferenz. Gleichzeitig drückt der Leser seine Gewissheit aus, dass eine bestimmte Leserreaktion als Unterstützung der Erzählerintention sei. Zukunftsreferenz verbindet sich von Anfang an mit epistemischer Modalität, die von Anfang an mit ‚werden'-Periphrasen verbunden ist (vgl. Kotin 2003, 213ff.).

Allerdings, derartige Verwendungen von ‚werden' + Inf. sind im früh- und hochmittelalterlichen Deutsch sehr selten (vgl. Saltveit 1962 und Schröder 1964). „Die Inf.-Formen (des Hauptverbs) in Verbindung mit den finiten Formen von *werden* setzen sich von der 2. Hälfte des 14. Jh.s an durch." (Schröbler/Prell 2007, 296, § S13 Anm. 4)

Strittig ist die Geschichte dieser Periphrase (vgl. die Forschungsberichte bei Erben 1960,. 250f. und Ebert 1978, 60f.). Behaghel (1924, 262) geht davon aus, dass die Konstruktion werden + Part. I die ursprüngliche sei, und plädiert für „eine lautliche Entwicklung" vom Partizip I zum Infinitiv (*-ende* > *-enne* > *-ene* > *-en*), sodass vor allem bei „Partizipialumschreibung im Nebensatz (*daz wir gebende sin, lösende werden*)" die Opposition Partizip – Infinitiv aufgehoben erscheint. Dagegen hat schon Kleiner (1925, 91) festgestellt, dass zumindest im Alemannischen das Nebeneinander beider Fügungen nicht auf diese Weise erklärt werden könne, weil ein „Abfall der Partizipialendung *-de* im 13. Jh. nicht festzustellen" sei, und meint, dass eher „die Vermischung der Form des Part. Präs. mit der Form des flektierten Inf." Ausgangspunkt einer Oppositionsneutralisierung sei. Demgegenüber nimmt Wilmanns (1906, 177) Analogiewirkung an: „Unter dem Einfluß der synonymen Verba [gemeint sind Verben wie ahd. *biginnan*, *gistantan*] trat an die Stelle des Partizipiums der Infinitiv." Auch nach Meinung Hermann Pauls (1920, 127) „nötigt das erste Auftreten und die Verbreitung dazu, einen vollständigen Ursprung der Inf.-Konstruktionen ohne Einfluß des Part. anzunehmen". Ingerid Dal (1962b, 132) nimmt eine vermittelnde Stellung ein: „Hierbei haben teils lautliche Faktoren gewirkt, teils analogischer Einfluß der Verbindungen von *sollen* und *wollen* mit Infinitiv", wobei sie wohl den lautgeschichtlich bedingten Synkretismus als das Primäre ansieht (vgl. ihre ausführlichen Darlegungen in Dal 1971, 202).

Mit Saltveit (1962) ist allerdings das Alter dieser Periphrase zu betonen. Es scheint notwendig, ‚werden' + Inf. in seinem systematischen Zusammenhang zu sehen. Ohne Zweifel ist die Fügung ‚werden' + Part. I älter und im älteren Deutsch auch weitaus häufiger anzutreffen; sie steht neben *sein* + Part. I. (Diese Konstruktionen werden zudem vom Lateinischen gestützt, wie sich in der ahd. ‚Tatian'-Bilingue leicht sehen lässt .) Damit ist im Althochdeutschen folgendes Oppositionsschema gegeben:

wesan + Part. I	vs.	*wesan* + Part. II
werdan + Part. I		*werdan* + Part. II

Das Teilsystem der Verbalperiphrasen mit Partizipien ist im Althochdeutschen streng symmetrisch: Ausgenützt und kombiniert werden zwei Oppositionsreihen, einmal der Gegensatz Part. I (Verlaufsform) – Part. II (Vollzugsform) und die schon erörterte (s. II/1.3.1.) Opposition *wesan* (durative) vs. *werdan* (inchoative Aktionsart). Und in diesem System kann dann die Kombination Verlaufsform + inchoatives Verb (*werdan*) auch futurische Funktion(en) übernehmen. Daneben kommt früh schon die Periphrase *werdan* + Inf. auf, wohl in Analogie zu funktionsähnlichen Modalverben (diese Analogie dürfte der Grund dafür sein, dass *werdan* + Inf. sehr früh neben der aktionalen oder temporalen auch modale Bedeutung hat. Auch hier, also wie in der Kombination mit Part. I, begegnet das Hilfsverb ‚werden' in allen seinen Formen, somit auch im Präteritum, wo dann die Aktionsart anzuzeigen Hauptaufgabe der Periphrase wird:

Pinte schire ***vliende wart*** (‚Reinhart Fuchs' 101),
er ***wart*** *mit vlîze* ***vrâgen*** *sie* (‚Livländische Reimchronik' 319).

Daneben aber, und das ist wichtig, begegnet seit dem 12. Jahrhundert auch die Periphrase **wesen + Inf.**:

Wise *uns ûz* ***gehelfen*** *van dere grôzer dûfenen* (‚Arnsteiner Mariengebet' 236 f.).

Auch bei der Infinitivumschreibung spielt die Opposition ‚sein' – ‚werden' ihre vom System her ‚angestammte' Rolle. Dass sich in der Folge nur das Präsens von ‚werden' in dieser Verbindung durchgesetzt hat, dürfte seinen Grund darin haben, dass es im Tempussystem seine bestimmte Aufgabe, nämlich die Signalisierung einer Erwartungsphase übernommen hat, während die aktionalen Aufgaben im deutschen Verbalsystem zurückge drängt werden, weshalb sich auch ‚sein' + Inf. nicht behaupten konnte.

Früh begegnet auch ein **„Futurum praeteriti"** (Erben 1972b, 86; Wolf 1995), das die Erwartungsphas auf der Ebene der Vorzeit ausdrückt und das äußerlich der *würde* + Infinitv-Umschreibung des Konjunktivs II gleicht:

und swer ir îlen hat gesehen, / der müeste des für wâr jehen, / daz nie von kuniges kinde, / wart gesehen als swinde, / über velt gegangen, / dâ si ***wurd emphangen****, / von Arrogûn di kunigin.* (Ottokar von Steiermark, ‚Österr. Reimchronik' 4712ff., zit nach Erben 1960, 255).

Das Präteritum des Hilfsverbs ‚werden' konnte wohl deshalb diese Aufgabe nicht übernehmen, weil es im Bereich der Aktionsarten festgelegt war. Als dann *wart* + Inf. im 16. Jahrhundert ausstarb, war *würde* + Inf. schon so weit grammatikalisiert, dass eine Änderung im System nicht mehr möglich war. Ausgegangen könnte dieses Futurum praeteriti von Verwendungen des Konjunktivs II in indirekter Rede sein, wie sie schon in der ‚Altdeutschen Genesis' (5348–51) vorkommt:

sprach, der altêre wurte uile mahtich [...], *daz aue der iungere wurte der hêrere* (‚er sagte, dass der Ältere sehr mächtig, der Jüngere hingegen der Angesehenere würde').

Lautliche Entwicklungen werden dann als Katalysator bei der Verdrängung des Part. I durch den Infinitiv gewirkt haben; das Durchsetzen einer von ehemals zwei konkurrierenden Fügungen dürfte auch dazu beigetragen haben, dass das Partizip I spätestens im 17. Jh. aus dem verbalen Bereich gewichen ist (s. die späteren Belege für ‚sein' + Part. I bei Heyne 1905, 313f., ‚werden' bei Erben 1962, 248). Die neueren Arbeiten referiert Nübling (2006, 227–231), ohne allerdings eine Lösung vorzuschlagen.

2.4. Zum Wortschatz: Neue Wortbildungsmittel

Die spätmittelalterliche theologische Prosa ist auch dadurch gekennzeichnet, dass sie bestimmte Wortbildungsmittel extensiv ausnützt. So spielen für die Begrifflichkeit Abstraktbildungen eine große Rolle, wie auch folgender Vergleich zwischen Hartmann von Aue und Mechthild von Magdeburg zeigt (nach Karg 1932, 10):

Bildungen mit	Hartmann	Mechthild
-heit/-keit/-lichkeit	38	156
-unge	4	74
-nisse	--	19

Diese Angaben beziehen sich auf die ungefähr gleiche Textmenge.

Im verbalen Bereich „wuchern jetzt die **Partikelbildungen** mit *abe-*, *ane-*, *hin-*, *her-*, *ûf-*, *ûz-*, *umbe-*, *wider-*, *vol-*, *zuo-*„ (Henzen 1965, 23). In all diesen Fällen handelt es sich aber nicht um „neue Wortbildungsmittel" (Henzen ebd.), sondern es geht darum, vorhandene Wortbildungsmittel produktiv zu machen. Darin liegt, wie dargestellt, eine wichtige sprachgeschichtliche Leistung der neuen Prosa-Funktiolekte.

Demgegenüber verhält sich die höfische Dichtersprache ganz anders. Sie hat, von einigen individualstilistischen Phänomenen wie den zahlreichen *-sam*-Bildungen bei Gottfried von Straßburg abgesehen (dazu Erben 1972a), Wortbildungstypen nicht zu einem funktiolektalen Charakteristikum gemacht. Der enge sprachliche Kontakt mit dem Französischen aber brachte nicht nur eine große Anzahl von Lehnwörtern, sondern auch einige Lehnsuffixe, die dann ihren Platz im System der Wortbildungsmittel einnahmen. Bei der Darstellung können wir uns vor allem auf die umfangreichen Forschungen von Emil Öhmann (1966, 1969, 1970, 1971, 1973) stützen:

***-lei*:** Dieses Morphem begegnet bereits im 12. Jh., wenn auch vereinzelt. Häufig wird es von den Autoren des 13. Jahrhunderts verwendet. Zunächst ist es noch ein selbständiges Wort mit der Bedeutung ‚Art, Weise', wenngleich in formelhaft fixierter Verwendung im Genitiv, was seine Grammatikalisierung gefördert haben dürfte: *maneger leie, aller leie, drîerleie marterêr* (Hugo von Trimberg, ‚Der Renner' V. 21039), *vierleie liute* (ebd. 21025). Auf diese Weise konkurriert leie mit *hand*; im ‚Nibelungenlied' z. B. hat die Handschrift B und C *maniger hande*, wofür A *manigerleye* setzt (Ausgabe Bartsch/de Boor 436,3).

Gottfried von Neifen nutzt diese ziemlich junge Konkurrenz zur stilistischen Variation: ... *der meie / der uns bringet manger hande guot, / bluomen unde manger leie* (XXIV 1, 1ff.), Neidhart zur Häufung: *komen sint die bluomen manger hande leie* (32,12; so nach der Handschrift R, in c fehlt *hande*). Vor Adjektiven wird aus dem Syntagma eine Wortbildung: *blûmen allerlei gevar* (‚Erlösung' V. 424). In dieser Fügung wird das Substantiv ein Suffix zur Bildung von Adverbien; in der Gegenwartssprache existieren noch mehrere solcher Bildungen (*derlei, jederlei, beiderlei, anderlei, zweier-, dreier-, zehner-, hunderter-, tausenderlei, welcherlei, solcherlei, mancherlei, vielerlei, allerlei, verschiedenerlei, einerlei, keinerlei*), doch ist dieses Suffix nicht mehr produktiv.

Die ältere Forschung leitete *-lei* von einem altfranzösischen Substantiv *ley* ‚Art' ab, doch lautliche Gründe sowie das erste Auftreten um die Mitte des 12. Jahrhunderts, zu einer Zeit also, in der noch kaum von einem intensiven französischen Einfluss gesprochen werden kann, machen es für Öhmann (1969) wahrscheinlich, dass mhd. *leie* auf dem mittellateinischen Ablativus modi *lege* beruht. Das Französische dürfte dann im 13. Jahrhundert die Verwendung wesentlich gestützt haben.

Durch einen Vergleich mhd. Übersetzungen der ‚Benediktinerregel' mit dem lat. Original kommt Herbert Kolb (1977) zu dem Schluss, dass *leie* nicht von lat. *lege* abstammt. „Denn wäre es an dem, so dürfte man erwarten, daß ein solches etymologisches Verhältnis wenigstens in einem Rest von Parallelität der Syntax und Semantik in Erscheinung träte; davon jedoch bieten die Vergleichstexte keine Spur." (S. 416) Auch lautliche Gründe sprechen nach Kolb nicht dagegen, „in afr. *lei* [...] das Ursprungswort zu sehen" (S. 417).

***-ieren*:** Bereits im 12. Jh. kommen im Deutschen Verben auf *-ieren* vor, die sich aber alle auf altfranzösische Verben auf *-er* oder *-ier* zurückführen lassen: mhd. *buhurdieren* ← afrz. *behorder*, mhd. *walopieren* ← afrz. *galoper*, mhd. *tjostieren* ← afrz. *joster*, mhd. *parrieren* ← afrz. *parer*; mhd. *punieren* ← afrz. *punier*. Wie diese wenigen Beispiele zeigen, gehen weit mehr Verben mit *-ieren* auf solche mit *-er* zurück als auf solche mit *-ier*. Die mhd. Form wird durch die Übernahme französischer Nomina agentis auf *-ier* gestützt: mhd. *soldier* ← afrz. *solder*, mhd. *schevalier* ← afrz. *chevalier*, mhd. *baltenier* ← afrz. *pautonier*.

Auch das Substantiv-Suffix *-ier* wird im Deutschen produktiv, es taucht auch bei Wörtern auf, die kein direktes französisches Vorbild haben: mhd. *astronomierre* vs. afrz. *astronomien*, mhd. *tjostier* vs. afrz. *josteor*. Die Form *-ierre* wird „durch Synkope aus *-ierære* entstanden" sein (Öhmann 1971, 527), kann also als Ableitung von einem *-ieren*-Verb oder als Verdeutlichung des substantivbildenden *-ier* (vergleichbar der in der Umgangssprache der Gegenwart oft zu hörenden Bildung *Hostessin*) verstanden werden. Während *-ier* mit dem Ende des französischen Einflusses wieder unproduktiv wurde, hat sich *-ieren* bis in die Gegenwart erhalten. Es blieb notwendig zu Bildung von Verben, weil diese Wortklasse durch ihre „Armut an Suffixen" gekennzeichnet ist (Erben 2006, 139). „Man schöpfte auch unmittelbar aus dem Lateinischen, namentlich Verba der gelehrten Sprache" (Henzen 1965, 228): *radieren, dedizieren, diskutieren, spazieren*. Daneben gibt es auch Ableitungen von deutschen Nomina: *hausieren, hofieren, halbieren* sowie Gelegenheitsbildungen wie *wissenschaftelisieren, goethisieren, kellnerieren*.

***-erîe*:** Im 13. Jh. wird in mhd. Texten ein neues Suffix zur Bildung von Verbalabstrakta produktiv: *ras-erîe, tanz-erîe, vrezz-erîe*. Auch dieses Suffix ist aus dem Französischen entlehnt worden, vgl. das Lehnwort *mangerîe* ‚Speisung, Essen' bei Gottfried von Straßburg oder afrz. *chac-erie* ‚Jagd' von *chacier*. Eine vergleichbare Bildung, möglicherweise sogar eine Lehnbildung, ist *jag-erîe* im ‚Tristan' Gottfrieds (in Marolds Ausgabe einmal V. 2952, in Rankes Edition an dieser Stelle V. 2954 *jegerie*, somit eine Ableitung vom mhd. Nomen agentis *jeger*). Gestützt werden – bis in die Gegenwartssprache – die Bildungen mit *-erie* durch Ableitung mit *-ie*, ebenfalls einem Lehnsuffix, von Nomina agentis auf *-er*; neben dem schon erwähnten *jeger-îe* vgl. *vischer-îe, ketzer-îe, riter-îe*.

-erîe > *-erei* wird sehr früh schon zur semantischen Differenzierung verwendet; es bezeichnet eine wiederholte Handlung und kann auch einen pejorativen Nebensinn haben. Diese besondere Funktion dürfte bewirkt haben, dass es, auch im Unterschied zu *-îe* > *-ei*, produktiv geblieben ist.

Als **Bilanz** lässt sich festhalten, dass im Mhd. das System der Wortbildungsmittel bereits so weit ausgebaut war, dass durch neue Suffixe nur noch Randzonen ausgestaltet werden konnten. Wichtig ist, dass auch *-ieren* nicht instand gesetzt wurde, neue Verben in großer Zahl zu bilden, es blieb ‚Fremdsuffix'. Im Gegensatz zum Substantiv waren und sind es beim Verb nicht die Suffixe, die der semantischen Differenzierung dienen. Diese Aufgabe bleibt im wesentlichen den Präfixen vorbehalten. Suffixe fungieren hier bloß als Mittel zur Bildung von Verben, doch kann man die Suffixableitung „im Bereiche der heute gesprochenen und geschriebenen deutschen Standardsprache kaum noch als produktive Möglichkeit [...] nennen" (Erben 2006, 81).

Zusammenfassung

In der mittelhochdeutschen Zeit entwickelt sich das Deutsche zur eigenständigen Literatursprache. Autoren schreiben bewusst in der Volkssprache. Zudem ändert sich die soziale Zugehörigkeit zunächst des Publikums: Angesprochen werden ‚Herren', die kaum des Lateinischen mächtig sind. Im Laufe der Entwicklung sind es auch nicht mehr lateinische Quellen, aus denen die Autoren schöpfen, das Französische wird, nicht zuletzt angeregt durch die höfische Kultur, geradezu Vorbildsprache, und französische höfische Texte haben literarische Vorbildfunktion. Die Sprecher der Volkssprache werden sich der Tatsache bewusst, dass sie ein und dieselbe Sprache sprechen, auch wenn es noch lange keine Einheitssprache gibt; die Sprachbezeichnung ‚deutsch' wird auch für die Sprecher dieser Sprache verwendet.

Durch die Nebensilbenabschwächung strukturieren sich die Flexionssysteme neue, die im Althochdeutschen noch erkennbaren Deklinations- und Konjugationsklassen fallen weitgehend zusammen. In der Deklination des Substantivs ist es vor allem die Numerusdifferenzierung, die zur deutlich erkennbaren Unterscheidung von Singular-und Pluralstämmen führt. Zudem setzt sich die Futur-Periphrase ‚werden' + Infinitiv durch.

Besonderes Gewicht bekommt die höfische Literatur, durch die sich das Deutsche zu einer höchst artifiziellen Literatursprache entwickelt; diese höfische Dichtersprache ist in erster Linie ein stilistisches Phänomen, dessen wesentliches Kennzeichen der französische Einfluss im lexikalischen Bereich darstellt, wozu auch Lehnsuffixe zu rechnen sind.

Weiterführende Literaturhinweise: Sprachgeschichte (2000), 1295–1408. Klein/Solms/Wegera (2007), 9–56.

3. Das Frühneuhochdeutsche

3.1. Abgrenzungen

3.1.1. Zeitliche Abgrenzung

Frühneuhochdeutsch (Frnhd.) bezeichnet hier den Zeitraum von ca. 1350 bis ca. 1650. Es handelt sich dabei um gleitende Übergänge, nicht um scharfe Einschnitte. Andere Abgrenzungen sind möglich und mehrfach vorgeschlagen worden (s. Hartweg/Wegera 2005, 21f.), je nachdem, welche Kriterien (sprachimmanente, sozioökonomische, politische, geistes- und literaturgeschichtliche, etc.) jeweils bevorzugt bzw. kombiniert werden. Schreibsprachlich lässt sich Frnhd. zu einem guten Teil als Umbruch- und Übergangszeit charakterisieren. Zur Begründung der hier gewählten zeitlichen Abgrenzungen mag vorerst genügen, dass um die Mitte des 14. Jhs. bereits eine Reihe von sprachlichen Neuerungen gegenüber dem Mhd. in einigen Schreiblandschaften greifbar wird und dass um die Mitte bzw. in der zweiten Hälfte des 17. Jhs. die überregionalen Ausgleichsvorgänge inzwischen so weit gediehen sind, dass die Hauptelemente des neuhochdeutschen Schrifttypus einigermaßen klar zutage treten. Auf dieser Basis kann dann der Ausbau und die Kodifizierung der nhd. Schriftsprache erfolgen.

3.1.2. Räumliche Abgrenzung

Das deutsche Sprachgebiet hat seine Ausdehnung (Kolonisation, Sprachinseln) im wesentlichen vor 1350 erfahren. In der Bezeichnung **Frühneuhochdeutsch** ist das **niederdeutsche** Sprachgebiet nicht eingeschlossen. Von alters her galten dort andere Schreibsprachen auf der Grundlage anderer Sprachstrukturen. Das ändert sich im 16. und 17. Jh. auf der Schreib- und Druckebene schließlich durch den völligen Wechsel zum Hochdeutschen. Damit erweitert sich das Geltungsgebiet der neuen Schriftsprache ganz entscheidend von den Nord- und Ostseeküsten bis zu den Alpen. Das gilt aber so nur für die Schrift, nicht für das gesprochene Deutsch. In der sprachlichen Grundschicht bleibt die regional-dialektale Kleinkammerung noch weit in die Neuzeit hinein erhalten, sowohl in der Mitte und im Süden (= hochdeutsch) wie auch im Norden (= niederdeutsch). Zunehmend entsteht dadurch, insbesondere nach der Einführung der Schulpflicht, eine binnensprachliche Diglossie.

3.1.3. Sprachsoziologische Differenzierungen

Binnensprachlich treten sie (vertikal) eher beim Stadtbürgertum auf, kaum auf dem Land. Merkliche Verschiebungen ergeben sich auf anderer Ebene, nämlich im Verhältnis Deutsch (Muttersprache) und Latein. Die Landessprache (lingua vulgaris) war aus pragmatischen Gründen schon im Mittelalter peripher in der religiösen Unterweisung zugelassen, gewann weiterhin Raum in der weltlichen Dichtung, im 13. Jh. auch im Urkundenwesen, aber Latein blieb insgesamt dominant. In der frnhd. Periode wird es nunmehr Zug um Zug zurückgedrängt. Die Legitimation dafür wurde in einem **dreifachen Argumentationsschritt** vor allem durch folgende Aufwertungen geliefert: (1.) genealogische Annäherung der Deutschen an die antiken Völker und Sprachen (Stammessagen, neu belebt); (2.) vorrangige Position des Deutschen durch zeitlich noch weitere Rückbindung an die Bibel (Deutsch als die Sprache Adams); (3.) ‚Weihe' der Muttersprache durch die Bibelübersetzung in der Reformation als gleichberechtigtes Medium des Wortes Gottes neben Hebräisch, Griechisch und Latein. Diese Aufwertung wurde besonders wirkungsmächtig, vorbereitet schon im 14. und 15. Jh. durch die Erbauungsliteratur als ‚Massenliteratur', vom 16. Jh. an in Bibelübersetzung und enormer Bibelverbreitung greifbar. Man kann am Ende der frnhd. Periode geradezu von einem Siegeszug durch fast alle Lebensbereiche sprechen, von einer ‚Verschriftlichung des Lebens' im eigenen Idiom. Natürlich (be)hält Latein noch einige Bastionen (etwa Wissenschaft, Recht, Kirche) über lange Zeit, und der lat. Buchdruck überwiegt den deutschen noch bis in die zweite Hälfte des 17. Jhs, aber die Entwicklung ist irreversibel – und am Ende steht, etwa mit der ‚deutschen Klassik', die vollwertige eigene Schrift- und Kultursprache.

3.2. Textvielfalt, Textmenge, Textcorpora

Mit der allmählichen Verbreiterung der Lese- und Schreibfähigkeit nimmt die Zahl der deutschen Texte kontinuierlich zu. Der **Buchdruck** (ab Mitte des 15. Jhs.) entbindet dann Schritt für Schritt von der mühselig-kostspieligen Kopierarbeit des Mittelalters, erlaubt große Stückzahlverbreitung, was insbesondere allgemein interessierenden Lesestoffen narrativer, geistlicher und realienkundlicher Ausrichtung zugute kam (Prosa-Artus-Epik, Volksbücher, Schwankbücher, Märensammlungen, Reiseberichte, Übersetzungsliteratur, u.a.m.). Erbauungsliteratur wurde in großem Stil in vielen Regionen erst abgeschrieben, später gedruckt. Der Buchdruck ermöglicht schließlich die ‚nationale Aneignung der Bibel' (Burdach), bis in das 18. Jh. hinein vielfach das einzige Buch in einem Haushalt.

Hinzu kommt auf der Alltagsebene die gewaltige Menge der Verwaltungs- und geschäftssprachlichen Niederschriften in frnhd. Zeit. Sie füllt unzählige Stadt-, Kirchen- und Gemeindearchive. An nahezu allen Texten lassen sich sprachregionale Merkmale erkennen, variabel auf der Skala lokal, regional, ansatzweise überregional, bestimmt durch eine Skala von ‚privat' bis zu ‚öffentlich'. Das ermöglicht die Herausarbeitung von Text- und entsprechend Schreiberprofilen hinsichtlich des Grades der regionalen oder gar lokalen Sprachverhaftetheit und damit detaillierte Einsichten in die Stationenwege zur schriftsprachlichen Überregionalität.

Ein anderes Erkenntnisinteresse gilt dem **Textsorten-Ausbau** in dieser Aufbruchszeit im Blick auf die Funktion der Texte und auf die kommunikative Intention der

Textproduzenten. Welche Vielfalt sich da auftut, ist z.B. bei Reichmann/Wegera (1988) gut zu erkennen. Deren Frnhd. Lesebuch gruppiert 86 Texte nach dem Kriterium ‚kommunikative Intention' in neun Abteilungen wie folgt: sozial bindende Texte / legitimierende / dokumentierende / belehrende / erbauende / unterhaltende / informierende / anleitende und agitierende Texte. Die Aufarbeitung des frnhd. Quellenmaterials steht eher noch in den Anfängen. Weitere Informationen zu den Textsorten des Frnhd. bei Kästner/Schütz/Schwitalla (2000).

Die frnhd. Periode wurde von der Germanistik lange vernachlässigt. Das hat sich seit den 1960er Jahren stark geändert. Eine Reihe von Fragen wurde neu gestellt und im methodischen Zugriff verbessert; an Stelle von Einzeltext- oder Einzelortuntersuchungen traten **Textcorpora**, um bestimmte Entwicklungen anhand der Parameter Zeit, Sprachraum und ggfs. Textsorte vom 14.–17. Jh. genauer erfassen zu können. Größere frnhd. Corpora sind in den 70er Jahren in Bonn und in Berlin entstanden (s. Besch 2003, 2272f.), andere kamen hinzu. In Heidelberg wurde ein großes Frühnhd. Wörterbuch in Angriff genommen. Hoffmann (2000) liefert weitere Corpusangaben.

Textcorpora verhalfen zunächst einmal dazu, sich von einseitigen Festlegungen auf bestimmte Untersuchungsbereiche in der älteren Forschung zu lösen. Dazu zählte z.B. die Fokussierung auf Obersachsen als Modell-Landschaft für das neue Deutsch, ebenso die zu starke Konzentration auf den lautlich-graphischen Bereich in der Entstehungsfrage der nhd. Schriftsprache. Jetzt können und sollen auch Morphologie, Wortbildung, Wortschatz und Syntax zum Zuge kommen. Nur so wird sich ein zutreffendes Bild der Gesamtentwicklung in ihren unterschiedlichen Phasen gewinnen lassen, ebenso eine genauere Kenntnis der regionalen Sprachgeschichten, ihrer Eigenstrukturen, ihrer Mitwirkung und ihrer dann z. T. auch konfessionellen Widerständigkeiten.

3.3. Einige Leitfragen, speziell zur Sprachentwicklung (Frühnhd.) in diesen Übergangsjahrhunderten vom Mittelalter zur Neuzeit

Am Anfang (Mitte des 14. Jhs), regiert schreibsprachliche Regionalität, am Ende (gegen 1700) ist die Überregionalität in ihren Grundstrukturen festgelegt und weitgehend akzeptiert. Die Deutschen sind hier infolge ihrer plurizentrischen Territorialgeschichte Nachzügler, verglichen etwa mit Frankreich und England. Deren Nationalsprachen entstanden früher, eingebettet in eher monozentrisch geprägte Geschichtsabläufe mit der Vormachtstellung und Stabilität *eines* Zentrums dauerhaft in einer Region (vgl. Längsschnitt Geschriebene Sprache, I. 2). Und nun die Leitfragen für die Sprachperiode Frühnhd.:

- Was wissen wir über die Sprachverhältnisse im 14./15. Jh.?
- Wie kann sich die naturgegebene Sprachregionalität öffnen für die Anforderungen der zunehmenden Mobilität?

- Gibt es Arrondierungen mittlerer Reichweite?
- Wann und mittels welcher ‚Autoritäten' gelingt die Einigung auf eine überregionale, gesamtdeutsche Schriftsprache?
- Wann und wie vollzieht sich der innersprachliche Ausbau zu einer vollgültigen Nationalsprache?

Im Längsschnitt ‚Geschriebene Sprache' (I/2) finden sich schon z. T. Antworten auf diese Leitfragen. Sie werden im folgenden ergänzt und mit Textbeispielen veranschaulicht.

3.4. Graphien, Graphematik

Von Bedeutung für das Frnhd. und seine Abgrenzung zum Mhd. sind insbesondere: Silbendehnung und -kürzung; Apokope, Synkope; md. Monophthongierung; nhd. Diphthongierung und einige Änderungen im Konsonantismus. Im Bereich der regional sehr unterschiedlich gehandhabten Umlautung [ö, ü] werden die Phonemoppositionen /o/:/ö/, ebenso /u/:ü/ nach und nach auch graphemisch verbindlich markiert <o:o̊ͤ> <u:ůͤ>. Das bedeutet eine funktionelle Entlastung von <o> und <u> und gestaltet bei der zunehmenden **Grammatikalisierung** der Umlaute die Wahrung der etymologischen Durchsichtigkeit im Sinne von ‚Stammschreibung' oder ‚Schemakonstanz' (*Dorf : Do̊ͤrfer; Hut : Hůͤte; Grab: Gråͤber; Macht : Måͤchte, måͤchtig*). Die in vielen Mundarten geltende Entrundung (*schēn, Miller = schön, Müller*) findet letzlich keine Aufnahme in die Schriftlichkeit, offensichtlich aus strukturellen Gründen bezüglich der Reihenbelastung. Rundung wird nur in wenigen Fällen schriftlich übernommen (*Löwe, Löffel, zwölf*). Längere Zeit währt die graphemische und schließlich auch phonemische Umstrukturierung der e-Laute, verbunden mit der Einführung des Schriftzeichens <åͤ>.

Die Diphthongierung (vgl. auch III/2.1.) der alten Langvokale /ī, ū, iu = (ü)/ > /ei, au, eu/ ist z.B. in Texten des 15. Jahrhunderts dominant für bairisch, ostfränkisch und ansatzweise ostmitteldeutsch belegt (s. Besch 1967, Kt. 1); die Monophthongierung des alten Diphthongs /uo, üe/ zu langem <u, ůͤ> in ähnlicher Verteilung allerdings ganz im Ostmitteldeutschen (s. Besch 1967, Kt. 2). Alle hier genannten Veränderungen sind voll in die nhd. Schriftsprache übernommen worden, jedoch keineswegs in allen Mundarten gegeben: die Diphthongierung kaum im Westoberdeutschen und Niederdeutschen; die Monophthongierung kaum im Oberdeutschen. Altes /ie / spielt eine Sonderrolle: es bleibt in der Schrift als Graphem <ie> erhalten, erhält aber den Lautwert [ī], Beispiele: nhd. *Liebe, biegen, dienen,* etc.; das beibehaltene <e> wird zunehmend als Dehnungszeichen für [i] verstanden und daher auch in anderen Wörtern unhistorisch als Dehnungszeichen eingesetzt (mhd. *vil,* nhd. *viel*). Der ursprüngliche Diphthong [ie] wird in süddt. Dialekten vielfach noch immer gesprochen.

Im **Konsonantismus** ergeben sich auf der Graphemebene weit weniger Veränderungen vom Mhd. zum Frnhd. als im Vokalismus. Die Verschlusslaut-Oppositionen p:b, t:d, k:g sind entgegen der Neutralisierung in obd. und md. Dialekten sowohl in den großregionalen Schreibsprachen als auch in der nhd. Schriftsprache graphisch erhalten geblieben. Mundartliche Spirantisierung von g (>*ch*) in gewissen Dialekten unterbleibt ebenso in der Schrift. Bei mhd. lw, rw setzt sich die Graphie <lb, rb> gegen gewisse Dialektregelungen und Schreibtraditionen durch (mhd. *swalwe, varwe* > frnhd. *Schwalbe, Farbe*).

Nur auf der Schriftebene ohne lautliche Konsequenz vollzieht sich die Differenzierung hinsichtlich **Groß- und Kleinschreibung** im Deutschen. Ein rein graphisches und z.T. ornamentales Element (Majuskel) wird mit schriftgrammatischer Funktion beladen. Luther kennzeichnet um 1532 damit zunächst nur Eigennamen und Wörter wie *König, Fürst*, usw., in der Bibel von 1545 schon weitgehend die Substantive. Spätestens mit Gottsched ist dann diese Regel fixiert, also die Grammatikalisierung der Majuskelgraphie, ein markant deutsches Spezifikum. Alle Abschaffungsversuche in späterer Zeit sind gescheitert.

Für weitere Details des Schreibsprachwandels (Graphien) im Frnhd. wird auf N.R. Wolf (2000, 1527–1542) und die dort angegebene Speziallliteratur verwiesen, für den größeren Zusammenhang auf den Längsschnitt ‚Geschriebene Sprache' (I/2) sowie die Linguistische Untersuchung ‚Lautgeschichte' (III/2.1.).

3.5. Flexionsmorphologie, Genus

In diesem Bereich sind die Entwicklungen vom 14. – 17. Jh. auf der Basis von Textcorpora in jüngerer Zeit systematisch beschrieben worden. Zu nennen sind vier einschlägige Bände der ‚Grammatik des Frühneuhochdeutschen' (aufgeschlüsselt im Literaturverzeichnis); sodann Reichmann/Wegera (1993) und Wegera/Solms (2000) mit ihrer hilfreichen Zusammenschau der Abläufe. Insofern genügt hier eine Beschränkung auf wichtige Merkpunkte im zeitlich, räumlich und sprachsystematischen Gefüge der Entwicklung. Im Mittelpunkt sollen der Substantiv- und der Verbbereich stehen.

3.5.1. Substantive

Koenraads (1953, 52f.) charakterisiert in seinen Studien über sprachökonomische Entwicklungen im Deutschen das nhd. Substantivschema „als das Ergebnis nur halbwegs durchgeführter, einander durchkreuzender und folglich misslungener Vereinfachungs- und Systematisierungsbestrebungen" (S. 53). Das vollziehe sich vor allem in frnhd. Zeit und stehe im Zusammenhang mit einer veränderten geistigen Haltung freieren, individuelleren Zuschnitts gegenüber der streng-zünftigen, korporativen Gesellschaft des Mittelalters mit dem viel einfacheren mhd. Flexionsmodell. Die zu Recht festgestellte Verkomplizierung kann heute aber ohne Rekurs auf einen ‚Geisteswandel' viel angemessener erklärt werden:

Das bisher tradierte mhd. Modell in den Grammatiken steht unter starkem Homogenisierungsverdacht durch die späteren Texteditoren **(Normalisierung)**, lässt also im Kern die schreibregionale Prägung der Texte bewusst zurücktreten, dadurch wird größere Einfachheit suggeriert. Der direkte sprachsystematische Anschluss daran verbietet sich für die Folgeentwicklung. Hinzu kommt außerdem, dass schon für das Mhd. eine Klassifizierung nach dem Stammsuffix-Prinzip (a-, ja-, wa-, i-, er-, n-Stämme, Wurzelnomina) wegen Vokalschwächung der Endsilben einigermaßen problematisch geworden war, also kaum eine sprachökonomische Optimierung des Modells vorlag.

Die Entwicklung im Frnhd. verlief erwartungsgemäß weiterhin dezentral, wobei sich auf Grund von landschaftstypischem Lautwandel bzw. Lautbewahrung unterschiedliche morphematische Systemneuerungen abzeichneten, sowohl in der alltäglichen Sprache als auch auf der Schreibebene. Nur da können wir sie allerdings mittels überlieferter Texte genau erfassen. Schreiblandschaften antworten auf Systemstörungen durch geeignete Umstrukturierungen mittels neuer Markierungen. Diese sind eigenständig, natürlich aber unterschiedlich in den Regionen und treffen in solcher Unterschiedlichkeit aufeinander. Erst durch mühsamen Ausgleich über lange Zeit entsteht das nhd. Modell der Substantivflexion. Es ist in der Tat alles andere als ein geschlossener, sprachökonomisch optimierter Entwurf.

Beispiele für den Ablauf:

(1) Für das Oberdeutsche insbesondere erweist sich die **Apokope** (Wegfall von auslautendem *-e*) als Umstrukturierungsfaktor ersten Ranges. Sie ebnet alte Kasus- und Numerusmarkierungen ein, tangiert auch die Verbflexion, wie man leicht sehen kann, wenn man in den mhd. Paradigmen generell auslautendes -e tilgt. Abwehrreaktionen gelten vor allem der **Numerusprofilierung** (Singular: Plural). Als wichtiges Mittel dafür gewinnt der Analogieumlaut eine erhebliche Bedeutung (mhd. *vogel* : *vogele*, nhd. *Vogel* : *Vögel*).

Wie konsequent er funktionalisiert werden kann, sehen wir an heutigen Mundarten: Plural: *Täg, Ärm, Hähn, Hünd, Höbel* usw. Auch das Morphem *-er*, ursprünglich Klassenzeichen für nur wenige Substantive, erhält in erheblichem Ausmaß den Status eines Pluralmerkmals: *Kind: Kinder; Wort : Wörter* usw., in den Mundarten auch *Better, Hemder, Steiner,* etc. Im Mhd. war bei Neutra wie *kind, wort* der Plural noch gar nicht bezeichnet: *daz kind : diu kind.*

(2) In md. Gebieten sind die ursprünglichen Lautverhältnisse (-e) besser bewahrt, daher ist der Analogieumlaut selten(er) und *-er* als Pluralmarker erst in jüngerer Zeit (16./17. Jh.) häufiger bemerkbar. Die Notwendigkeit einer grundlegenden Umstrukturierung entfiel zunächst.

(3) Für das mittelrhein. und niederfränk. Gebiet zeichnet sich schon im 15. Jh. noch eine andere Entwicklung ab: die Tendenz zum *-n*-Plural und dann überhaupt zur schwachen Flexion. Das erstere ist durchaus im Sinn einer klaren, von allen Landschaften angestrebten Abhebung der Numeri, das letztere gegenläufig. Von dieser Entwicklung sind alle Genera betroffen; es deutet sich an, was in der niederländischen Schriftsprache in systematisierender Weiterverfolgung dieser Ten-

denz heute gilt: Einheitsplural auf *-(e)n*, daneben *-s*, fast völliges Zurücktreten der ‚inneren' Flexion (Umlaut).

Im Frnhd. mit dem Beginn der nhd. Schriftsprache stoßen diese tastenden, aber in der großen Linie sprachökonomisch-funktionell sinnvollen Lösungen der großregionalen Schreibsprachen aufeinander.

Es überlagern sich die Tendenzen in der Schriftsprache; nach einer längeren Periode der Unsicherheit entsteht das nhd. Flexionssystem im wesentlichen als ein addierender Ausgleich der einzellandschaftlichen Entwicklungen, natürlich mit allen Inkonsequenzen eines solchen Kompromisses und nur z. T. beeinflusst durch ‚innere Kausalität'. Das Entscheidende dabei ist, dass sich die nhd. Schriftsprache zwar alle neuen Elemente zu eigen macht, zugleich aber den verursachenden Lautwandel (etwa die Apokope) z. T. wieder aufhebt. Hier liegt die Ursache für die häufig beklagte **Komplexität des Systems** mit seiner Vielfalt und auch mit Morphem-Dubletten etwa bei *Bande/Bänder*; *Worte/Wörter*; *Lande/Länder*; *Männer/Mann/Mannen*; *Orte/Örter*; *Schilde/Schilder*, etc., mit erst späten Ansätzen einer semantischen Differenzierung. Die Schriftsprache vermag sich als ‚künstliches' Gebilde über und gegen die natürlichen Entwicklungen innerhalb der Sprechgemeinschaften zu stellen; von nun an treten Schriftsprache (Hochsprache) und Regionalsprachen (Mundarten) endgültig auseinander.

In der frnhd. Schriftlichkeit sind partiell auch die **Kasus**-Oppositionen gefährdet, sie werden dann aber leidlich stabilisiert, dies im Gegensatz zu den Regelungen in den meisten Mundarten (da teils Einebnung, teils analytische Bildungsweise).

Die **Genus-Zuordnung** in der deutschen Standardsprache ist nicht durch stringente Leitlinien erklärbar, vielleicht auch deshalb, weil die Schreibsprachen z. T. unterschiedliche Zuordnungen ein- und desselben Lexems favorisierten, meist in Rückbindung an das jeweils gesprochene Landschaftsidiom. So hieß es (vornehmlich obd.): **der** *bank/butter/gewalt/luft/schneck, tauf,* u.a.m., anderswo **die** *gedächtnis/gefängnis/gleichnis/schwulst/verlust*, aber anderswo **die** *bank*, *die gewalt, die taufe*, etc., sodann **das** *pöbel/verstand/armut/bedrängnis*, etc. Die Frnhd. Grammatik von Reichmann/Wegera (Hrsg. 1993) zählt unter der Überschrift ‚Genus(Wechsel)' über 300 spätere Wechselfälle im Frnhd. mit der Markierung ‚Mask.' auf (S. 175f.), gut 200 als ‚Fem.' markiert (S. 180), ebenfalls über 200 als ‚Neutr.' (S. 187). Das sind in allen drei Fällen offene Listen. Vieles in den Zuordnungen wird auf Usus beruhen, manches auch auf Unsicherheit der Schreiber/Drucker im ‚Dickicht' der Suffigierungen, regionalen Festlegungen und Fremdwort-Übernahmen. Die Standardisierung bedeutete Selektion. Anhand welcher Kriterien oder Mechanismen die sich vollzog, ist vielfach für den konkreten Einzelfall noch nicht beschrieben. Für generelle Hinweise vgl. Duden-Grammatik ([7]2005, S. 169f.), wo sich auch eine Liste mit 110 gebräuchlichen Substantiven mit schwankenden Genus bis heute findet. Die Standardisierung im strengen Sinn ist in unserem föderalen Land bis heute noch nicht abgeschlossen.

3.5.2 Verben

Im Frnhd. laufen wichtige flexionsmorphologische Veränderungen ab in beiden Klassen, den ablautenden (starken) Verben und den Verben mit *-(e)te* Präteritum, auch schwache Verben genannt. Sie tendieren hin zu einer Art **Tempusprofilierung**, d.h. einer klar abgrenzenden Markierung der Präsens- und der Präteritalebene. Dazu verhelfen auch Eliminierungen von lauthistorisch gegebenen Sonderformen im Singular – und im Pluralparadigma, sowohl im Präsens als auch im Präteritum beider Klassen. Neue Verben werden ausschließlich nach dem schwachen Paradigma gebildet, dies übrigens schon im Ahd./Mhd.; aber im Frnhd. treten nun zunehmend auch noch ‚starke' Verben in die ‚schwache' Klasse über. Für das Mhd. werden noch 339 sog. starke Verben gezählt, zum Nhd. hin nur noch 169 (s. Wegera/Solms 2000, 1548). Konsequenterweise spricht man heute von **‚regelmäßigen'** (ehem. ‚schwachen') **Verben**, entsprechend von **‚unregelmäßigen'** (ehem. ‚starken') **Verben**. Lange Listen von ‚starken' Verben, die vom Mhd. zum Nhd. zur ‚schwachen' Klasse übergetreten bzw. verloren gegangen sind, bietet Bd. IV (1988, 469–492) der Grammatik des Frnhd. Einige Beispiele*: nîgen; smiegen; hinken; bellen; rächen; ziemen; spalten; walten*, etc. Selbst heute ist dieser Vorgang noch nicht abgeschlossen, wie man an Doppelbildungen sehen kann: *backte/buk; melkte/molk; pflegte/pflog; schallte/scholl,* u.a.m. (s. Dudengrammatik [7]2005, S. 491f.). Triebfeder dieses strukturellen Sprachwandels in Permanenz scheint die Optimierung des (raschen) Verstehens zu sein. Dies wird über vereinfachende Systematisierung bewirkt. Dabei kann nicht direkt vom Mhd. ausgegangen werden, denn die regionalen Schreibsprachen, die in frnhd. Zeit immer stärker in Kontakt miteinander treten, bringen selbst schon eigene Ansätze solcher Systematisierungen mit. Das erschwert die Herausbildung eines allseits akzeptierten neuen Verbflexionsmodells über längere Zeit bis in das 18. Jh. hinein.

Es seien hier die wichtigsten **Teilsystematisierungen** genannt:

- Beseitigung von Stammvokal-Alternanz im Präsens
  mhd. Inf. *biegen*, Sg. *iu*, Pl. *ie*, st. V. IIa
  mhd. Inf. *bieten*, Sg. *iu*, Pl. *ie*, st. V. IIb vereinheitlicht auf Präsens-Stammvokal *-ie-*
- Kompromisslösung(en) bezüglich der Personalendungen im Präsens-Plural: mhd. *-en, -et, -ent.* Großregional werden unterschiedliche Modifizierungen versucht: ein sog. **Dentalplural** einheitlich für alle drei Personen (= *-(e)nt),* vor allem obd. und teils westmd.; andernorts ein Ausgleichsmodell ganz auf *-(e)n;* schließlich Festhalten am mhd. Modell. Am Schluss dominiert unser heutiges *-(e)n, -(e)t, -(e)n,* schon vom 15. Jh. an im Ostmd. greifbar. Die Dialekte sind mehrheitlich weiter gegangen in der Vereinheitlichung z.B. auf *-(e)t* oder auf *-(e)n* oder *-e(n)* generell.
- Der Sg.Prs. Vokal war mhd. vereinheitlicht auf *-i-*, also *ich nime, du nimst, er, sie, es nimt,* so noch in heutigen Dialekten. Das frnhd.-nhd. Paradigma ist eher gegenläufig, es spaltet auf in *e,i,i: ich nehme, du nimmst, er nimmt.*
- Weitgehende Beseitigung des sog. **Rückumlauts** im Prät. schwacher Verben: mhd. *setzen* > *satzte; hoeren* > *hôrte,* etc. Davon waren im Mhd. mehr als 200 Ver-

ben betroffen, heute sind es nur noch *brennen, kennen, nennen, rennen, senden* und *wenden,* wobei bei *senden* und *wenden* auch schon Anzeichen des Wandels zu *sendete* u. *wendete* vorliegen.

- Umbau der Ablautreihen bei den starken Verben mit einem Doppeleffekt: Tempusprofilierung: mhd. *binden, bant, bunden, gebunden* > Nhd. *binden, band, banden, gebunden,* d.h. einheitlich ablautenes *a* im Sg. und Pl.Prät. Die Zeitstufen Prs. u. Prt. sind nun durch die Vokalopposition *i/a* klar geschieden. Einbezogen in diese funktionell-systematische Markierungstendenz sind auch die Beseitigung der auffallend abweichenden 2. sg.prt.-Formen (mhd. *du bünde* > nhd. *du bandest, du büte* > *du botest* und des sog. **grammatischen Wechsels**: mhd. *ziehen, zoh, zugen, gezogen* > nhd. *ziehen, zog, zogen, gezogen.* Im übrigen wird auch der quantiative Ablaut z.B. kurz *a* und lang *a* in mhd. *nam* (sg. prt.) / *nâmen* (pl.prt.) > nhd: *nahm, nahmen* (jeweils langes *a*) vereinheitlicht.

Der Umbau der alten Ablautreihen zeitigt gegen Ende des Frnhd. durch interparadigmatischen Ausgleich wenige dominante Ablautmuster (*ei, i, i, i; e, a, a, o; e, a, a, e; a, u, u, a; a, i(e), i(e), a)* und damit ist die ahd./mhd. Systematik der starken Verben endgültig aufgegeben.

Durch systematisierende Vereinfachung ist Tempusprofilierung und leichtere Überschaubarkeit gewonnen, auf der Verlustseite steht eine weitgehende Schwächung der **Modus-Markierung** am Verb selbst. So unterscheidet sich nhd. beispielsweise im Präteritum der Konjunktiv der schwachen Verben nicht vom Indikativ und im Präsens ist eigentlich nur noch die 3. Sg.Prs. eindeutig markierbar hinsichtlich Indikativ und Konjunktiv (*er sagt/er sage*, etc.).

Das Zusammentreffen von schreibsprachlicher Regionalität und der Notwendigkeit überregionaler morphologischer Standardisierung ließ sich besonders deutlich im Substantiv- und Verbbereich explizieren. Natürlich ergeben sich im Frnhd. auch Veränderungen in der Morphologie der Adjektive, Pronomina und Numeralia. Das soll hier zurückgestellt werden. Jeweils knappe diesbezügliche Informationen finden sich etwa bei Wegera/Solms (2000), 1549f. Interessante Thesen zum relevanzgesteuerten morphologischen Umbau im Frnhd. liefern Nübling/Dammel (2004).

3.6. Lexik

In der Forschung wurde die lexikalische Standardisierung des Deutschen lange Zeit unterbewertet. Der nhd. Sprachtypus galt vornehmlich durch Normung der Orthographie und der Flexionsmorphologie erreicht, im übrigen auch bezüglich des früheren Ablaufs. Für die Schreiber/Drucker bedeutete das bei Orthographie und Morphologie eine Adaption formeller Art wie man sie ansatzweise passiv/aktiv auch schon früher im Nebeneinander der verschiedenen

Schreibkonventionen kannte. Verstehensprobleme gab es dabei nicht. Das stellt sich beim Wortschatz ganz anders dar, da stehen großregional unterschiedliche Wortschätze langer Tradition gegeneinander. Verlust wiegt schwer. Das tangiert ganz andere Bewusstseinsschichten als bloße Änderung von orthographischen und flexivischen Elementen, denn mit Wörtern verbinden sich Inhalte, Gegenstandswelten, ‚Weltansichten', eingebettet in lange Traditionen von Kulturgemeinschaften.

Natürlich handelt es dich dabei im großen Gesamtwortschatz mit vielen Konstanten und Gemeinsamkeiten nur um eine begrenzte Anzahl, aber um eine signifikante. Deren Bagatellisierung („die paar Dutzend Wörter") angesichts von rund 120 000 bis 150 000 eines Frühneuhochdeutschen Wörterbuchs in Arbeit (s. Reichmann u.a. 1988, 165) wird der Bedeutung dieses historischen Wortwechselvorgangs nicht gerecht. Es handelt sich ja nicht um regionalisierte Bauernwörter, auch nicht um beliebige Wortbildungsvarianten (à la Präfigierungen etwa mit *ab-*, *an-*, etc., die viele Seiten füllen), sondern um Bestandteile des Kernwortschatzes, in großregionalen Schreibsprachen als Konkurrenzwörter verankert, gewissermaßen schon auf einen gewissen Usus hin ‚vertikalisiert', offensichtlich auch voll bibelsprachewürdig. Adam Petris Nachdruck von Luthers Übersetzung des Neuen Testaments in Basel, 1523, liefert ein Glossar von fast 200 Beispielen solcher **Wortkonkurrenten** (u. a. *alber-nerrisch, bang-engstich, beben-bidmen; bruͤfen-merken, darben-nott/armůt leyden, flicken-bletzen, heuchler-gleißner, lippen-lefftzen, motten-schaben, quelen-peinigen, schnůr-sonßfrau, splitter-spreyß, ufer-gestad, zygenfell-geyßfell*, etc. (Abfolge: jeweils das erste ist das Lutherwort; die Gesamtliste findet sich bei Kluge 1918, 106f.). Dieses Glossar wird in anderen obd. Städten noch einige Jahrzehnte nachgedruckt. Solch obd. Traditionswörter finden sich noch lange im Schrifttum, auch in Nachdrucken der Zürcher Zwingli-Bibel, erstaunlich stark ebenfalls noch in obd. Neuübersetzungen, z.B. von Amandus Polanus (NT Basel 1603), von Johannes Piscator aus Straßburg mit seinem Bibelwerk 1602-1604, entstanden an der hessischen Hochschule in Herborn *(scheure, sester, gleißner, schaben, spriessen leftzen, weingarten, trotte, schnaaken, erdbidem, tunken, hafner*, etc.). Man kann leicht einige Seiten mit solchen Beispielen füllen. Auch katholische Bibeldrucke, die mir gerade zur Verfügung stehen, etwa Dietenberger, Köln 1571, oder Ulenberg, Köln 1630, bieten noch einen erheblichen Anteil solcher Wörter. Danach treten sie merklich und bald ganz als Wörter in der Bibel ab.

Was ergibt sich aus solchen Fakten für die Schriftsprachentwicklung in frühnhd. Zeit bis etwa 1650? In der Lexik stehen sich im 16. und teils noch 17. Jh. mindestens zwei Traditionsräume (neben dem niederdeutschen) gegenüber, mit jeweiligen Zentralgebieten im Süden und Westen, bzw. im Norden und Osten/Südosten. Die betreffenden Schreibsprachen überdachen je für sich schon areal gesprochene Vielfalt, haben also selbst schon so etwas wie den Status einer ‚Leitvarietät'. Der letzte Schritt, im Deutschen über 200 Jahre später als etwa in Frankreich, ist dann die gesamtdeutsche Aus- und Abwahl, klar erkennbar um etwa 1700. Das Leitvarietät-Modell (s. Reichmann 1990) ist, soweit ich es verstehe, wohl nur auf diese Letztauswahl zu beziehen. Es bedarf aber definitiv einer Stufung. Im Deutschen gab es davor schon eine gewisse Auswahl im Sinne einer Teilvertikalisierung.

Demnach ist **‚Vertikalisierung'** (s. Reichmann 1988) im Deutschen letztlich ein gestufter Prozess, nicht geradlinig einsinnig – und der Gewinn der abschließenden Vertikalisierung in der Neuzeit liegt nicht allein in der immer besseren Differenzierung der lexikalischen Darstellungsfunktionen, sondern zusätzlich auch in der raum- und gruppenübergreifenden Zusammenführung eines ganzen Sprachvolkes. Das gehört als Spezifkum zur deutschen Sprachgeschichte. Somit sind die Regionen in einem Land mit plurizentrischem Geschichtsablauf viel länger im Spiel des schriftsprachlichen Einigungsprozesses als anderswo und erfordern eine gebührende Berücksichtigung, gerade auch in der Wortgeschichte.

Wie stark man im Kampf um die **Sprachnorm im 17. Jh.** und bis hin zu Gottsched immer wieder aus großregionalen Sprachtraditionen heraus argumentierte, ist offenkundig. Selbst noch um die Mitte des 18. Jhs. bedauerte Johann Jakob Bodmer, evang. Pfarrer und Schriftsteller in der Schweiz, die Abkehr Luthers von der älteren Sprache der ‚Minnesinger' mit ihrem obd. Gepräge. Dort hätte er schon alle Vorteile eines wohlausgebildeten Idioms vorfinden können. Seine Sprachherkunft und Sprachwahl habe jedoch ein anderes Gepräge und führe nun etwa auch dazu, ältere obd. bairisch-alemannische Sprachzusammenhänge zu stören, wobei sicherlich besonders an die Lexik gedacht war (s. Bodmer 1755).

Mit Luther ist die im Verlauf des Frühnhd. dominierende ostmitteldeutsche **Leitvarietät** in Kombination mit ostobd. Elementen gemeint (vgl. Besch 1967, 362f., s. auch Längsschnitt: ‚Geschriebene Sprache', I/2). Schon 1531 stellt Fabian Franck in seiner ‚Orthographia' Luthers Bibeldeutsch neben der Kanzlei Kaiser Maximilians und den Augsburger Drucken des Johann Schonsberger als sprachliche Vorbilder heraus.

Landschaftliche Wortkonkurrenz in Standard- und Umgangssprachen ist ja bis heute existent und inzwischen auch kartographisch gut dokumentiert (s. Eichhoff 1977f.). Letzteres ist natürlich für frühere Jahrhunderte sehr schwierig. Immerhin gibt es beachtliche Ansätze **sprachlandschaftlicher Lexik-Zuordnung** mit zahlreichen Karten für das späte Mittelalter (s. Besch 1967; Ising 1968; Kunze 1985, 2003; Kleiber/Kunze/Löffler 1979, Grubmüller 1967, 1990; Kirchert/Klein 1995; Ausbildung der Norm II, III 1976), d.h. für die erste Hälfte der frnhd. Zeit.

Zwischen Wortkonkurrenz und späterer Abwahl lässt sich für die sprachliche Übergangszeit eine Additionsbrücke ausmachen: die **lexikalische Doppelform**. Sie sichert das Verstehen durch Kombination des heimischen und des fremden

Worts. An dieser Funktion ist angesichts des reichen Belegmaterials nicht mehr zu zweifeln; stilistisch oder juristisch motivierte Doppelformen in anderen Zusammenhängen sind deshalb natürlich nicht ausgeschlossen (zur Diskussion vgl. Besch 1993). Zur Verdeutlichung hier nur wenige Beispiele: (a) aus einem Erbauungstext des 15. Jh., damals abgeschrieben in unterschiedlichen Regionen, (b) aus Piscators Herborner Bibelwerk, jeweils aus den Kapitelspalten „Lehren" im Matthäus-Evangelium 1604. (a) a*nvechtinge vnde bekoringe; dick und offt; meyl ader makel; murtze und gantz; gereret vnd vergossen; weger und nützer, etc. (b) sester oder scheffel; splitter oder spriessen; mukken oder fliegen; rasten oder růhen; kelter oder trotte; weingårtnern oder råbleuten; gleisnerey vnd heucheley; lampen oder ampeln; fůhlen vnd empfinden; Aabendmaal oder Nachtmaal* [Gegensatz norddt. *Abend/* süddt. *Nacht;* z.T. Gegensatz Lutheraner/Reformierte (= *Nachtmal,* auch *Nachtessen* (Eucharistie)], sowie zahlreiche weitere Belege. Das Schicksal der abgedrängten Konkurrenzwörter (semantische, stilistische Umdeutung, dialektale Reduzierung, Worttod) ist bisher noch nicht zusammenfassend dargestellt worden. Daran ließen sich interessante Einblicke in die Techniken einer **lexikalischen Vertikalisierung** gewinnen mit ihrer pragmatischer Nutzung der gehäuften Konkurrenzwörter-Synonymik.

Das Deutschland der Sprachregionen ist natürlich bei weitem nicht der einzige Aspekt in diesen drei wichtigen Jahrhunderten des Übergangs in eine neue Zeit, aber er wird zeitgenössisch bewusster wahrgenommen und intensiv diskutiert als etwa die folgenden Vorgänge des Wortschatzausbaus, die hier genannt, aber nur mit wenigen Belegen ausgeführt werden, da schon größere Zusammenstellungen in Lexika, Sprachgeschichten u. Monographien vorliegen (z.B. Maurer/Rupp 1974f.; Tschirch 1989; Bach 1970; Gloning 2003; Hartweg/Wegera 2005; Wolf 2000). In Sprachen gibt es längerfristig neben vielen Konstanten immer Zuwachs und Abbau, semantischen Umbau, stilistische Differenzierung, Fachsprachenspezifik, Fremdentlehnungen – lexikalische Reflexe auf gesellschaftliche, technische, ökonomische Veränderungen und Innovationen im Lauf der Zeit; im Frnhd. infolge von Vertikalisierung auch Systematisierung, Variantenabbau, **Monosemierung** (z.B. *lefze* nur noch bei Hund und Raubwild), **Metaphorisierung** (*Aas* > ugs. raffinierter, durchtriebener Mensch).

Es gibt **Sonderwortschätze** durch zunehmende Arbeitsteilung und Gewerbedifferenzierung, etwa im Bergbau (*Fundgrube, fördern, Schicht,* etc); im Kaufmann- und Bankbereich, z.T. mit Lehngut aus dem Nd. und Ital. (*Stapel, Fracht, Bank, brutto, netto, Skonto,* etc.); in der Seefahrt (*Nachen, Ruder, Bug,* etc.); im Buchdruckgewerbe (*Setzer, Verlag, Format, Kolumne, Korrektor,* etc.); in den Künsten und Bildungseinrichtungen (*Gymnasium, Stipendium, Präzeptor, Fakultät, Dissertation,* etc.); im Rechts- und Staatswesen (*Advokat, Mandat, Delinquent, Monarchie, Regiment, Polizei,* etc.); in Wissenschaften und Medizin (*addieren, subtrahieren, Quotient, Affekt, Argument, Dialektik, Anatomie, Epidemie, Medikament, Patient,* etc.). Diese und weitere Beispiele bei Hartweg/Wegera (2005, 194f.), Gloning (2003) hat seine konzeptionellen Überlegungen zu einer historischen Lexikologie mit exemplarischen Untersuchungen zum deutschen Wortschatz um 1600 verbunden. Es sind Nischenwortschätze wie etwa „Kriegswörter“ mit Untergliederung (auch mit regionalen Unterschieden, *Belagerung, Fußknecht, Scharmützel, Feldscherer, Muskete, munitionieren, Zündrute*, etc.), der Wortschatz der Alchemie (*Spiritualwasser, Sublimat, distillieren, purgieren, Reibstein*, etc.), der Wortschatz des Tranchierens im 17. Jh. (*Trechiant, Vorschneider, Vorleger, ablösen, abschneiden, abheben, Spaltschnitt, Kreuzschnitt*, etc.), der Wortschatz von Kochbüchern um 1600 (*absieden, bachen, brennen, brühen, Pfund, Quint, Spieß, Wälgerholz*, etc.), schließlich finden sich noch Angaben zu lexikalischen Profilen von: Traktaten; Hilfe bei Auslandsreisen; Münzkunde; Hexenverfolgung; Apokalyptischem Schrifttum, hier aber mehr typisierend als einen Wortschatz präsentierend.

Insgesamt ist in der Erschließung der frnhd. Lexik noch viel zu tun. Dem ‚Frühneuhochdeutschen Wörterbuch‘ (s. Goebel/Reichmann) mit den geplanten 13 Bänden kommt dabei eine entscheidende Rolle zu.

3.7. Wortbildung

Für die Wortbildungsprozesse in frnhd. Zeit, die sich bis ins 18./19. Jh. erstrecken können, zeichnen sich zwei Entwicklungsschwerpunkte ab:

(1) Kenntnisnahme und Zusammenführung großregionaler Wortbildungsmodelle in den Schreibsprachen mit ihren teils unterschiedlichen Nutzungen hinsichtlich des Inventars der Wortbildungselemente und ihrer Belastung (Frequenz). Die gesprochenen Varietäten (Dialekte) waren dabei kaum noch im Spiel, wie man an rezenten Dialekten sehen und entsprechend rückschließen kann (reduziertes Inventar, reduziertes funktionales Spektrum). Die Änderungen zeigen sich demnach hauptsächlich auf der Ebene der Schriftlichkeit.

(2) Allmähliche Neujustierung der nunmehr nötigen überregionalen neuhochdeutschen Wortbildungsregularitäten unter dem Gesichtspunkt der funktionalökonomischen Optimierung der **Bezeichnungsgenauigkeit**, bewirkt etwa durch Abwahl von Varianten, Eingrenzung funktionaler Mehrdeutigkeit einzelner Bildungselemente, bewirkt auch durch andere Frequenzverteilung, schließlich durch auffälligen **Ausbau der Wortkomposition** (Univerbierung syntaktischer Gruppen), durch **gesteigerte Präfigierung** insbesondere beim Verb, durch massive Übernahme fremdsprachlicher Elemente (*-ismus, -ität, -ieren*, etc.) in den Wortbildungsprozess, u.a.m. Die Schwerpunkte lassen sich zeitlich nicht klar abgrenzen – zudem wird sich nicht ausschließen lassen, dass auch in der Wortbildung, wie in der Lexik, die Regulierungsfaktoren ‚Größe des Geltungsareals‘ und ‚Landschaftkombinatorik‘ die Entscheidungen mit beeinflussen, weil gegen einen weit verbreiteten ‚Usus‘ nur schwer anzugehen ist und Ostmitteldeutsch/z.T. Ostoberdeutsch eine gewisse Leitvarietät-Funktion erlangt hat.

Es folgt nun einiges Material, das u.a. auch auf die sprachlandschaftliche Komponente in der diachronischen Entwicklung der schriftsprachlichen Wortbildung hinzuweisen vermag. An drei Kartenskizzen lässt sich z.B. für das 15. Jh. die Variation von Derivationssuffixen und deren räumliche Verteilung andeutungsweise erkennen. Das Belegmaterial stammt aus der weit verbreiteten Erbauungsschrift Ottos von Passau (s. Besch 1967, hier auch die Karten Nr. 40, 65, 61, sowie deren ausführlichere Kommentierung). Aus den Lagerungen des 15. Jhs. lässt sich mit einiger Sicherheit auf die weitere Entwicklung schließen.

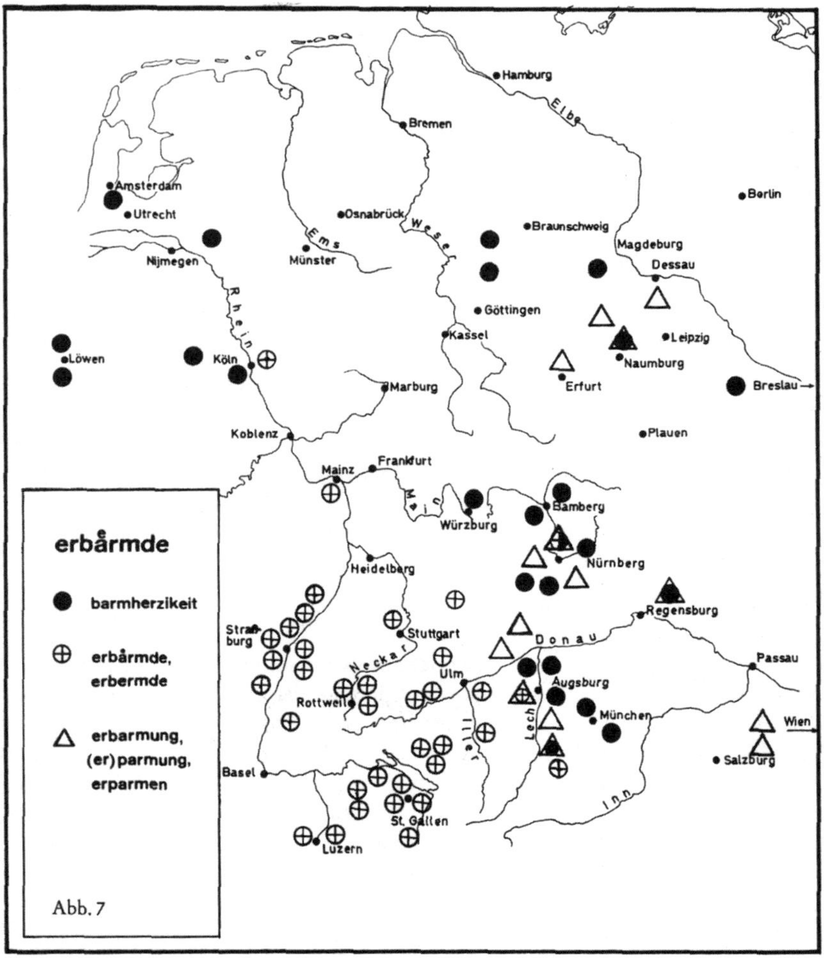

Karte 3.1: *erbärmde* (aus: Besch 1967, 158f.)

erbärmde, eine alte Ableitung auf *-ida* (*irbarmida*), scheint im 15. Jh. geradezu eine alemannische Kennform zu sein. In den übrigen Gebieten konkurriert vor allem *barmherzikeit*, dann auch *erbarmung*, *erparmen*. Luther verwendet *barmherzikeit* und *erbarmung*, gelegentlich *erbarmen*. Ersteres ist heute noch das hochsprachlich-kirchensprachliche Wort, das zweite hält sich im Kirchenlied, wird jedoch bereits als ‚veraltet' bezeichnet.

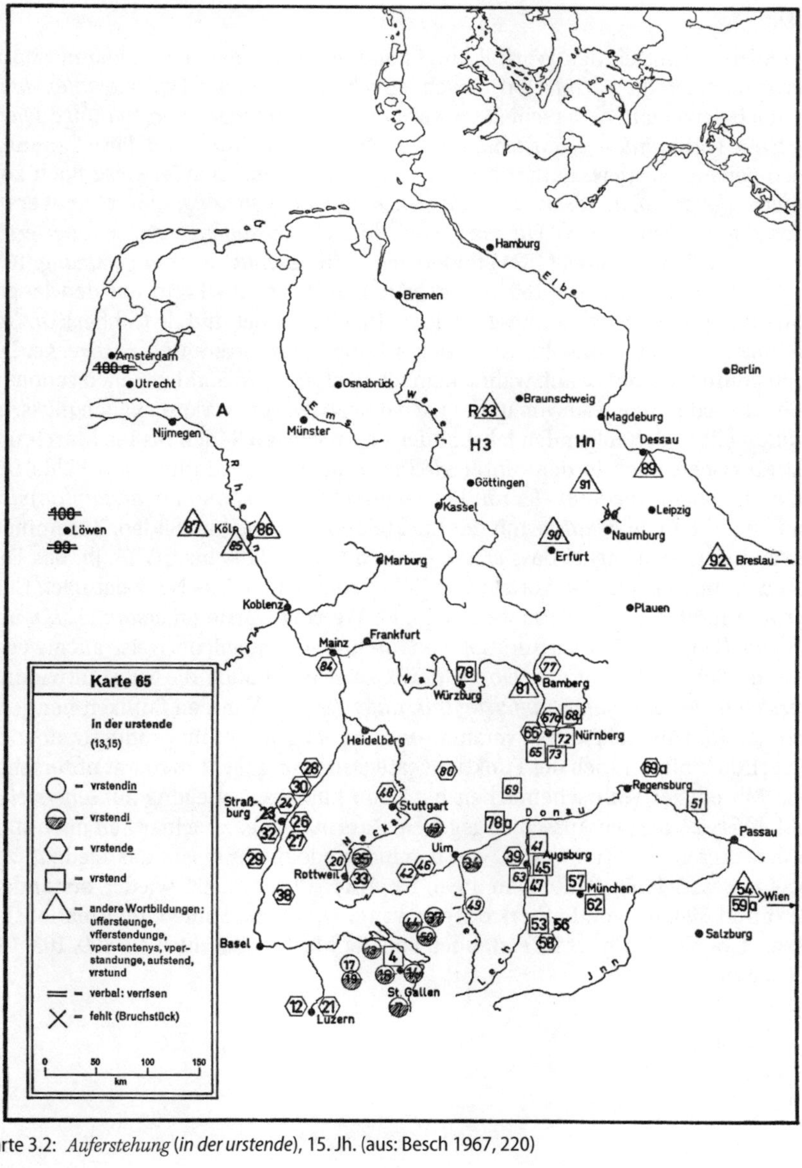

Karte 3.2: *Auferstehung* (*in der urstende*), 15. Jh. (aus: Besch 1967, 220)

Auferstehung darf aus zwei Gründen als ein Anschauungsmodell diachroner Wortbildungsabläufe gesehen werden: (1) wegen der Anzahl der eingesetzten Prä- und Suffixe im **Verdeutschungsprozess von lat. resurrectio**; (2.) weil mit den Studien von de Smet (1961), Besch (1967, 221f.) und de Cubber (2000) Belegsammlungen dafür in arealer Verteilung vom frühen Althochdeutschen bis zum 16. Jh. vorliegen.

Die Karte vermittelt den Wortbildungsstand im 15. Jh., der sich in klaren Konturen abzeichnet: Im ganzen Obd. einschließlich Mainz gilt der Typ *vrstend(e), -i, -in*, nördlich davon gibt es verschiedene Varianten: *uffersteunge, vfferstendunge, vperstentenys, vperstandunge, aufstend, vrstund*. Bei Cubber (2000) sind diese Varianten noch genauer sortiert. Luther schwankt anfangs bezeichnenderweise noch zwischen *aufferstand, auferstentnis, auferstehen* und *aufferstehung*, später bleibt er bei letzterem (so Bibel 1545). Für *resurgere* gebraucht er *aufferstehen*, seltener *erstehen*. In der Zwingli-Bibel (1531) findet sich *auferstentnuß*, auch *aufersteung*, 1638 *aufferstådntnuß*, Piscator 1604 *auferstehung*. Nun der Rückgriff auf den langen Vorlauf in dieser Wortbildungsgeschichte (nach de Smet und de Cubber): *arrîsan* und *urrist* vertreten die älteste Verdeutschung für *resurgere* und *resurrectio*. Danach kommt *arstantan* auf, wahrscheinlich weil *rîsan* im Süddeutschen schon im 8. Jh. die Bedeutung „sich von unten nach oben bewegen“ verloren haben muss. *arstantan* gilt in den folgenden Jahrhunderten im ganzen Süden bis ins Mittel- und Ostfränkische, auch in dem unter kirchensprachlichem Einfluss von Fulda und Köln stehenden niederdt. Raum. Für *resurrectio* korrespondiert *arstant(an)nisse* im Fränkischen, *urstendida*, mit der Rückbildung *urstendi*, im Süden. Zusammenfassend lässt sich sagen, dass *erstân - urstende* vom 1100 bis ins 15. Jh. das Feld von den Alpen bis in das Vorfeld von Köln beherrschen. Das Nd. zeigt nach Cubber Kontinuität für die Variante *upstân*, im Westmd. varrieren *erstân, ûfstân* und *ûferstân* (Doppelpräfix als Addition von *up-* und *-er-*, möglicherweise auch wegen semant. Schwäche von *er-*). Doppelpräfix zeigt dann auch die Substantivierung *ûferstende, ûferstandunge, auferstentnis, auferstehung*. Von den Suffixen her gesehen ist *-ida* (Abstraktsuffix), veraltet, *-nis* und *-ung* weiterhin produktiv, aber offensichtlich hinsichtlich der Funktionskategorisierung nicht markant unterschieden. Mit einiger Wahrscheinlicheit hat dann Luthers Festlegung auf *auferstehen* und *Auferstehung* den Ausschlag gegeben. Dass man aber zu seiner Zeit noch stark in der älteren Tradition stand, verrät mindestens für *resurgere* das Liedgut, z.B. Evang. Gesangbuch (Gütersloh 1996, Nr. 101) „Christ ... ist wieder **erstanden**“ (Text und Melodie von Luther), oder in weiter zurückgreifenden Reformationsliedern, etwa Nr. 99 „Christ ist erstanden von der Marter alle“, auch Nr. 100, 103, 105, 106 u.a.m.

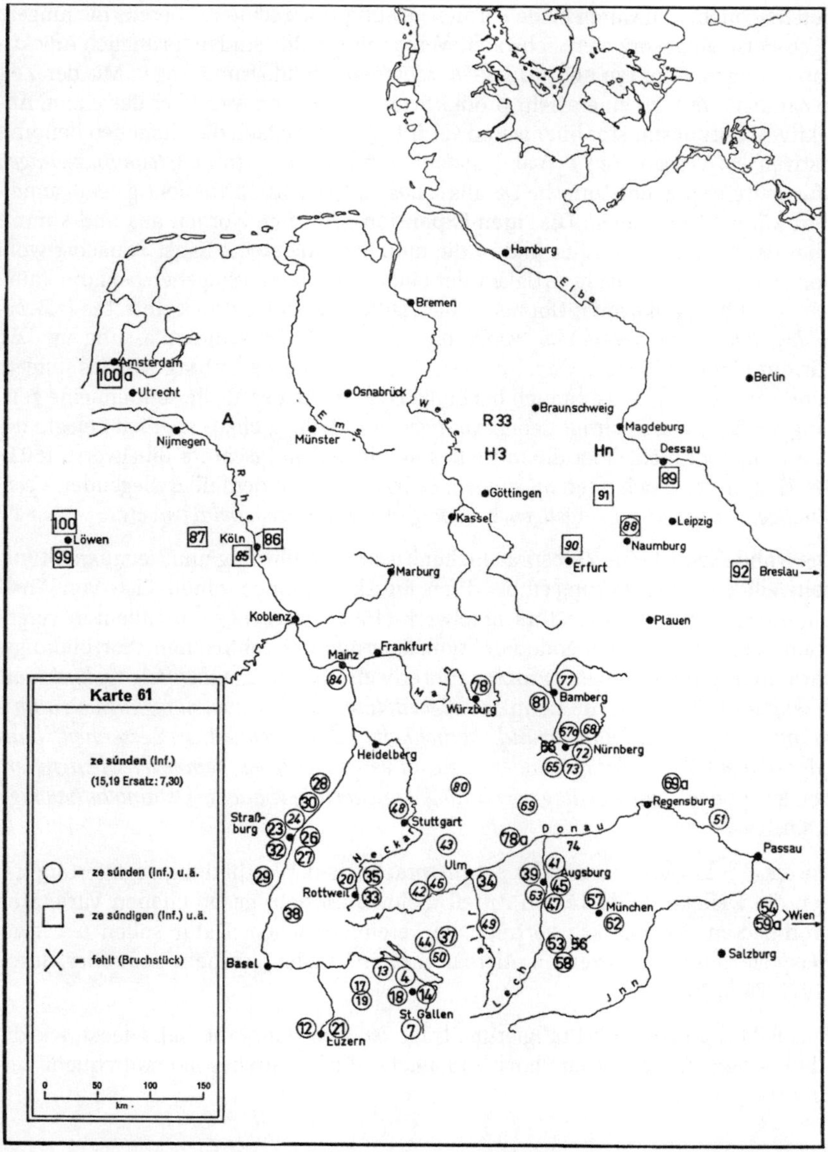

Karte 3.3: *sünden/sündigen* (aus: Besch 1967, 210)

Diese Karte vermittelt eine wichtige Einsicht: Das zeitliche Nebeneinander (15. Jahrhundert) zweier Wortbildungsformen kann ein sprachlandschaftliches Gegeneinander sein, wie hier zu sehen ist. Luther lebte im Kontaktbereich der beiden Regionen, ihm waren beide Formen geläufig, doch schien er bereits die jüngere *-igen*-Form zu bevorzugen. Schwache Verba mit g-Suffix sind ursprünglich Adjektivableitungen vom Typ ahd. *heilag-ôn, sculdig-ôn*, mhd./frnhd. *-igen*. Mit der Zeit expandiert *-igen* zu einem sehr produktiven Verbalsuffix weit über das ehem. Adjektiv-Ableitungsmuster hinaus und verdrängt nun vielfach die einfachen denominativen *-ôn*-Verben vom Typ ahd. *steinôn*, mhd. *steinen*, frnhd. (*steinen*), *steinigen* (für weitere sprachhistorische Details s. Besch, 1967, 210f.). Vorsichtig verallgemeinert könnte man sagen: Die **-igen-Expansion** geht vom Norden aus und kommt über das Ostmd. zu Luther und in die nhd. Schriftsprache. Es ist zunächst wohl von semantischer Gleichwertigkeit der beiden Formen auszugehen, sodann kann, wie so oft bei Konkurrenz-Doppelformen, Differenzierungsdruck eintreten (z.B. *befehlen, befehligen; verkünden, verkündigen*, etc.). Die Zusammenfassung im DW (Grimm) 10 IV, 1139: „*sünden*... beherrscht in gleicher bedeutung wie das jüngere *sündigen*... den sprachgebrauch bis in die erste hälfte des 16. jh. seitdem eine zeitlang noch gleichberechtigt neben *sündigen*, im 17. jh. noch als spärlich belegte nebenform, aber nicht über die mitte des jh. hinaus." In Piscators Bibelwerk (1602–1604) fand sich noch *ångsten, sünden, befleissen* neben dem überwiegenden *-igen*: *sündigen, versündigen, ängstigen, erkundigen, verkündigen, peinigen*, etc.

Die frnhd. Zeit ist eine Zeit sprachlicher Zusammenführung und Neuausrichtung, zeitweilige Verunsicherung einbegriffen. Eine kleine, ungeordnete Liste von Wortbildungsbelegen aus Piscators Bibelwerk (1602–1604) möge anzudeuten versuchen, dass die abschließende Funktionalisierung der zahlreichen Wortbildungsvarianten einem langen Prozess unterliegt: *unvermügenlichheit, gelindigkeit, gedingnus* (Absprache um Lohn), *blődigkeit, tůtel/dupflin, spåtzlin, gůtigkeit, aufnemung und tragung, unterschaid, herlichheit, gebrechlichheit, vergessenheit, blůst oder blůhet* (Blüte), *fettigkeit oder fåiste, in vergeß gestellet, dem leyer wie dem lehner, wie strohe... zur mistung, wohlhabig, bauchechtig (bauchig), stainicht (steinig)*, u.a.m.

An diesem langen Prozess der schriftsprachlichen Wortbildungsregulierung haben die Dialekte wohl keinen Anteil mehr. Diese rein gesprochenen Varietäten produzieren pragmatisch verträgliche Vereinfachungen. Dafür sollen u.a. zwei Beispiele aus dem rezenten Alemannischen (Baden) stehen, s. Löffler/Besch (1977, 75 u. 76).

Beispiel (1): In der Verb-Präfigierung trägt *ver-* den Hauptanteil. Es deckt, wie die Abbildung zeigt, z.B. sechs hochsprachliche Präfixe ab, besonders frequent *zer-* und *er-*:

Verben mit ver-

Den mundartlichen Verben auf *ver-* entsprechen auf hochsprachlicher Seite sechs verschiedene Bildungen:

Hochsprache	Mundart	Beispiel
ver-		*verbrauchen*
zer-		*zerbrechen*
er-	*ver-*	*ersticken*
miß-		*mißgönnen*
ent-		*entlehnen*
be-		*begraben*

Die Entsprechungen auf *miß-*, *ent-* und *be-* sind Sonderfälle, die der Zahl nach nicht ins Gewicht fallen. Die zahlreichen Entsprechungen sind in der Hochsprache Verben auf *ver-*, *zer-* und *er-*.

Wörter der Standarsprache

ver-	*zer-*	*er-*
verbrauchen	*zerlaufen*	*ersticken*
vertun	*zerstampfen*	*erleben*
verderben	*zerbeißen*	*erschrecken*
verbringen	*zerschneiden*	*erwischen*
versuchen	*zerbrechen*	*erzählen*
verfilmen	*zerstreuen*	*erlangen*
verlieren	*zerfressen*	----
verrauchen	*zerrinnen*	----
verdienen		
----	*zerstören*	----
----	*zersetzen*	---
	zerquetschen	
	zerreiben	
	zerplatzen	
	(nicht alle haben eine *ver*-Entsprechung in der Mundart)	

Abb. 3.1: Verb-Präfigierung (*ver-*) dialektal-alemannisch (aus: Besch/Löffler 1977, 76f.)

Beispiel (2) bezieht sich auf die Adjektivbildung: Dem Suffix *-ig* im Dialekt können fünf Suffixe in der Hochsprache entsprechen:

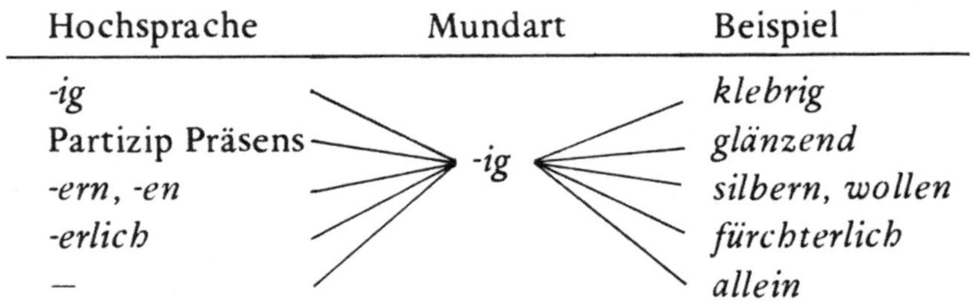

Abb. 3.2: Adjektive auf *-ig* dialektal-alemannisch (aus: Besch/Löffler 1977, 75)

Im Frühnhd. laufen wichtige Wortbildungsentwicklungen ab – und auch hier geschieht das in enger Verzahnung von Regionalität und überregionaler Systematisierung. Sprachliche Ordnungsprinzipien können sich immer nur begrenzt von der Usus-Ebene lösen. Geht man aber von einer einzelnen Sprachepoche weg hin zu einer längerfristigen Perspektive, dann zeigen sich über allen Details einige Grundtendenzen der Entwicklung von alter Sprache zur heutigen Modernität, eben auch in der Wortbildung. Erben (2006, 133f.) hat das prägnant für diese herausgearbeitet. Ihm folgend sollen hier in gebotener Kürze leitende Stichworte genannt werden. Das ist beim **Verb** der enorme und semantisch ergiebige Ausbau der Präfigierung (*blühen, er-, auf-, ver-*; Präfixreihe, *be-, ver-, ge-, ent-, er-, zer-*, u.a.m.), oft mit aktionaler Differenzierung; sodann die Generalisierung von *-ieren* und *-igen* als Suffixe für die Bildung neuer Verben (*rasieren, sündigen*, etc.), bei *-igen* z.T. auch mit Ablösung der älteren, inzwischen auf *-en* abgeschwächten Verbableitung (*sünden, befleißen*, etc.). Beim **Nomen** vor allem die Neigung zur Komposition (*Haustür, Dachziegel, Sonnenschein* < *der sunnen schîn, Bischofskonferenz*) mit einem Reichtum an Baumustern der Zusammensetzung, mit Ausweitung der **Fugenelemente**, insgesamt alles als ‚Univerbierung syntaktischer Gruppen' bezeichnet. Als durchgehende Tendenz ist die Grammatikalisierung ehemals selbständiger Lexeme zu Affixen festzustellen (Beispiel: ahd. *heit* ‚Person, Gestalt' > Suffix *-heit*, Formvariante *-ic/-echeit = keit*); hierher gehören *-schaft, -tum, -haft, -sam*, schließlich *-werk*, auch das Adjektivsuffix *-lich*. Weitere Möglichkeiten neuer Wortbildung im nominalen Bereich wurden durch die Tendenz zur ‚Morphematisierung fremdsprachlicher Elemente' geschaffen: lat. *-ârius* > mhd. *-aere, -er(e)*, heutige Beispiele: *Müller, Schüler, Richter*, etc., *-er* die typische Bildungssilbe für ‚Berufs- und Täterbezeichnungen'. Humanismus und Bildungssprache verzeichnen eine Reihe von Suffixen, die z.T. übernational gelten, folglich auch **‚Internationalismen'** genannt werden: *Real-ismus, Real-ist, -istisch, -ität, -isieren; adjektivisch -abel, -ibel, -al, -ell, -ant, -ent, -ar, -är, iv, -ös, -os.* (Weiteres Material bei Erben 2003, speziell für das Frühnhd. bei Wegera/Prell 2000).

3.8. Syntax

Geschriebenes war von Anfang an nicht direktes Abbild gesprochener Sprache, das war wohl nicht angestrebt und selbst bei einer Buchstaben-/Lautschrift auch ohne Abstriche nicht möglich. Es ist aber im Ablauf der Sprachgeschichte eine Art Konstante der Entwicklung festzustellen, nämlich die (in Etappen) zunehmende Distanz zwischen beiden Ebenen. Das hängt mit den historischen Stationen räumlicher Entgrenzung von Schriftlichkeit bis hin zu überregionalen Schrift- und Nationalsprachen zusammen. Die gesprochene Vielfalt in Laut und Flexion, auch in der syntaktischen Redeweise, reicht dann kaum noch in das Geschriebene hinein, das Medium Schrift erlangt Autonomie und Eigengesetzlichkeit. Dies vollzieht sich zunehmend in frnhd. Zeit und zeitigt dann im 19. und 20. Jh. all die Unterschiedlichkeit, die unter den Programmwörtern **‚Schriftlichkeit'** und **‚Mündlichkeit'** in jüngster Zeit herausgearbeitet wurden (s. Raible 1998). Zu Beginn des Frnhd. „bestimmt eine spannungsreiche Koexistenz unterschiedlicher sprachlicher und funktionalistischer Traditionen das Bild, ein Bild der Inhomogenität und Instabilität" (Erben 2000, 1584). Die syntagmatische Entwicklung wird eben auch durch Umstrukturierungen in der Flexionsmorphologie und Wortbildung beeinflusst (Apokope, Umlaut-Handhabung, weitgehender Abbau des Konjunktivs, Ausbau modaler Ersatzformen, u.a.m.), diese wiederum haben sprachlandschaftlich einen unterschiedlichen Entwicklungsstand, insofern ergibt sich zunächst der Eindruck der Inhomogenität. Ende des 17. Jhs. ist dann im wesentlichen der Ausgleich erzielt, wie überhaupt und speziell im Ausbau und in der Optimierung syntaktischer Formen und Gefüge das sprachlandschaftliche Kriterium, verglichen mit den anderen Teilbereichen der Sprache (Laute, Formen, Wortbildung, Lexik), entschieden zurücktritt. Am Ende lassen sich sprachareale Unterschiede im Syntaxausbau nur noch mittels geringer Zeitunterschiede und gewisser Frequenz-Schwankungen in der Durchsetzung (Innovation, Retardierung) statuieren (s. Kettmann/Schildt 1976, 511f.).

Die syntaktische Entwicklung wird eben nicht durch bisherigen Usus, sondern durch neue Anforderungen bestimmt, die einer nunmehr überregionalen Schriftsprache einher erwachsen. Mit ihr geht eine zunehmende ‚Verschriftlichung des Lebens' einher. Der große Entwicklungsbogen geht von einer **Hörkultur** zu einer **Lesekultur**. Entsprechend spricht Erben (2000, 1585) unter Rückgriff auf Burdach von einer Syntax für das Ohr und einer Syntax für das Auge. Die eine ist auf Reihung, auf verständliche Abfolge, also Linearität angewiesen, die andere erlaubt Einschübe, Unterordnung, Überordnung, also vielgestaltige Hypotaxe, gedankliche Komplexität. Die ‚Ohrensyntax' ist übers Mittelalter bis hin zu Luthers Bibelübersetzung auch in der Vorlesekultur greifbar, die ‚Augensyntax' zunehmend mit der Verschriftlichung nahezu aller Lebensbereiche, im Laufe der Neuzeit ermöglicht durch wachsende Lese- und Schreibfähigkeit und schließlich durch die Schulpflicht (allgemeine Alphabetisierung).

Der mediale Wechsel vom Hören zum Lesen ermöglicht komplexere Informationsvermittlung und erzwingt zugleich genauere Absicherung des Gemeinten, begriffliche Schärfe, hilfreiche Gliederung, Markierung von Abhängigkeiten im Satzgefüge, Gewichtung (Fokus-Hintergrund), Markierung der Geltung von Aussagen, u.a.m. Alle nonverbalen Informationshilfen fallen ja weg, der schriftliche Text muss das volle Verstehen von sich aus leisten. In Kenntnis dieses medialen Paradigmenwechsels lassen sich die Elemente des syntaktischen Ausbaus im Frnhd. leicht erkennen, ja sogar fast prognostizieren.

Dazu zählen:

- **Ausbau von Satzgefügen** mit Stufung von Haupt- und Nebensätzen.
- Genauere Markierung der Funktionsabhängigkeit von Nebensätzen (etwa modal, final, konsekutiv, kausal, konditional u.a.m.). Dies wiederum geht Hand in Hand mit der genaueren funktionalen
- Spezifizierung des vorhandenen Konjunktionsinventars und mit Hinzufügung (weniger) neuer Bindewörter.

Tschirch (1963), 16 f.) führt das z.B. überzeugend an der Konjunktion *das* (= dass) in Luthers Bibelübersetzung vor. Sie zeigt dort eigentlich nur die Abhängigkeit der Aussage im Nebensatz von der Aussage des Hauptsatzes an, mehr nicht; über die inhaltlich-funktionale Ausrichtung erfährt man nichts, die muss gewissermaßen hinzugedacht und heutzutage mit einer spezifizierten Konjunktion eigens bezeichnet werden. So muss das alte omnipotente *das* (= dass) heute etwa mit *sodass, damit, als dass, weil, wenn, indem, statt,* etc. realisiert werden.

- **Endstellung des finiten Verbums** im Nebensatz. Dies wird im Laufe des Frnhd. nahezu die Regel, zwischenzeitlich ist beides belegt; etwa: *vnd seine Jünger traten zu jm / das sie jm zeigeten des Tempels gebew.* (L 1545, Mt. 24,1). Später Umstellung: ... „das Gebäude des Tempels zeigten". 1604, Piscator-Übersetzung, Mt. 13,47 *Abermaal ist gleich das himmelreich einem netze / dz ins meer geworffen war worden,* oder Mt 27,60 *Vnd legte ihn in sein ågen new grab / welches er hatte laassen in einen felsen hawen.* (Heute: „... das ins Meer geworfen worden war"; bzw. „... welches er in einen Felsen hatte hauen lassen." Die beiden letzten Beispiele belegen zugleich den weiteren
- **Ausbau des Verbkomplexes** im Frühneuhochdeutschen mit periphrastischen Tempusformen (*haben/sein* + Part. Prät.; mit *werden* + Infinitiv; schließlich Passivperiphrasen mit *werden/sein* + Part. Prät. Der mehrgliederige Verbkomplex verstärkt die Verbklammerfunktion im Nebensatz, kann jedoch auch im Hauptsatz Klammerfunktion haben.
- Ein ausgebautes Interpunktionssystem mit neuer syntaktischer Markierungsqualität löst in frnhd. Zeit allmählich die einfachere ‚rhetorische' Segmentierung gesprochener (vorgelesener) Hör-Syntax der früheren Zeit ab. Jetzt wird die in-

haltliche Gliederung von Satzkomplexen vor ‚Augen' geführt, die Sprechpausen-Signale treten zurück.

- Änderungen in der **Verwendung des Konjunktivs**, bedingt zu einem guten Teil durch die lautliche Einebnung seiner kennzeichnenden Markierung am Verb selbst. Indikativ und Konjunktiv Präsens unterscheiden sich bei den sog. schwachen Verben nur noch in der 3. Pers. Prs. (*er legt : lege*); bei den sog. starken Verben zeigen die 2. und 3. Pers. Prs. noch Unterschiede (*du gibst : gebest, er gibt : gebe*), nur im Präteritum starker Verben mit umlautfähigem Stammvokal (z.B. Sg. gab, Pl. gaben, also er *gab : gäbe; sie gaben : gäben*) sind die Indikativ-/Konjunktivmarkierungen noch durchweg verfügbar. – In früher Zeit steht der Konjunktiv für zwei Funktionen (1.) als bloß möglich, erwünscht, gewollt, letzlich fiktiv gedacht, (2.) als Signal syntaktischer Unterordnung, quasi als Modus des Nebensatzprädikats. Die 2. Funktion verliert sich zunehmend, die 1. Funktion bleibt erhalten und das gelingt nur durch Adoption von Konjunktiv-Ersatzformen, teils durch den Konjunktiv Prät. starker Verben auch in präsentischer Satzkonstruktion, mehr noch durch **Umschreibung mit den Hilfsverben** *sein, werden, haben, können, mögen, dürfen, müssen, wollen, sollen* und ihren eindeutig als Konjunktiv erkennbaren Wortformen (*ich würde (gern) helfen; sie müsste (endlich) kommen).*
- Anmerkungsweise ist zu beachten, dass die in der eben angeführten Gruppe enthaltenen Modalverben (*können, dürfen, müssen, sollen, wollen, mögen*) zum Frühneuhochdeutschen hin erhebliche Bedeutungsverschiebungen erfahren (Beispiel: mhd. *ich mac = ich kann, vermag*).
- Schließlich bilden sich zur Aussage-Nuancierung zunehmend Abtönungspartikel **(Modalpartikel)** heraus: *ziemlich, bloß, nur, ja, doch, halt,* etc., die keine eigene ‚Bedeutung' haben, aber Sprechereinstellungen in mehr oder weniger deutlichen Abtönungen vermitteln. Es sind keine eigentlichen Syntactica, dennoch von aussagebestimmender Qualität.

Hinweis: Für mehrere hier angeführten Aspekte bietet Tschirch (1963) Übergangsbeispiele anhand von Luthers Bibeldeutsch. Forschungsberichte zur frnhd. Syntax liefern Ebert/Erben (1987) und Erben 2000; Aspekte der Syntaxgeschichte des Deutschen insgesamt Härd (2003).

Zusammenfassung

Das Frühneuhochdeutsche ist in markanter Weise eine Sprachphase des Übergangs und der Neuorientierung auf eine (unsere) überregionale Schriftsprache hin. Wie und durch welche Faktoren Schrifteinheit in einem großen Land pluri-zentrischen Geschichtsablaufes bewirkt werden konnte, wurde in der Forschung lange Zeit kontrovers beurteilt, vielfach mit konfessioneller Voreingenommenheit. Die neueren Untersuchungen seit den 1960er Jahren, weitgehend auf Textcorpora-Basis, erlauben folgende Aussagen: Bis zum Beginn des 16. Jhs. gelten einige großregionale Schreibsprachen mehr oder weniger nebeneinander. Mit Luthers Bibeldeutsch auf mitteldeutsch-oberdeutscher Basis und bibelautoritativer Wirkung im Volk wird nach dem Nebeneinander nun die überregionale Ausrichtung der deutschen Schriftsprache vorgegeben. Sie ist im Kern ostmitteldeutsch mit ostoberdeutschem Einschlag, somit erste Grundlegung. Dem schließt sich im 17. und 18. Jh. ein weitgehender Ausbau nach Formen und Funktionen an unter Beteiligung weiterer Regionen, Institutionen, Fachsprachen-Bedürfnissen. Die graphematischen, flexivischen, wortbildungsmorphologischen und syntaktischen Inventare und Modelle der ehemaligen Schreibsprachen werden umsortierend verwertet für die neue Kodifizierung der Schriftsprache. Es ist dadurch Bezeichnungsreichtum in neuer Systematisierung gegeben, daneben erhalten sich auch Doppelformen, manches an früheren Systematisierungsansätzen geht verloren. Dies alles gilt noch nicht in gleichem Maße für die gesprochene Sprache.

Weiterführende Literaturhinweise: Besch, Werner (1967); Besch, Werner (2003, S. 2252–2296); Hartweg/Wegera (^{2}2005); Reichmann/Wegera (1988); Reichmann/Wegera u.a. (1993); Die Artikel 110–123 in : Sprachgeschichte, HSK. 2.2, 2. Aufl. (2000).

4. Das Neuhochdeutsche

4.1. Hinführung

Das vorangehende Kapitel Frühneuhochdeutsch wurde etwa auf den Zeitraum von ca. 1350 bis etwa 1650 begrenzt, wobei man hinsichtlich damals laufender Neuerungen auch immer wieder die weiteren Jahrzehnte bis ca. 1700 in diese Phase einbeziehen kann. Schreibsprachlich gelingt in der 2. Hälfte des 17. Jhs. der endgültige Durchbruch zur **Überregionalität**; im katholischen Oberdeutschland mit Verzögerung im 18. Jh. Die Ausgleichsvorgänge sind wohl insgesamt so weit gediehen, dass die Hauptelemente der neuhochdeutschen Schriftsprache einigermaßen klar zutage treten. Zur terminologischen Unterscheidung zwischen älteren *Schreibsprachen* bzw. Schreibdialekten und nhd. *Schriftsprache* (s. Besch 1983, 977f.). Welche Elemente das sind und wie sie durch schriftsprachliche Auswahl aus den Schreibsprachen und durch Systematisierung bzw. Funktionalisierung zustande kamen, ist im Kapitel Frnhd. mit Beispielen für die Graphematik, Flexionsmorphologie, Lexik, Wortbildung und Syntax tendentiell gezeigt worden. Die großen Linien verzeichnet zudem der Längsschnitt ‚Geschriebene Sprache' (I/2).

Die **Optimierung** und **Durchsetzung** der nhd. Schriftsprache ist das entscheidende Charakteristikum der folgenden Jahrhunderte. Mit diesem Vorgang setzen sich auch gravierende Veränderungen in allen Existenzformen des gesprochenen Deutsch in Gang, die in solchem Ausmaß in keiner Periode deutscher Sprachgeschichte gegeben waren und insofern die nhd. Zeit absolut herausheben aus den bisherigen Sprachgegebenheiten der mehr als 1000 Jahre alten Geschichte der deutschen Sprache.

Die neuen Gegebenheiten werden hier nur stichwortartig benannt, später genauer behandelt.

- Neben die ursprünglich ganz auf das Hören abgestellte menschliche Kommunikation tritt allmählich seit dem Spätmittelalter das Lesen und zunehmend eine **Lesekultur**, die in Steigerungsstufen bis hin zum 20. Jh. eine ungeahnte Breitenwirkung erreicht.
- Das Medium Schrift in Gestalt der neuen Schriftsprache erlangt Autonomie und **Eigengesetzlichkeit**. Diese Schriftlichkeit ist inzwischen, wie jüngste Untersuchungen zeigen, sogar auf dem Wege, nun ihrerseits strukturell auf die Mündlichkeit einzuwirken (s.u.a. Raible 1998).
- Die früheren Schreibsprachen (bis ins 17. Jh.) waren mittelbar noch in regionalem Sprachusus verankert. Danach aber treten geschriebene und gesprochene Sprache endgültig auseinander.

- Die gesprochene Sprache bleibt für die große Mehrheit der Deutsch-Sprechenden weiterhin bestimmt durch unterschiedliche regionale Prägung. Das kann Dialekt oder Umgangssprache oder Substandard sein, in bestimmten Situationen auch Diglossie, gelegentlich auch nur Reduktion auf gewisse regionale ‚Marker'. Wenn eine Standardaussprache angestrebt wird, ist es im wesentlichen ein Reden nach der Schrift.
- Vor allem die Veränderungsdynamik in den letzten Jahrzehnten des 20. Jhs. erlaubt dem Einzelnen wie auch ganzen Gruppen nunmehr geänderte Sprachprofile, freie Wahl der Sprechlage je nach Situation und damit auch erstmalig in der Sprachgeschichte weitgehende Befreiung von der regionalen und sozialen Determiniertheit jeglicher Mündlichkeit. Deutsch ist demzufolge ein **Varietätenspektrum** (vgl. I/4) – von der Schriftsprache und Standardaussprache bis zu dialektnahen Schattierungen – frei verfügbar im Prinzip, gelöst von fixierten Herkunftszuschreibungen. Muttersprachliche ‚Mehrsprachigkeit' als mögliches Modell für viele, daneben aber auch Umbau, Abbau, Abwahl von Varietäten.

Hinter diesen genannten Vorgängen steckt eine unerhörte Dynamik. Sie ist synergetisch im Nacheinander, das will heißen, die Wirkkräfte addieren sich nacheinander zu einer stufenweise gesteigerten Veränderungspotenz, deren Auswirkungen wir in der unmittelbaren Gegenwart sozusagen ‚mit Händen greifen können'. So deutlich war das bisher für keine frühere Sprachepoche spürbar und beschreibbar. Demzufolge müssten auch die Wirkkräfte im einzelnen gut beschrieben werden können. Das ist in der Tat besser der Fall als für frühere Epochen, wenn auch hier immer noch die alte Gefahr besteht, generelle historische Einschnitte methodisch unzulässig in unmittelbaren Zusammenhang mit sprachlichen Prozessen zu bringen. Hier ist also Vorsicht geboten. Das betrifft auch den Versuch einer **Binnengliederung der Zeitstrecke** von ca. 1650 bis heute, in der sich im sprachlichen Feld so viel verändert. Es liegen dafür zahlreiche, vielfach divergierende Segmentierungsvorschläge vor, die etwa bei Roelcke (1998, 798f.) tabellarisch zusammengestellt und auch hinsichtlich der gewählten Kriterien diskutiert werden (S. 813). Roelcke (2001) liefert zudem eine Dokumentation von Begründungstexten zur Periodisierung deutscher Sprachgeschichte von ihren Anfängen. Sofern in den Vorschlägen eine Frühneuhochdeutsche Periode angesetzt wurde, liegt der Beginn des Neuhochdeutschen bei fast allen Vorschlägen um die Mitte des 17. Jhs. Das Ende dieser Periode bleibt meist offen, d.h. auch das heutige Deutsch ist einbezogen. Es verstärkt sich aber offensichtlich die Neigung, ein jüngeres Gegenwartsdeutsch mit dem Beginn, vor allem aber mit der Mitte des 20. Jhs. anzusetzen. Erben (1969, 262) nennt Gründe dafür, die Sprache der ‚Gegenwart' um 1900 beginnen zu lassen und fühlt sich darin auch von den Ergebnissen der Syntaxforschung Wladimir Admonis bestätigt (Erben, ungedruckte Abschiedsvorlesung, Bonn 8.2.1990). Zunehmend rückt aber wohl die Mitte des 20. Jhs., sozusagen das Ende des II. Weltkrieges, für Experten und Laien immer stärker auch als Entwicklungsschub im Sprachgebrauch in das Bewusstsein, wobei die fundamentalen Auswirkungen auf den Sprachgebrauch allerdings erst so richtig ab den 1970er/

1980er Jahren voll greifbar werden. Das ist an späterer Stelle noch genau zu beschreiben. Hinsichtlich der Binnenaufteilung (Nhd.) finden sich Ansätze zu einer Zweierteilung (so etwa in der Sprachgeschichte Peter von Polenz' (1994/1999), zu einer Dreierteilung etwa bei Keller (1978) und Wells (1990)). In Periodisierungsvorschlägen auf marxistischer Basis in der Germanistik der DDR und der Sowjetunion wurde die sozioökonomische Determiniertheit von Sprache z.T. in allzu direkter Automatik gesehen (vgl. die knappe Charakterisierung bei Hartweg/Wegera, 2005, 24f.). Elspaß (2008) trennt ‚Mittelneuhochdeutsch' (bis ca. 1950) vom ‚Gegenwartsdeutsch'.

Wie soll nun in der folgenden Darstellung verfahren werden? Es wird auf eine vorangestellte Binnengliederung verzichtet. Natürlich gibt es eine Folge von Entwicklungsabschnitten zwischen der Zerstörung und Trostlosigkeit um 1650 am Ende des 30jährigen Krieges einerseits und der heutigen globalen Entgrenzung unseres Landes andererseits, aber die Wirkfaktoren überlappen sich in immer größerer Dynamik und lassen daher letztlich tiefere Einschnitte kaum noch zu. Mattheier (2000, 1953f.) nennt „als die vier zentralen Gegenstandsbereiche einer sprachgeschichtlichen Darstellung die Strukturgeschichte, die Gebrauchsgeschichte, die Bewußtseinsgeschichte und die Kontaktgeschichte." Dort, wo Umbrüche auf allen vier Ebenen zu verzeichnen sind, so seine Überlegung, könnte sich eine deutliche sprachhistorische Epochengrenze konstituieren. Aber eine solche Gleichzeitigkeit auf allen vier Ebenen ist schwerlich nachweisbar. Der entwicklungsgeschichtliche **Dynamisierungsprozess**, den wir als Charakteristikum des Nhd. gegenüber vorangehenden Perioden ansehen, lässt sich eventuell auf folgende Weise aufzeigen und in seiner gesellschaftlichen Auswirkung erfassen. Es wird ganz bewusst in erster Linie von Anstößen ausgegangen, die unmittelbar auf Sprache zielen, bzw. unbezweifelbar direkten Einfluss auf Sprache haben. Hierher gehören: **Ausbau und Ausbreitung der nhd. Schriftsprache** (Sprachgesellschaften, Grammatiker, Schriftsteller, Anfänge einer Sprachdidaktik), langwierige Durchsetzung der Allgemeinen Schulpflicht (Diglossie), **Lese-Expansion** (Printmedien), **Standardsprache fürs Ohr** (Hörfunk, Fernsehen) mit allen Auswirkungen auf neue Register-Profile gesprochener Sprache bis hin zu einer tendentiellen Sprecheinheit. Dies alles ist sodann, aber eben in dieser Abfolge (direkter, indirekter Einfluss) zeitsynchron mit den jeweiligen gesellschaftlichen Gegebenheiten (politisch, wirtschaftlich, sozial) zusammenzusehen, die fördernd oder hemmend sein können.

Schließlich ist entscheidend hervorzuheben, dass erstmals in der deutschen Sprachgeschichte die Sprachveränderungen zunehmend in vitaler Weise die Gesamtbevölkerung betreffen, nicht nur sozial herausgehobene Gruppen, wie früher. Das bedeutet Entgrenzung früherer Sprachgemeinschaften, Erweiterung des Kommunikationsradius, in der Übergangszeit vielfach auch Unsicherheit und Entfremdung. Es wird sich zeigen, dass neben Strukturgeschichte und Bewusstseinsgeschichte die **Sprachgebrauchsgeschichte** als Dominante anzusehen ist. Das hat seinen Grund in den großen Umschichtungen innerhalb des Varietätenspektrums in jüngerer und jüngster Zeit.

4.2. Varietätenentwicklung und Neugewichtung im Gesellschaftsgefüge. Entwicklungen, die vornehmlich unmittelbar auf Sprache bezogen sind

4.2.1. Ausbau und Ausbreitung der nhd. Schriftsprache

Um 1700 steht wohl fest, welche Grundausrichtung die nhd. überregionale Schriftsprache letztlich haben wird. Die noch verbliebenen sprachlandschaftlichen Varianten treten allmählich zurück, mit Verzögerung auch im Südosten. Die Auseinandersetzungen über die Sprachnorm werden zwar theoretisch im 17. und später noch einmal im 18. Jh. heftig geführt, aber der Schriftusus stabilisiert sich auch so zunehmend, und die breitere Öffentlichkeit nimmt eher wenig Notiz von den prinzipiellen Auseinandersetzungen der Grammatiker. Sie setzen ein in den seit dem 17. Jh. entstandenen **Sprachgesellschaften**. Die früheste und bekannteste war die 1617 gegründete „Fruchtbringende Gesellschaft", der 1633, 1643, 1644 und 1658 noch andere in deutschen Landen folgten (vgl. Otto 1972; Gardt 1998, 332–348). Im **ersten Normstreit** (17. Jh.) standen sich Analogisten (Schottel, Harsdörffer u.a.)und Anomalisten (Fürst Ludwig zu Anhalt-Köthen, Gueintz u.a.) gegenüber; die ersteren vertraten eine sprachimmanente Grundrichtigkeit der deutschen Sprache und bemühten in Zweifelsfällen die Methode der Analogie, die anderen gingen von weithin anerkanntem Sprachgebrauch aus, vorzüglich einer qualifizierten Form des Obersächsischen, so wie es sich darbot, auch mit seinen Eigenheiten (Anomalien). Der **zweite Normstreit** (1750er Jahre) bezog sich zwar ausschließlich auf die Sprachgebrauchsebene, nicht mehr auf die generelle Grundrichtigkeitsposition, stellte aber den Primat des Obersächsischen gegenüber anderen Sprachlandschaften entschieden in Frage. Das geschah besonders gegen Gottsched (dessen Position später auch Adelung noch vertrat), und die Ablehnung kam aus Oberdeutschland, etwa von Aichinger, Popowitsch, Dornblüth, auf hohem Niveau auch von Bodmer (s. Jellinek 1913, 260f.). Die ‚hochdeutsche Sprache', weit über allen gesprochenen Dialekten, sei letztlich erwachsen durch den Fleiß der Gelehrten und die Muster bester Autoren und Drucke, so sieht es wohl die große Mehrheit der Grammatiker im 18. Jh.

Die entstehenden **Grammatiken der deutschen Sprache**, am Anfang noch in lateinischer Sprache (Albertus 1573; Ölinger 1573; Claius 1578) gewinnen nach dem großen und komplizierten Werk Schottels (1663) mit Bödiker (1690, weitergeführt von Frisch und Wippel 1746) und vor allem Gottscheds ‚Grundlegung der Deutschen Sprachkunst' (1748) eine der deutschen Sprache angemessene Beschreibungsqualität, auch im katholischen Süden akzeptiert und mehrfach generell auch für den Schulunterricht adaptiert. Die Mitte des 18. Jhs. bringt weitere beachtliche Grammatiken hervor (Aichinger 1754; Popowitsch 1754), und gegen Ende des 18. Jhs. münden dann fast alle Bemühungen ein in Adelungs ‚Deutsche Sprachlehre zum Gebrauche der Schulen in den Königl. Preuß. Landen' 1781, in seine Erläuterung zu diesem Werk 1782, in seine Orthographielehre 1788, mit über 10 weiteren Auflagen. Zudem liefert Adelung 1774–1786 in 4 Bänden das erste

‚klassische' **Wörterbuch des Neuhochdeutschen** mit dem Titel: ‚Versuch eines vollständigen grammatisch-kritischen Wörterbuches der Hochdeutschen Mundart mit beständiger Vergleichung der übrigen Mundarten, besonders aber der Oberdeutschen'. Dies war auch das Nachschlagewerk für Autoren der deutschen Klassik. Über die deutsche Grammatikschreibung vom 16.–18. Jh. s. den knappen Überblick (mit weiterführender Literatur) von Moulin-Fankhänel (2000, 1903-1911), wo auch die Frage nach der normwirkenden Kraft solcher Grammatiken angesprochen wird. Vielfach scheint es unklar, ob der schon existierende Usus Grundlage der Kodifizierung war, oder normative Regelung übernommen wurde, oder möglicherweise das eine wie das andere gelten konnte (s. u.a. Erben 1989, 14f.). Takada (1998, 299) kommt in einer breitangelegten Untersuchung zu dem Ergebnis: „daß die Sprachnormenvorstellungen der gelehrten Theoretiker und der Praktiker im schriftsprachlichen Ausgleichsprozeß der zweiten Hälfte des 17. Jahrhunderts weitgehend übereinstimmen und daß – darüber hinaus – die Grammatiker durchaus auch Einfluß auf die lokale und überregional-allgemeine Praxis ausgeübt haben." Frühere Ansichten gingen eher von einem geringen **Einfluss der Grammatiker** aus. Immerhin muss aber erwähnt werden, dass in der Vorrede von Dieckmann in der Stader Lutherbibel von 1702 für die Textgestaltung ausdrücklich auf Bödikers ‚Grundsäze der Teutschen Sprache' hingewiesen wurde. Die Stader Bibel wird dann Textgrundlage für die **Canstein-Bibeln** 1713f. und deren vielen Auflagen. So eine Bibel ist dann im 18. Jh., gelegentlich später noch, das einzige Schulbuch an vielen Orten für den Elementarunterricht in Deutsch. Deutsch als Unterrichtssprache und als Fach setzt sich nach Anstößen im 17. Jh. (Wolfgang Ratke) erst im 18. Jh. allmählich in den Schulen durch (vgl. August Hermann Francke, Hieronymus Freyer), dies am ehesten in den Elementarschulen, namentlich in den Städten, kaum in der Provinz.

> Eine Zwischenbilanz für die letzten Jahrzehnte vor 1800 könnte etwa so aussehen: Die nhd. Schriftsprache gilt jetzt in den Bildungseliten weithin überregional, d.h. von Norddeutschland bis nach Österreich und in die deutschsprachige Schweiz, relativ gefestigt in Orthographie, Flexionsmorphologie und annähernd auch schon im schriftsprachlich zugelassenen Wortbestand. Strikte Normen, etwa in der Orthographie, werden erst gegen Ende des 19. Jhs. erreicht.
>
> Im Buchdruck gewinnt die deutsche Sprache in der 2. Hälfte des 17. Jhs. erstmals die Überhand gegenüber dem Latein, handschriftlich ist dieses Nhd. um 1800 noch im wesentlichen beschränkt auf eine Bildungselite in Städten, an Höfen und Verwaltungsinstitutionen, zunehmend dann auch an Universitäten, elementar benutzt von Handel und Gewerbe, intensiv benutzt von Höherstehenden in ihrer privaten Briefkultur.

Auf Textproben systematischer Art für die schriftsprachliche Entwicklung vom 16.–18. Jh. muss hier aus Platzgründen verzichtet werden, aber wenige und kleine

Stücke sollen wenigstens andeuten, welchen Grad der Ausformung nhd. Texte zwischen 1750 und 1800 bereits aufweisen

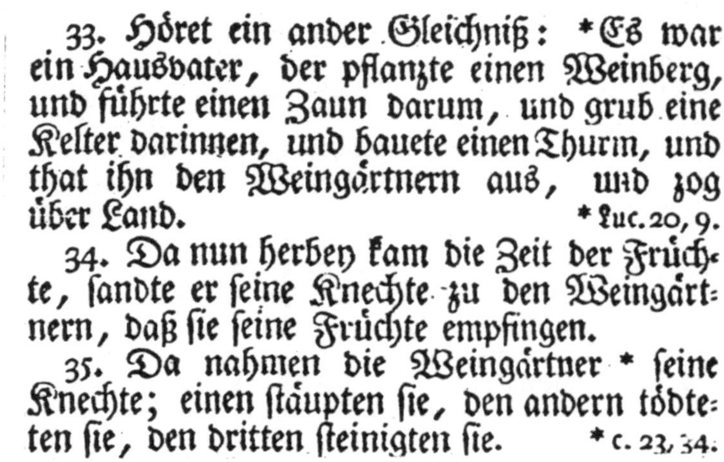

33. Höret ein ander Gleichniß: *Es war ein Hausvater, der pflanzte einen Weinberg, und führte einen Zaun darum, und grub eine Kelter darinnen, und bauete einen Thurm, und that ihn den Weingärtnern aus, und zog über Land. *Luc. 20, 9.
34. Da nun herbey kam die Zeit der Früchte, sandte er seine Knechte zu den Weingärtnern, daß sie seine Früchte empfingen.
35. Da nahmen die Weingärtner * seine Knechte; einen stäupten sie, den andern tödteten sie, den dritten steinigten sie. *c. 23, 34.

Beisp. 1: Lutherbibel, Halle 1797, Cansteinische Bibel-Anstalt, Matth. 21, 33–35.

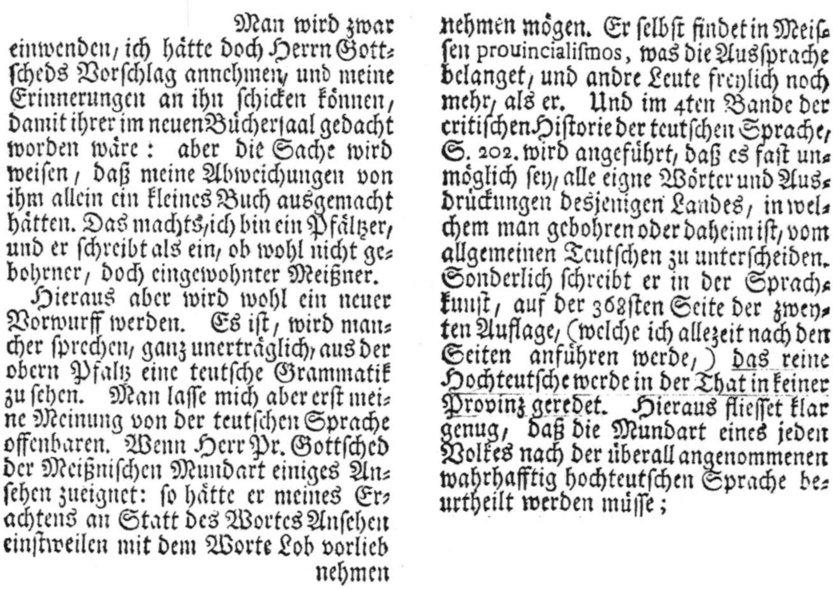

Man wird zwar einwenden, ich hätte doch Herrn Gottscheds Vorschlag annehmen, und meine Erinnerungen an ihn schicken können, damit ihrer im neuen Büchersaal gedacht worden wäre: aber die Sache wird weisen, daß meine Abweichungen von ihm allein ein kleines Buch ausgemacht hätten. Das machts, ich bin ein Pfälzer, und er schreibt als ein, ob wohl nicht gebohrner, doch eingewohnter Meißner.

Hieraus aber wird wohl ein neuer Vorwurff werden. Es ist, wird mancher sprechen, ganz unerträglich, aus der obern Pfalz eine teutsche Grammatik zu sehen. Man lasse mich aber erst meine Meinung von der teutschen Sprache offenbaren. Wenn Herr Pr. Gottsched der Meißnischen Mundart einiges Ansehen zueignet: so hätte er meines Erachtens an Statt des Wortes Ansehen einstweilen mit dem Worte Lob vorlieb nehmen
nehmen

nehmen mögen. Er selbst findet in Meissen prouincialismos, was die Aussprache belanget, und andre Leute freylich noch mehr, als er. Und im 4ten Bande der critischen Historie der teutschen Sprache, S. 202. wird angeführt, daß es fast unmöglich sey, alle eigne Wörter und Ausdrückungen desjenigen Landes, in welchem man gebohren oder daheim ist, vom allgemeinen Teutschen zu unterscheiden. Sonderlich schreibt er in der Sprachkunst, auf der 368sten Seite der zweyten Auflage, (welche ich allezeit nach den Seiten anführen werde,) das reine Hochteutsche werde in der That in keiner Provinz geredet. Hieraus fliesset klar genug, daß die Mundart eines jeden Volkes nach der überall angenommenen wahrhafftig hochteutschen Sprache beurtheilt werden müsse;

Beisp. 2: Carl Friedrich Aichinger: Versuch einer teutschen Sprachlehre. Wien 1754. Aus der Vorrede.

Manheim den 14tem December 1777

Mein lieber mann und Nannerl

Jezt sind wür gott lob einmahl aus den würthshaus ausgezogen, und haben ein saubers Zimmer, mit 2 schönen bettern, einen alkoven, bey einen Hofkammer Rath, seinen Nammen weis ich noch nicht, er hat eine brave frau, eine Mamselle dochter mit 15 Jahren, welche schon 8 Jahr Clavier spillet, diese mues der Wolfgang jnstruieren, darfür haben wür die wohnung umsonst wie auch holz, und licht. Der Wolfgang hat die kost beyn Monsieur Wendling, und ich gehe zu den Jungen herrn Danner zum Essen, und er lehrnd darfür bei meinen Sohn Componieren, also ist die einrichtung. Der Wolfgang hat erstaunlich vill zu thuen, das er nicht weis wo ihn der kopf stehet; heunt hat er bey den Reichen Halländer gespeist, der ihn 200 f für Composition gibt, er ist noch nicht nacher haus kommen, und wan er nicht bald kombt, so kan ich disen brief nicht fort schicken. Es ist schon gleich 4 uhr, ich habe nicht ender schreiben können, weill ich nicht zu haus gespeist habe. Den Conto von den würth habe noch nicht bekommen. Du kanst dir nicht vor stellen, wie der Wolfgang hier hochgeschäzt würd sowohl bey der Music, als auch bey andern, sie sagen alle, das er seines gleichen nicht hat, seine compositionen thuen sie völlig vergöttern. Ich siehe ihn offt den ganzem tag nicht. Ich bin die meiste zeit allein zu haus, dan wegen der kälte und üblen wetter kan ich nicht vill ausgehen, dan kein umberel hab ich nicht wan es schneiet oder Rengnet. Herr Danner der alte und Junge lassen sich dir Empfehlen, und ich und der Wolfgang Empfehlen uns der ganzen Salzburger welt. Ich winschte nur offt einen tag bey euch zu sein, um mich mindlich mit euch underhalten zu können. Dan schrifftlich ist es nicht möglich, ales so klar zu beschreiben. Ich will indessen schliessen, dan der Wolfgang würd heunt nicht vill schreiben können, dan die post gehet gleich weck. Adio ich kisse dich und die Nanerl vill 1000 mahl und verbleibe dein getreues weib Marianna Mozartin

Beisp. 3a: Brief von Maria Anna Mozart aus Mannheim an ihren Mann und ihre Tochter in Salzburg. Mannheim den 14ten December 1777 (Nr. 26) (Zit. nach: Reiffenstein 2005)

Monsieur mon trés cher Pére!

Ich hoffe sie werden meine zwey lezte von 11.ten und 18.ten |: glaube ich, :| richtig erhalten haben – ich habe unterdessen ihre 2 von 13.ten und 20.ten empfangen – das Erste Presste mir thränen des schmerzens aus – weil ich wieder an den trauerigen hintritt meiner lieben seeligen Mutter errinert wurde – und mir alles wieder lebhaft vorkamm; das werde ich gewis mein lebetag nicht vergessen – sie wissen, daß ich mein lebetag |: obwohl ich es gewunschen :| niemand habe sterben gesehen – und zum erstenmahle muste es just meine Mutter seyn – auf diesen augenblick hatte ich auch am meisten sorg – und bat gott flehentlich um stärcke – ich wurde erhört – ich hatte sie; – so trauerig mich ihr brief machte, so war ich doch ganz ausser mir für freüde, als ich vernahm, daß sie alles so nahmen, wie es zu nehmen ist – und ich folglich wegen meinen besten vatter und liebsten schwester ausser sorge seyn kann. So bald ich ihren brief ausgelesen hatte, so war auch das erste, daß ich auf die knie niederfiel, und meinem lieben gott aus ganzem herzen für diese gnad danckte [...]

Beisp. 3b: Brief von W.A. Mozart aus Paris vom 31. Juli 1778 an seinen Vater in Salzburg (Zit. nach: Reiffenstein 2005)

Lieber Engel, ich komme nicht ins Conzert. Denn ich bin so wohl, dass ich nicht sehen kann das Volck! lieber Engel Ich lies meine Briefe holen und es verdross mich dass kein Wort drinn war von dir, kein Wort mit Bleystifft, kein guter Abend. Liebe Frau, leide dass ich dich so lieb habe. Wenn ich iemand lieber haben kann, will ich dir's sagen. Will dich ungeplagt lassen. Adieu Gold. du begreiffst nicht *wie* ich dich lieb hab.

Wie ruhig und leicht ich geschlafen habe, wie glücklich ich aufgestanden bin und die schöne Sonne gegrüst habe das erstemal seit vierzehn Tagen mit freyem Herzen, und wie voll Dancks gegen dich Engel des Himmels, dem ich das schuldig bin. Ich muss dir's sagen du einzige unter den Weibern, die mir eine Liebe in's Herz gab die mich glücklich macht. Nicht eher als auf der Redoute seh ich dich wieder!

Beisp. 4a/b: Briefe Goethes an Frau von Stein, a) vom 28. Januar 1776, b) vom 23. Februar 1776

(Zit. nach Helmut Koopmann: Goethe und Frau von Stein. Geschichte einer Liebe. München, 2. Auflage 2003)

Kurze Hinweise zu den Texten:

Der Bibeltext steht für die Drucktradition der Lutherbibel. Mit dem Textstück der Vorrede Aichingers kommt ein Oberpfälzer, Stadtprediger in Sulzbach und Inspektor der dortigen Kirchen und Schulen, ins Spiel, dessen Sprachlehre 1754 in Wien gedruckt wurde. An den beiden Briefen von Mutter und Sohn Mozart lassen sich generationsbedingte Unterschiede im Schreibusus älteren (noch oberdeutschen) und jüngeren Typs feststellen. Entsprechende Beobachtungen finden sich bei Reiffenstein (2005, 5f.). Der junge Wolfgang A. Mozart reist auf der Suche nach einer festen Anstellung, begleitet von seiner Mutter, über München, Mannheim nach Paris (1777/78). Auch in Paris findet er keine feste Anstellung, zudem stirbt dort seine Mutter Ende Juli 1778, geschwächt durch Krankheit und mangelnder ärztlicher Betreuung in der Fremde. Wiedergegeben sind hier die Briefe Nr. 26 (der Mutter) und Nr. 57 (des Sohnes), z.T. gekürzt. Die beiden Briefe Goethes an Frau von Stein sind Koopmann (^{2}2003) entnommen.

4.3. Alphabetisierung/Schulpflicht

Gemeint ist hier die Einführung und Durchsetzung der **Allgemeinen Schulpflicht**. Orientierungsdaten finden sich im Längsschnitt ‚Geschriebene Sprache' (I/2). Die Verlaufsgeschichte erstreckt sich vom frühen 18. Jh. (Preußen 1717) bis fast an den Beginn des 20. Jhs. heran. Die Gründe für die lange Zeit bis zur vollständigen Durchsetzung sind in den territorialen Unterschiedlichkeiten der deutschsprachigen Lande zu suchen, in der Schwierigkeit und Kostenträchtigkeit entsprechender Lehrerausbildung, in den existentiellen Nöten der Ärmeren in der Stadt und weithin in der Landbevölkerung, die einerseits Abgaben, wenn auch bescheidene, in Form von Schulgeld oder Naturalien leisten mussten, andererseits eigentlich nicht auf die tägliche Mitarbeit der Kinder in Haus und Feld verzichten konnten. Ein kontinuerlicher Schulbesuch, insbesondere in der Sommerzeit, war vielerorts nicht gewährleistet, alle Hände wurden in Haus und Hof gebraucht. Die Alltagssicherung der Existenz war wichtiger als Buchwissen und soziale Aufstiegsmöglichkeiten der Kinder. Hinsichtlich der Aufstiegsorientierung ist der Mentalitätswechsel im Eltern-Kind-Verhältnis ganz außerordentlich im Vergleich von früher zu heute.

Für die sozial Höherstehenden war Schulgeld bzw. Privatunterricht und Verzicht auf Kinderarbeit kein Problem, insofern ist Lese- und Schreibfähigkeit natürlich lange vor 1717 (Allgemeine Schulpflicht in Preußen) greifbar, insbesondere in städtischen Oberschichten und beim Adel.

Die Alphabetisierung, gesehen vom Blickwinkel einer „Sprachgeschichte von unten" (s. Elspaß 2005), beansprucht nach genauerem Hinsehen noch große Teile des 19. Jahrhunderts für die breite Vermittlung der korrekten Schriftnorm. Bisherige Annahmen eines früheren Vollzugs müssen korrigiert werden. Schon die Ergebnisse der Volkszählung von 1871 in Preußen mit noch 13,7% Analphabeten

(s. Längsschnitt ‚Geschriebene Sprache',I/2.11, und Elspaß, 81, Abb. 3), deuten in diese Richtung.

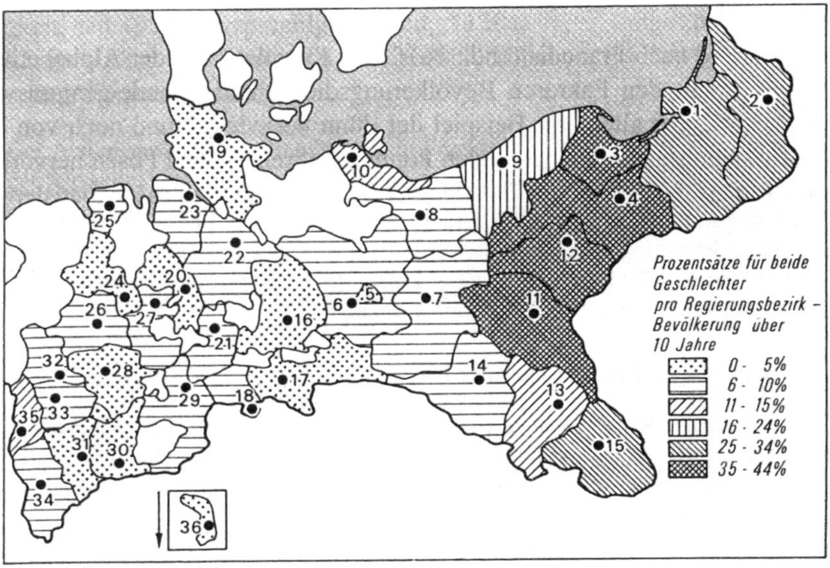

Liste der Regierungsbezirke

1	Königsberg	10	Stralsund	19	Kiel	28	Arnsberg
2	Gumbinnen	11	Posen	20	Hannover	29	Kassel
3	Danzig	12	Bromberg	21	Hildesheim	30	Wiesbaden
4	Marienwerder	13	Breslau	22	Lüneburg	31	Koblenz
5	Berlin	14	Liegnitz	23	Stade	32	Düsseldorf
6	Potsdam	15	Oppeln	24	Osnabrück	33	Köln
7	Frankfurt/O.	16	Magdeburg	25	Aurich	34	Trier
8	Stettin	17	Merseburg	26	Münster/W.	35	Aachen
9	Köslin	18	Erfurt	27	Minden	36	Sigmaringen

Karte 4.1: Analphabetentum in Preußen 1871 (aus: Elspaß 2005, 81)

Es geht um die Unter- und untere Mittelschicht. Schreiben war nicht ihre Tätigkeit im Alltag, Gelerntes wird in kurzer und z.T. unregelmäßiger Schulzeit irgendwann wieder vergessen, zwingende Schreibanlässe ergaben sich selten, die Orthographie beruhte vor 1876 noch z.T. auf divergierendem Usus der verschiedenen Länder. Erst die übergreifenden Orthographie-Konferenzen von 1876 und 1901, verbunden mit dem Wörterbuchtyp ‚Rechtschreibung' in der Folgezeit, stabilisierten eine Generalnorm und beseitigten die Variantentoleranz. Schriftlichkeit der ‚kleine Leute' findet sich nur sehr begrenzt. (Tagebücher, Chroniken, Rechnungs- und Anschreibebücher), dann in Bitt- bzw. Beschwerdebriefen (s. S. Grosse u.a. 1989), schließlich in der Masse der Auswandererbriefe des 19. Jhs., Briefe der ‚Nähe', des Alltags, ohne jede literarische Ambition, aber eben das einzige Mittel, die oft bittere und lebenslange Trennung von den Lieben in der Heimat zu überbrücken. Dieser Quellentyp ist schon häufiger beigezogen worden, seine soziale wie sprachgeschichtliche Einordnung, auch die linguistische Kategorisierung als im wesentlichen ‚schriftliche Alltagssprache', konzeptionell gesehen, ist bei Elspaß (2005) besonders überzeugend gelungen. In seine Analysen sind bisherige Beobachtungen zur Sprachgeschichte des 19. Jhs. weitgehend einbezogen. Längere authentische Texte bieten u.a. Herzog/Mattheier (1979) und Macha/Wolf (2001).

Die **Vollalphabetisierung** der deutschen Bevölkerung darf nun wohl erst mit dem Beginn des 20. Jhs. angesetzt werden. Das bedeutet volle Lesefähigkeit und nach Niveau und Fertigkeit graduell unterschiedliche Schreibfähigkeit. Der Orthographie-Standard für das Gesamtgebiet deutscher Sprache wurde erst mit den beiden Orthographie-Konferenzen von 1876 und 1901 fixiert (s. Längsschnitt ‚Geschriebene Sprache', I/2.13). Er war für das ganze 20. Jh. strikt verbindlich, ohne Variantentoleranz wie noch im 19. Jh. und früher. Beherrschung der Schriftsprache wurde vornehmlich an der orthographischen Korrektheit abgelesen.

Da die beiden **Orthographie-Konferenzen (1876, 1901)** primär der Vereinheitlichung großlandschaftlicher Abweichungen im Schreibusus dienten, nicht einer systematischen Reform der Rechtschreibung, blieben **Reformvorschläge** über das ganze 20. Jh. nicht aus, vornehmlich von Volksschullehrern, dann auch von Sprachwissenschaftlern. (z.B. Stuttgarter Empfehlung 1954; Wiesbadener Empfehlung 1958), bis sich seit den 1970er Jahren dann die sozialen, didaktischen und sprachwissenschaftlichen Motivationen allmählich zu einem neuen Regelwerk verdichteten, das ab 1998 in den Schulen und Behörden Deutschlands, Österreichs und der Schweiz eingeführt wurde. Die Prinzipien waren: behutsame Vereinfachung; Neuformulierung der Regeln nach einem einheitlichen Konzept. Das **Regelwerk von 1998** wurde aber nach Jahren der Auseinandersetzung von der Öffentlichkeit (Presse, Printmedien, P.E.N., Verbänden), z.T. auch von Sprachwissenschaftlern abgelehnt. Im Dezember 2004 wurde als Vermittler-Instanz ein großer ‚Rat für deutsche Rechtschreibung' einberufen. Mit dessen Korrekturen in wesentlichen Teilen wurde dann das Regelwerk zum 1. August 2006 in Kraft gesetzt. In diesem Vorgang spiegelt sich ein ‚Paradigmenwechsel' der Orthographie-Diskussion: Im Vordergrund stehen nicht mehr Schreibschwierigkeiten von Schülern/Anfängern, sondern Schriftlichkeit in eigener Autonomie als ganz wesentliches durch Usus akzeptiertes und optimiertes Kommunikationsmedium in unserer heutigen Welt. Der amtliche Text (1.8.2006) ist verfügbar unter: ‚Deutsche Rechtschreibung. Regeln und Wörterverzeichnis. Amtliche Regelung'. Hg. vom Rat für deutsche Rechtschreibung. Tübingen 2006. Da dem Rechtschreibrat von politischer Seite nur gut ein Jahr für Korrekturen an dem Regelwerk von 1998 zugestanden wurde, konnten weitere störende Elemente (etwa Fremdwort-Eindeutschungen in der Schreibung; falsche Etymologisierung; Dreifachkonsonanz; ß-Schreibung als halbe Lösung) nicht beseitigt werden. Sie bleiben Bestandteil des **Regelwerks von 2006**.

Man wird aufmerksam verfolgen müssen, inwieweit Rechtschreib-Software, PC- und Internet-Gegebenheiten zukünftig variierenden Einfluss auf das Regelwerk haben könnten. Hinsichtlich der Großschreibung und des ß-Gebrauchs gibt es heute schon Einbrüche. Für eine weitergreifende Erörterung von ‚Sprache in modernen Medien' vgl. man Schmitz (2004).

Die Vollalphabetisierung des ganzen Sprachvolkes führte nun zum Höhepunkt der Lese-Expansion in der Geschichte unserer Sprache. Wichtige Stationen auf diesem Weg sind die mediale Revolution des Druckwesens seit dem 15. Jh., und von da an die drucktechnischen Innovationen im Laufe der Zeit (Doppelschnellpresse, Rollenrotation, Falzmaschine, Ablösung der Setzerarbeit durch Maschinen, schließlich durch modernste Druckfolientechnik u.a.m.). Die ‚Verschriftlichung der Welt' nimmt in der Druckform rapide zu, gerade auch durch die **‚Massenpresse'**. Zahlenangaben für heute sind müßig angesichts eines täglichen nicht mehr überblickbaren Massenangebots an Print-Produkten. Schon 1874 waren an die 4.500 deutschsprachige Zeitungen und Zeitschriften in Europa auf dem Markt (s. Nail 2000, 2153) und in eben diesem Jahr wurde per Reichspressegesetz die lästige Zeitungszensur abgeschafft.

4.4. Aussprache-Normierung. Standardsprache fürs Ohr

„Die Schriftsprache ist dem Volke ein fremdes Idiom [...]" vermerkte der Lehrer Dunker im Schleswig-Hosteinischen Schulblatt von 1855. Das galt noch viel mehr für die Aussprache. In der Feststellung von Dunker schwingt wohl beides mit. Das läuft weithin auf eine **mediale Diglossie** hinaus: Schriftsprache, wenn überhaupt, nur für das Schreiben, Sprechen nach dialektal-regionalem Usus, wie ähnlich in der deutschsprachigen Schweiz bis heute. Eine Standardlautung für das gesamte Gebiet deutscher Sprache war noch schwerer zu etablieren als die Schrifteinheit. Der Terminus ‚Standardsprache' erfordert aber beides, nämlich Schriftnorm und Sprechnorm überregional, Polyvalenz in allen Sprachdomänen (vgl. Besch 1983, 977f.). Die Fixierung und **Durchsetzung einer Sprechnorm** musste auf lange Sicht dialektale Alltagssprache, die Sprachnormalität des größten Teils der deutschen Sprachgemeinschaft von alters her bis an das 20. Jh. heran, in höchstem Maße bedrängen. Das ist in der Tat geschehen, wie heute zu sehen ist. Andererseits scheint eine definitive Entregionalisierung der Lautnorm bis heute nicht völlig erreicht worden zu sein.

Es begann in Deutschland 1898 mit einer Regulierung der **Bühnenaussprache**, vorbereitet durch Theodor Siebs anhand von phonetischen Notierungen an verschiedenen Bühnen Deutschlands, sodann beraten und beschlossen von einer Kommission, bestehend aus drei Bühnen-Intendanten und drei Sprachwissenschaftlern (Siebs 1898). Knapp 100 Jahre früher hatte schon Goethe 1803 entsprechende „Regeln für Schauspieler" formuliert. Der Schauspieler habe sich als erstes und notwendigstes darum zu bemühen, „daß er sich von allen Fehlern des Dialekts befreie ..." „Kein Provincialismus taugt auf die Bühne!" (s. Goethes Werke, 40. Bd., 139-168).

Die **Siebs-Kommission** ging von dem bestehenden Aussprachegebrauch guter Schauspieler aus und nahm in Schwankungsfällen ausgleichende Regelungen nach festgelegten Kriterien vor. Als Maxime galt: „Die hochdeutschen Formen unserer Schriftsprache [...] werden ausgesprochen mit den einfachen niederdeutschen Lautwerten." (Siebs 1898).

Das war die entscheidende Verschiebung nach Norden aufgrund der Tatsache, dass dort bestimmte Buchstaben-Oppositionen (Stimmhaftigkeit <> Stimmlosigkeit; Lenis <> Fortis, u.a.m.) erhalten, im Süden eher aufgegeben waren. ‚Nordlastig' waren auch die Zusammensetzung der Kommission, die Auswahl der Bühnen und zahlreiche Detailregelungen (vgl. Besch 2003c, 15–26). Das wurde schon 1898 in eingeforderten Gutachten so formuliert und kritisiert (vgl. Brenner 1899, 182).

Für die Bühnenaussprache war artikulatorisch genaue und weit in den Raum hineintragende Lautung unabdingbar, daher Sprecherschulung unerlässlich und der ‚Siebs' in vielem eine Wegweisung. An eine Ausweitung der Bühnenaussprache als allgemeine Lautnorm für Deutsch in anderen Domänen war nicht gedacht. Für Siebs kam eine mechanische Übertragung der Bühnenaussprache auf die Alltagsrede im Sinne der Umgangssprachen ausdrücklich nicht in Frage: „Das würde zu Geziertheit und Unnatur führen, es wäre nicht wünschenswert und würde auch kaum erreichbar sein." (vgl. Siebs [19]1969, 4/5).

Eine solche Übertragung ist dann aber doch in den folgenden Jahrzehnten geschehen. Seit 1922 wird im Titel des Buches ‚Bühnenaussprache' durch die (schiefe) Bezeichnung ‚Hochsprache' ergänzt und nähert sich damit einer allgemeinen Lautnorm. Nun waren weite Kreise betroffen und entsprechend ergab sich in der Schweiz (vgl. Boesch 1957, 13f.), auch in Österreich und in Süddeutschland Irritation und Distanz – z.T. bis heute. Eine Minderrolle in der Muttersprache zu spielen, ist allemal misslich. Der Norden erschien vielen in der Rolle des Sachwalters eines richtigen Deutsch. Die bisher letzte (19.) Auflage des Siebs von 1969 heißt nun **‚Deutsche Aussprache'** und bietet als Untertitel ‚Reine und gemäßigte Hochlautung mit Aussprachewörterbuch'. Letztere lässt z.B. großregionale Lautkonventionen des Südens (österreichische, schweizerdeutsche, süddeutsche) im Rahmen der Hochlautung zu. Reine Hochlautung steht für die anspruchsvolle Zielgröße, vergleichbar etwa der Bühnenaussprache, die gemäßigte Hochlautung lässt eine gewisse Breite von Varianten/Zwischenformen zu. Auch sie gelten als Hochlautung. Eine längere Reihe nicht normgerechter landschaftlicher Eigenheiten ist in Siebs 1969, 146f. aufgelistet. Die Lizenzregeln für die **gemäßigte Hochlautung** sind da noch sehr begrenzt: Der Ausfall des [ə] in unbetonten Endsilben gehört dazu: *Löwen* = [ˈlø:vn]; Verzicht auf Stimmhaftigkeit bei [b, d, g, s] in Wörtern wie *Bad, Dom, Gabe, sagen,* jeweils anlautend und inlautend; wichtig auch die Zulassung (in Süddeutschland, in Österreich und in der Schweiz) der Aussprache des *-ig*-Suffixes mit Verschlusslaut z.B. in König [ˈkønɪk].

All dies wird sicher nicht der Endstand in der Entwicklung bleiben. Eine Aussprachenorm im strikten Sinn ist bisher nicht allgemein erreicht worden, auch nicht in den Gebildetenschichten der deutschsprachigen Länder (vgl. König 2004, 175 und seine empirische Untersuchung 1989).

Der ‚Siebs' von 1898 war demnach für eine Standardlautung nur bedingt tauglich, er gab sich fast variantenfrei. Das ist grundsätzlich für keine Varietät möglich – schon gar nicht für das Deutsche in seiner regionalen Sprachvielfalt – am wenigsten für eine Sprechnorm, festgelegt im Kern durch eine Kommission, nicht durch das Sprachvorbild einer dominierenden Prestige-Gruppe, wie z.B. in England (vgl. Durrell 1999). Dort ist die historische Basis der sogenannten Received Pronunciation (RP) die mit hohem sozialen Prestige versehene Oberschichtsprache Londons (court, nobility, scholars) seit dem 16. Jh. Man übernimmt dort ein Muster, keine Kommissionsbeschlüsse. Insofern ist der Weg zu einem Standarddeutsch via Kommission eher ein Sonderweg schwieriger Art. Wer konsultiert denn schon laufend Aussprache-Wörterbücher! Nicht einmal die Germanisten in Schule und Universität tun es in der Regel.

Zwei Vorgängen ist es zu verdanken, dass die Generationen im 20. Jh. zunehmend überregional artikulieren lernten. Das eine ist die **Lesesprache**, das andere, mit früher nicht denkbarer Wirkungsintensität, das **Radio**, später das **Fernsehen**, also die Tonmedien.

Im frühen Deutschunterricht führte das Buchstabieren zur sog. Lesesprache, zum annähernden Lauten nach der Schrift – übrigens ganz gegen die Auffassung der Siebskommission „... daß die Schreibung kein Maßstab für die Aussprache sein könne." (Siebs 1969, 10). Dennoch scheint das Sprechen nach der Schrift in der Durchsetzung der deutschen Aussprachenorm eine nicht unbedeutende Rolle gespielt zu haben, zumal im Deutschen die Orthographie lautungsnäher ist als etwa im Englischen.

Mit der Gründung der **Reichsrundfunk-Gesellschaft 1925**, sodann mit der Aufnahme des **Fernsehbetriebs 1952** in der Bundesrepublik (1955 in der DDR) beginnt gleichsam eine neue Ära in der Sprachgeschichte: Jetzt wird täglich und bis in das abgelegenste Dorf Standardaussprache vorgesprochen, in der Regel von dafür ausgebildeten Personen, weitgehend frei von sprachregionalen Elementen. Das sind Sprechmuster in Permanenz und sie bewirken zunehmend Passivkompetenz, längere Zeit ohne aktive Wirkung auf die Alltagssprache örtlich und regional. Das ändert sich aber zunehmend in den letzten drei Jahrzehnten des 20. Jhs. Radio und Fernsehen haben inzwischen nahezu jedes Haus ‚erobert', die durchschnittlichen Einschaltzeiten sind beträchtlich. Der ‚gemäßigte Siebs' ist in seiner nunmehr über viele Jahre hin vorgesprochenen Form wirkungsmächtiger geworden, als man je annehmen durfte, und als alle Schulbemühungen erreicht haben.

Das Ergebnis ist ein Sprachgebrauchswandel größten Ausmaßes, ohne Beispiel in der bisherigen Geschichte des Deutschen. Er vollzog bzw. vollzieht sich sozial sowie zeitlich gestaffelt und bezieht in den letzten Jahrzehnten auch die breite Basis der Sprachgemeinschaft voll in den Wandel ein. Das führt zu neuen Register-Profilen, stärkere Lösung von sprachlicher Raumgebundenheit in unterschiedlichen Graden bis hin zu Ansätzen einer tendenziellen überregionalen Sprecheinheit. Hiermit verbindet sich zwangsweise auch ein Strukturwandel der betroffenen Varietäten, etwa der Orts- und Regionaldialekte bis hin zu verschiedenen Typen von Umgangssprache (vgl. Mihm 2000), wobei die Zielorientierungen gebietsweise noch im Großregionalen verbleiben, aber langfristig in Richtung ‚gemäßigten' Standard zu tendieren scheinen.

Schließlich zeichnet sich für die Zukunft so etwas wie eine **‚Neuorganisation von Mündlichkeit'** ab, ein Strukturwandel in der syntaktischen Textorganisation, weitergreifender als nur phonetische und flexionsmorphologische Änderungen. „Man muß sprechen, wie man schreibet", eine frühe Forderung von Brockes 1721 (vgl. Jellinek 1913, §134), die nach der vollzogenen Alphabetisierung und der Print- und Tonmedienexpansion ein ganz anderes Gewicht erhält. Schriftduktus kann in die Mündlichkeit hinübergenommen werden; ‚druckreif reden' heißt, die Eigenstruktur der Schriftlichkeit in die Mündlichkeit zu übertragen. Erst in den letzten Jahren hat die Forschung wichtige Eigenstrukturen von **‚konzeptioneller Mündlichkeit'** und entsprechend von **‚konzeptioneller Schriftlichkeit'** herausgearbeitet. Wird das Reden nach der Schrift in seiner medial erzwungenen Explizitheit (fehlende face to face-Situation, Wegfall aller nonverbalen Signalelemente, etc.) eines Tages ein höheres Prestige haben gegenüber konzeptioneller (spontaner) Mündlichkeit? Zu den hier angesprochenen Themen des Sprachgebrauchs- und Sprachstrukturwandels vgl. man Längsschnitt Gesprochene Sprache (I/2).

4.5. ‚Außersprachliche' Dynamisierungsfaktoren für Sprachwandel

„Dass Sprachgeschichte einen unerlässlichen Teil von Gesellschaftsgeschichte in allen drei Dimensionen darstellt, gilt heute als selbstverständlich." (v. Polenz 2002, 3). Mit den drei Dimensionen sind **Herrschaft, Wirtschaft** und **Kultur** gemeint, die Wehler (1987, Bd. 1, 6ff) im Anschluss an Max Weber für konstitutiv hält.

Es gilt, diese großdimensionalen Beziehungen ganz konkret an die Lebenswelten der Sprachgemeinschaft heranzuführen, eben auch für die große Menge der ‚kleinen Leute'. Immer muss gefragt werden: Was (be)trifft, wie, wann, warum und auf Dauer die Lebensexistenz der Einzelnen oder auch ganzer Gruppen und schließlich dann auch deren Sprache? Es wird sich bei der Aufzählung bestimmter Veränderungen, etwa in der Dimension Herrschaft, dann alsbald zeigen, dass das in der Regel auch Auswirkungen auf die Dimension Wirtschaft hat und Ausstrahlung in den Kulturbereich gegeben sein kann. **Lebenswelten und Sprache** sind mehrdimensional beeinflussbar.

Man muss also bei der folgenden stichwortartigen Aufzählung von außersprachlichen gesellschaftlichen Veränderungen immer deren mögliche indirekte Auswirkungen auf die Sprache, insbesondere auf den Umschichtungsprozess des Sprachgebrauchs im Blick haben. Der ist in der neuhochdeutschen Phase (ca. 1650 bis heute) zunehmend intensiv, verglichen mit allen früheren Phasen des Deutschen. Die Phase Nhd. geht noch aus von den mittelalterlichen Verhältnissen kleinräumiger Gebundenheit der Alltagssprache und mündet gegenwärtig tendentiell in weiträumiger Überregionalität. Gemeint ist damit die Allgegenwart von kleinräumigen Dialekten früher und großräumige Umgangssprachen, bzw. sogar Dialektverlust heute. Die Veränderungen werden im 17. und auch noch 18. Jh. erst schwach bemerkbar, dann zunehmend stärker mit den rascher folgenden Modernisierungsschritten im 19. und 20. Jh. und sie bewirken schließlich seit etwa den 1970er Jahren Sprachgebrauchswandel in bisher nicht gekanntem Ausmaß.

Für das Folgende ist vom Längsschnitt ‚Gesprochene Sprache' (I/1.2. und 1.3.) auszugehen. Hier werden entsprechend nur Stichworte in Erinnerung gerufen, gelegentlich das eine oder andere erweiternd hinzugefügt.

Als Faktoren für sprachliche Diversifizierung (dialektale) im Raum sind von altersher anzusetzen: Kleinräumigkeit der Lebenswelten/Agrarstruktur/zeitliche Stabilität des Gegebenen/Mündlichkeit (ohne Gegenpart der Schrift). Alle Faktoren reichen noch weit in die Neuzeit hinein, aber der Weg in die Moderne destabilisiert sie Schritt für Schritt. Damit entfallen nach und nach auch alle Grundlagen für engräumige Sprachausprägungen in der Gestalt großer Dialektvielfalt.

Die **Kleinräumigkeit** lebensweltlicher Organisation im Sinne von **Immobilität** wird Schritt für Schritt aufgebrochen durch:

- Aufhebung der **‚Leibeigenschaft'**, ‚des Herreneigentums am Menschen' (Unauflösbarkeit der Abhängigkeit, eingeschränkte Rechtsfähigkeit, Verweigerung der Freizügigkeit, Heiratsverbot außerhalb des Besitzerterritoriums). Diese Form der Unfreiheit findet Anfang des 19. Jhs. nun wirklich ihr Ende (Stichwort ‚Herrschaft').
- **Einführung und Ausbau der Eisenbahn** (Stichwort ‚Wirtschaft/Verkehr'). Diese wurde zum ersten schnellen Massenverkehrsmittel der Geschichte, in Deutschland 1835 zwischen Nürnberg und Fürth erstmals in Betrieb genommen, 1850 bereits mit einem Streckennetz von 5470 km, 1866–1873 mit der Erbauung der Schwarzwaldbahn auch schwieriges Terrain erschließend.

- Verkehrserschließung durch weitgreifenden Straßenbau, bedingt durch Industrialisierung, expansive Stadtentwicklung, Umorientierung im Berufssektor u.a.m. (Wirtschaft, Infrastruktur).
- Individual-Mobilisierung seit den 1960er Jahren mit schnell anwachsendem Anteil von privatem Auto-Besitz. Das bedeutet eine extreme Steigerung individueller **Mobilität**. Unsere Urgroßeltern, auch z.T. noch die Großeltern, hätten sich einen solchen Radius der Beweglichkeit nicht einmal im Traum vorstellen können.

Dies alles hatte nach und nach entgrenzende Wirkungen auf Dorf, Kirchspiel, Kleinterritorien, Kleinstädte und letztendlich auch auf den Zusammenhalt der Familien. Die Sprache konnte davon nicht unberührt bleiben.

Als zweiter Faktor für Kleinräumigkeit (= stabilitas loci), wurde – **Agrarstruktur** (Wirtschaft) genannt, ein bis an die Neuzeit heranreichender mit weit über 80% dominierender Wirtschaftsbereich. Das änderte sich nach und nach, sehr intensiv dann mit der Anfang des 19. Jhs. in Deutschland beginnenden Industrialisierung, aus der sich verbunden mit sozialen Krisen eine ausgeprägte Arbeitsteilung, Abwanderung vom Land und **Verstädterung** durch die Konzentration der Arbeitskräfte an großen Produktionszentren ergab. Mit dem großen Wachstum an Beschäftigungsmöglichkeiten gingen Verbesserungen in Berufsausbildung und Schulbildung einher, Beschäftigung im Agrarsektor extrem zurück. Henning (1988, 270) nennt für die BRD 1950/51 um 5 Mio. Vollbeschäftigte in der Landwirtschaft, für 1985 z.B. nur noch ca 500.000. Wie dieser Abbau verlief, muss hier nicht erörtert werden. Grundpfeiler der Dialekttradition war das alte Dorf der landwirtschaftlichen Familienbetriebe in langer Generationenkette. Das gibt es heute weithin nicht mehr. Zur Verstädterung (Wegzug) kam ‚Urbanisierung', wie es die Soziologen nennen, d.h. Übertragung städtischer Lebensmuster (Wohnen, Freizeitgestaltung. Lebensstile) auch auf das Dorf, z.T. auch beschleunigt durch Zuzug von der Stadt. Entsprechend muss und wird Sprache sich ändern. Das ist (im Längsschnitt ‚Gesprochene Sprache', I/1.7.) an den Erhebungszahlen zum Dialektgebrauch in unserer Zeit abzulesen.

- Flucht, Vertreibung, Umsiedlung als überwiegend **erzwungene Mobilität**. Es begann schon im Vorfeld des 2. Weltkriegs durch Umsiedlung von Volksdeutschen (insgesamt ca. 770.000) ins Reich aufgrund von Verträgen Hitlers mit Mussolini (Südtirol) und Stalin (insb. Baltikum) zwecks ‚ethnischer' Bereinigung der Staatsgebilde. Mit Kriegsende und bis 1950 addiert sich die Zahl der Flüchtlinge und Vertriebenen aus dem Osten auf erschreckende 11.958.000 (vgl. Der Grosse Ploetz ^{34}2005, 899, mit Aufschlüsselung nach Ländern und Regionen). Aufnahmegebiete waren die ‚westlichen Besatzungszonen, teils auch die sowjetische, am Rande auch Österreich. Eine ‚Völkerwanderung' dieses Ausmaßes, mit dem Verlust von Heimat, Besitz, Bezugsgruppe und Sprache, dann zerstreute Ansiedlung in z.T. unwilliger Umgebung eines armseligen Nachkriegsdeutschlands, war katastrophale Folgelast eines unseligen Krieges. Ihre Geschichte ist bis heute noch nicht genau beschrieben, auch nicht die Formen und der Ablauf des Sprachkontaktes zwischen dialektalen Varietäten von Zugezogenen und Einheimischen, besonders in ländlichen Regionen. Die mitgebrachten Dialekte der Ostgebiete hatten im neuen Umfeld letztlich keine Überlebenschance, oft schon nicht mehr in der zweiten Generation. Umgekehrt blieben auch die Dialektsprecher im Altland mittelfristig nicht unbeeinflusst von der neuen Sprachkontaktsituation. Eine ab 1954f. großangelegte Tonbandaufnahme deutscher Dialekte von Einheimischen und Vertriebenen mit über 8 000 Aufnahmen kann bereits heute als wichtige historische Dokumentation gesprochener Sprache in der Umbruchzeit vor gut 50 Jahren dienen (vgl. Wagener/Bausch 1997). Als letztlich gemeinsame Verständigungssprache bot sich vielfach dann eben Standardsprache an, meistens untermischt mit großregionaler Variation – eine Tendenz, die sowieso schon durch die anderen genannten Veränderungsfaktoren befördert wurde. Als Faktoren für sprachlich-dialektale Kleinräumigkeit früherer Jahrhunderte wurden (I/1.3.), Agrarstruktur/zeitliche Stabilität der gegebenen Verhältnisse in ihrer Immobilität / schließlich **Mündlichkeit** ohne Gegenpart der Schrift benannt. Alle diese Faktoren sind nacheinander, oder auch in Kombination außer Kraft gesetzt oder verändert worden, auch die frühere ausschließliche Mündlichkeit durch die heutige Allgegenwärtigkeit der Schriftlichkeit. Es haben sich durch den Wirtschaftsaufschwung in späterer Nachkriegszeit die früheren Stadt-Land Gegensätze weiter eingeebnet, Bildungsbarrieren wurden weitgehend beseitigt, das individuelle Selbstbestimmungsrecht in demokratischen Strukturen gefördert, ‚Untertanen'-Habitus abgebaut, ein Mentalitätswechsel vollzogen. Äußerte sich das auch sprachlich, bei uns und in den anderen deutschsprachigen bzw. teildeutschsprachigen Staaten und dort wohlgemerkt nach dem für das Ansehen Deutschlands verheerenden 2. Weltkrieg? Die folgenden Abschnitte gehen dieser Frage nach.

4.6. Das Konzept der drei nationalen Varietäten der deutschen Standardsprache

Dieses Konzept, erstmals diskutiert in den 1980er Jahren, vermittelt eine neue Sicht der Standardsprachen-Einschätzung für Deutschland, Österreich und für die deutschsprachige Schweiz. Der Grundkonsens einer gemeinsamen deutschen Standardsprache wird dabei letztlich nicht in Frage gestellt, aber gewisse Varianten, insbesondere, aber nicht nur im Wortschatz, erhalten jeweils in jedem Staat für sich den Standardsprachenstatus, gelten also im Sinne einer nationalen Varietät (vgl. Ammon 1995).

Im Grunde entspricht das in angemessener Form der plurizentrischen Entwicklung (vgl. Clyne 1984 u. 1992) von Geschichte und Sprache im deutschsprachigen Raum Mitteleuropas, dem z.B. ein eher monozentrisches Modell, etwa für Frankreich und England, entgegensteht. Plurizentrisch, d.h. mehrere Zentren bzw. Zentralregionen existieren lange Zeit im Nebeneinander und Nacheinander, auch in Konkurrenz.

Bundespräsident Richard von Weizsäcker hat das für Deutschland in seiner Dankesrede 1989 anlässlich der Verleihung der Ehrenbürgerwürde der Stadt Bonn so ausgedrückt: „Unsere nationale Geschichte und unser Nationalgefühl sind immer föderalistisch gewesen. Im tiefsten Kern ist dies Ausdruck unseres Wesens und der Entwicklung unserer Geschichte. Die Nation von uns Deutschen war historisch besehen nur im Ausnahmefall auf einen Zentralstaat bezogen." (Zitiert nach dem Bonner ‚General-Anzeiger' vom 3. Mai 1989). So ein Fall war die Reichsgründung 1871; die Deutschen galten als eine **„verspätete Nation"**, Nachzügler gegenüber europäischen Nationen auch hinsichtlich einer überregionalen Schriftsprache, ganz zu schweigen von einer Standard-Aussprache. Eine spätere Fortführung des Ausnahmefalls war dann Hitlers ‚Großdeutschland'.

In der Folgezeit trat zunehmend das Föderalistische in der Sprache wieder zutage, in Österreich und in der Schweiz zusätzlich staatsvölkisch geformt und verstanden, in der DDR politisch-ideologisch eingeebnet. Österreich und die deutschsprachige Schweiz gewannen folgerichtig die Freiheit der eigenen nationalen Varietät, in Westdeutschland kam es zu Lockerungen der Norm bis hin zu einer befürchteten ‚Entnormung' der Aussprache (Penzl 1988, 15), gewissermaßen auch, wie in Österreich und in der Schweiz, als eine späte Reaktion auf die strikten Siebs-Normen. Dass sich aus diesen Gesamtentwicklungen mittelfristig auch Schwierigkeiten für ‚Deutsch als Fremdsprache' hinsichtlich des gesprochenen Deutsch ergaben und weiter ergeben werden, ist inzwischen erkannt (vgl. u.a. Durrel 2003).

4.6.1. Österreich

Nach Reiffenstein (1982, 13) unterscheidet sich die in Österreich verwendete (geschriebene) Schriftsprache „von der deutschen hochsprachlichen Norm nur in eher unerheblichen Details, nirgends prinzipiell [...]. Für den Bereich der gesprochenen Sprache würde ich aber dem östereichischen Deutsch die Sonderstellung einer nationalen Variante gegenüber sonstigen Regionalvarianten (z.B. Bayern, Schwaben, Rheinland) zubilligen." Wie es scheint, sind auch die umgangssprachlichen Graduierungen z.T. anders als in Deutschland, und ein eigenes Sprachwertgefühl gründet auch auf die Tradition der ehemaligen habsburgischen Völkermonarchie und seiner Kultur. Dennoch haben sprachseparatistische Strömungen (‚wir sprechen Österreichisch, nicht Deutsch') nach dem 2. Weltkrieg letztendlich keine Zustimmung gefunden (Genaueres bei v. Polenz 1999, 435ff.).

Eine Aufzählung sog. **Austriazismen** kann hier nicht erfolgen. Sie betreffen in der Lexik vornehmlich den Verwaltungs-, Geschäfts- und Gastronomiebereich. Teils sind sie wirklich österreicheigen, wenn auch nicht immer flächendeckend (z.B. *Obers = Sahne*; *Zinshaus = Mietshaus*), teils gibt es Überschneidungen mit süddeutschen ‚Regionalismen', etwa bei *Bub = Junge*; *Stiege = Treppe*; z.T. hat Österreich die Eindeutschungen von Fremdwörtern des Allgemeinen Deutschen Sprachvereins (1885f.) nicht mitgemacht, wie übrigens auch nicht die Schweiz (*Trottoir, Gehsteig = Gehweg, Bürgersteig*; *Kondukteur = Schaffner*). In der Aufzählung und genaueren Zuordnung der Varianten gibt es in der bisherigen Fachliteratur durchaus Unterschiede, je nachdem, wie und ob fachsprachliches, veraltetes und dialektales Wortgut aufgenommen wurde. Dass in jüngerer Zeit auch Austausch, Übernahme und Abwahl nationaler Varianten feststellbar ist, zeigt sich besonders aktuell am **'Variantenwörterbuch des Deutschen'** (2004). So reagiert Sprache immer wieder auf Intensivierung der Kommunikation über immer größere Räume hinweg. Hinsichtlich der Aspektuierung des Bereichs und der Materialfülle ist Ammon (1995) immer noch grundlegend, auch für andere Staaten/Gebiete mit deutscher Sprache; frühere Arbeiten sind z.T. veraltet (vgl. Rizzo-Baur 1962), bzw. schwankend in der Abfolge der Auflagen (s. Österreichisches Wörterbuch 1997; materialreich auch Ebner 1998.) Für knappe Informationen über Einwohnerzahlen, Minderheiten, Spracheinschätzung und Sprachgebrauch ist die Einleitung zum Variantenwörterbuch des Deutschen (2004, XXXIVf.) dienlich.

4.6.2. Schweiz

Wer aus entfernteren deutschen Sprachgebieten in die deutschsprachige Schweiz kommt, sei es nun Stadt oder Land, wird keinen Zweifel am Status einer Nationalen Varietät des Schweizerdeutschen haben, denn er versteht in der Regel die übliche Alltagssprache nicht. Sie ist dialektal, ansatzweise auch ausgerichtet auf eine interregionale schweizerdeutsche Umgangssprache, jeweils ohne soziale Markierung. Eine „Zusatzsprachform bildet das Schweizerhochdeutsch und gradweise verschieden (je nach Bildung) das Standarddeutsche ..." (s. Sonderegger 2003, S. 2876). Im **Schweizerhochdeutschen** finden sich am ehesten die nationalen Varianten in Lexik, Flexionsmorphologie, Wortbildung, Syntax und Aussprache. Sie beruhen auf früh errungener politischer Selbständigkeit und deren Verwaltungssprache, sodann auf der Einwirkung landesüblicher Sprache auf die eben genannten Teilbereiche des Standard. Die Eigenformen werden als sog. Helvetismen bezeichnet und sind z.B. u.a. bei Ammon (1995), Meyer (1989), Kaiser (1969/70) aufgelistet. Andeutungsweise werden hier z.T. nach v. Polenz Bd. III, 450 nur ganz wenige Beispiele genannt: *Altersasyl = Altenheim, Seniorenheim*; *Ausschaffung, Rückweisung = Abschiebung*; *Badanstalt*; *Zeigfinger*; *Verlad = Verladung*; *parkieren*; *vorbehältlich*; *Pöstler*; *anrufen (mit Dativ)*; *k* wird z.T. als Affrikata [kx] gesprochen; *ach*-Laut statt *ich*-Laut nach hellen Vokalen; für weiteres s. Boesch (1957). In der Schreibung ist <ß> vollständig durch <ss> ersetzt.

Die konsequente **Diglossie**: Dialekt/schweizerdeutsche Varietät der deutschen Standardsprache mit klarer **Domänenverteilung** ist das markante Abgrenzungszeichen der deutschen Schweiz. Ein solches Modell ist heute gegenläufig im Vergleich mit anderen deutschen Sprachgebieten – und das war in der Schweiz nicht immer so. Im geschichtlichen Ablauf zeichnet sich auf faszinierende Weise das Ringen um Eigenständigkeit der Sprache einerseits und andererseits pragmatische Konzessionsfähigkeit angesichts der neuzeitlichen Entwicklung weitgreifender Nationalsprachen deutlich ab. Mit Zwinglis Bibelübersetzung (1531) schien der Anstoß für eine eigene schweizerdeutsche Schriftsprache gegeben zu sein. Dieser Text erfuhr in der Folgezeit eine weitere **Helvetisierung**, aber der Eigenweg wurde etwa seit der Mitte des 17. Jhs. zum Problem angesichts der großräumigen Schriftsprachentwicklung im übrigen deutschen Sprachgebiet, in Analogie übrigens auch zu den großen Nachbarsprachen. Mit der großen Revision der Zwingli-Bibel von 1665/67 erfolgte „die irreversible ‚preisgabe alles schweizerischen nach laut und form'..." (Lavater 1997, 209) und damit letztlich der Anschluss an die gesamtdeutsche Schriftspracheentwicklung. Von da an schien die Sprachentwicklung in der Schweiz eher gleichsinnig wie in anderen deutschsprachigen Gebieten zu verlaufen. Zwar waren die Dialekte nach wie vor stark verankert in der deutschen Schweiz, aber die Verlustängste um 1900 doch so groß, dass der rasche Untergang des Schweizerdeutschen vorausgesagt wurde (s. Tappolet 1901). Dass es nicht so gekommen ist, wird bei Sonderegger (2003, 2864f.) im einzelnen gezeigt und begründet. Der ‚Sonderweg' geht zunächst von der Wichtigkeit und dezidierten Pflege *beider* Größen, der Schriftsprache *und* der Dialekte aus, allerdings auch von deren scharfer Trennung. Der öffentliche Mundartgebrauch vor den 1930er Jahren „erfüllte sich vor allem in den Kategorien Mundart und Heimat, Mundart und Natur, Mundart als Sprache der Bauern ..." (Sonderegger 2003, 2869). Danach, in der Abgrenzung gegenüber dem nationalsozialistischen Dritten Reich 1933–1945 und der Festigung des Schweizerdeutschen wurde der Dialekt in den Rang der „geistigen Landesverteidigung" erhoben. Daraus ist das heutige Modell einer ungewöhnlichen Separierung der Muttersprache entstanden: gesprochene Regionalität auf der einen, Schriftdeutsch/Standardsprache auf der anderen Seite, letzteres keine Fremdsprache, aber vielen eine relativ fremde Sprachform. Dieses Modell verdankt sich im Kern einer politischen und sprachlichen Absetzbewegung zur **Wahrung der Eigenständigkeit**. Wird es Bestand haben in einer veränderten Welt und einer sich auch entsprechend wandelnden Mentalität? Für knappe Informationen zur Stellung und Abgrenzung der Standardsprache in der deutschen Schweiz vgl. Variantenwörterbuch des Deutschen, (2004, XXXVIIIf.)

4.6.3. Deutschland

Erst die neue Sicht plurizentrischer Sprachbeschreibung (Varitäten) des Deutschen hat die Frage nach den Spezifika des Deutschen in Deutschland eigentlich erst aufkommen lassen. Denn solange die Sprachformen etwa der österreichischen und der schweizerdeutschen Varietäten der deutschen Standardsprache als „Besonderheiten der deutschen Schriftsprache im Ausland" (so der Titel einer Duden-Sonderreihe in den 1960er Jahren) aufgefasst und bezeichnet werden konnten, war das ‚Binnendeutsche' sozusagen Zentrum des dominierenden großen Normalbestandes der deutschen Schriftsprache. Dieser Normalbestand ergab sich jeweils nach Abzug der Besonderheiten außerhalb des **Binnendeutschen**. Seine ausführliche Darlegung schien sich somit zu erledigen und ist auch bis heute über die gängigen Wörterbücher oder andere Hilfen noch nicht zu leisten. Für die Benennung der deutschen Variante der deutschen Standardsprache gab es konkurrierende Vorschläge (‚deutsches Deutsch', ‚deutsch-ländisches Deutsch', ‚Bundesdeutsch', bzw. in Analogie zu Austriazismen, Helvestismen etwa ‚Teutonismen', ‚Deutschlandismen', die z.T. unterschiedliche Konnotationen mit sich transportieren bzw. inhaltlich undeutlich sind (Bundesdeutsch). Eine Aufschlüsselung im Einzelnen findet sich bei v. Polenz (1999, 422)). Am ehesten ist wohl ‚deutschländisch' akzeptiert, damit auch die ‚**deutschländische Varietät** der deutschen Standardsprache', für manche sicher noch gewöhnungsbedürftig. Diese Variante gilt für ein beachtlich großes Sprachgebiet mit ca. 83 Mio Einwohnern, daher sind gewisse großregionale Abtönungen des Standards sicher nicht überraschend, etwa zwischen Nord und Süd, deutlich in der Orthoepie, ansatzweise auch in der Lexik, in Prosodie und Sprachpragmatik. Von Österreich und der Schweiz her wird wohl insbesondere der norddeutsche Sprachhabitus als typisch ‚deutschländisch' eingestuft, weniger der süddeutsche. Das hängt mit den Dialekt-Kontinua, bzw. -Nähe früherer Zeit über die späteren Staatsgrenzen hinweg zusammen. Einige Detailhinweise gibt v. Polenz (1999, 423f.); hilfreich ist auch die knappe Hinführung im Variantenwörterbuch des Deutschen (2004, XLIIf.).

Eine kleine Probe am besagten Variantenwörterbuch soll zeigen, dass unsere ‚deutschländischen' **Eigenprägungen in der Lexik**, gesehen aus der österreichischen und schweizerdeutschen Perspektive, zahlreicher sind, als wir selbst wahrnehmen, auch unabhängig von den Konkurrenzwörtern zu deren nationalen Lexikvarianten. Für die kleine Probe wurden die ersten 30 Seiten des Buchstabens B geprüft. Aufgeführt werden alle Lexeme, die mit ‚D' markiert sind, d.h. in dieser Form so nur für die ‚deutschländische' Variante verbucht werden. Nur am Anfang werden hier gelegentlich die Entsprechungen anderer nationalen Varietäten genannt (A= Österreich; CH= Schweiz): *BaföG* (als Abkürzung für ‚*Bundesausbildungsförderungsgesetz*'); *Bahncard* (=A *Ermäßigungsausweis*, etc., = *Halbtax*): *Bahnübergang* (=A *Eisenbahnkreuzung*, CH= *Niveauübergang*); *Bankautomat* (=A *Bankomat*, =CH *Postomat, Bancomat*); *Bänker* (=CH *Bänkler*); *Bankkauffrau; Bankkaufmann; Barablösung* (=A *Barablöse*); *Bauantrag* (=A *Bauansuchen*...); *Baubude* (=CH *Baubaracke*); *Baugenehmigung; Baumkuchen; Bebauung; Bedarfssatz; Beitreibung, beleihen; Berufsvorbereitungsjahr; Besoldungsgruppe; Betriebsmittelverwaltung; Bettcouch; Bettlaken; Beutel; bevorrechtigt; Bewährungsfrist; Bezahlfernsehen.*

Allein schon dieser kleine Ausschnitt lässt erahnen, dass von außen gesehen, die ‚deutschländische' Benennung von Sachen, Sachverhalten und Verfahren in Tausenden von Fällen merkbar bis schwerverständlich abweicht vom Gebrauch in Österreich und der Schweiz. Das Gesamtkorpus aller ‚deutschländischen' Varianten ist bisher wohl noch nicht zusammengestellt. Ebenso wünschenswert wäre bei aller Aufzählung von Verschiedenheiten auch ein Gesamtkorpus alles Gemeinsamen über alle Nationalvarietäten des Deutschen hinweg.

4.7. Sprache unter staatlicher Indoktrination

Hier geht es um das ‚Dritte Reich' und die Deutsche Demokratische Republik und deren Versuche einer indoktrinären Beeinflussung der deutschen Sprache in ihren jeweiligen Staatsgebieten.

Im Anschluss an das Nationalvarietäten-Kapitel beginne ich mit der DDR, weil für deren Deutsch nach eigener Sicht und auch nach Sicht einiger voreiliger westlicher Betrachter zunehmend der Status einer **vierten** eigenständigen Varietät der deutschen Standardsprache beansprucht wurde. Die mehr als vierzigjährige Dauer des Systems und das kompromisslose sozialistische Verbalisierungspostulat der neuen Gesellschaftsordnung haben anhaltend in die Richtung einer ‚Sprachspaltung' gezielt. Das hat sich durch die Wiedervereinigung erledigt, ebenso die Anerkennung einer 4. Varietät der deutschen Standardsprache. Dem ‚Dritten Reich' fehlte sowohl solche Zeitdauer und entsprechend auch die Intensität.

4.7.1. Die Deutsche Demokratische Republik (DDR, 1949-1989)

Rein theoretisch – und nur für einen Moment ohne Berücksichtigung aller bitteren Konsequenzen für die Menschen – kann das, was sich nach den II. Weltkrieg an staatlicher West-Ost-Abgrenzung vollzog, sprachwissenschaftlich als ein gigantisches Experiment angesehen werden: Man teile ein großes Land mit einheitlicher Kultur und Sprache gleichsam ‚über Nacht' in zwei Teile und betreibe die gewollte Isolierung der Teile mit immer rigorosen Maßnahmen. Die ursprüngliche Sprachgemeinschaft, definiert als Verkehrsgemeinschaft, auch in einem modernen Sinn, erleidet zunehmend Schaden. Das wird zusätzlich bewirkt und geradezu forciert durch gewaltsame Umstrukturierung der Gesellschaft mit allen Folgen für Recht, Verwaltung, Arbeit etc. und in deren Gefolge mit einem Tross von Neubezeichnungen, Leitvokabeln, semantischen Umwertungen bestehender Wörter oder gar deren Ächtung. Das galt vor allem für die 16 Mio. Menschen im Osten des geteilten Landes. Ohne Zweifel blieb auch der Westteil nicht ohne sprachliche Veränderungen, verursacht durch die ungehinderten Verbindungen zur westlichen Welt und den damit verbundenen wirtschaftlichen, technischen und insgesamt gesellschaftlichen Entwicklungen.

„Es wird zwei Deutschlands geben", so lautet der Titel eines Buches von Schlosser (2005), das diese Vorgänge in der Anfangsphase überzeugend beschreibt.

Eine **‚Sprachspaltung'** wurde zunächst von westlicher Seite her befürchtet, im Osten (noch) nicht propagiert (s. Hartmut Schmidt 2000, 2017). Aber das politisch-ideologische Distanzierungspotential brach sich zunehmend Bahn, gerade auch bezüglich der Sprache. 1970, im Vorwort zu Band 4 des ‚Wörterbuch(s) der deutschen Gegenwartsprache', einem in den ersten drei Bänden respektablen Wörterbuch-Unternehmen in der DDR, finden sich nun programmatische Sätze folgender Art:

> Infolge dieser gegensätzlichen gesellschaftlichen Entwicklung sind bedeutsame sprachliche Unterschiede zwischen der sozialistischen DDR und der staatsmonopolitischen BRD entstanden. Das in der sozialistischen Gesellschaft sich entwickelnde ökonomische System, die sozialistische Ideologie, Wissenschaft und Kultur geben der Sprache in der DDR ihr spezifisches Gepräge. (...) In den sprachlichen Unterschieden zwischen der DDR und der BRD (...) manifestiert sich die ökonomische, politische, insbesondere aber die ideologische Konfrontation zweier Weltsysteme. Das Wörterbuch der deutschen Gegenwartssprache wird das erste semantische Wörterbuch sein, das dieser Konfrontation auf linguistischem Gebiet Rechnung trägt. Es wird vom 4. Band an den gesamten Wortschatz konsequent auf der Grundlage der marxistisch-leninistischen Weltanschauung darstellen.

Für „die tiefgreifende Veränderung in der Lexik beider Gesellschaftsordnungen" werden im Vorwort beiläufig angegeben: **Bedeutungsveränderung** vorhandener Begriffe: *Staat, Partei, Parlament, Polizei, proletarisch, Revolution,* weil in der sozialistischen und in der bürgerlichen Ideologie gegensätzliche Klasseninteressen zum Ausdruck kommen.

Neuprägungen: in der DDR *Neuererbewegung, Produktionsgenossenschaft, Volkseigentum,* charakteristisch für die sozialistische Gesellschaft; in der BRD *Management, Showgeschäft, Volksaktie, soziale Marktwirtschaft,* zum monokapitalistischen System gehörend, bzw. die sozialen Machtverhältnisse verschleiernd. **Eliminierung** von Bezeichnungen, deren Denotate in der DDR nicht mehr existieren: *Mittelschule, Pension* im Sinne von ‚Ruhegehalt für Beamte', oder *Arbeitgeber, Arbeitnehmer, Geisteswissenschaften*, weil sie der bürgerlichen Ideologie angehören und die wahren Verhältnisse unrichtig widerspiegeln.

Prüft man z.B. im 4. Band sodann die Artikel, so ist von der Radikalität der konsequenten Darstellung des gesamten Wortschatzes auf der Grundlage der marxistisch-leninistischen Weltanschauung eher wenig zu spüren, aber in Einzelfällen sind es einseitige Zuschreibungen negativer Beispielsätze zu Lasten der BRD, z.B. beim Lemma ***manipulieren*** „1. abwertend *die öffentliche Meinung unter der Herrschaft der imperial. Bourgeoisie so lenken, daß das Bewußtsein der Menschen mit der herrschenden Ideologie gleichgeschaltet wird...*" Unter dem Lemma ***Nation*** steht u.a. *„die deutsche N. entwickelt sich in der DDR als sozialistische N."*. Beim Stichwort **Recht** steht „das sozialistische R. (*Gesamtheit der vom soz. Staat festgelegten Rechtsnormen, die den Willen der Arbeiterklasse und der mit ihr verbündeten Klassen und Schichten ausdrücken*); das bürgerliche R. (*Gesamtheit der vom kap. Staat festgelegten Rechtsnormen, die nur den Willen der Bourgeoisie ausdrücken*)."

Schon diese wenigen Zitate lassen Züge der politischen, systemtypischen Sprache erkennen, unverkennbar in ihrer Plakatierung, Stereotypik, Selbstgewissheit, Wiederholungsmanie, durch Agitatoren, Schulungen verbreitet, von den Medien übernommen, in der Öffentlichkeit überwacht. Dieser sog. offizielle Sprachgebrauch reichte natürlich auch in die Alltagssprache der ‚Parteigänger' hinein, situationsgesteuert darüber hinaus auch in die Sprache der eher Distanzierten. Das war bei neuen Bezeichnungen für Institutionen, für Administration und für alles, was in den Alltagsablauf gehörte, nicht verwunderlich. Ganz anders verhielt es sich jedoch hinsichtlich der ideologisch-stereotypischen Elemente der parteilich-staatlichen Propagandasprache:

> Hier zog sich im eigenen Land ein tiefer Graben zwischen denen, die solche Wörter und Mehrwertformeln auch in ihre Alltags- oder Familiensprache übernahmen und denen, die das sehr bewußt vermieden oder nur mit ironischen Signalen praktizierten (H. Schmidt 2000, 2022).

DDR-Kabarett-Programme haben z. T. ihre Lacherfolge durch Übernahme offizieller Lexik ins Private gewonnen. Der ‚Normalbürger' benötigte eine hohe Sprachsensibilität, wechselte je nach Situation das Register, konnte aber, wenn er wollte, mit wenigen Sprachsignalen seine eigene Positionierung markieren. Es gab **Zwischenzonen, verdeckte Sprache, Lesen ‚zwischen den Zeilen'**. Im Westen wusste man das vielfach nicht so genau, registrierte zudem noch die besonders auffällige Lexik und deklarierte das dann als das **DDR-Deutsch**. H. Schmidt (2000, 2030f.) bietet eine Beispielliste, aus der ich einige Bezeichnungen hier anführe: *Agitation, Aktivist, Arbeiter- und Bauernstaat, Jugendfreund* (Anrede der FDJ-Mitglieder), *Kosmonaut, volkseigener Betrieb; antifaschistischer Schutzwall* (=Mauer), *Aspirant, Kombinat, Arbeiterveteran* (Rentner), u.a.m. Für v. Polenz (1999, 431) dienten Wörter wie *Brigade, Broiler, Datsche, Intershop, Kader, Kollektiv, Plaste* geradezu als Schibboleths zur sprachlichen Identifizierung von Personen aus der DDR. Dass in der DDR privatim auch Ironisierungs- und Tarnausdrücke gebraucht wurden, gleichsam als Reaktion auf den öffentlichen Sprachdruck, bezeugen Wortschöpfungen wie: *Blaue Kachel* (100 DM-Schein), *Blockflöten* (SED-dominierte Blockparteien), *Bückware* (unter dem Ladentisch hervorzuholende Mangelware), *Maximuß-Lenimuß* (Marxismus-Leninismus), *Mumienexpress* (Interzonenzug voller DDR-Rentner), *rote Socke* (übereifriger SED-Funktionär), u.a.m., vgl. v. Polenz (1999, 433).

„Es wird zwei Deutschlands geben" – das ist durch glückliche Fügung dann eben nicht wahr geworden. Die erzwungene, isolierende Teilung fand ihr Ende, rechtzeitig muss man sagen, gerade auch im Blick auf die Sprache, denn diese reagiert sensibel auf Kommunikationshinderungen radikaler und langanhaltender Art. Es beginnt mit unterschiedlichen Verwaltungsstrukturen des Zivillebens, des Staates und der Wirtschaft mit einer Vielzahl neuer Bezeichnungen, die man kennen muss zur Bewältigung des Alltags. Der ideologische Umbau der Gesellschaft in der DDR trieb so die Entfremdung der beiden Staaten in ihren Verwaltungssprachen besonders voran. Das wirkte tief in den Alltag hinein – und hat nach der Wiedervereinigung über Jahre hin bis heute in der Tat Unsicherheit und Irritation beträchtlicher Art verursacht. Der 2. Bereich, das partei-ideologische, dogmatische Verbalisierungsinventar, konnte nur bedingt eine Spracheinheit gefährden, weil dieses Inventar nicht dem Alltag, sondern klar einem parteipolitischen Bereich zuzuordnen war.

Die gewaltsame Trennung begann eigentlich schon 1945, zunächst in Gestalt von Besatzungszonen, in der sowjetisch besetzten bereits mit Bodenreform, Schulreform, Justizreform, Verstaatlichung großer Teile der Industrie. 1949 kam es zur Gründung der DDR, mit Verfassung von 1968, geändert 1972 und 1974 zu einem **sozialistischen Staat** erklärt, *deutsch* wurde gestrichen. Man muss also von 1945-1989 ausgehen, fast 45 Jahre zwanghafter Isolierung und staatlich-politischen Diktats. Wie ist die Bilanz nach ca. 45 Jahren? Die verwaltungstechnische ‚Eigensprache' in der DDR, z. T. auch in der BRD, war so etwas wie ein erstes Einfallstor in eine gemeinsame deutsche Sprache. Die trennenden Folgen einer noch weit längeren Teilung kann man sich leichthin vorstellen. Für das politisch-ideologische Verbalisierungsdiktat war die Zeit offensichtlich zu kurz, um alltagssprachlichen Boden zu gewinnen. Wie leicht einzusehen, war vor allem die Lexik betroffen, Syntax, Flexions- und Wortbildungsmorphologie wie auch der Grundwortschatz wurden kaum tangiert. [Lit.: Hartmut Schmidt (2000), authentisch, Quellentexte zitiert, eigene DDR-Biographie; Schlosser 1990].

4.7.2. Der Nationalsozialismus und die deutsche Sprache (1933-1945)

Das 20. Jh., insbesondere in seiner ersten Hälfte, erscheint im Rückblick als Nährboden ideologischen Herrschaftswahns in diktatorischer Gestalt mit rigoroser und lebensbedrohender Einschränkung der Freiheit und Menschenwürde des eigenständig denkenden Individuums. Man denke nur an Stalin, Mussolini, Hitler. Warum das so war, ist von der historischen Forschung bis heute noch nicht bündig geklärt. Für den Nationalsozialismus ist nachgewiesen, dass die mit *Volk, Boden, Rasse, Germanentum* u.a.m. verbundenen Denkhorizonte schon vorher aufscheinen, dass hasserfüllte Beschimpfungen der politischen Gegner in der Weimarer Republik (1919-1933) üblich, Judenklischees verbreitet, öffentliche Reden emotional überzogen und unerträglich laut, gar schreiend dargeboten wurden, meist auch in unerträglicher Länge. Als junger Mensch hat das der Verf. noch gehört, als besondere Exempel: Hitler, Goebbels, Robert Ley. Welch eine Wohltat dann die gemäßigte Tonlage der Politiker in der jungen Bundesrepublik Deutschland!

Mit Hilters **Ermächtigungsgesetz** (März 1933) begann recht eigentlich die Dikatur. Was bedeutete das für die Sprache? Der Nationalsozialismus hatte kein ausgearbeitetes Sprachveränderungsprogramm, ebenso nicht die Absicht eines totalen Umbaus der Gesellschaft. Er suchte in einem Gemisch von nationalem Ressentiment (*Versailles-Diktat*), Machtstreben, Hass auf das ‚Weltjudentum' ein ‚Großdeutschland' zu verwirklichen – und provozierte damit unabwendbar die kriegerische Auseinandersetzung mit anderen Staaten. Das bedeutete nach innen: Abschaffung der Parteien, Gleichschaltung der Presse, Verfolgung der politischen Gegner oder sonst missliebiger Personen, sodann systematische Entrechtung, Vertreibung und schließlich Ermordung der deutschen Juden und Juden in den besetzten Gebieten europaweit. Alles in langsam sich steigender Konsequenz bis zur wahnwitzigen Panik des Kriegsendes, all dies dem Großteil der Bevölkerung gegenüber geheimgehalten – ein Schuldkonto des Mordens ohnegleichen. Und dies alles in 12 Jahren – und unvorstellbar, wenn das so noch weitergegangen wäre.

Erst diese Situationsbeschreibung macht vielleicht einigermaßen verständlich, warum Kenntnis und Sensibilisierung hinsichtlich der ‚Nazi-Sprache' und der unvorstellbaren Verbrechen des Systems so eklatant unterschiedlich vorhanden waren in der deutschen Bevölkerung. Man kann im Groben von **drei Gruppen** ausgehen, (1) den gleichsam Unwissenden, (2) den als ‚Gegner' individuell Traktierten, (3) den systematisch verfolgten Juden.

Die erste Gruppe, millionenfach in der Zahl, vor allem abseits großstädtischer Zentren, erlebte, parallel zur Besserung der wirtschaftlichen Lage, natürlich den zunehmenden Druck und die parteiliche Ausrichtung der Propaganda, den Ausbau der Partei-Organisationen, teilweise mit Beitrittszwang (*SA = Sturmabteilung; SS = Schutzstaffel; SD = Sicherheitsdienst; HJ = Hitlerjugend; BDM = Bund Deutscher Mädel; PG = Parteigenosse; DAF = Deutsche Arbeitsfront,* u.a.m.), nahm neue Bezeichnungen und Institutionen zur Kenntnis (*Führer, Gauleiter, Kreisleiter, Ortsgruppenleiter, Blockwart, Reichsministerium für Volksaufklärung und Propaganda, Reichskulturkammer,* u.a.m.; *Volksgenosse, Volksgerichtshof,* auch *Gestapo = Geheime Staatspolizei* (s. u.a. Wells 1990, 435), vermerkte auch eine **latente Kirchenfeindlichkei**t der Partei (z.B. Appell-Termine verschiedener Organisationen gezielt zur sonntäglichen Kirchgangzeit, Erwartung der Kirchenaustritte bei SS-Leuten) – diese große Mehrheit hörte gelegentlich von Verhaftungen, Arbeits- und Erziehungslagern für teils kriminelle, teils unsolidarische Zeitgenossen, eigentlich kaum einmal Details. Das Bekanntwerden der Vernichtungslager mit millionenfachem Mord stieß am Ende des Krieges weithin auf Ungläubigkeit und endete in einem **fassungslosen Schock nationaler Schande**. Das ‚charismatische' Führerbild versank in einem Meer der Enttäuschung, des Getäuschtseins blinden Vertrauens.

Die zweite Gruppe, viel kleiner, hellwach, aus den aufgelösten Parteien, aus Kirchen, Militär- und Adelskreisen, aus verschiedensten Berufsgruppen, frühzeitig die gesamte ‚Marschparole' bereits aus Hitlers ‚Mein Kampf' (1925/26) herauslesend, wurde mit Berufsverbot belegt, vielfach inhaftiert, zu langen Gefängnisstrafen verurteilt und dann in der Panik des untergehenden ‚Reiches' auch noch hingerichtet. Die Ehrenliste der Opfer über alle Gruppierungen hinweg ist lang; sie wurde erst in vollem Ausmaß nach dem Kreig bekannt. Nach ‚Auffassung' der Nazi-Richter waren sie *politisch unzuverlässig, Landesverräter, Wehrkraftzersetzer, Volksschädlinge, Feindagenten* – in unserer heutigen Gedächtniskultur herausragende Widerstandskämpfer.

Die dritte Gruppe sah sich bereits im Anfang des Nazi-Regimes gebrandmarkt, zunehmend entrechtet, erniedrigt, der Existenz beraubt und wurde schließlich ermordet, und dies aus rein rassistischen Gründen – ein unvorstellbarer Einbruch in den hohen zivilisatorischen Stand Deutschlands und ganz Europas. Victor Klemperer sieht darin die Programmentfaltung des Hitlerschen **Antisemitismus** in dessen ‚Mein Kampf' (1925/26), nunmehr in den einzelnen Aktionen der Öffentlichkeit gegenüber mit sprachlicher Verharmlosung als Tarnung des unmenschlichen Tuns. Der *Jude Klemperer*, so immer im Nazijargon angeredet, mit einer deutschen (*arischen*) Frau in *Mischehe* lebend, dadurch letztlich überlebend, von 1919 bis 1933 Professor für Romanistik in München und Dresden, 1933 amtsenthoben, von Haus und Bibliothek vertrieben, späterhin Hilfsarbeiter, führte nächtens Tagebuch und legte in unmittelbarem Alltagsleben nach und nach ein **Wörterbuch der Nazisprache** (LTI) an, publiziert 1947. LTI ist eine Tarnabkürzung und bedeutet „Lingua Tertii Imperii". Hier wird die Brutalisierung wie auch die euphemistische Tarnung der Sprache im Umgang mit Juden im eigenen erlebten Alltag philologisch exakt dokumentiert. Neben den üblichen Beschimpfungen: *Judenschwein, Judenhure* (für deutsche Ehefrauen), *Jüdlein, Jud'*, etc. genereller: *Weltjuden, internationales Judentum* als Ursache alles Bösen; neben Etikettierungen wie *artfremd, politisch unzuverlässig, verjudet*, dagegen: *judenrein; Volljude, Halbjude, Mischling ersten Grades, Judenstämmling*, etc.; neben entsprechendem Ausbau der Arier-Bezeichnungen mit allen positiven Eigenschaften der Überlegenheit; neben der konsequenten Verweigerung der Höflichkeitsanrede mit Sie (ähnlich wie schon im Mittelalter, vgl. Besch 1998, 104); neben all diesem achtet Klemperer hochsensibel auf den täuschenden Wortmissbrauch, auf verharmlosende Semantik mit oft tödlichem Ende. Dazu gehört etwa: *abholen, holen, geholt* (im Sinne von unauffällig fortschaffen, meist in den Tod), *abgewandert* (Vermerk auf Postsachen, die nicht mehr zugestellt werden konnten), *betreuen* (in bitterer Verkehrung der Bedeutung dieses Wortes ins bedrohliche Gegenteil), *sich melden müssen* (oft der Anfang vom Ende), *verreist* (im Sinne von obigem *abwandern*). „Worte können sein wie winzige Arsendosen: sie werden unbemerkt verschluckt, sie scheinen keine Wirkung zu tun, und nach einiger Zeit ist die Giftwirkung doch da." (Klemperer ^{21}2005, 27). Und: „Man sollte viele Worte des nazistischen Sprachgebrauchs für lange Zeit, und einige für immer, ins Massengrab legen." (ebd., 27).

Die Forschung hat nach dem Krieg weiteres Material im Sinne der LTI zusammengetragen (vgl. etwa Schmitz-Berning 1998; v. Polenz 1999, 549f.). Klemperer befürchtete unmittelbar nach Kriegsende eine mögliche (teils unbewusste) Langzeitwirkung bestimmter Teile der LTI. Ähnlich sahen das Sternberger/Storz/Süskind (1945), sie stellten mit Erschrecken das Weiterleben missbrauchter Wörter aus dem **Wörterbuch des Unmenschen** fest. Es sollte uns diese Sprache fremd gemacht sein, diese Wörter hätten ein für alle Mal ihre Unschuld verloren, sie seien normal nicht mehr brauchbar. In dieser Frage kam es in den 1960er Jahren zu einer erhellenden Diskussion zwischen Sprachkritik und Sprachwissenschaft; Literatur und Argumente sind bei v. Polenz (III, 1999, 314f. u. 547f.) zusammengestellt. Es gilt, so das Ergebnis, die Unschuld der Sprache und die Schuld der Sprechenden. Sprache, Wörter sind nie vor Missbrauch gefeit, aber sie werden durch Missbrauch nicht eliminiert. Das Musterbeispiel dafür wurde etwa das Verbum *betreuen*, in der LTI-Sprache gleichbedeutend mit ‚Schaden zufügen, töten'. Es lebt heute weiter in seiner schon im Spätmittelhochdeutschen belegten Bedeutung der Pflege- und Fürsorgetätigkeiten gegenüber Menschen, Tieren und Pflanzen. Da dieses Präfixverb den Objekt-Akkusativ erfordere, *jemandem treu sein, bleiben*, aber den Dativ der Person regiere, wurde die erstere Kasusform zum **„inhumanen Akkusativ"** gestempelt. Grammatikformen, Präfixe, Wörter haben mit Kategorien wie ‚inhuman' oder ‚human' nichts zu tun – es sind die Menschen in ihrem Gebrauch oder Missbrauch der Sprache, die solches bewirken. In diesem Licht, aber auch insgesamt, hat die LTI nicht überlebt, entgegen aller Befürchtungen in den ersten Nachkriegsjahren.

4.8. Die deutsche Sprache im Prozess der Europäisierung und Globalisierung

Im 20. Jahrhundert beginnen sich die Sprachverhältnisse in Europa und zunehmend auch in der ganzen Welt zu verschieben. Merkliche Schübe ergaben sich nach dem Ersten, sodann nach dem Zweiten Weltkrieg, darüber hinaus machtvoll verstärkt durch die Beseitigung des ‚Eisernen Vorhangs' 1989/90 zwischen Ost und West. Daraus erwuchs eine wahre Weltmobilität von Menschen und Gütern, ermöglicht durch modernste Technik und Informatik, zunehmend dominiert von der **‚Weltsprache' Englisch**. Die sprachlichen Folgen eines solchen Vorgangs für die Einzelsprachen müssen gravierend sein. Sie sind es auch, wie man bereits jetzt erkennen kann. Für das Deutsche, ähnlich auch für andere Nationalsprachen, wird Prestige-Verlust beklagt, Gefährdung der eigenen Sprache in wichtigen Domänen, etwa der Wissenschaft und der Wirtschaft, Abwahl des Deutschen als internationale Konferenzsprache. Die Klagen über diesen Vorgang sind verständlich, wird doch eine über Jahrhunderte mühsam ausgebaute eigene Vollsprache, erkämpft gegen das Latein, gegen Französisch, nun wieder degradiert und gleichsam ‚regionalisiert' für den Binnenbedarf.

Wie das geschieht und wo wir heute stehen, muss gleich noch näher betrachtet werden. In übergreifender sprachgeschichtlicher Perspektive ist der jüngste Vorgang eigentlich zunächst nichts Neues. Es gab früher immer wieder **‚Brückensprachen'** über die Vielfalt von Regionalsprachen, z.B. Griechisch (Hellenismus), Römisch (Antike, Mittelalter), Französisch (im frühneuzeitlichen Europa). Sie entsprachen und ermöglichten Mobilität in Großregionen Europas. Ähnliches ist teilweise für andere Regionen der Welt anzunehmen. Nur, der Geltungsradius war damals, verglichen mit der heutigen Globalisierung, entschieden begrenzter. Hinzu kommt, dass im 20. Jh. die Nationalsprachen standardisierte, polyvalente Vollsprachen sind (vgl. Besch 1983, 964) und ihnen nun die Gefahr des Abbaus, der Minderung droht. Das macht die gegenwärtige Entwicklung bedrückender als Entgrenzungen in früheren Zeiten. Man erinnere sich zum Vergleich vielleicht nur daran, dass z.B. Luther 1517 seine 95 Thesen zum Ablassstreit lateinisch verfasste und über den späteren Abdruck in deutscher Sprache entrüstet war, dass für die ‚literati' des Mittelalters über die Reformation bis weit in die Neuzeit hinein Latein das eigentliche Medium der schriftlichen wie mündlichen Kommunikation war, in der klassischen Form so etwas wie eine ‚Kunstsprache', nirgendwo mehr wirklich als Muttersprache gesprochen, also ohne große Vorteile bzw. Nachteile für alle Benutzer. Bei Englisch als Weltsprache ist diese ‚Neutralität' heute beileibe nicht gegeben. Die Neuverteilung der Sprachwelt hat daher neben allen Vorzügen auch gravierende Nachteile für alle, deren Muttersprache nicht Englisch ist.

Auf dem Hintergrund dieses sprachgeschichtlichen Großrahmens können nun erste Veränderungen im Status der deutschen Sprache benannt werden. Veränderungen fallen besonders in den Domänen Wissenschaft und Wirtschaft ins Auge.

4.8.1. Wissenschaft und Wirtschaft

Hier ist ein zweistufiger Rückgang zu beobachten, international wie national. Bis zum I. Weltkrieg hatte die deutsche Wissenschaftssprache in Naturwissenschaft, Medizin, Philosophie und teils auch Jura durchaus internationales Renommee. In japanischen Kliniken wurden z.T. die Krankenblätter am Fußende der Betten auf Deutsch geführt; in der chinesischen Umgestaltung des Bildungswesens nach westlichen Mustern unmittelbar nach 1900 war das deutsche Universitätsmodell und damit die deutsche Fachsprache durchaus auch gefragt (als Beispiel kann die Tongji-Universität in Shanghai hinsichtlich Medizin- und Ingenieur-Ausbildung dienen). Der verlorene Krieg 1918 mit Großbritannien und den U.S.A, neben andern, auf der Siegerseite, ist als Wendepunkt der internationalen Akzeptanz deutscher Wissenschaftssprache anzusehen. Reinbothe (2006) spricht von einem „Boykott" nach dem I. Weltkrieg. Der schnell folgende II. Weltkrieg, die Beseitigung des ‚Eisernen Vorhangs' und die seitdem ungebremste **Globalisierung** haben nunmehr Englisch konkurrenzlos zur ‚Weltsprache' werden lassen. Diese definitive Entwicklung im internationalen Bereich wirkt gravierend in den nationalen Bereich hinein: Es wird zunehmend die eigene deutsche Wissenschaftssprache im Blick auf die Außenresonanz aufgegeben. Als Beispiel diene Biologie und Chemie mit den Prozentzahlen der Publikationsanteile von sechs verschiedenen Sprachen (s. Tabelle bei Ammon 2001, 29f.). Ich greife Englisch und Deutsch heraus. Die Prozentzahlen für **Biologie** sind 1980: Englisch 84,6 – Deutsch 2,6. 1996: Englisch 91,6 – Deutsch 1,1. **Chemie** 1961: Englisch 43,3 – Deutsch 12,3. 1996: Englisch 83,2 – Deutsch 1,9. Weitere Naturwissenschaften und die Medizin bewegen sich entschieden in diese Richtung, selbst viele im deutschen Sprachgebiet verlegte Zeitschriften und Bücher präsentieren sich nur in englischer Sprache. Eine entsprechend radikale Abwendung von der deutschen Fachsprache findet sich noch nicht in den Geistes- und Kulturwissenschaften, weil weniger formalisiert und weniger universell als Bereiche (s. Ammon 2000, 2188f.). Als Sprache internationaler wissenschaftlicher Konferenzen spielt Deutsch, wenn überhaupt, nur noch eine marginale Rolle.

Deutsch als **Wirtschaftssprache** findet noch Resonanzräume in Teilen Europas, aber immer mehr nachlassend, auch im Osten und Südosten. Die Partnerkontakte diktieren die Sprache schriftlich wie mündlich. Weltweit operierende Konzerne sind zunehmend auf die Weltsprache Englisch festgelegt – auch in ihren Führungsetagen in Deutschland. Schließlich ist der Blick auf die **Stellung des Deutschen in europäischen und weltweiten Organisationen** zu lenken.

„Deutsch ist eine der ‚großen' Sprachen der Welt." (Ammon 2001, 17). Damit meint man die numerische (Anzahl der Sprecher) und die ökonomische Stärke einer Sprachgemeinschaft. Um annähernde Zahlen für das Deutsche zu nennen: Als Muttersprachler können gelten etwa 80 Mio. in Deutschland, weitere 20 Mio. in Österreich, der Schweiz, Liechtenstein und zusätzlichen Regionen Europas, weltweit noch einmal 20 Mio. mehrheitlich mit Deutsch als Fremdsprache. Innerhalb der Europäischen Union ist die deutsche Sprachgemeinschaft die größte vor Französisch, Englisch, Italienisch, Spanisch; als Amtssprache in der EU steht Deutsch de jure gleichberechtigt neben Englisch und Französisch, faktisch ist aber Englisch zunehmend die wichtigste **Arbeitssprache**, gefolgt von Französisch, eher gelegentlich von Deutsch. Angesichts der wachsenden Befugnisse der EU-Institutionen sind bei einer solchen Sprachgewichtung durchaus Nachteile für die deutschsprachigen Länder zu gewärtigen, weil der Wettbewerb um Finanzmittel und Projekte grundsätzlich auf einer fremdsprachlichen Ebene verläuft (s. Ammon 2001, 24). Es hat mehrfach Versuche gegeben, die somit offensichtliche Diskrepanz zwischen Sprachgemeinschaftsgröße und politischer Funktion in den Institutionen der EU zu minimieren, aber ohne Erfolg, u.a. auch im Blick auf die große Staatenerweiterung der EU. Informationen darüber, wie auch über Geschichte, Ausbau, Regularitäten der europäischen Institutionen und deren Implikationen für die Nationalsprachen finden sich u.a. bei Born/Schütte (2000, 2175–85).

In Institutionen weltweit hat natürlich Deutsch keine Chance als Verständigungsmedium. Bei den ‚Vereinten Nationen' sind derzeit Englisch, Französisch, Spanisch, Russisch, Chinesisch und Arabisch Amtssprachen. Deutsch erhielt 1974 den Sonderstatus einer ‚Dokumentensprache', d.h. die wichtigsten Texte der Generalversammlung, des Sicherheitsrates, des Wirtschafts- und Sozialrates werden ins Deutsche übersetzt (s. Ammon 2001, 25). Die Amtssprachen der UNO repräsentieren ‚Weltsprachen' im Sinne von Verteilung auf mehrere Kontinente bzw. im Blick auf die enorme Größe nach Anzahl und Fläche einer zusammenhängenden Sprachgemeinschaft (etwa China). So ist Englisch als Beispiel für den ersten Fall Amtssprache in 63 Staaten, Französisch in 34, Spanisch in 23 und Arabisch in 22 Staaten. Dass Deutsch weder numerisch noch nach Anzahl der Staaten in der Kategorie ‚Weltsprache' konkurrieren kann, ist klar ersichtlich (s. Ammon 2001, 21).

4.8.2. Wie wird, wie soll es weitergehen mit der deutschen Sprache?

Radikale Denkansätze könnten wohl in Richtung Abbau des Deutschen gehen, parallel zur Entwicklung in vielen anderen Nationalsprachen. Der gravierende Rückgang von Deutschlernern in der ganzen Welt, beginnend schon nach dem Ersten Weltkrieg, steht allem Optimismus entgegen. Der Rückgang gilt auch für Deutsch in Europa. Weiter kommt hinzu, dass in deutschen Hochschulen zunehmend Veranstaltungen und ganze Studiengänge (z.B. Masterstudiengang ‚Economics', ‚International Program of Excellence in Informatics', u.a.m.) auf Englisch angeboten, akademische Beiträge und Abschlussarbeiten Englisch abgefasst werden mit der längerfristigen Konsequenz des Verlusts der eigenen deutschsprachigen Fachtermini, wie jetzt schon zum Teil in Biologie, Chemie, Physik, Medizin.

Eine monolinguale Welt wird nicht möglich sein und sie ist auch nicht wünschenswert. Das geht aus allen Erörterungen, **Analysen, Perspektiven und Ratschlägen** von Fachleuten und Konferenzen hervor. Zu nennen sind hier für das Deutsche die ‚Tutzinger Thesen zur Sprachenpolitik in Europa', 1999 vom ‚Deutschen Germanistenverband' zusammen mit der ‚Tutzinger Akademie' erarbeitet und auch von der ‚Gesellschaft für deutsche Sprache' übernomen (s. Der Sprachdienst (Wiesbaden) 6/1999, 217f.). Weitere Analysen und Ratschläge finden sich in folgenden Heften des ‚Sprachdienst'(es) 1/2001; 3/2001; 1/2002; 2/2005. Ein von der Alexander von Humboldt-Stiftung und der Deutschen Welle im September 2006 zusammengerufenes Expertengremium hat auch im Blick auf die Auswärtige Kultur- und Bildungspolitik wichtige Erfordernisse deutscher Sprachfunktionalität skizziert.

Alle genannten Memoranden und Zukunftsprojektionen stimmen wohl in folgenden zentralen Gedanken überein: Gegen die wirtschaftliche und politische Globalisierung gibt es keine sprachpolitischen Argumente. Die Führungsrolle des Englischen in der damit verbundenen weltweiten Kommunikation ist inzwischen zweifelsfrei gegeben. Erforderlich ist nun aber eine intensive Auseinandersetzung mit den **gravierenden Begleiterscheinungen** dieser Entwicklung etwa für die deutsche und für andere Standardsprachen. Diese sind voll ausgebaute, polyvalente Kultursprachen, Identifikation stiftend, mit sprachbildender Kraft und einem reichen Bestand an Schriftzeugnissen. Als Muttersprache gewährleisten sie eine Differenziertheit des ‚Verbalisierens der Welt' in den feinsten Nuancierungen bis hin zu Sprachwitz und Parodie – eine Fähigkeit, die in einer Fremdsprache nur für wenige erreichbar ist. Laien sehen gegenwärtig etwa in der Anglizismen-Manie die größte Bedrohung für die deutsche Sprache. Als weit gefährlicher kann sich jedoch die Abwahl ganzer Domänen (Wissenschaft, Wirtschaft, etc.) zugunsten von Englisch erweisen, Reduzierung des Deutschen auf das Alltäglich-Private, Einmottung eines reichen Fachschriftums, ähnlich ablaufend auch in anderen europäischen Sprachen.

Das kann nicht gewollt werden und darf nicht eintreten. Niemand plädiert für einen englischen Monolingualismus. Englisch wird vorausgesetzt, ebenso aber in Wort und Schrift eine zweite Sprache, meist die Muttersprache, vielleicht noch eine zweite Fremdsprache. Zwei Fremdsprachen sollen schon in jedes höhere Schulprogramm. Die sprachvermittelnden Institutionen für Deutsch an Ausländer sollen ihre Arbeit koordinieren und intensivieren, zudem in die Leitlinien einer Europäischen Sprachenkonferenz integrieren. **Mehrsprachigkeit ist das Losungs-**

wort, nicht jeweils in perfekter Form, sondern durchaus auch abgestuft hinsichtlich Verstehen, Sprechen, Schreiben. Das könnte im günstigen Fall das jeweilige Sprechen in der eigenen Muttersprache ermöglichen und gleichzeitig das Verstandenwerden von den anderen.

Mit der Europäisierung und Globalisierung ist eine neue Situation in der Sprachenwelt eingetreten. Wie die Entwicklung tatsächlich verlaufen wird, lässt sich heute noch keineswegs vorhersagen.

Zusammenfassung

Haugen (1953) unterscheidet vier Phasen eines sprachlichen Standardisierungsablaufes: (1) selection of norm, (2) codification of form, (3) elaboration of function, schließlich (4) acceptance by the community. (1)–(3) ist im Neuhochdeutschen noch feststellbar, aber (4) die signifikante Größe. Es geht mit anderen Worten im Kern um Sprache und Gesellschaft, um Alphabetisierung, um die Herausbildung von Sprachvarietäten und ihre soziale Verteilung, um den Einfluss von Schriftlichkeit auf Mündlichkeit im Blick auf die lange alltagsdominierenden Dialekte, auf die regionalen Umgangssprachen. Es geht auch um die drei nationalen Varietäten der deutschen Standardsprache in eigenständigen Staatsgebieten (Deutschland, Österreich, Schweiz), lange in ihrer relativen Eigenständigkeit gar nicht anerkannt. Ein weiterer Aspekt ist aufgezwungen durch die jüngste Geschichte, das Schickal der Sprache unter staatlicher Doktrin (Das Dritte Reich 1933–1945 und die DDR 1949–1989). Schließlich stehen wir mit unserer Sprache mitten im Prozess der Europäisierung und Globalisierung, mit derzeit noch offener Bilanz in der Gewinn- und Verlustrechnung.

Weiterführende Literaturhinweise: Ammon, Ulrich (1995); Ammon, Ulrich (2000, S. 2185–2190); Besch, Werner (1983, 961–990); Clyne, Michael (1992, S. 117–148); König, Werner (1989, 2 Bde.); Polenz, Peter von (Deutsche Sprachgeschichte, 3 Bde., 1994, 1999, ^{2}2000); Schlosser, Horst Dieter (2005); Schmitz-Berning, Cornelia (1964, Neubearb. 1998); Variantenwörterbuch des Deutschen (2004); Wagner/Bausch (1997).

III. Linguistische Analysen

1. Das Deutsche als indogermanische und germanische Sprache (Vorgeschichte)

1.1. Familiäre Beziehungen

Die deutsche Sprache der Gegenwart weist, wie wir sehen werden (s. III/2.1. und 2.2.), eine ganz eigentümliche Lautstruktur bzw. ein ganz eigentümliches Lautinventar auf, das sich von dem der anderen germanischen Sprachen deutlich unterscheidet, das sich dennoch gewissermaßen ‚folgerichtig' aus früheren Epochen der – welcher? – Sprache bzw. aus Vorläuferstadien oder Vorläufersprachen entwickelt und herausgebildet hat. Gewissermaßen mit Hilfe einer menschlichen Metapher sprechen wir von ‚Sprachfamilien', in der es Vor- und Nachfahren, nähere und entferntere Verwandte gibt. Und eine ‚Familie' entwickelt sich durch Heirat, nächste Generation und durch neue Heiraten in der nächsten Generation zu zahlreichen neuen Familien. In diesem Sinn gibt es den ‚Tod' einer Sprache nur in dem Falle, dass sämtliche Träger einer Sprache sterben. In diesem Sinn ist etwa das Kornische, eine keltische Sprache in Cornwall, ausgestorben bzw. eine ‚tote' Sprache. Latein – das häufig als ‚tote' Sprache bezeichnet wird – hingegen war nur ein früh(er)es Stadium der heutigen romanischen Sprachen, des Spanischen, Portugiesischen, Französischen oder des Italienischen oder Rumänischen, von den zahlreichen kleinen, etwa den rätoromanischen Sprachen ganz zu schweigen. Gleichwohl, es sind die ‚harten' Gegenstände der Sprachwissenschaft, die Laute und die Formen, die die Verwandtschaftsbeziehungen erkennbar und beschreibbar machen.

Die deutsche Sprache ist ein Teil der **indogermanischen Sprachfamilie**, die sich selber wieder in mehrere ‚Unterfamilien' gruppiert, in Europa etwa in die der romanischen, keltischen, slawischen oder germanischen Sprachen. Der Terminus ‚Indogermanisch' (manchmal auch ‚Indoeuropäisch' genannt, was aber noch unpräziser ist) wurde zu Beginn des 19. Jahrhunderts geprägt. „Er sollte die Gesamtheit der Sprachfamilie durch die Angabe des äußersten östlichen und – nach dem damaligen Stand der Kenntnisse – des äußersten westlichen Zweiges bezeichnen" (Jäger 1969, 61), wobei wir, wenn wir heutige Verhältnisse betrachten und außer Acht lassen, dass germanische und romanische Sprachen heute auch in anderen Kontinenten als in Europa und im westlichen Asien gesprochen werden, mit Blick auf das westliche Europa, eher vom ‚Indokeltischen' sprechen sollten.

Die **Vorgeschichte** – damit ist die Entwicklung einer Sprache bis zum Eintritt in die Schriftlichkeit gemeint – des Deutschen beginnt mit der indogermanischen Grundsprache, die wir auf der Basis von mehr als anderthalb Jahrhunderten intensiver indogermanistischer Forschung als System sehr gut rekonstruieren können. Die Entwicklung zu den einzelnen germanischen ‚Stammessprachen' geht über eine Reihe von Aussonderungen: Das Germanische aus dem Indogermanischen, das Südgermanische aus dem Germanischen, die einzelnen Stammessprachen aus dem Südgermanischen. Die Aussonderungen manifestieren sich in den ‚harten' sprachlichen Bereichen sowohl der Laut- als der Flexionsgeschichte. Dazu kamen Sprachkontakte vielfältiger Art, vor allem der südgermanischen Sprachen mit dem Keltischen und besonders mit dem Lateinischen, ganz gleich in welcher Erscheinungsform; diese Kontakte basierten auf einem regen Kulturaustausch, der dann zahlreiche Entlehnungen im Wortschatz mit sich brachte. Schon die Vorgeschichte des Deutschen, viel mehr dann dessen Geschichte stellt sich als ein permanenter interkultureller Prozess dar.

Mit anderen Worten, zunächst entstand eine Vielzahl von Einzelsprachen, die wir gerne als germanische ‚Stammessprachen' bezeichnen, wobei wir uns der Tatsache gewiss bleiben müssen, dass ein germanischer ‚Stamm' keine ethnische Einheit in ethnografischem Sinne, sondern wohl nicht viel mehr als eine Siedlungs- und Wandergemeinschaft gewesen ist. Die Geschichte des Deutschen hingegen wird geradezu das Gegenteil der voraus gehenden Entwicklung sein, ein langanhaltender Versuch, von den einzelnen ‚Stammessprachen resp.-dialekten' zu einer überdachenden ‚Einheitssprache' zu gelangen.

1.2. Vom Indogermanischen zum Germanischen

Und es sind, wie gesagt, die Laute und Formen, aber auch zahlreiche Wörter, die erkennen lassen, dass Sprachen miteinander ‚verwandt' sind, mithin einer ‚Sprachfamilie' angehören. ‚Sprachfamilien' sind Gruppen von Sprachen, die aufgrund ihrer genetischen Verwandtschaft zusammengehören. In diesem Sinn ist Deutsch eben ein Glied der indogermanischen Sprachfamilie. ‚Genetische Verwandtschaft' deutet an, dass die einzelnen Sprachen, die einzelnen Mitglieder der ‚Sprachfamilie' auf eine gemeinsame Grundsprache, das Indogermanische, zurück zu führen sind. Wie diese Grundsprache im Detail ‚ausgesehen' oder gar geklungen hat, kann nicht festgestellt werden, da sie bzw. das abstrakte System der Langue nur mit den Mitteln der sprachwissenschaftlichen Rekonstruktion dargestellt werden kann. Selbst die Frage, ob es eine einheitliche Grundsprache überhaupt gegeben hat, ist nicht mit letzter Sicherheit zu beantworten. Man kann allerdings annehmen, dass das ‚Indogermanische' „einmal eine Realität gewesen sein muß" (Meid 1975, 204), eine „Gesamtheit von Stammesdialekten, die gemeinsame Veränderungen erfahren und untereinander mit nichtverwandten Sprachen in Wechselbeziehung gestanden haben" (N. S. Trubetzkoy, zit. nach Jäger 1969, 70). Es handelt sich demnach beim ‚Indogermanischen' sowohl um ein Rekonstrukt als auch um „eine tatsächlich vorhanden gewesene Sprache, die mehr oder weniger einheitlich war und zum Ausgangspunkt für die heutigen indoeuropäischen Sprachen wurde" (Jäger ebd.).

Greifbar ist das Indogermanische in seinen ‚Tochtersprachen', die untereinander, obwohl ‚Töchter' bezeichnet, in unterschiedlichem Grade verwandt sind. Aufgrund ihres Verwandtschaftsgrades werden die Einzelsprachen zu ‚Sprachzweigen' zusammengefasst: Indisch, Iranisch, Tocharisch, Armenisch, Phrygisch, Thrakisch, Hethitisch, Griechisch, Illyrisch, Albanisch, Italisch, Keltisch, Germanisch, Baltisch, Slawisch (nach Krahe 1970, 24ff., etwas anders gliedert Szemerényi 1980, 10ff.).

Die Verwandtschaft der indogermanischen Sprachen äußert sich vor allem in Flexionsformen und in lexikalischen Gleichungen:

(1) **Flexionsformen** (nach Krahe 1954, 9 und 1970, 37):

altindisch	griechisch (dorisch)	lateinisch	gotisch	altslawisch
ás-ti *s-ánti* *bhár-a-mas* *bhár-a-nti*	ἐσ-τί ἐ-ντί φέρ-ο-μες φέρ-ο-ντι	*es-t* *s-unt* *fer-i-mus* *fer-u-nt*	*is-t* *s-ind* *bair-a-m* *bair-a-nd*	*jes-tь* *s-otъ* *ber-e-mъ* *ber-o-tъ*

(2) **Wortgleichungen** (nach Jäger 1969, 62):

altindisch	griechisch	lateinisch	gotisch	altslawisch
dvau *saptá* *matár-* *patár-*	δύο ἑπτά μήτηρ πατήρ	*duo* *septem* *mater* *pater*	*twai* *sibun* – *fadar*	*dъva* *sedmiь* *materь* (Akk.) —

Zu den besonderen Schriftzeichen der altslawischen Beispiele: *ь* bezeichnet ein kurzes *i*, *ъ* einen dumpfen Murmelvokal.

Zudem ist es „möglich, die gegenwärtigen Sprachen Europas auf der Basis ihrer heutigen Übereinstimmungen in Gruppen einzuteilen" (Ernst/Fischer 2001, 13; die Beispiele hier und dort aus Bloomfield 2001, 34f.):

‚Hand':

Germanische Sprachen	Romanische Sprachen	Slawische Sprachen
engl. *hand* niederld. *hand* dt. *Hand* dän. *haand* schwed. *hand*	frz. *main* it. *mano* span. *mano*	russ. *рука* poln. *ręka* tschech. *ruka* serb. *рука*

‚trinken':

Germanische Sprachen	Romanische Sprachen	Slawische Sprachen
engl. *drink* niederld. *drinken* dt. *trinken* dän. *drikke* schwed. *dricka*	frz. *boire* ital. *bere* span. *beber*	russ. *пить* poln. *pić* tschech. *pít* serb. *пити*

Die Indogermanistik unterscheidet zeitlich „Früh-, Mittel- und Spätindogermanisch und räumlich bei Spätindogermanisch einen östlichen und westlichen Typ"; die letzte Phase ist also „bereits ein dialektisch differenziertes Indogermanisch, aus dem womöglich einzelne Segmente schon ausgegliedert sind" (Meid 1975, 212). Wir können uns somit vorstellen, dass die einzelnen ‚Sprachzweige' des Indogermanischen **‚Dialekte'** der spätindogermanischen Grundsprache sind, die sich von ihrem Ursprung immer weiter weg entwickelten. Das Germanische, das ein Zweig des Westindogermanischen ist, wäre demnach wiederum eine Grundsprache, aus der sich dann die einzelnen ‚Tochtersprachen' ableiten.

Auch hier zeigen sich Parallelen zur Entwicklung des Indogermanischen: Einer früh- bzw. urgermanischen Phase folgen eine mittel- bzw. gemeingermanische Phase sowie eine Phase der dialektalen Aufspaltung (Spätgermanisch). Wir sind in der Lage, „die gemeingermanische Stufe auf Grund des Materials der historischen altgermanischen Dialekte als Grundsprache für die germanischen Einzelsprachen [zu] rekonstruieren. Das Urgermanische als früheste rekonstruierte Stufe des Germanischen wird meist nicht nur aus dem Gemeingermanischen, auch in ‚umgekehrter Rekonstruktion' im rückblickenden Vergleich mit dem rekonstruierten Indogermanischen erfaßt" (Penzl 1975, 35). Wenn wir, wie auch im Folgenden, von Indogermanischen sprechen und indogermanische Formen anführen, dann muss bewusst bleiben, dass es sich zunächst um rekonstruierte Formen handelt, die in kaum einer überlieferten indogermanischen Sprache so begegnen, wie sie hier aufgeführt sind. In diesem Sinn ist ‚Indogermanisch' ein abstraktes, rekonstruiertes Bezugssystem, das nachfolgende Änderungen durchschaubar und plausibel macht; ebenso ist das ‚Urgermanische' uns nur in seiner rekonstruierten Form zugänglich. Dennoch sind das Urgermanische und das Gemeingermanische ebensowenig Fiktion wie das Indogermanische, sondern vielmehr Realität. Wenngleich sich über die Urheimat der Indogermanen kaum gesicherte Aussagen machen lassen, nimmt man heute für die Germanen als Ausgangsgebiet „den westlichen Ostseeraum" (Hutterer 1975, 45), also eine „Urheimat im südlichen Skandinavien und in der Gegend um die Ostsee" an (Penzl 1972, 147). Über die Ausgliederung der germanischen Einzelsprachen s. weiter unten.

Das Germanische insgesamt ist durch eine Reihe von **sprachlichen Neuerungen** vom Indogermanischen geschieden. Die strukturell wichtigsten sind:

(1) Die **germanische Konsonanten-/Lautverschiebung** (zur Terminologie s. III/2.1.1.). Sie betrifft die indogermanischen Verschlusslaute (nach Penzl 1975, 51):

Indogermanisch	Urgermanisch
Verschlusslaute stimmhaft *b d g* stimmlos *p t k* stimmhaft + aspiriert *bh dh gh*	Verschlusslaute stimmlos *p t k* Reibelaute stimmlos *f þ χ* stimmhaft *ƀ đ ǥ*

Auf diese Weise entstand ein neues Konsonantensystem: Während das Indogermanische in seiner (rekonstruierten) Idealform nur Verschlusslaute kannte, wird diese Lautklasse in Germanische zurück gedrängt; demgegenüber gibt es nun zwei Klassen von Reibelauten.

Wortbeispiele (aus Krahe 1969, I, 82ff.), die auch demonstrieren, dass das ‚Indogermanische' ein rekonstruiertes Bezugssystem ist:

	griechisch	lateinisch	vs.	gotisch	althochdeutsch
b	βαιτή	–		*paida*	–
d	δέμω	*domus*		*timrjan*	*timbran*
	πούς, ποδός	*pes, pedis*		*fotus*	*fuoz*
g	γεύεσθαι	*gustare*		*kiusan*	*kiosan*
	ἀγρός	*ager*		*akrs*	*ackar*
p	πορεύεσθαι	*portare*		*faran*	*faran*
	—	*nepos*		–	*nevo*
t	τρεῖς	*tres*		*þreis*	*drîe*
	—	*vertere*		*wairþan*	*werdan*
k	καρδία	*cor, cordis*		*hairto*	*herza*
bh	φύω	*fui*		*bauan*	*bûwan*
	νεφέλη	*nebula*		–	*nebul*
dh	θύρα	*foris*		*daur*	*tor*
	—	*medius*		*midjis*	*mitti*
gh	—	*hostis*		*gasts*	*gast*
	στείχειν	–		*steigan*	*stîgan*

Im Zusammenhang mit der germanischen Konsonantenverschiebung ist das ‚Vernersche Gesetz' zu sehen: Die neu entwickelten germanischen stimmlosen Reibelaute *f, þ, χ* und das ererbte *s* bleiben nur dann erhalten, wenn (im Indogermanischen) der Hauptton unmittelbar vorausging. In allen anderen Fällen wurden die Reibelaute stimmhaft und in der Folge im Deutschen zu stimmhaften Verschlußlauten *b, d, g* bzw. *s* zu *r*.

Auf diese Weise erklärt sich z.B. das Nebeneinander von *Vater* und *Bruder*. Die dentalen Verschlusslaute in beiden Wörtern gehen auf ein indogermanisches *t* zurück, doch die Akzentverhältnisse, wie sie noch im Griechischen begegnen, machen die unterschiedliche Entwicklung erklärlich: griech. πατήρ vs. φράτωρ. Strukturelle Relevanz (bis ins Gegenwartsdeutsche) aber hat das ‚Vernersche Gesetz' vor allem durch den ‚grammatischen Wechsel' bekommen. Es handelt sich hierbei, wenn wir das Althochdeutsche als Beispiel nehmen, um den regelmäßigen Wechsel von /f/ und /b/, /d/ und /g/, /χ/ und /g/ sowie /s/ und /r/ vor allem im Flexionsparadigma der starken Verben (über die Weiterentwicklung der Obstruenten im Althochdeutschen s. III/2.1.1.); vgl.

Ahd. **Inf.**		**Ahd.** **Prät. 1. Pers. Pl.**	**Nhd.**
heffan *snîdan* *ziohan* *kiosan*	vs.	*huobum* *snitum* *zugum* *kurum*	 *schneiden – schnitt, geschnitten* *ziehen – zog, gezogen* *(er)kiesen – erkor, erkoren*

(2) **Festlegung des Wortakzents** auf die erste Silbe eines Wortes. „Der idg. Wortakzent war" demgegenüber „grundsätzlich frei, d. h. er konnte nach bestimmten Regeln auf Silben aller Art umstehen" (Krahe 1969, I, S. 48): *Róma – Románi – Romanórm* [...] – *Romanorúmque*. Die Akzentfestlegung hatte auch poetische Auswirkungen: Es wurde der prosodische Grund für die germanische Stabreimdichtung gelegt.

(3) **Reduktion der Flexionssysteme**, vor allem im verbalen Bereich. Erhalten bleiben zwei Tempora (Präsens, Präteritum), ein synthetisches Passiv nur in Resten (im Gotischen), drei Modi (Indikativ und Optativ, der auch die Funktionen des Konjunktivs übernahm, Imperativ).

(4) Entstehung der sog. **‚schwachen Verben'**, d. h. der Verben, die das Präteritum mit einem Dentalflexiv bilden: *reg-t-i*. Die Geschichte dieses Präteritalflexivs ist bis heute noch nicht allgemeingültig erklärt; vgl. die Literaturhinweise bei Braune/Reiffenstein (2004, 258, § 302 Anm. 1) und Meid (1971).

(5) „Systematisierung des **Ablauts** bei den sogenannten starken Verben" (Sonderegger 1979, 84). Das Germanische hat den Ablaut, den regelmäßigen Wechsel be-

stimmter Vokale, nicht nur übernommen, sondern „weitgehend dazu ausgenutzt, um mit seiner Hilfe auch verschiedene Bedeutungen", etwa die Bedeutung ‚Präsens' und die Bedeutung ‚Präteritum', „klarer zum Ausdruck zu bringen" (Krahe 1969, I, 74). Es kommt dadurch zu den ‚Ablautreihen' bzw. ‚-klassen' bei den starken Verben, wie sie in allen gängigen Grammatiken historischer Sprachstufen des Deutsche zu finden sind.

(6) **Ausbau der Adjektivflexion** zu zwei Deklinationsklassen. Die ‚starke' Adjektivflexion war im Indogermanischen „mit der vokalischen Substantivflexion identisch, hat aber im Germ. zahlreichen Kasus die Endung der Pronominaldeklination angenommen" (Krahe 1969, II, 76). Die ‚schwache' Flexion der Adjektive ist die der substantivischen *n*-Stämme.

Der Kontakt mit den Römern brachte eine große Zahl **lateinischer Lehnwörter** schon im Gemeingermanischen mit sich, und zwar vor allen in Sach- bzw. Lebensbereichen, die den Germanen neu waren (vgl. die Liste bei Gamillscheg 1968):

Sachbereich	Lat. Ausgangswort	Deutsches Lehnwort	Englisches Lehnwort
Landwirtschaft	*vinum* *ceresia* *caseus* *plantare*	*Wein* *Kirsche* *Käse* *pflanzen*	*wine* *cherry* *cheese* *plant*
Bauwesen	*vallum* *murus*	*Wall* *Mauer*	*wall* ae. *mûr*
Handel, Handwerk	*pondo* *cista* *molina* *toloneum*	*Pfund* *Kiste* *Mühle* *Zoll*	*pound* *chest* *mill* *toll*
Kriegswesen	*campus* *pilum*	*Kampf* *Pfeil*	*camp,* *pile**)

*) Lat. *pilum* ist möglicherweise nur ins Südgermanische entlehnt worden.

Gerade das Beispiel *murus* → *Mauer* zeigt gut, wie mit einer neuen Technik ein neues Wort in die Sprache kommt. Die Germanen kannten zunächst nur die geflochtene Wand; *Wand*, eine Ableitung von *winden*, diente der Bezeichnung des Flechtwerks, „da die alten Wände aus Flechtwerk bestanden, das mit Lehm verschmiert wurde" (Kluge/Seebold 2002, 971f.). Die Stein- und die Ziegelmauer lernten die Germanen erst von den Römern kennen und übernahmen mit der Sache das Wort.

Im Ganzen schätzt man die Zahl der gemeingermanischen Entlehnungen aus dem Lateinischen „auf etwa 400“ (Hutterer 1969, 85, von dort auch obige Beispiele). Eine spätere ‚Welle‘ von Lehnwörtern kommt durch das Christentum. Sie gelangt aber nicht mehr ins Gemeingermanische, sondern nur noch in südgermanische Sprachen (vgl. dazu weiter unten). Es sind dabei, das hat Frings (1966, 46ff.) gezeigt, zwei Schichten zu unterscheiden:

(1) der „Wortschatz des lateinisch-romanischen Frühchristentums der germanischen und gallischen Provinzen“ (Weisweiler/Betz 1974, 97); die wenigen Wörter dieser Schicht sind gemeinsüdgermanisch, müssen also den Angelsachsen bereits vor ihrer Wanderung auf die britischen Inseln bekannt gewesen sein. Die wichtigsten Entlehnungen sind

Kirche, ahd. *kirihha,* ae. *cirice*: Frings (1968, 41) führt diese Entlehnung auf „ein griechisches Modewort des 4. Jh.s“ *kyri(a)kon* zurück, das *basilica* zeitweise verdrängt habe. „Wie Lyon die ecclesia, so wird Trier, wohl unmittelbar im Gefolge der Bautätigkeit der konstantinischen Epoche, die kyrika gegen die ältere basilica durchgesetzt haben“ (ebd.).

Bischof, ahd. *biscof,*
Almosen, ahd. *alamuosa/alamu(o)san.*

(2) Entlehnungen aus der „fränkisch-gallischen Kirchensprache“ (Frings 1968, 54), aus der Zeit der Missionierung der Franken, vor allem im 6./7. Jahrhundert: z. B. *priestar, phruonta.*

Diese beiden Lehnwortschichten haben also nur noch Teile des Germanischen getroffen. Nicht zuletzt durch die Ausweitung des Siedlungsgebiets dürften sich die denkbaren Ansätze zu einer dialektalen Gliederung des Germanischen verstärkt haben. Vgl. folgende Karte: S. 271

Die **Siedlungsarchäologie** hat für die Zeit um Christi Geburt fünf germanische Kulturgruppen festgestellt, aus denen dann, vor allem in der Völkerwanderung, die einzelnen Stämme hervorgehen (nach Maurer 1952 und Schwarz 1956; für unsere Zwecke vereinfacht):

(1) Nordgermanen: in Nordjütland und Südskandinavien. Sie besiedelten später Island.
(2) Nordseegermanen: an der Nordseeküste; Friesen, Sachsen, Angeln, Chauken.
(3) Weser-Rhein-Germanen: Hessen, Franken.
(4) Elbgermanen: Langobarden, Alemannen, Baiern.
(5) Oder-Weichsel-Germanen: Goten, Vandalen, Burgunder; früher auch ‚Ostgermanen‘ genannt.

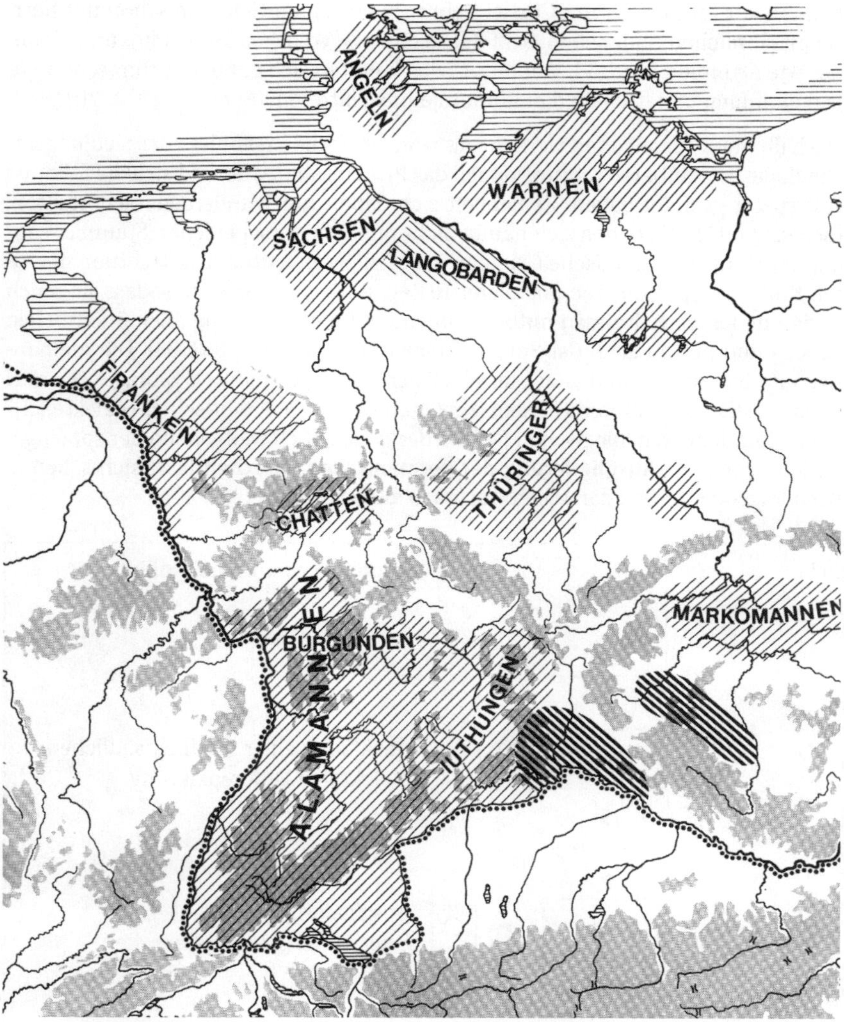

Karte 1.1: Die ungefähren Wohnsitze germanischer Stammesgruppen im 5. Jh. (aus: Böhme 1988, 35)

Nicht unumstritten ist der Aussagewert der antiken Quellen (vor allem Cäsar, Tacitus, Plinius). Dies sei mit einem Beispiel illustriert: Die historische Forschung hat festgestellt, „daß die Topik der alten Ethnographie fast immer mit der Typik der ethnischen Selbstauffassung parallel läuft" (Wenskus 1961, 111). Die Germanen „erschienen den Römern als ein Naturvolk, wozu die Darstellung des Tacitus in seiner Germania viel beigetragen haben wird, können aber nicht mehr mit heutigen Naturvölkern verglichen werden" (Schwarz 1972, VIII). „Auch in Germanien können wir für die Zeit um Christi Geburt in einzelnen Gebieten schon mit herrschaftsähnlichen politischen Gebilden rechnen“ (Wenskus 1961, 140), und „Männer wie Arminius, Marbod, Vannius, Civilis konnten sich gut in das römische Denken einfühlen und deshalb den Römern entgegentreten“ (Schwarz 1972, VIII).

Deshalb muss festgehalten werden, dass die durch die Ergebnisse der Siedlungsarchäologie umreißbaren Kulturgruppen das Primäre sind, während sich die Stämme erst später gebildet haben. Es handelt sich dabei „um Wandergenossenschaften“ (Schwarz 1972, IX), denen sich häufig nicht nur Teile verschiedener ‚Stämme‘, sondern auch nichtgermanische Gruppen angeschlossen hatten. Die Tradition der alten Kulturgruppen dürften noch längere Zeit stark gewesen sein, sodass sie „auch in den neuen Verhältnissen mitbestimmend auf die Gestaltung allen öffentlichen Lebens und mithin auch der Sprache“ einwirkten. (Eggers 1963, 33). Die Alemannen und Baiern z. B. sind „stark durch elbgermanische Tradition geprägt ... Daraus erklären sich die späteren Gemeinsamkeiten der [...] oberdeutschen Dialekte [...]“ (ebd.). Mit dem archäologischen Befund deckt sich auch weitgehend der sprachgeschichtliche. Die **Ausgliederung der germanischen Sprachen** lässt sich schematisch folgendermaßen darstellen (vgl. dazu auch Schwarz 1956, 39):

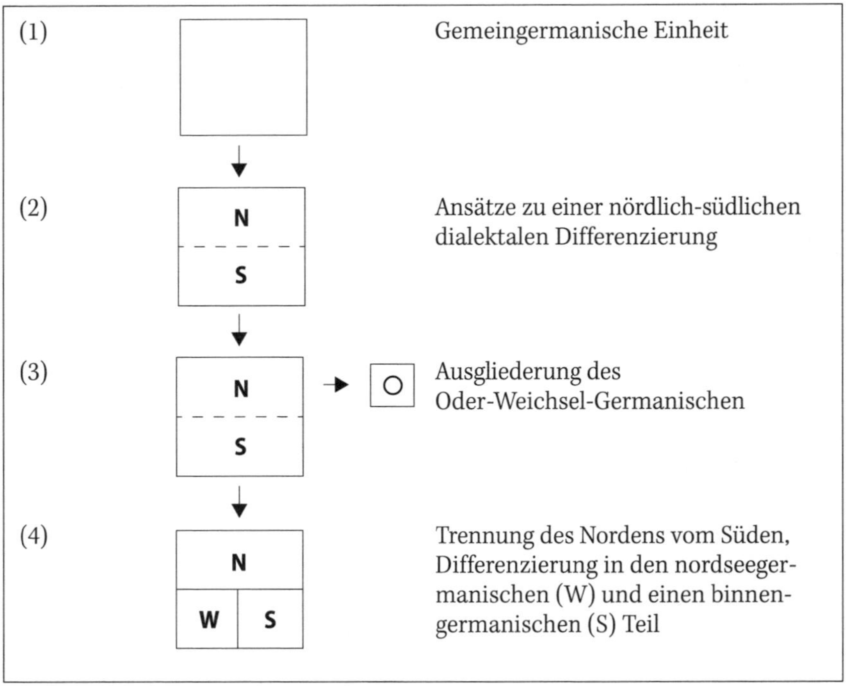

Abb. 1.1: Ausgliederung der germanischen Sprachen. Zeitlich dürften diese Vorgänge folgendermaßen verlaufen sein:

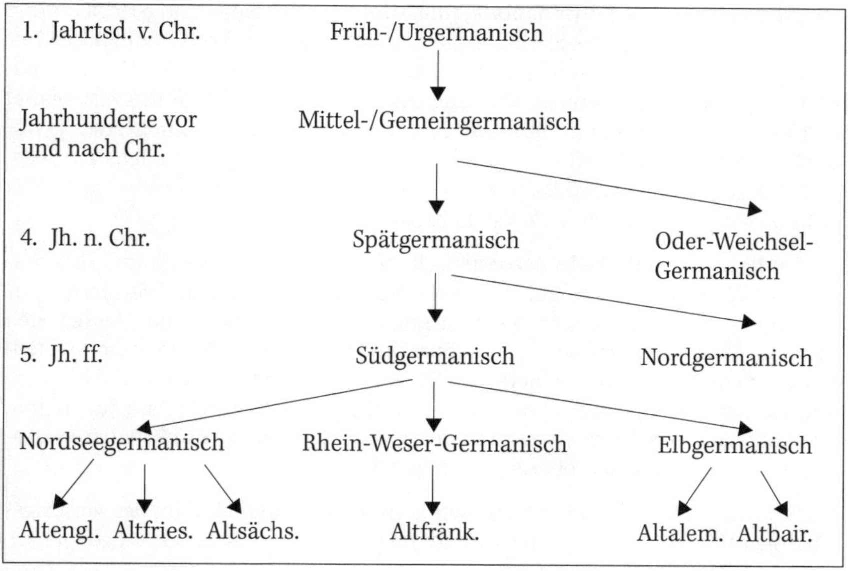

Abb. 1.2. Zeitlicher Ablauf der Ausgliederung der germ. Sprachen (nach Sonderegger 1970a, 289)

An Stelle von ‚Südgermanisch' findet man häufig die Bezeichnung ‚Westgermanisch', die allerdings geografisch nicht präzise ist.

Die Ausgliederung der germanischen Sprachen wird vor allem an sprachlichen Neuerungen deutlich, die einzelne Gruppen durchgeführt haben, andere nicht. Die Wichtigsten sind:

(1) Gemeinsamkeiten des **Süd- und Nordgermanischen**:

Es handelt sich um Neuerungen, die sich im Gotischen, der einzigen überlieferten Oder-Weichsel-germanischen Sprache, nicht finden. Sie sind somit erst nach der Aussonderung des Oder-Weichsel-Germanischen durchgeführt worden.

- Einem germanischen und gotischen /ē/ (=$\bar{e}^1$, über $\bar{e}^2$ s. u.) entspricht in den übrigen süd- und nordgermanischen Sprachen /*a*/: got. *letan* vs. as. *latan*, ahd. *lazzan*, ae. *lætan*, anord. *láta*.
- Der germanischen und gotischen Phonemsequenz /þl/ im Anlaut entspricht in Süd- und Nordgermanischen /fl/: got. *þliuhan* vs. as. ahd. *fliohan*, ae. *fleon*, anord. *flýja*.
- Die Erklärung dieses Lautwandels ist in der Forschung umstritten, vgl. die Hinweise bei Braune/Heidermanns (2004, 75, § 71 Anm. 2.), Braune/Reiffenstein (2004), 163, § 166 Anm. 2).
- Der germanische und gotische stimmhafte Spirant /z/ wurde zu /r/ (‚Rhotazismus'): got. *auso* vs. as. ahd. *o-ra*, ae. *eare*, anord. *eyra*.

(2) **‚Südgermanische Konsonantengemination'**: Sie ist die wichtigste Neuerung im Phonemsystem des Südgermanischen. Eine Reihe von Konsonanten bewirkt Verdoppelung eines unmittelbar vorausgehenden Konsonanten. „Weitaus am stärksten ist die geminierende Wirkung des *j*, durch *r* und (in geringerem Maße) durch *l* werden im Ahd. nur die germ. Tenues *p, t, k*, durch *w* (*u*) nur germ. *k* geminiert; die geminierende Wirkung von *n* ist umstritten." (Braune/Reiffenstein 2004, 98, § 96): got. *bidjan*, anord. *bidja* vs. as. *biddian*, ahd. *bitten*, ae. *biddan*; got. *halja* vs. as. *hellia*, ahd. *hella*, ae. *hell.* Vgl. Reiffenstein (1963), Simmler (1974).

(3) **Nordseegermanische Neuerungen**: Durch sie ergibt sich bereits eine Differenzierung ‚Vorhochdeutsch' und ‚Vorniederdeutsch'. „Unter jenen ‚Westgermanen' [= Südgermanen], aus denen die Deutschen hervorgegangen sind, lassen sich nach der Völkerwanderung, was die Sprache angeht, zwei Gruppen unterscheiden, die man in ihren Kerngebieten als die donau-alpenländische und die Niederrhein-Nordsee-Gruppe bezeichnet hat" (Bach 1970, 86f.). Dadurch, dass das spätere Oberdeutsch diese Neuerungen nicht mitgemacht hat, ergeben sich in diesen konservativen Zügen gotisch-oberdeutsche Parallelen:

- Schwund des Nasals vor stimmlosen Spiranten, Ersatzdehnung des vorausgehenden Vokals: got. ahd. *fimf* vs. ae. as. *fîf*, got. ahd. *uns* vs. ae. as. *ûs*, got. *anþar*, ahd. *andar* vs. ae. *ôder*, as. *âðar.*
- Abstoßung des /*r* < *s*/ beim Personal- und Interrogativpronomen: got. *mis*, ahd. *mir* vs. ae. *mê*, as. *mî*; got. *weis* [ausgesprochen: wi:s], ahd. *wir* vs. ae. *wê*, as. *wî*; got *was*, ahd. *wer* vs. ae. *hwâ*,. as. *hwê.* ; got. *is*, ahd. *er* vs. ae. as. *hê.*
  (Das anlautende /*h*/ in *he* wurde, wie oft erklärt wird, „zur Vermeidung [der] ‚Einlautigkeit' [**e*], dann als Stütze ... zugefügt", Krahe 1969 II, 37, ebenfalls eine nordseegermanische Neuerung.)
- Aufgabe des alten Reflexivpronomens und Ersatz durch das Personalpronomen der 3. Person.
- Einheitsplural im Paradigma der Verbflexion: z.B. Präsens:

Pl. 1. Pers.	got.	*far-am,*	ahd.	*far-umês*	
2. Pers.		*far-iþ*		*far-et*	vs. 1.2.3.Pers. ae. as. *far-að*
3. Pers.		*far-and*		*far-ant*	

Zusammenfassung

Die Vorgeschichte des Deutschen, also die historisch nicht belegten, sondern ‚nur' rekonstruierten Vorstufen des Indogermanischen und Germanischen können eine Reihe von strukturellen Grundzügen auch des heutigen Deutsch sowohl demonstrieren als auch historisch begründen. Die strukturellen Züge sind vor allem flexivische und lexikalische Gemeinsamkeiten.

Zudem manifestiert sich die Ausgliederung des Germanischen aus dem Indogermanischen in einem systematischen Lautwandel, der 1. oder germanischen Konsonantverschiebung. Im 6./7. Jahrhundert kommt es zu intensiveren Kontakten der Germanen/des Germanischen mit den Römern/dem Lateinischen, was zu einer ersten Welle von Entlehnungen aus dem Lateinischen ins (Süd-)Germanische führt.

Um 500 n. Chr. können, besonders mit archäologischen Methoden, schon germanische Stammesgebiete festgestellt werden. Die ‚Stämme' haben sich im Zuge der ‚Völkerwanderung' als Wandergemeinschaften von nahe beieinander siedelnden Germanen gebildet. In sprachlichen Gemeinsamkeiten bei einzelnen Wandergruppen spiegeln sich noch ursprüngliche Siedlungsgemeinsamkeiten.

Weiterführende Literaturhinweise: Wegstein (2003), Koller (2007)

2. Lautgeschichte

Jede Sprache bedarf eines einheitlichen Gerüsts, das aus den **Lauten/Phonemen** und – im Falle einer geschriebenen Sprache – den **Buchstaben/Graphemen** besteht. Und jede Sprache bedarf eines solchen Gerüstes, damit sie als Werkzeug und als Gegenstand der Kommunikation fungieren kann und damit sie kommunizierbar bleibt.

Wie schon angedeutet, tritt eine Sprache mit dem Beginn ihrer Schriftlichkeit in die Geschichte ein; durch die Schrift wird die Sprache archiviert, bleibt für die kommenden Generationen erhalten und wird damit auf eine ganz andere Weise als durch Rekonstruktion(en) erforschbar und beschreibbar. Zu Beginn einer deutschen Schriftlichkeit am Ende des 8. Jahrhunderts, zum Beginn der deutschen Sprach-Geschichte somit, wurde das **lateinische Alphabet** für das deutsche gewählt, dies wohl aus kulturpolitischen Motiven heraus (darüber s. II/1.1.2.). In unserem Zusammenhang aber ist die Wahl des lateinischen Alphabets besonders deshalb von Bedeutung, weil eine Alphabetschrift die Aufgabe hat, die Laute resp. die Phoneme einer Sprache auf irgendeine Weise wiederzugeben. Zuvor und auch gleichzeitig wurden einzelne Runeninschriften ‚geschrieben', die allerdings zum größten Teil gerade auch in struktureller Hinsicht noch ein ‚voralthochdeutschen' Sprachstand repräsentieren.

Wichtig ist, von Anfang an festzuhalten, dass es eine einheitliche althochdeutsche Sprache nicht gegeben hat. Vielmehr begegnen uns nur mehrere ‚Dialekte', sich aber von den rezenten Dialekten des Deutschen schon dadurch unterscheiden, dass sich nicht durch eine überdachende Standardsprache gekennzeichnet sind.

Die schriftlichen Zeugnisse werden besonders wichtig für das Erkennen und Erklären von dialektalen Unterschieden, wie sie vor allem in der Folge der ‚althochdeutschen Konsonantenverschiebung' (s.u. 1), aber auch der Vokalverschiebung (s. u. 2) und der Umlautphänomene (s.u. 3 und 4) manifest werden. Die ahd. Konsantenverschiebung ist der phonemgeschichtliche Prozess, durch den sich das ‚Hochdeutsche', d.h. die hochdeutschen Dialekte aus dem Südgermanischen aussondern. Deren Ergebnis ist das typische deutsche Konsonanteninventar.

2.1. Konsonanten

Das Konsonantensystem der deutschen Gegenwartssprache besteht aus 22 Phonemen:

		Dentale	Labiale	Gutturale
Verschlusslaute/ Plosive	Fortes Lenes	t d	p b	k g
Reibelaute/Frikative	Fortes Lenes	s ʃ z	f v	χ j
Affrikaten		ts tʃ	pf	
Nasale		n	m	η
Liquide		l r		R
Hauchlaut				h

Anmerkungen:

- Die Affrikaten werden hier monophonematisch gewertet.
- Zu den dentalen Affrikaten wird auch /tʃ / gerechnet. Die Lautfolge dürfte sich im Frühneuhochdeutschen phonemisiert haben. (Fleischer 1966, 89)
- [r] und [R] sind Allophone eines Phonems.
- /h/ ist ein eigenes Phonem und keine Variante von /χ/.

Dieses Konsonantensystem ist vor allem durch drei Reihen von Obstruenten als deutsches System charakterisiert: Plosive, Frikative und Affrikaten. Gerade diese drei Reihen sind von Anfang der Geschichte des Deutschen, also vom Althochdeutschen an vorhanden. Nach herkömmlicher Meinung haben sie sich in der ‚Althochdeutschen Konsonantenverschiebung' heraus gebildet. Dieser verhältnismäßig „reiche[] Bestand an Obstruenten" gilt „für das Deutsche im Vergleich mit anderen germanischen Sprachen als charakteristisch" (Roelcke 1997, 23).

2.1.1. Althochdeutsche Konsonantenverschiebung

Zur Terminologie (vgl. dazu Moulton 1967): Eine Lautverschiebung ist ein Phonemwandelprozess, in dem die Zahl der Phoneme gleich bleibt, sich aber die distinktiven Merkmale ändern, ‚verschieben':

$$a_1 + a_2 + a_3 \rightarrow b_1 + b_2 + b_3$$

Die althochdeutsche Konsonantenverschiebung aber enthält, wie wir sehen werden, nicht nur eine solche Verschiebung, sondern zugleich eine Phonemspaltung:

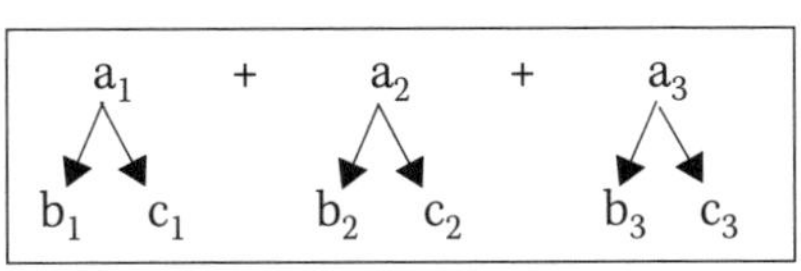

Die althochdeutsche Konsonantenverschiebung, häufiger zweite oder althochdeutsche Lautverschiebung genannt, gehört zu den am meisten umstrittenen und am heftigsten diskutierten Kapiteln der deutschen Sprachgeschichte. Dieser Phonemwandelkomplex konstituiert sich aus zwei Teilkomplexen:

(1) **Fortesverschiebung:**

(1.1) Nach Vokalen

Nhd. Wort	**Ahd. Entsprechung**	**Ahd. Phonem**	**Vorahd. Phonem**	**Altsächs. Entsprechung**	**Neuengl. Entsprechung**
essen *beißen* *was*	*eȝȝan* *bîȝan* *waȝ*	/ȝ(ȝ)/	/t/	*etan* *bîtan* *hwat*	*eat* *bite* *what*
offen *greifen* *auf*	*offan* *grîfan* *ûf*	/f(f)/	/p/	*opan* *grîpan* *ûp*	*open* *gripe* *up*
machen *brechen* *ich*	*mahhôn* *brehhan* *ih*	/χ(χ)/	/k/	*makôn* *brekan* *ik*	*make* *break* *I* (ae. *ic*)

(1.2) Anlautend, nach Konsonanten und in Gemination

Nhd. Wort	**Ahd. Entsprechung**	**Ahd. Phonem**	**Germ. Phonem**	**Altsächs. Entsprechung**	**Neuengl. Entsprechung**
Zunge *Herz* *setzen*	*zunga* *herza* *sezzen*	/ts/	/t/ /tt/	*tunga* *herta* *settian*	*tongue* *heart* *set*
Pfad *helfen* *Apfel*	*phad* *helphan* *aphul*	/pf/	/p/ /pp/	*pad* *helpan* *appul*	*path* *help* *apple*
Korn *Werk* *wecken*	*chorn* *werk* *we(c)chen*	/kχ/	/k/ /kk/	*korn* *werk* *wekkian*	*corn* *work* ae. *weccen*

(2) **Lenesverschiebung**

Nhd. Wort	**Ahd. Entsprechung**	**Ahd. Phonem**	**Vorahd. Phonem**	**Altsächs. Entsprechung**	**Neuengl. Entsprechung**
Tochter	*tohter*	/t/	/d/	*dohtar*	*daughter*
Wetter	*wetar*			*wedar*	*weather*
binden	*bintan*			*bindan*	*bind*
alt	*alt*			*ald*	*old*
bitten	*bitten*	/tt/	/dd/	*biddian*	*bid*
(ge)bären	*peran*	/p/	/b/	*beran*	*bear*
sieben	*sipun*			*sibun*	*seven*
Leib	*lîp*			*lîf*	*life*
Sippe	*sippa*	/pp/	/bb/	*sippia*	ae. *sib*
Gast	*kast*	/k/	/g/	*gast*	*guest*
steigen	*stîkan*			*stîgan*	ae. *stigan*
Tag	*tac*			*dag*	*day*
liegen	*likkan*	/kk/	/gg/	*liggian*	*lie*

Durch die Bezeichnung ‚voralthochdeutsch' wird nahe gelegt, dass sich der althochdeutsche Zustand aus dem voralthochdeutschen entwickelt hat. Auf diese Weise wird auch deutlich, dass das Altsächsische (i.e. das Altniederdeutsche) und das moderne Englisch den alten Zustand repräsentieren.

Das Voralthochdeutsche, das im Wesentlichen dem Germanischen entspricht, wie es sich in der ‚germanischen Konsonantenverschiebung' (s. III/2.1.1.) heraus gebildet hat, kannte bei den Plosiven eine Fortes- und eine Lenesreihe und darunter je eine simplizische und je eine geminierte Reihe:

(1) stimmlose Fortesplosive
simplex: /t/ /p/ /k/
geminiert: /tt/ /pp/ /kk/

(2) stimmlose Lenesplosive
simplex: /d/ /b/ /g/
geminiert: /dd/ /bb/ /gg/

Dem entsprechen im Althochdeutschen:

(1) stimmlose Frikative
simplex: /ʒ/ /f/ /χ/
geminiert: /ʒʒ/ /ff/ /χχ/

(2) stimmlose Affrikaten

/ts/ /pf/ /kχ/

(3) stimmlose Fortesplosive

simplex: /t/ /p/ /k/

geminiert: /tt/ /pp/ /kk/

Durch die althochdeutsche Konsonantenverschiebung wurde demnach das Deutsche ‚geschaffen': Es bildeten sich die Reihen der Frikative und der Affrikaten heraus, die bis heute das Teilsystem der deutschen Obstruenten charakterisieren. In der Gegenwart ist damit die deutsche Standardsprache gekennzeichnet. Wenn wir indes einen Blick auf die deutschen Dialekte werfen, dann stellen wir fest, dass dies bis heute nur für die oberdeutschen Mundarten zutrifft. Nach Norden hin nehmen die verschobenen Konsonanten ab, was man ja auch für die Einteilung der deutschen Dialekte als fundamentales Kriterium nimmt, wie ein Blick auf eine Karte der deutschen Dialekträume (s. Karte I/1.4) demonstriert.

Das Oberdeutsche ist durch das Vorhandensein der ‚neuen deutschen Konsonanten' charakterisiert, das Mitteldeutsche nur teilweise und nach Norden hin in abnehmendem Maße, das Niederdeutsche hingegen hat noch die alten Reihen. Man sollte also noch besser von der altoberdeutschen Konsonantenverschiebung sprechen.

Zur Forschungsdiskussion: Die Tatsache, dass das Mitteldeutsche durch eine Reihe von verschobenen Formen gekennzeichnet ist, hat schon früh eine Frage virulent werden lassen: Es geht darum, ob die Konsonantenverschiebung im Süden ihren Ausgangspunkt genommen und sich nach Norden hin ausgebreitet (Monogenese) oder ob sie sowohl im Oberdeutschen als auch im Mitteldeutschen autochthon (Polygenese) entstanden ist.

Für eine Polygenese sind in den vergangenen drei Jahrzehnten vor allem Rudolf Schützeichel und seine Schule eingetreten. Besonders althochdeutsche Glossen aus dem Westmitteldeutschen werden auf verschobene Formen hin untersucht. Auf ein besonders aufschlussreiches Beispiel weist Rolf Bergmann (1980, 7f.) hin, und zwar auf Glossen in der Handschrift Köln, Dombibliothek CVII aus der ersten Hälfte des 9. Jahrhunderts; darin findet Bergmann folgend Stand der Konsonantenverschiebung:

> „Vorahd. */p/*, */t/*, */k/* sind postvokalisch verschoben [...]; */t/* ist auch im Anlaut verschoben [...]. Dagegen sind */p/* und */k/* im Anlaut unverschoben [...]. */p/* ist auch nach Konsonant unverschoben [...]. Germ. */g/* ist in allen Stellungen unverändert [...]. Germ */d/* ist mit Ausnahme von drei Auslautbelegen erhalten [...]. Germ. */b/* ist im Anlaut unverändert."

Bergmann fasst diesen Stand als eindeutigen Beleg dafür auf, dass auch das Mittelfränkische des 9. Jahrhunderts die Lautverschiebung aufweise, was für Polygenese der althochdeutschen Konsonantenverschiebung spreche. Bergmann geht, ganz im Sinne Rudolf Schützeichels ‚philologisch' vor: Er durchsucht Texte nach Belegen mit verschobenen Formen und ohne diese. Er interpretiert indes nicht die

Konsonantenverschiebung als einen strukturellen Vorgang, sondern lässt die vorgefundenen Formen sprechen. Dass damit nicht das ganze (Teil-)System der Verschlusslaute erfasst ist, spielt keine Rolle.

Ganz anders in jüngerer Vergangenheit Theo Vennemann (1984, 1ff.): Er postuliert zunächst eine „urgermanische Lautverschiebung", auf die eine „innergermanische Lautverschiebung" folge und die die „Verzweigung" des Germanischen in ein Hoch- und ein Niedergermanisch zur Folge habe; Hochgermanisch sei demnach nur Hochdeutsch, Niedergermanisch alle anderen germanischen Sprachen. Die Grimmsche **‚Sukzessionstheorie'** wird durch die Vennemansche **‚Bifurkationstheorie'** ersetzt. Dafür wählt Vennemann „eine umgekehrte Rekonstruktionsrichtung" (Frey 1994, 24), also nicht die Richtung vom Indogermanischen zum (Althoch-) Deutschen, sondern umgekehrt: „Vennemann setzt sich vehement dafür ein, daß der Versuch einer Rekonstruktion eines möglichen urgermanischen Lautsystems und eintretender Lautverschiebungen vom gesicherten Material der ältesten schriftlichen Belege der Sprache auszugehen habe." Dazu kommt die Annahme „universeller Gesetze" bzw. „universelle[r] Veränderungstendenzen" (Frey 1994, 24):

1. „Frikativierung von Konsonanten ist gegenüber Okklusivierung das Normale. D.h.: Erneute Verschlußbildung nach bereits eingetretener Frikativierung findet so gut wie nie statt."
2. Eine geregelte Vielfalt in einem vorliegenden sprachlichen Lautsystem deutet auf eine ursprünglich vorhandene Einheit im zu rekonstruierenden Ur-System."

Auf dieser Basis rekonstruiert Vennemann als urgermanisches Obstruentensystem (vgl. Moulton 1986, 3):

1. Fortisplosive:	*/p' t' k'/
2. Lenisplosive:	*/b d g/
3. Fortisfrikative	*/f̊ þ̊ x̊/
4. Fortisfrikativ	*/s/
5. Lenisfrikativ	*/z/

Dieses urgermanische System ist der Ausgangspunkt für die „innergermanische Lautverschiebung", in der es gewissermaßen zu einer Phonemspaltung kommt, die aber nicht zu einem vergrößerten Konsonanteninventar in einer Sprache, sondern eben zu einer Verzweigung in zwei Sprachen kommt, was hier nur anhand von urgerm. /p'/ gezeigt werden soll:

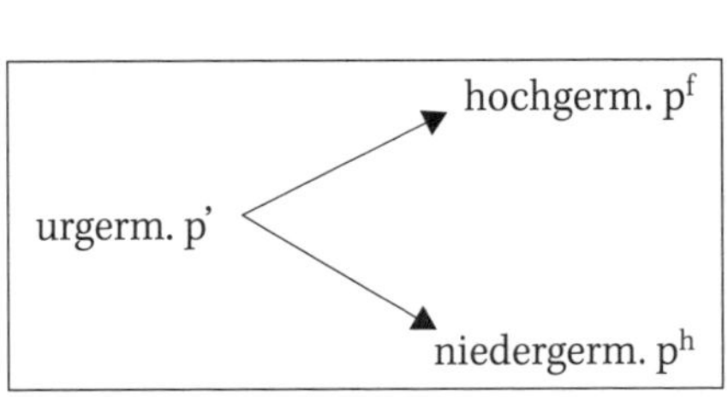

Im Detail sieht dies folgendermaßen aus (vgl. Moulton 1986, 7):

„Hochgermanische Lautverschiebung“:

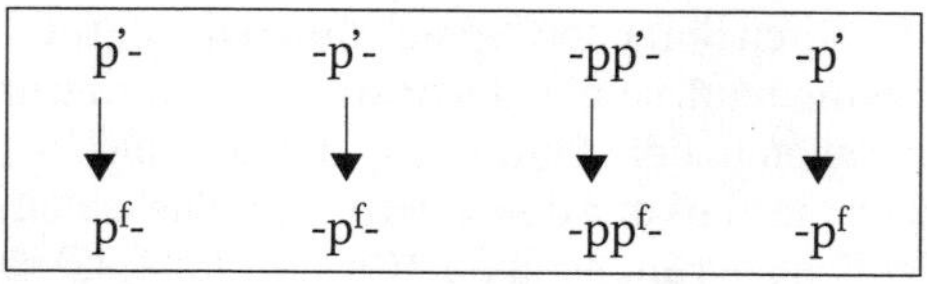

„Niedergermanische Lautverschiebung“:

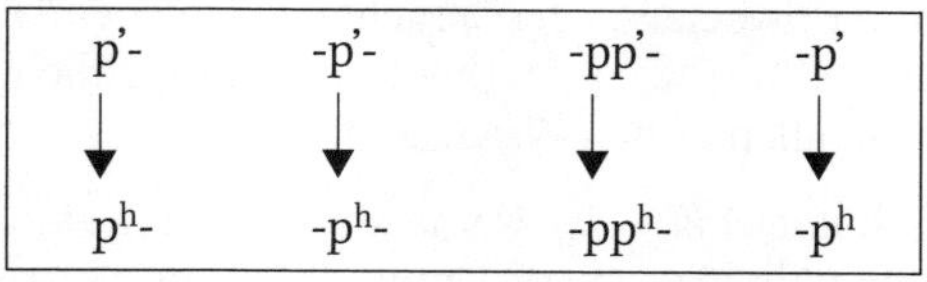

Im Hochgermanischen kam es in der Folge zur „Hochgermanische[n] Frikativierung“ (Vennemann 1984, 22): „nachvokalische einfache (aber nicht geminierte) Affrikaten wurden zu Frikativen, und zwar zu geminierten Fortisfrikativen“ (Moulton 1986, 8):

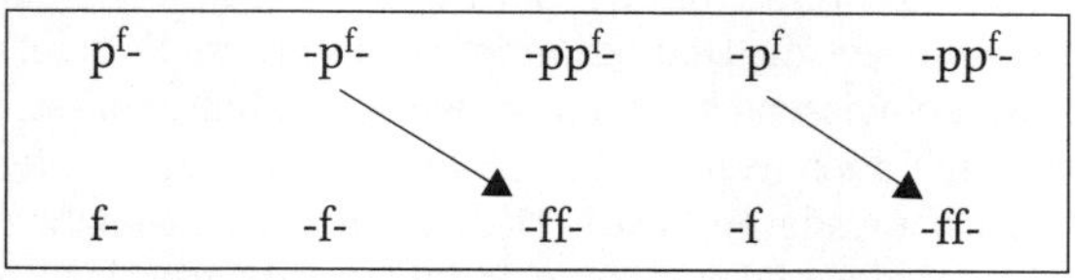

Die ‚neuen‘ Frikativen fallen, wie das Modell zeigt, mit den ‚alten‘ zusammen.

Bis zu diesem Punkt kann man Venneman gut folgen. Und die Weiterentwicklung in den einzelnen ‚niedergermanischen Sprachen‘ lassen sich gut auch vom Vennemannschen Ergebnis erklären. Ich sehe vor allem zwei Probleme:

1. Das universale ‚Frikativierungsgesetz‘ ist ein Entwicklungsprozess, den Vennemann in zahlreichen Sprachen beobachtet haben will: „Die positionelle Frikativierung stimmhafter Plosive [...] ist ein sehr gewöhnlicher Vorgang, zu dem man mühelos Hunderte von mehr oder minder genauen Entsprechungen aus anderen Sprachen beibringen könnte.“ (Vennemann 1984, 8)
2. Die urgermanischen Fortisplosive „werden versuchsweise angesetzt als ejektiv und glottalisch“ (Frey 1994, 26, Anm. 42). ‚Glottalisch‘ ist ein Merkmal für Konsonanten, das man bislang hauptsächlich in kaukasischen Sprachen beobachtet hat. Ähnliches gilt für das Merkmal ‚ejektiv‘. Ejektive „Plosive und Frikative finden sich z.B. im Amharischen sowie in den Kaukasischen Sprachen“ (Bußmann 2002, 186).

Die erwähnten Probleme lassen sich demnach auf unterschiedliche Weise charakterisieren:

- In der Rekonstruktion geht Vennemann zwar von tradierten Formen aus, rekonstruiert aber die früheren Sprachen/Sprachstufen deduktiv.
- Die Gesetze, die Vennemann seinen Rekonstruktionen zugrunde legt, sind allerdings nicht Universalien in dem Sinne, dass sich ein solches „Merkmal [i.e. Entwicklungsgesetz] wenigstens aus dem Begriff ‚Sprache' ableiten oder als für diesen Begriff unerläßlich begründen ließe" (Coseriu 1988, 48). Die Beobachtungen zur Frikativierung betreffen nicht mehr und nicht weniger als „einen Tatbestand, der lediglich zum empirisch Allgemeinen der (bekannten) Sprachen gehört und nicht zum Universellen der Sprachen als solchem" (Coseriu 1988, 47).
- Vennemann argumentiert also methodisch uneinheitlich, sodass es dann schwer fällt, ihm auf allen seinen Wegen zu folgen.

Wir sehen somit: Schützeichel – der Name steht hier für eine bestimmte Vorgehensweise – geht rein philologisch vor. Unter ‚Philologie' verstehe ich das hermeneutische Befassen mit Texten, das vorwiegend induktiv, von den einzelnen Textfällen ausgehend, arbeitet. Auf diese Weise werden zwar zahlreiche Vorkommensfälle gefunden; der Nachweis, dass auch das Westmitteldeutsche die Lautverschiebung als einen strukturellen Vorgang kennt, wird indes nicht erbracht.

Demgegenüber steht bei Vennemann – der Name steht nun ebenfalls für eine bestimmte Vorgehensweise – die Deduktion im Vordergrund. Es zeigt sich, dass sich dies aber in der Sprachwissenschaft nur schwer durchhalten lässt, in der Sprachgeschichte vermutlich noch weniger. Die Philologie wird nur insofern heran gezogen, also sie die Ausgangsdaten für die Deduktion liefert. Gleichzeitig ist Vennemann bestrebt, seine universalen Gesetze induktiv zu begründen. Auf diese Weise werden stimmhafte behauchte Verschlusslaute für nahezu undenkbar erklärt, aber Laute und Lautverhältnisse in kaukasischen oder semitischen Sprache werden ohne Scheu heran gezogen, um Lautinventare und Lautverhältnisse in germanischen Sprachen zu erklären. Der Rückgriff aber auf so weit entfernte Sprachen ist genauso wenig plausibel wie die Beschränkung auf eine Liste von vorgefundenen Einzelfällen.

Die Philologie sollte zudem dazu dienen, die deduktiv gewonnenen Ergebnisse zu verifizieren oder zu falsifizieren. William Moulton (1986, 12ff.) hat gezeigt, dass die frühen Entlehnungen aus dem Lateinischen ins Südgermanische, wie sie sich im Altenglischen und Althochdeutschen präsentieren, sich nicht ins Vennemann'sche System fügen. Es gilt also, bei Versuchen etwa der Rekonstruktion der germanischen und deutschen Lautgeschichte Philologie und Linguistik in einem ausgewogenen Verhältnis einzusetzen.

Die Konstituierung der deutschen Dialekte: Wie wir gesehen haben, wird der Grad der Durchführung der althochdeutschen Konsonantenverschiebung als ein wesentliches Kriterium für die Einteilung der deutschen Mundarten genommen.

Gerade nach der Erörterungen der Forschungsansätze und -problematik können wir als Ergebnis der althochdeutschen Konsonantenverschiebung zunächst zwei ‚Sprachen' sehen: das Oberdeutsche und das Niederdeutsche; diese beiden Sprachen sind vor allem durch die unterschiedlichen Obstruentensysteme definiert. Wir wissen zudem aus der Dialektologie, dass es scharfe Grenzen zwischen Sprachräumen nicht gibt, sondern nur Kernräume, zwischen denen oft sehr große Übergangsgebiete liegen, in denen die Merkmale eines Sprachraums ab- und die des anderen zunehmen.

In diesem Sinn ist das **Mitteldeutsche** ein **Übergangsgebiet** zwischen den beiden ‚polaren' Sprachräumen Ober- und Niederdeutsch, das ‚die Lautverschiebung' gar nicht haben kann, wohl aber zu- und abnehmende Merkmale der südlichen und nördlichen ‚Sprache' (vgl. Wolf 2007a und 2008). Damit scheint auch die Frage beantwortet, die Meinke/Schwerdt (2001, 236) aufgeworfen haben, indem sie die Meinung vertreten, dass „nicht mehr von einer 2. Lautverschiebung gesprochen werden sollte, sondern von konsonantischen Veränderungen einzelner westgerm. Dialekte auf später hochdt. Gebiet, also des Voraltbair., Voraltalem. und Voraltfränkischen".

Den dialektgeographisch motivierten Befund können wir auch folgendermaßen modellieren (nach Wolf 1983):

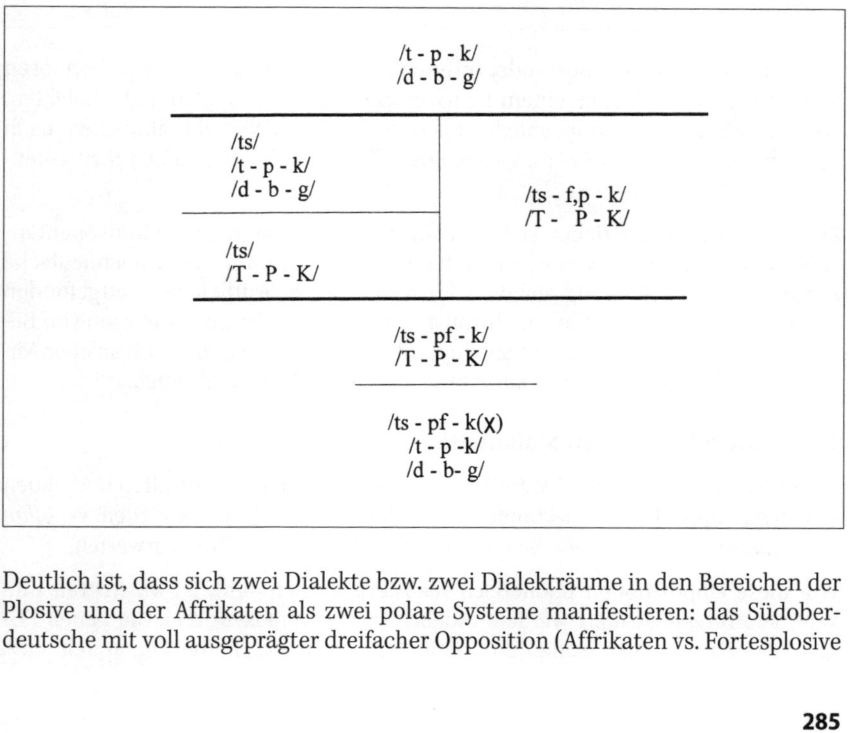

Deutlich ist, dass sich zwei Dialekte bzw. zwei Dialekträume in den Bereichen der Plosive und der Affrikaten als zwei polare Systeme manifestieren: das Südoberdeutsche mit voll ausgeprägter dreifacher Opposition (Affrikaten vs. Fortesplosive vs. Lenesplosive), das Niederdeutsche mit einer nur zweifachen Opposition (stimmlose vs. stimmhafte Plosive). Alle anderen Dialekte sind als Übergangsräume zwischen diesen beiden Polen anzusehen.

Das Niederdeutsche wird erst in der frühen Neuzeit durch soziolinguistische Vorgänge zu einem deutschen Dialekt: Die entstehende neuhochdeutsche Einheits- oder Standardsprache überlagert bzw. überdacht das Niederdeutsche und die mitteldeutschen Mundarten.

Nicht geklärt ist, warum sich die gutturale Affrikata nur in südlichen Oberdeutsch (Südbairisch, Hochalemannisch, Südschwäbisch) erhalten hat.

In engem Zusammenhang mit der althochdeutschen Konsonantenverschiebung steht der Wandel **þ** > **d**:

Nhd. Wort	Ahd. Entsprechung	Ahd. Phonem	Vorahd. Phonem	Altsächs. Entsprechung	Neuengl. Entsprechung
Ding	*ding*	/d/	/þ/		*thing*
das	*daʒ*	/d/	/þ/		*that*
denken	*denken*	/d/	/þ/		*think*

„Der Wandel von einem post- oder interdentalen nichtsibilantischen, stimmlosen Reibelaut zu einer Media, einem Lenisverschlußlaut, ist in allen ahd. Dialekten, aber mit großem Zeitunterschied, eingetreten und aus dem allmähnlichen, nach Stellung verschiedenen Ersatz von *th* oder *dh* (*ð*) durch das Zeichen *d* zu erkennen." (Penzl 1975, 85).

Zeit: Naturgemäß vollziehen sich Sprachwandelvorgänge wie eine Konsonantenverschiebung nicht in wenigen Jahren. Dazu kommt, dass die althochdeutsche Konsonantenverschiebung vor dem Einsetzen der Schriftlichkeit stattgefunden hat, sodass jede Zeitangabe von Rekonstruktionen und der Interpretation von Befunden unterschiedlichster Art abhängt. Als ‚Richtzahl' (mit einem Plus oder Minus von mehreren 100 Jahren) kann man das Jahr 500 n.Chr. angeben.

2.1.2. Die altdeutschen Sibilanten

Im Altdeutschen (=Alt- und Mittelhochdeutsch) haben unter den alten und neuen Frikativen Oppositionen bestanden (nach Penzl 1975, 87f.): *ovan* ‚Ofen' vs. *offan* ‚offen', *uuihi* ‚weihe' vs. *rihhi* ‚Reich' und *uuîsa* ‚Weise' vs. *uuîzan* ‚vorwerfen'.

Wie diese Oppositionen phonetisch realisiert worden sind, ist umstritten und kann kaum rekonstruiert werden. Möglicherweise repräsentieren die neuen Frikativphoneme Langkonsonanten. Denn sie werde durch die Digraphen <ff>,

<hh,ch> und – nicht so konsequent – <zz> schriftlich wiedergegeben. Diese Oppositionen sind bis ins späte Mittelalter wirksam. Da die Doppelschreibungen häufig nach Kurzvokalen stehen, werden sie, nachdem der Langfrikativ nicht mehr als Phonem fungiert, umgedeutet: Sie stehen von da an bis heute als indirekte Quantitätsmarken: Ein Doppelkonsonant kennzeichnet voraus gehenden Kurzvokal: <*Ofen*> vs. <*offen*>. Die Schreibung *hh* wurde unüblich, und das Digraph *ch* für /χ/ steht häufig ebenfalls nach Kurzvokal: <*Sachen*> vs <*sahen*>.

Ganz anders die **Sibilanten** (Zischlaute, *s*-Laute): Neben dem ererbten <s> existiert, graphisch streng getrennt, das <z>, in modernen Editionen oft auch durch *ʒ* wiedergegeben, um es vom Graphem für die dentale Affrikata zu unterschieden; dieses *z* ist, wie dargestellt, in der althochdeutschen Konsonantenverschiebung entstanden. Aufgrund von Entlehnungen in andere Sprache, etwa ins Ungarische (vgl. Porzig 1971, 276) können wir annehmen, dass <*s*> als (Lenis-?)Schibilant und <*z*> als (Fortis-?)Sibilant realisiert wurde.

Vom 14. Jahrhundert an wird diese Opposition neutralisiert und wandelt sich zu einer neuen, die nur in zwischenvokalischer Position funktioniert: <*s*> steht für /z/, das im Süden des deutschen Sprachraums als Lenis, im Norden als stimmhafter Frikativ realisiert wird: <*weise*> vs. <*weiße*>, <*Hasen*> vs. <*hassen*>. Für das Fortis- bzw. stimmlose /s/ wird inter- und postvokalisch nach Langvokal *ß* und nach Kurzvokal *ss* geschrieben.

Folgen dieses Lautwandels sind bis heute in einigen Wendungen zu hören resp. zu lesen. In älterem Deutsch finden wir nicht selten die Fügung *es zufrieden sein* im Sinne von *damit zufrieden sein*:

> *Das Vermögen soll geteilt werden; und da sie es nicht ganz mit mir genießen kann, so ist sie* ***es zufrieden****, daß ich mit der Hälfte meine Freiheit von ihr erkaufen darf.* (Lessing)

> *Aber was tat das Publikum, war* ***es zufrieden****? O in Ewigkeit nicht.* (Lichtenberg)
> *Ihr wart* ***es zufrieden****.* (Goethe)
> *Der Landsknecht sagte: O ja, er sei es zufrieden.* (Arnim)
> *Der Bauer sagte: „Ich bin* ***es zufrieden****."* (Brentano)
> *Er war* ***es zufrieden****.* (Hauff)
> *..., ich wäre wohl willens seine jüngste Tochter zu heurathen; wenn ihr beide Eltern* ***es zufrieden*** *seyd, so wird sich keine Hinderniß mehr finden.* (Jung-Stilling)
> *Seidentopf war es zufrieden.* (Fontane)
> *Sie hatten ihm die Gewohnheit beigebracht, stundenlang über Abbildungen zu verweilen, und er war* ***es zufrieden****, nur kränkte es ihn, daß man im Blättern niemals mehrere Bilder vor sich behielt.* (Rilke)

Die Form *es* ist hier nicht der Akkusativ, wie schon der Lexikograf der Goethe-Zeit, vermutet:

„Das Adverbium wird in der vertraulichen Sprechart, an Statt des Vorwortes mit, auch häufig mit dem bloßen Accusative verbunden. *Ich bin es zufrieden, bin damit zufrieden, lasse es mir gefallen. Ich bin alles zufrieden. Er wird es ganz wohl zufrieden seyn. Ich kann alles zufrieden seyn.* (Adelung 2001 s.v. *zufrieden*)

Die Form *es* ist vielmehr dadurch zu erklären, dass sowohl im Alt- als auch im Mittelhochdeutschen der Nominativ/Akkusativ des neutralen Personalpronomens *ez* lautet, der Genitiv hingegen *es*. Die Neustrukturierung der Sibilanten im späten Mittelalter lässt diese beiden – ursprünglich distinkten – Formen zusammenfallen, sodass der Eindruck entstehen kann, dass *es* in solchen Verwendungen einen Akkusativ repräsentiert. Doch vergleichbare Fügungen mit *leid* im Gegenwartsdeutschen lassen noch den Genitiv erkennen:

jmds., einer Sache l. sein/werden; er war seines Lebens l.; ich bin es l., dich immer wieder zu ermahnen. (Duden 2003)

Das Althochdeutsche kannte noch keinen **Schibilanten**, der nhd. /ʃ/ bzw. <sch> entspricht. Von der Mitte des 11. Jahrhunderts an wird die Schreibung <sk> durch <sch> (teilweise auch *ss, hs, chs* u.ä. geschrieben, da das lateinische Alphabet keine Graphie für [ʃ] benötigte und somit eine eigene Schreibung gefunden werden musste) abgelöst, was auf den Wandel von der Phonemfolge zum Schibilanten hinweist: *scœne* > *schœne*.

Im späten Mittelalter wandeln sich auch **phonotaktische Regeln**: Die anlautende Phonemfolge *s* + Konsonant wird durch ʃ + Konsonant ersetzt: *slange* > *Schlange, smal* > *schmal, snîden* > *scheiden, swimen* > *schwimmen*. Die Graphemfolgen <*sp*> und <st> bleiben trotz Wandel der Aussprache unverändert: *sprechen* [sp > ʃp], *stechen* [st > ʃt]; der Grund für die Beibehaltung der Graphie ist unklar, man hat bisweilen Einfluss lateinischer Schreibung angenommen (Erben 1970, 412).

Mit dem voraus Gehenden vergleichbar ist der Wandel von ahd./mhd. *tw* > *zw* [tsv]: *twerc* > *Zwerg, twingen* > *zwingen*. Dieser Wandel betrifft vor allem das Ober- und das Westmitteldeutsche. Im Ostmitteldeutschen, aus dem zahlreiche Formen in die neuhochdeutsche Standardsprache gekommen sind, entwickelt sich die Phonemfolge *tw* zu *qu* [kv]: *twarc* (aus dem Slawischen entlehnt) > *Quark, twalm* > *Qualm, twirl* > *Quirl twerh* > *quer*, woneben *Zwerchfell* (=‚Querfell') steht.

2.1.3. Auslautverhärtung

„Im Mhd. entspricht dem inlautenden *b, d, g, v, h* im Auslaut in der Regel *p, t, k, f* und *ch*." (Michels 1979, 140). D.h., dass die Lenis-Obstruenten im Wort- und auch im Silbenauslaut zu Fortes werden bzw. dass stimmhafte Obstruenten in diesen Positionen ihren Stimmton verlieren:

tac Nom./Akk. Sg. – *tages* Gen. Sg., *tage* Nom. Pl.
snîden Inf. – *sneit* 1./3. Pers. Sg. Prät.
stap Nom./Akk. Sg. – *stabes* Gen. Sg.
gelouben Inf. – *geloupte* 1./3. Pers. Sg. Prät.
hof Nom./Akk. Sg. – *hoves* Gen. Sg.

Wenn dieser Konsonantenwechsel in mittelhochdeutscher Zeit erscheint, dann muss er in vormittelhochdeutscher Zeit eingeleitet worden sein. Doch vermerkt schon Michels (1979, 140): „In den Ausgaben ist die Regel streng durchgeführt; die Orthographie der Handschriften ist weniger konsequent." Die Charakteristik der Editionen mittelhochdeutscher Texte trifft auch auf die jüngsten Ausgaben zu. Die jüngste Forschung (v.a. Mihm 2004) hat indes gezeigt, dass die ‚Auslautverhärtung' keineswegs ein einheitlicher Vorgang ist, sondern dass die „Inlaut-Auslaut-Alternanzen [...] jedoch unterschiedlichen Alters und Ursprungs" (Paul/Klein/Solms/Wegera 2007, 131, § L72) und nicht eine „Regel" oder gar ein ‚Lautgesetz' sind.

Die Auslautverhärtung begegnet auch in der deutschen Standardsprache der Gegenwart, und zwar in der nördlichen Variante; im Süden und in den Gebieten der ‚binnenhochdeutschen Konsonantenlenierung/-schwächung' (vgl. Schirmunski 1962, 330ff.) wird die die Verhärtung auch standardsprachlich nicht durchgeführt. Norm ist die Auslautverhärtung nur in der Bühnenaussprache, die sich nach norddeutschen Usus richtet. Nebentoniges *-ig* wird überdies spirantisiert [ɪç] ausgesprochen. Im Oberdeutschen gilt auch hier [ɪk bzw. ɪg].

2.2. Vokale

Das Vokalsystem der deutschen Gegenwartssprache besteht aus 18 Phonemen:

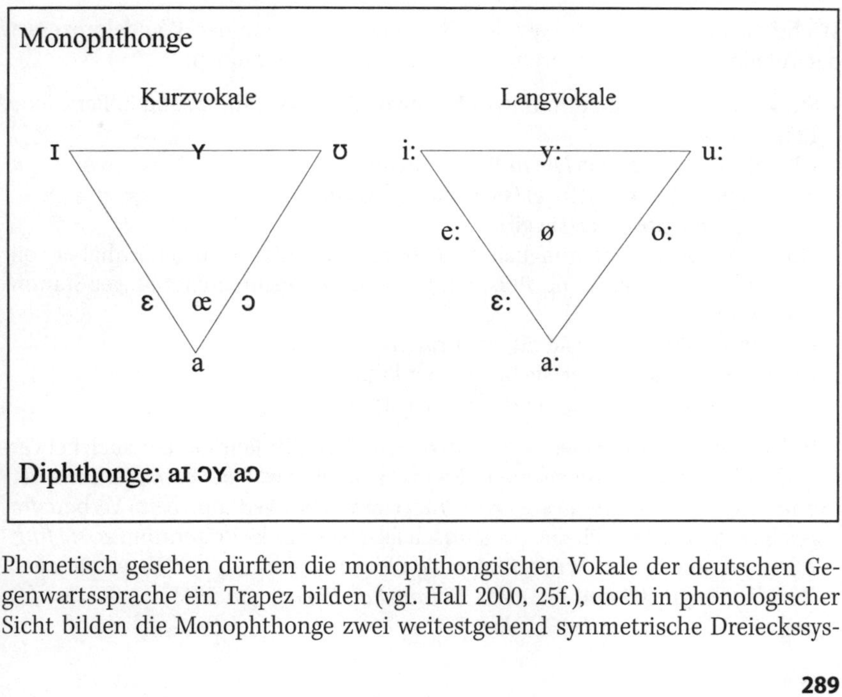

Phonetisch gesehen dürften die monophthongischen Vokale der deutschen Gegenwartssprache ein Trapez bilden (vgl. Hall 2000, 25f.), doch in phonologischer Sicht bilden die Monophthonge zwei weitestgehend symmetrische Dreieckssysteme. Die Symmetrie wird lediglich bei den *e*-Lauten gestört, da die Langmonophthonge über einen geschlossenen und einen offenen *e*-Laut verfügen. Ansonsten gilt das Prinzip, dass die Kurzvokale eher offen, die Langvokale eher geschlossen sind, die *a*-Laute sind davon ausgenommen. Auch die Opposition vorderer (kurz) vs. hinterer (lang) *a*-Laut, die in einigen Handbüchern erwähnt wird (etwa Stötzer 1982, 27), spielt in der Gegenwartssprache wohl keine Rolle mehr (so schon Ungeheuer 1969, 30).

Das Gegenwartsdeutsche kennt drei Diphthonge (**aɪ ɔʏ aɔ**). König (1999) ist der Meinung, dass sich durch die Vokalisierung von postvokalischem /r/ neue Diphthongphoneme herausgebildet hätten:

fährt	[fɛ:ɐt]	→ /ɛ:ɐ/
mehr	[me:ɐ]	→ /e:ɐ/
hier	[hi:ɐ]	→ /i:ɐ/
Rohr	[ro:ɐ]	→ /o:ɐ/
hört	[hø:ɐt]	→ /ø:ɐ/
Uhr	[u:ɐ]	→ /u:ɐ/
führt	[fy:ɐt]	→ /y:ɐ/

Bei der Bewertung dieser ‚neuen Diphthonge' ist zu bedenken, dass der *a*-Schwa-Laut jederzeit durch ein konsonantisch realisiertes *r* ersetzt werden kann, sodass anzunehmen ist, dass es sich hier nicht um Diphthongphoneme handelt, sondern dass **ɐ** als eine allophonische Variante von /r/ angesehen werden kann.

Wichtig ist, dass im Deutschen den Phonemen, vor allem den Wandelprozessen der Vokalphoneme auch morphologische Aufgaben zukommen:

- Starke Verben mit dem Infinitiv-Stammvokal *e* bilden die 2. und 3. Pers. Sing. Präs. häufig mit *i*:
  ich h**e**lfe – du h**i**lfst – er/sie h**i**lft – wir h**e**lfen
  ich n**e**hme – du n**i**mmst – er/sie n**i**mmt – wir n**e**hmen
  ich g**e**be – du g**i**bst – er/sie g**i**bt
- Starke Verben, die ursprünglich der 6. oder 7. Ablautreihe angehört haben, bilden die 2. und 3. Pers. Sing. Präs. mit Umlaut, sofern ein umlautfähiger Stammvokal vorhanden ist:
  ich r**a**te – du r**ä**tst – er/sie r**ä**t – wir r**a**ten
  ich f**a**hre – du f**ä**hrst – er/sie f**ä**hrt – wir f**a**hren
  ich st**o**ße – du st**ö**ßt – er/sie st**ö**ßt – wir st**o**ßen

  In Analogie dazu begegneten im späten 18. und ihm 19. Jahrhundert auch bei Verben anderer Klassen umgelautete Formen: *du kömmst – er kömmt* (starkes Verbum der 4. Klasse); *du frägst – er/sie frägt* (schwaches Verbum), beim Verbum *fragen* begegnet zusätzlich das – historisch falsche – starke Präteritum: *er/sie frug.* Allein bei Achim von Armin finden sich folgende Formen und Verwendungen: *Wer dann zu dir* ***kömmt*** *von allen.* ***Kömmst*** *du hinaus nun über jene Wiesen, / So geh zum vögelklingenden Gehölze.*

... als ich unten außer Atem anlange, steht mein Bräutigam mit ganz verwirrtem Auge vor mir, ***frägt*** *mich, ob ich ihn sehe. Heut seh ich, daß ich Dir von nichts geschrieben hab, was Du mich* ***frägst****. ... ich* ***frug****, ob sie Sakristan sei. Er* ***frug*** *mich, ob ich denn das Gedicht verstehe? Du* ***frugst****, was ich mich denn umdreh so oft?*
Oder bei Jeremias Gotthelf: *... da kamen aus dem Gaden herab der Melcher und der Karrer gsunntiget, machten Adie bei ihren Freunden, die ganz erstaunt* ***frugen****, was das geben solle?*
Doch schon sprachbewusste Zeitgenossen wie der Grammatiker und Lexikograph Johann Christoph Adelung stellten fest: „Die Conjugation im Präsenti du kömmst, er kömmt, ist vorzüglich den gemeinen Mundarten Obersachsens und Oberdeutschlandes eigen; in Niedersachsen sagt man kümmst, kümmt. Die anständigere Sprechart wird alle Mahl den reinen Vocal vorziehen; kommst, kommt." Und: „Daß einige Niedersachsen, wenn sie Hochdeutsch reden wollen, dieses Zeitwort im Imperf. irregulär abwandeln, ich frug, für ich fragte, ist schon von andern gerüget worden. Häufiger, aber darum nicht richtiger, ist die Abwandelung des Präsentis du frägst, er frägt, für du fragst, er fragt." (Grammatisch-kritisches Wörterbuch der Hochdeutschen Mundart. 2. Aufl. Leipzig 1793–1801)

- In der Substantivflexion wird der Umlaut Pluralsignal: *Mutter – Mütter, Wagen – Wägen* (regional), mehrfache Pluralmarkierung: *Ball – Bälle*. Auch hier begegnen Analogiebildungen, die regionale Geltung hatten: *Ich verreise nämlich auf drei* ***Täg*** (Johann Nepomuk Nestroy). *Als die* ***Täge*** *schon länger wurden, ...* (Adalbert Stifter). *Man eilt, den bettelnden Mönchen die* ***Wägen*** */ Mit Kälbern, Geflügel und Schmalz zu belegen* (Joseph von Eichendorff). *Ich sollte aufstehn mit dem Schöpfungswort / Und in die hohlen* ***Läger*** *Menschen sammeln* (Friedrich von Schiller). Zum Plural von *Tag* vermerkt Adelung „im Oberd. die Täge"; die Differenz bei *Wagen* wird soziolinguistisch erklärt: „In Ansehung des Plurals ist der Gebrauch im Hochdeutschen getheilt, doch ist Wagen in den edlern, und Wägen in den gemeinern Sprecharten am üblichsten." Bei *Lager* differenziert Adelung semantisch: „Das Lager, des -s, plur. ut nom. sing. von dem Lager einer Armee aber die Läger", was sich im obigen Schiller-Zitat bestätigt.
- In Gradations-/Komparationsformen des Adjektivs kennzeichnen neben den Flexiven *-er-* und *-est-* Umlautvokale den Komparativ und den Superlativ: ***alt*** *–* ***ä****lter –* ***ä****ltest, gro*ß *–grö*ß*er – grö*ß*t.*

In all diesen Fällen handelt es sich um Umlaut- oder umlautähnliche Phänomene. Für die Gegenwartssprache können wir definieren, dass zwischen bestimmten Vokalphonemen Umlautrelationen herrschen (die Umlautvokale sind graphisch durch ein Trema gekennzeichnet):

/a/ - /ɛ/	graphisch: ä
/a:/ - /ɛ:/	
/ɔ/ - /œ/	graphisch: ö
/o:/ - /ø:/	
/ʊ/ - /ʏ/	graphisch: ü
/u:/ - /y:/	

Diese Vokalreihen haben sich im Laufe der deutschen Sprachgeschichte herausgebildet. Die Ursachen für den Phonemzuwachs durch ‚Umlautbildung' (s. III/2.2.3.) sind geschwunden; im Gegenwartsdeutschen sind es vor allem die grammatischen Aufgaben, die die Umlaute notwendig machen. Im offiziellen Alphabet des Deutschen finden sich die entsprechenden Buchstaben bis heute nicht.

2.2.1. Die althochdeutsche Vokalverschiebung

Die Bezeichnung ‚ahd. Vokalverschiebung' fasst zwei Vorgänge im Vokalsystem des Althochdeutschen zusammen, die in den Handbüchern in der Regel zwar als zusammenhängend, aber nicht explizit als zwei Seiten eines Vorgangs gesehen werden: Die ahd. Monophthongierung 2.2.1.1.) und die ahd. Diphthongierung< (2.2.1.2.).

2.2.1.1. Monophthongierung

Sie betrifft die Korrespondenten der vorahd. Diphthonge /ai/ und /au/. Ihre Auswirkungen werden deutlich sichtbar in der ahd. Flexion der starken Verben, bei den sogenannten ‚Ablautreihen'/‚Ablautklassen' I und II:

Ablautklasse	Klasse a		Klasse b
I a und b	*rîtan – reit* *stîgan – steig*		*zîhan – zêh* *spîwan – spê(o)*
II a und b	*liogan – loug* *klioban –kloub*	vs.	*biotan – bôt* *giozan – gôz* *siodan – sôd* *kiosan – kôs* *ziohan – zôh*

Zudem stehen auch in diesem Bereich das Althochdeutsche und das Altniederdeutsche (Altsächsische) zueinander in deutlichem Kontrast:

vorahd.	ahd.		and./as.
/ai/	*stein* *heilant*	vs.	*sten* *heliand*
/au/	*toufen* *giouhhôn*		*dōpian* *ōkian*

Diese beiden Gegenüberstellungen zeigen:

(1) Im Altniederdeutschen sind *ai* und *au* durchweg, d. h. in allen Positionen monophthongiert.

(2.1.) Der vorahd. Diphthong *ai* erscheint im Althochdeutschen vor *h*, *r*, *w* und im Auslaut einiger Interjektionen zu *ê* monophthongiert.
Beispiele für die Position vor *r* und im Auslaut begegnen in Verbalflexion nicht.
Belege dafür finden sich in den St. Galler Vorakten (s. III/2.2.4.1) oder sind zu rekonstruieren:
ahd. *mêr* < germ. **maizô*
ahd. *wê* ‚wehe' < germ. **wai*

(2.2.) Der vorahd. Diphthong *au* ist vor *h* und vor allen Dentalen zu *ô* monophthongiert.

2.2.1.2. Diphthongierung

Sie betrifft vorahd. /ê/ und /ô/. Mit /ê/ ist das sog. *ê*² gemeint, das nicht aus dem Indogermanischen ererbt ist, sondern sich erst im Gemeingermanischen entwickelt hat.

Vgl. folgende Übersicht:

vorahd.	and./as.		ahd.
/ê²/	*hêr* *brêf* (vulgärlat. *breve*)	vs.	*hiar*/*hier* *briaf*/*brief*
/ô/	*brôðar* *gôd*		*bruoder* *guot*

Die Diphthongierung wurde nur im Hochdeutschen durchgeführt, über die Weiterentwicklung.

2.2.1.3. Zusammenschau

Als Ausgang bzw. Anstoß dürfte die Monophthongierung anzusehen sein: In bestimmter konsonantischer Umgebung haben sich aus artikulatorischen Gründen positionsbedingte Allophone gebildet:

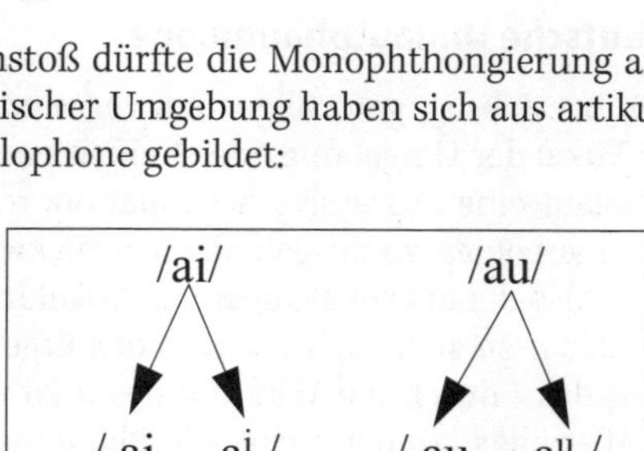

Dabei muss man sich vorstellen, dass die erste Konstituente der Diphthonge, das *a* vom Folgevokal beeinflusst worden ist, sodass sich im Zuge einer **„Totalassimi-**

lation" (Braune/Reiffenstein 2004, 58, § 53) die Vokale in der Mitte getroffen haben (vgl. (Rauch 1967). Im weiteren Verlauf kommt es zu einer Phonemspaltung, die jeweiligen Allophone werden phonemisiert.

Die graphische Realisierung <ei> und <ou> im Ahd. deutet darauf hin, dass bei den ‚erhaltenen' Diphthongen eine teilweise Assimilation der ersten Konstituente an die zweite stattgefunden hat:

$$/a \rightarrow e + i/, /a \rightarrow o + u/$$

Der strukturelle Zusammenhang von Monophthongierung und Diphthongierung ist heute unbestritten. Unklar hingegen ist immer noch, ob es einen Zusammenhang zwischen der hochdeutschen und der niederdeutschen Monophthongierung gibt. Es bleibt festzuhalten, dass sich die Phoneme /ai/ und /au/ nur im Hochdeutschen gespalten haben, nicht hingegen im Niederdeutschen, das durchgehend monophthongiert, somit die Oppositionsdistanz zu den anderen Vokalphonemen beibehalten und nur die distinktiven Merkmale geändert hat. Zudem hat das Altsächsische die Diphthongierung nicht durchgeführt und somit jeweils zwei Langvokalphoneme /ê/ – /e/ und /ô/ – /o/ erhalten.

Somit zeigt sich auch in diesem Bereich die prinzipielle **Differenz zwischen dem Hochdeutschen und dem Niederdeutschen**. In der hochdeutschen Schriftlichkeit zeigt sich die durchgeführte Vokalverschiebung zuerst vollständig im Fränkischen, „bald danach im Alem. [...], mit Verzögerung um bis zu einem Jh. im Bair. Erst um 900 ist ein einheitlicher Zustand erreicht." (Braune/Reiffenstein 2004, 59, § 53 Anm. 1)

Ein weiterer Monophthongierungsvorgang ist der Wandel von **ahd. /iu/** zum mhd. Monophthong /y:/ (geschrieben <iu>). In diesem mhd. Langmonophthong fallen die Kontinuanten von der ahd. Diphthonge /iu/ und /iü/ (<Umlaut von /iu/) und dem Produkt des (Sekundär-)Umlauts von /û/ zusammen (darüber s. auch III/2.2.2.2.). Der mhd. Langvokal /y:/ (<iu>) wird dann zu </eu/> diphthongiert (vg.l. III/2.2.5.).

2.2.2. Voralthochdeutsche Umlautphänomene

Der Terminus ‚Umlaut' bezeichnet, ganz allgemein verwendet, eine Angleichung eines Vokals an einen Vokal der Umgebung, meist einen nachfolgenden Vokal; in diesem Sinn ist ein Umlaut eine ‚regressive Assimilation', regressiv deshalb, weil ein nachfolgender Vokal auf einen vorausgehenden zurückwirkt. Dies betrifft vor allem die Extremvokale, also die Eckvokale in einem Vokaldreieck. Es hat den Anschein, dass z.B. das *i* das *a* zu sich ‚zieht', sodass das Ergebnis ein *e* ist (‚i-Umlaut'). Umgekehrt kann das *i* durch die Wirkung des *a* zu einem *e* ‚umgelautet' werden (‚*a*-Umlaut'). Allerdings können nicht alle Phänomene, die für die deutsche Vokalgeschichte wichtig sind, auf diese ‚mechanistische' Weise erklärt werden.

2.2.2.1. /e,i/ und /o,u/

Das Voralthochdeutsche, also der Sprachstand vor dem Althochdeutschen dürfte ein kleines Inventar an Kurzvokalen gehabt haben (vgl. Moulton 1961, 493):

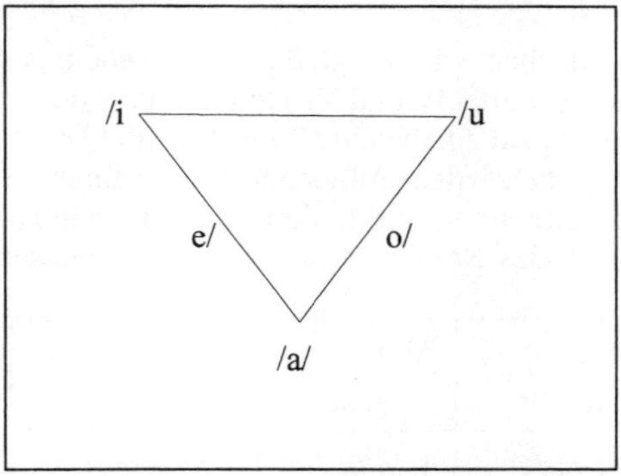

Dieses (Teil-)System ist dadurch gekennzeichnet, dass *i* und *e* sowie *u* und *o* Varianten jeweils eines Phonems /i, e/ und /u, o/ sind (was mit der Verteilung der Schrägstriche im Modell angedeutet wird). Welches Allophon realisiert wird, hängt von der Umgebung ab:

- Vor *i, i:, u* und *j* in der Folgesilbe sowie vor Nasal + Konsonant werden *i* und *u* realisiert.
- Vor „*e, o* und *a* der unbetonten Folgesilben" (Braune/Reiffenstein 2004, 57 § 52) werden *e* und *o* realisiert.

Diese Bedingungen für die Verteilung der Allophone haben grundlegende Auswirkungen auf die **verbale Flexion** des Deutschen:

(1) Der Stamm der starken Verben der dritten Ablautklasse lautet entweder mit Nasal + Konsonant (z.B. *nt,* Klasse IIIa) oder Liquid + Konsonant (z.B. *lf* oder *rf,* Klasse IIIb). Die Verben der Klasse IIIa haben den Infinitivstammvokal *i*, der Klasse IIIb *e*; dementsprechend hat das Partizip II dieser Verben in Klasse IIIa den Stammvokal *u* und in IIIb den Stammvokal *o*:

	Ahd. Inf.	Ggwtsspr. Inf.	Ahd. Part. II	Ggwtsspr. Part. II
Klasse IIIa	*b**i**ntan* *tr**i**nkan*	*b**i**nden* *tr**i**nken*	*gib**u**ntan* *gitr**u**nkan*	*geb**u**nden* *getr**u**nken*
Klasse IIIb	*h**e**lfan* *w**e**rfan*	*h**e**lfen* *w**e**rfen*	*gih**o**lfan* *giw**o**rfan*	*geh**o**lfen* *gew**o**rfen*

Da das Althochdeutsche noch die vollen Endsilben kennt, sind die Verteilungsbedingungen für die Allophone noch deutlich sichtbar.
Unklar ist, warum das Partizip II der Verben der ersten Ablautklasse im Stammvokal *i* und trotz der Endung *-an* nicht *e* hat: *gistigan, giritan*; möglicherweise war hier der ‚Druck' des Paradigmas für die Wahl des Allophons entscheidend.

(2) Da im Althochdeutschen, wie gesagt, die Flexionsendungen noch ihre vollen Vokale haben (Klassen IIIb, IV und V), kann man bei den starken Verben, die den Infinitivstammvokal *e* haben, den Vokalwechsel leicht erklären; die Formen sind im Wesentlichen dem ‚Althochdeutschen Tatian' entnommen, einem Text, der um die Mitte des 9. Jahrhunderts vermutlich in Fulda entstanden ist und gewissermaßen das ‚Normalalthochhdeutsche' repräsentiert:

	Ahd. Infinitiv	Ahd. Singular	Ahd. Plural	Ggwtsspr. Singular
Klasse IIIb	*helfan*	1. *hilfu* 2. *hilfis* 3. *hilfit*	1. *helfemes* 2. *helfet* 3. *helfent*	1. *helfe* 2. *hilfst* 3. *hilft*
Klasse IV	*neman*	1. *nimu* 2. *nimis* 3. *nimit*	1. *nememes* 2. *nemet* 3. *nement*	1. *nehme* 2. *nimmst* 3. *nimmt*
Klasse V	*geban*	1. *gibu* 2. *gibis* 3. *gibit*	1. *gebemes* 2. *gebet* 3. *gebent*	1. *gebe* 2. *gibst* 3. *gibt*

Das Nebeneinander von Stamm-*e* und *-i* erklärt sich also aus den lautlichen Umgebungen. Im Neuhochdeutschen hat sich dann die 1. Pers. Sing. dem Infinitiv- und Pluralstamm angeglichen. In zahlreichen Dialekten aber sind noch die alten Formen erhalten, im Bairischen oder Ostfränkischen finden wir immer noch *i hilf, i nim, i gib.*

2.2.2.2 Der Diphthong /eu/

Die starken Verben der zweiten Ablautklasse weisen im Althochdeutschen ebenfalls flexivische Besonderheiten im Präsensparadigma auf:

Infinitiv	Singular	Plural
biogan	1. *biugu* 2. *biugis* 3. *biugit*	1. *biogemes* 2. *bioget* 3. *biogent*

In diesen Verbformen setzen die Digraphe <io> und <iu> den voralthochdeutschen Diphthong /eu/ fort. D.h. dass der Diphthong /eu/ sich, abhängig von der Umgebung, in zwei Phoneme gespaltet hat: Vor /i/, /i:/,/j/ und /u/ der Folgesilbe entwickelte der Diphthong sich zu ahd. /iu/, in anderen Positionen, also vor /a/, /e/ und /o/ in der Folgesilbe zu /eo/ und dann weiter zu /io/. Dieser Lautwandel ist auf diese Weise im Fränkischen vor sich gegangen. Im Oberdeutschen, vor allem im Bairischen, scheint die Allophonentwicklung etwas anders vor sich gegangen zu sein, denn dort entsteht /eo/ vor folgendem /a/, /e/ und /o/ nur, sofern der dazwischenstehende Konsonant ein Dental oder die ahd. Entsprechung von germ. /h/ ist, in allen anderen Fällen wandelt sich vorahd. /eu/ zu /iu/, wie auch die Beispiele in der folgenden Tabelle zeigen, in der zudem zu sehen ist, dass diese Phonemspaltung sich nicht auf die Verbmorphologie beschränkt:

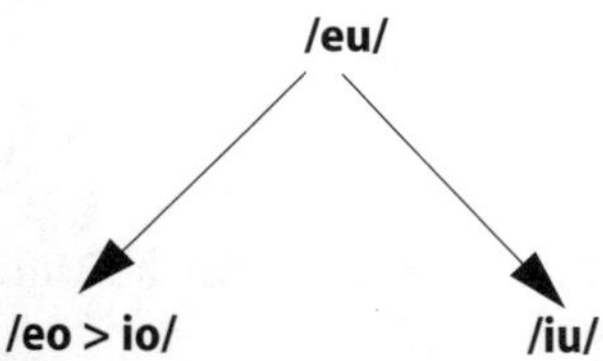

deota ‚Volk'	*diutisk* ‚vulgaris'	
lioht ‚Licht'	*liuhten* < **liuhtjan* ‚leuchten'	
frk. *liogan* ‚lügen (Inf.)'	*liugu/liugis/liugit*	obdt. *liugan*
frk. *klioban* ‚spalten'	*kliubu/kliubis/kliubit*	obdt. *chliuban*
frk. *tiof* ‚tief'	*tiufî* ‚Tiefe'	obdt. *tiuf*
frk. *flioga* ‚Fliege'		obdt. *fliuga*
frk. *sioh* < **seuka* ‚krank'	*siuchî*	obdt. *siuch*

Allerdings beginnt im Oberdeutschen „seit dem 10. Jh. die fränkische Regel einzudringen, also *io* (bzw. *ie*) auch vor Labialen und Gutturalen« (Braune/Reiffenstein 2004,49, § 47 Anm.7). *eo* entwickelt sich schon in althochdeutscher Zeit zu *io* weiter und schließlich zu *ie* und fällt dann mit *ie* < *ia* < *ê*^{2} zusammen:

Tatian:	<io> vs. <ie>	*riof, thiota* vs. *hier, mieta*
Ludwigslied:	<io> vs. <ie>	*thiot, thiob* vs. *hier, hiez*
Otfrid:	<io,ie,ia>	*siochemo, siecher, siachan* vs. *zioro, zieri, ziari*
Notker:	<îe>	*bîeten, hîer*

Diesen Beispielen (nach Penzl 1971, 137) lässt sich auch entnehmen, dass bei Otfrid der Phonemzusammenfall von *ie* < *eu* und *ie* < *ia* < $\hat{e}^{2}$ (erreichtes Endstadium: *iə*) abgeschlossen ist.

Der althochdeutsche Diphthong /iu/ wandelt sich, wahrscheinlich schon Ende des 10. Jahrhunderts, zum Langvokal /y:/, wird in den Handschriften aber während der mittelhochdeutschen Periode als Digraph <iu> realisiert. Der Langvokal /y: < iu/ fällt mit /y: = Umlaut von û/ zusammen; nicht so im Bairischen, das nur ein /ü < iü = Umlaut von iu/ kennt, das mit /ü = Umlaut von ü/ zusammenfällt, während nichtumgelautetes /iu/ bis in die rezenten Mundarten ein eigenes Phonem bleibt, das in der (Vor-)Geschichte der deutschen Standardsprache aber

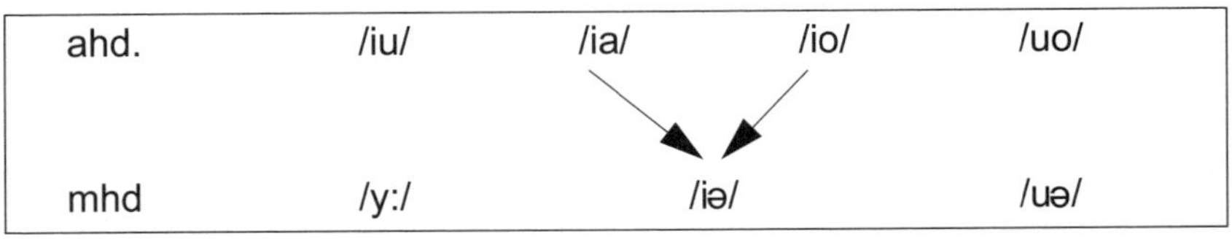

Aufgrund des ‚Sekundärumlauts' (s. III/2.2.3.) vergrößerte sich im Mittelhochdeutschen die Zahl der Diphthongphoneme stark.

2.2.3. *i*-Umlaut

Schon das althochdeutsche Präsensparadigma der starken Verben der 7. Ablautklasse weist eine Besonderheit auf, die sich bis in die Gegenwartssprache erhalten hat:

Ahd. Infinitiv	Ahd. Singular	Ahd. Plural	Ggwtsspr. Singular
faran	1. *faru* 2. *feris* 3. *ferit*	1. *faremes* 2. *faret* 3. *farent*	1. *fahre* 2. *fährst* 3. *fährt*

Im Gegenwartsdeutschen ist die Relation zwischen den beiden Stammvokalen <a> und <ä> auch graphisch deutlich ausgedrückt: <ä> gibt den Umlaut von </a/> wieder. Das althochdeutsche Flexionsparadigma zeigt, dass </e/> dann zu stehen kommt, wenn das Flexiv ein </i/> enthält. Ein Dreiecksmodell kann sichtbar machen, dass ein Extremvokal einen anderen gewissermaßen zu sich zieht:

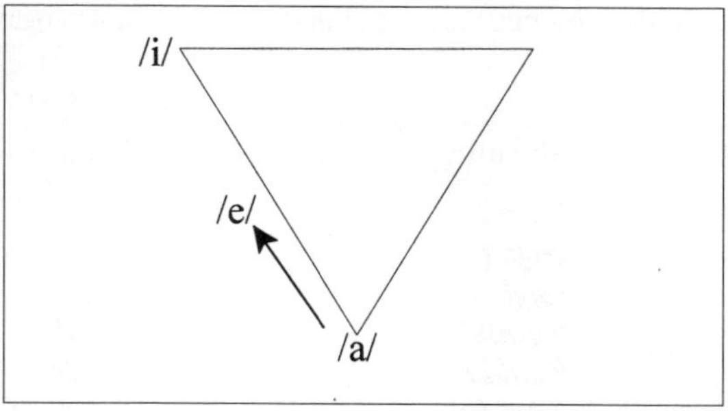

Ein /i/, /i:/ oder ein /j/ der Folgesilbe bewirkt dass das /a/ zu /e/ ‚gehoben' wird. Deshalb wird dieser Umlaut ‚*i*-Umlaut' genannt. Die umlautende Wirkung des Konsonanten /j/ ist nicht unumstritten; Schweikle (1964, 237ff.) leugnet sie. Der Umlaut wird phonetisch unterschiedlich erklärt, eine allgemein akzeptierte Erklärung gibt es (noch?) nicht (vgl. zusammenfassend Braune/Reiffenstein 2004, 56f., § 51 Anm. 1)

In der deutschen Sprachgeschichte werden gemeinhin zwei Umlautphasen angenommen: Primärumlaut im Althochdeutschen und Sekundärumlaut im Mittelhochdeutschen.

Der **Primärumlaut** erfasst nur den Kurzvokal /a/ und wandelt ihn zu /e/ (in sprachgeschichtlichen Werken mitunter als e. wiedergegeben); dieses /e/ ist ein anderes Phonem als das ‚ererbte' /e/, das in historischen Grammatiken und Wörterbüchern oft auch als ë wiedergegeben wird (im Gegensatz zum Primärumlaut-e.). Auch im Mittelhochdeutschen sind ë und e. zwei distinkte Phoneme, die nur selten miteinander reimen. e. dürfte als geschlossenes [e], ë ein offenes [ɛ] ausgesprochen worden sein.

Der Primärumlaut begegnet bei

Flexion des		
	nicht-umgelautete Form	umgelautete Form
Substantivs	*gast* *lamb* ‚Lamm'	*gesti* ‚Gäste' *lembir* ‚Lämmer'
Verbs	*faru* ‚ich fahre'	*feris* ‚du fährst'
vereinzelt bei der **Komparation** des Adjektivs	*smal* ‚schmal' *lang*	*smelerum* (Isidor) *lengiran* (Ahd. Benediktinerregel), daneben *langero* St. Galler Schularbeit)

sowie bei Wortbildungen mit Suffixen, die ein /i/, /i:/ oder /j/enthalten bzw. enthalten haben:

Basis	Ableitung	Suffix
lant	*elilenti*	*-i*
kraft	*kreftig*	*-ig*
lang	*lengî*	*-î*
harm	*hermidî*	*-idî*
bald	*beldida*	*-ida*
	beldê (<*beldî*, woneben *baldî*)	*-î*

Eine Reihe von Konsonantensequenzen verhindern, zumindest im Schriftbild, eine Umlautung des /a/ zu /e/: z.B. *ht* (*mahtig* neben *maht,* bei Otfrid auch *mehti* [Plural], das mit *krefti* [Dat. Sg.] 2, 17, 22 reimt), *hs (wahsit* neben *wahsan,* bei Otfrid aber auch *wehsit*), *lw* (*palwic* ‚böse‘). Vgl. am besten die detaillierte Übersicht bei Schatz (1927, 39ff. § 47ff.) und jetzt Braune/Reiffenstein (2004, 29f. § 27 Anm. 2).

Alle anderen Vokale scheinen in der althochdeutschen Graphie unumgelautet auf. Erst bei Notker lässt sich eine mehr oder weniger durchgehende Umlautnotierung auch bei den weiteren Vokalen beobachten. Zum vollständigen ‚Durchbruch‘ kommt es im Mittelhochdeutschen: ‚Sekundärumlaut‘. Er betrifft:

Sekundärumlaut			
Mhd. Ausgangsgraphie	nicht-umgelautete Form	umgelautete Form	Mhd. Umlautgraphie
a	*macht*	*mächtec*	*ä*
o	*loch*	*löcher*	*ö*
u	*sun*	*süne*	*ü*
â	*nâmen* (Prät.Pl.1.Ps.)	*næme* (Prät.Sg.2.Ps.)	*æ*
ô	*hôch*	*hœher*	*œ*
û	*brût*	*briute*	*iu*
ou	*loufen* (Infinitiv)	*löufet* (3.Ps.Sg.Präs.)	*öu*
ue	*guot* ‚gut‘	*güete* ‚Güte‘	*üe*

Vgl. dazu dies ausführlichen Angaben bei Paul/Klein/Solms/Wegera (2007, 71ff., § L 16).

Diese Übersicht zeigt, dass der Umlaut in der Schreibe dann konsequent durchgeführt erscheint, wenn die umlautbewirkenden Phoneme in den Folgesilben aufgrund von Lautwandel nicht mehr vorhanden sind. Das kann aber nicht heißen, dass das Althochdeutsche nur den Primärumlaut gekannt hat und erst in einer zweiten Phase (vgl. „Als Sekundärumlaut bezeichnet man den später einsetzenden parallelen Wandel", Pompino-Marschall 2004) der mittelhochdeutsche Sekundärumlaut gefolgt ist. Hier hilft eine strukturelle Erklärung weiter: Im Althochdeutschen gibt es alle umgelauteten Vokale, doch ist nur /e./ phonemisiert; die anderen Umlautvokale existieren nur als Allophone. Diese umgelauteten Vokale „sind ahd. noch weitgehend kontextgebunden und damit allophonisch: die Graphie bezeichnet meistens nur die relevant unterschiedenen Phoneme." (Szulc 1987, 82)

Moulton (1961, 504f.) sieht den Grund für die späte **Phonemisierung** im Fortfall der umlautbewirkenden, d. h. allophonisierenden Faktoren aufgrund der sogenannten ‚Endsilbenabschwächung' (s. III/2.2.4.1.). Dies sei dann auch der Grund für das Auftauchen der umgelauteten Vokale in der Schrift. Das „Paradox, dass die Umlaute genau dann bezeichnet wurden, als die umlautbedingenden Faktoren wegfielen" (Braune/Reiffenstein 2004, 56 §51 Anm. 1b), lässt sich aber auf diese Weise wohl auch nicht erklären. Die Phonemisierung der Umlautallophone hat auf alle Fälle noch einen weiteren, wichtigeren Grund: Die Alternanz nicht umgelautet – umgelautet ist, ebenfalls wegen des Wegfalls der *i*-Laute, „ein zusätzliches Pluralmorphem geworden" (Dal 1967, 36), die Alternanz im Stammvokal hat somit „morphologische Relevanz bekommen", sodass man sagen kann, „daß im Deutschen die Umlautvokale phonematisiert wurden, in dem der Umlautswechsel morphologisiert" (ebd. 42) bzw. grammatikalisiert wurde.

Dies zeigt sich schon im Althochdeutschen bei den *i*-Stämmen (*gast* vs. *gesti*, *apful* vs. *epfili*) und bei den neutralen *iz/az*-Stämmen (*lamb* vs. *lembir*, *kalb* vs. *kelbir*), deren Pluralbildung durch den Primärumlaut gekennzeichnet ist. Schon im Mittelhochdeutschen wird die Tendenz, die **Substantivflexion** vor allem auf die Unterscheidung von Singular- und Pluralstamm zu konzentrieren, sehr stark; im Gegenwartsdeutschen übernimmt der (Primär- und Sekundär-)Umlaut in verstärktem Maße die Aufgabe, den Pluralstamm entweder allein durch Umlaut oder in Kooperation mit einem Flexiv zu markieren (Beispiele aus Erben 1972, 162):

Ggwtsspr. Pluralstamm			
	Genus	Singular	Plural
nur Umlaut	Mask.	*Vater* *Nagel* *Faden* *Boden*	*Väter* *Nägel* *Fäden* *Böden*
	Neutr.	*Kloster*	*Klöster*
	Fem.	*Mutter* *Tochter*	*Mütter* *Töchter*
Umlaut + Flexiv	Mask.	*Gast* *Hahn* *Gott*	*Gäste* *Hähne* *Götter*
	Neutr.	*Floß* *Lamm* *Blatt* *Huhn* *Kraut*	*Flöße* *Lämmer* *Blätter* *Hühner* *Kräuter*
	Fem.	*Nacht* *Kraft*	*Nächte* *Kräfte*

Der Typus ‚nur Umlaut' macht deutlich, dass, auch wenn man die Formen historisch betrachtet, kein *i*-Laut vorhanden gewesen sein muss. Der Umlaut ist nicht (mehr) kombinatorisch, sondern morphologisch bedingt.

Die **morphologische Funktion des Umlauts** kommt auch in der nominalen Wortbildung zur Wirkung, so z.B. bei den Diminutivbildungen (Beispiele aus Bachofer/ v. Hahn/Möhn 1984):

mhd. Diminutiv	Ableitungsbasis
mennelîn *höniclîn* *stübelîn* *grüebelîn* *triubelîn*	*man* *honec* *stube* *gruobe* *trûbe*

oder bei den ‚Stoffadjektiven' auf *-în*:

mhd. Adjektiv	Ableitungsbasis
stehelîn *zöblîn*	*stahel* ‚Stahl' *zobel* ‚Zobel'

Beim Adjektiv unterstützt der Umlaut die Bildung der Gradationsformen (s. die obigen Beispiele), bei starken Verben mit umlautfähigem Stammvokal die Bildung der 2. und 3. Person Sing. Präs. (s. ebenfalls die obigen Beispiele). Dass im Laufe der Sprachgeschichte historisch unbegründete Analogiefälle aufgetreten sind, demonstriert ebenfalls die morphologische Funktion des Umlauts.

Diese **Grammatikalisierung des Umlauts** kennzeichnet auch die verbale Wortbildung: Die sog. 1. Klasse der schwachen Verben wurde ursprünglich mit einem *j*-Suffix gebildet (Inf.: **-jan*). In dieser Klasse finden sich zahlreiche Faktitiv- oder Kausativbildungen zu starken Verben, abgeleitet von der zweiten Stammform (Prät. Sg); vgl. dazu Henzen (1965, 212ff.); vgl. z.B.:

Ahd. *jan*-Verben		
Basisverb	Derivat	Derivation
ligen	*leg(g)en*	< **lag-jan*
sizzen	*sezzen*	< **sat-jan*
sinkan	*senken*	< **sank-jan*
trinken	*trenken*	< **trank-jan*

In diesen und zahlreichen anderen Fällen ist die Opposition /i/ – /e/, hergestellt durch den Primärumlaut, für die Unterscheidung von semantischen Klassen konstitutiv. In anderen Fällen begegnet die umgelautete Form erst im Mittelhochdeutschen, dies auch bei zahlreichen Ableitungen von Adjektiven und Substantiven (dazu Henzen 1965, 213ff.):

Mhd. *jan*-Verben			
Basiswortart	Ahd. Basis	Derivation	Mhd. Derivat
Verb	*faran* *triofan*	**fuor-jan* **trouf-jan*	*vüeren* *tröufen*
Substantiv	*suona* *âhta*	*suonen* *âhten*	*süenen* *æhten*
Adjektiv	*garo, garwes* *lût*	*gar(a)wen* *lûten*	*gärwen* *liuten*

Aus diesen wenigen Beispielen schon wird ersichtlich, dass der Umlaut für diese Verbklasse konstitutiv wurde, obwohl das umlautbewirkende *j* schon im Althochdeutschen aufgrund des „Übergang[s] von *ja* (*ja-*) > *e* in den Endsilben", der schon im 8. Jahrhundert „fassbar" (Braune/Reiffenstein 2004, 61 § 58 Anm.1) ist, geschwunden ist. Der Umlaut ist in diesen Fällen zu einem Ableitungsmorphem geworden.

Dies hat zur Folge, dass auch die Ableitungen, die nach den Regularitäten der voralthochdeutschen Allophonverteilung stattgefunden haben, in mittelhochdeutscher Zeit noch zusätzlich umgelautet wurden:

Verbableitungen *o* → *u* → *ü*		
Basisnomen	Ahd. Derivat	Mhd. Form
zorn	*zurnen*	*zürnen*
fol	*fullen*	*vüllen*

Schließlich bleibt noch zu erwähnen, dass das Phänomen des sog. **‚Rückumlauts'** zur Grammatikalisierung des Umlauts beitrug, weil er bei schwachen Verben die Opposition Präsens vs. Präteritum neben dem Präteritalmorph *(e)te* stützte:

Schwache Verben mit Rückumlaut			
	Infinitiv	Derivation	Präteritum
ahd.	*brennen* *zellen*	< **bran-jan* < **zal-jan*	*branta* *zalta*
mhd.	*wænen* *hœren* *dürsten*		*wânde* *hôrte* *durste*

Im Althochdeutschen begegnet der Rückumlaut nur bei Verben, deren Stammvokal /e/ auf den Primärumlaut zurückzuführen ist. Im Mittelhochdeutschen tritt auch hier der Sekundärumlaut als morphologisches Signal zutage.

Da der Rückumlaut als Signal für das Präteritum redundant ist, wurde er im Neuhochdeutschen in den meisten Fällen zugunsten der umgelauteten Form aufgegeben.

Mit dem Einsetzen des *i*-Umlauts ist im Althochdeutschen schon sehr früh zu rechnen. In den St. Galler Urkunden fällt auf, „daß die Vorakte in der durchgreifenden Bezeichnung des Primärumlauts... den Urkunden um einige Jahrzehnte voraus sind. So zeigen die Vorakte seit 764 fast vollständig Umlaut, zu einer Zeit, wo die Urkunden noch vorwiegend keinen Umlaut aufweisen" (Sonderegger 1961, 267). Dieser Befund deutet ebenfalls auf einen Einfluss von Schreibtraditionen hin. Zugleich wird manifest, dass der *i*-Umlaut nicht ein Vorgang ist, der „im deutschen Norden wohl schon in vorliterarischer Zeit seinen Anfang genommen" (Bach 1970, 139) und sich „mit abermals deutlich nachlassender Wirkkraft gegen Süden" ausgebreitet hat (Tschirch 1971, 181). Es ist eher anzunehmen, dass der *i*-Umlaut eine gemeindeutsche, wenn nicht sogar gemeingermanische Entwicklung (so auch Penzl 1971, 121f. und 1975, 92; Braune/Reiffenstein 2004, 57 § 52 Anm. 3) ist. Im mittelalterlichen Deutsch hängt die Phonemisierung der Umlautallophone eng mit der Entwicklung morphologischer Teilsysteme (Flexion, Derivation) zusammen. So gesehen, sind Primär- und Sekundärumlaut nicht zwei von einander getrennte Umlautperioden, sondern nur zwei verschiedene Phonemisierungsphasen in einem durchgehenden Prozess.

Die **Umlautfeindlichkeit** des Oberdeutschen, auf die in der älteren Literatur häufig hingewiesen wurde (so etwa bei Brinkmann 1931, 91ff.) hat es nicht gegeben. Sie ist eher als sekundärer analogischer Ausgleich zu klären (Pfalz [402]; Kranzmayer 1938 und 1956, 43f.; Hotzenköcherle 1956; Antonsen 1964 und vor allem die materialreiche und differenzierende Arbeit von Lüssy 1974). Vgl. jetzt zusammenfassend Braune/Reiffenstein (2004, 57 § 52 Anm. 3):

> „Der Umlaut ist ein gemeingerm. Lautwandel (lediglich dem Got. fehlt er). Er ist im Nord- und Nordwestgerm. älter als im Ahd. und auch innerhalb des Ahd. im Frk. durchgängig früher belegt als im Obd. [...] Dennoch ist die dialektgeographische Vorstellung einer Ausbreitung von Norden nach Süden (Brinkmann 1931, 77) abzulehnen. Der Umlaut ist überall, wo er wirksam war, ein autochthoner Vorgang. Es ist unrichtig, dass das ‚Umlautprinzip [...] dem Obd. ursprünglich fremd war' (Brinkmann 1931, 77). Anders wären die frühen Umlautschreibungen der St. Galler Vorakte (Sonderegger 1961, 267f.) und Südtiroler ON [=Ortsnamen] wie *Eppan*, *Etsch* u.a. (aus lat. *Appianum*, *Athesis*; Finsterwalder 1990–95, 22 u.ö.) nicht erklärbar."

Zahlreiche Beispiele haben gezeigt, dass die Morphologisierung eines ursprünglich phonetisch motivierten Prozesses bis in die Gegenwartssprache wirksam ist und es wohl bleiben wird; in diesem Sinn wird der Umlaut auch dichterisch-sprachspielerisch genutzt:

> *Und mit einer **Schläue**... nichts **schlauer** als verliebte Menschen.* (Theodor Fontane)

2.2.4 Vokale in Nebensilben

2.2.4.1. Nebensilbenabschwächung

Aufgrund des starken Akzents auf der ersten Silbe eines Wortes (vgl. III/1.2.) unterliegen die Vokale in den Nebensilben, d.h. die Vokale der nebentonigen Silben starken Veränderungen. Das Althochdeutsche kennt noch, etwa in der Flexion, die sog. vollen Endsilbenvokale, denen in den mittelhochdeutschen und frühneuhochdeutschen Handschriften ein <e> oder, teilweise im Mitteldeutschen, vor allem im Westmitteldeutschen, ein <i> entspricht; beide Grapheme dürften den Schwa-Laut {ə] wiedergeben. Als Beispiel das Pluralparadigma der substantivischen o-Stämme:

	Ahd.	Mhd. + Frnhd.
Pl. Nom.	*taga (-â?)*	*tage*
Akk.	*taga (-â?)*	*tage*
Dat.	*tagum, -om; -un, -on*	*tagen*
Gen.	*tago*	*tage*

oder das Präsensparadigma der starken Verben (ahd. Beispiele nach Braune/Reiffenstein 2004, Falttafel zu § 304):

Älteste Form	Tatian	Otfrid	Notker	Mhd.
nimu	*ziuhu*	*faru*	*râto*	*nime*
nimis	*ziuhis*	*ferist*	*râtest*	*nimest*
nimit	*ziuhit*	*ferit*	*râtet*	*nimet*
nemumês	*ziohemês*	*farên*	*râtên*	*nemen*
nemet	*ziohet*	*faret*	*râtent*	*nemet*
nemant	*ziohent*	*farent*	*râtent*	*nemen*

Aufgrund derartiger Belege (vgl. auch die Analyse verschiedener Schreibungen, d. h. die Erörterung von Neutralisationen von Graphem Oppositionen durch Penzl 1971, 142ff.) lässt sich ein durchgehender Prozess einer „gemeinalthochdeutschen Nebensilbenabschwächung" (Sonderegger 1978, 248) feststellen:

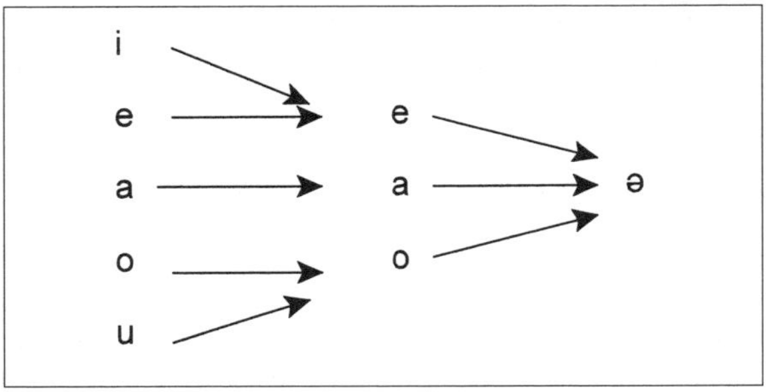

Zunächst also dürfte sich in schwachtoniger Position die Opposition /i/ – /e/ und /u/ – /o/ zugunsten der nicht so extrem situierten Phoneme neutralisiert haben. Weitere Neutralisierungen führten schließlich zum Schwa-Laut, dem Zentralvokal /ə/, womit auch ein neues Phonem entstanden war. Dieses neue Phonem wird, wie schon bemerkt, graphisch zumeist durch <e>, aber oft auch durch <i> realisiert. Der Prozess der Nebensilbenabschwächung „ging vermutlich stufenweise vor sich: erst eine Senkung der hohen Vokale, dann der Zusammenfall in das neutrale /ə/, und zwar beide Entwicklungen zunächst bei den inlautenden kurzen Vokalen, dann bei den auslautenden kurzen Vokalen, schließlich bei den in- und auslautenden langen Vokalen" (Moulton 1961, 510). Auch die Position der Nebensilbe im Verhältnis zum Hauptakzent spielt eine Rolle: „Die Vokale vor dem Starkton [...] sind am frühesten der Abschwächung verfallen, von den Vokalen nach dem Starkton bleiben die Vokale der Endsilben fester als die Mittelsilbenvokale." (Braune/Reiffenstsein 2004, 60, §55).

Durch das Zeugnis der **St. Galler Vorakte** wissen wir, dass die Nebensilbenabschwächung schon im 8. Jahrhundert ihre Wirkung auf Graphien zeigte. Da die Vorakte der sprechsprachlichen Basis näher als die Urkunden waren, haben deren Zeugnis hohen Aufschlusswert (Beispiele nach Sonderegger 1961, 272f.):

Jahr	Vorakt	Urkunde
(1) 786	*Berifrido*	*Berefrido*
(2) 790	*Ebarchardus*	*Eburhardo*
(3) 807	*Suanihilt*	*Swanahilt*
(4) 797	*Erchenhart*	*Erchanhardi*
(5)	*Careman*	*Caramanni*
(6) 804	*Gundhere*	*Gundheri*
(7) 820	*Hildeburg*	*Hildiburgus*

Die Beispiele (1)–(3) sind als Dittographien zu deuten, d. h. als „Wiederholung durch Vorwegnahme (oder Zurückgreifen) von gleichen oder ähnlichen Buchstaben" (Penzl 1971, 28). Sie weisen wohl darauf hin, dass Phonemoppositionen in schwachtoniger Stellung, in unseren Fällen in Mittelsilben, hier in der Kompositionsfuge, nicht mehr gelten. Wenn man die Schreibungen der Vorakte nicht als Fehler sondern als Reflexe gesprochener Sprache ansieht, dann kann man auch folgern, dass derartige Dittographien Neutralisationen von Oppositionen widerspiegeln. Ähnlich sind auch die Beispiele (4)–(7) zu beurteilen, nur mit dem einen Unterschied, dass die Schreibung mit <e> statt eines anderen Vokalgraphems ein Bild vorwegnimmt, das im späten Althochdeutschen und im frühen Mittelhochdeutschen das weithin übliche wird.

Die Zunahme von <e> in allen geschriebenen Texten deutet auf die Auswirkung der Nebensilbenabschwächung im Phonemsystem, im Speziellen auf die Distribution der Phoneme hin. Notker, der Probleme der Schreibung sehr sorgfältig reflektiert, hat im ungedeckten Auslaut noch volle Vokale, die Extremvokale allerdings gesenkt (s. die Tabelle der Verbflexion). Erst im Mittelhochdeutschen scheinen, vor allem in Flexionsendungen, fast durchweg die Silben abgeschwächt zu sein.

Produktive Affixe nehmen in der Regel nicht den Zentralvokal auf: *ver-*, *ent-*, *-unge*, *-lîch* ~ *-lich*, *-inne* ~ *-în* ~ *-in* behalten, wenn auch z. T. gekürzt oder abgeschwächt (vgl. *fir-/for-/far-/fir-* > *fer-/ver-*, *ant-* > *int-* > *ent-*, *-unga* > *-unge* > *-ung*) ihren vollen Vokal, dies begegnet auch noch im heutigen Deutsch, obwohl im spätmittelalterlichen Deutsch die Nebensilbenabschwächung in Form von Syn- und Apokope weitergeführt wurde. Paul/Moser/Schröbler (1975, 61, §27) führen die Erhaltung des vollen Vokals auf den Nebenton zurück, den diese Affixe tragen. Außerdem dürfte die wichtige morphologische und semantische Funktion dieser Affixe dazu beigetragen haben, dass der volle Vokal erhalten geblieben ist. Diese These wird durch die Beobachtung gestützt, dass Affixe, die nicht mehr produktiv sind, durchaus abgeschwächt werden können: ahd. *gelîch* > nhd. *gleich*, mhd. *belîben* > nhd. *bleiben*, ahd. *hôhî* > mhd. *hœhe* > nhd. [hø:ə].

Es ist schwierig einen Ausgangspunkt oder eine Ausgangslandschaft der Nebensilbenabschwächung zu finden: Die St. Galler Vorakte weisen darauf hin, dass im Alemannischen sehr früh zumindest die erste Stufe, die Aufgabe der Extremvokale, zu finden ist. Doch zeigen alemannische und vor allem bairische Handschriften bis ins hohe Mittelalter noch volle Endsilbenvokale, sind im rezenten Höchstalemannischen, dem Walserischen, immer noch volle Endsilben zu beobachten, sodass der Schluss zulässig ist, dass zwar eine Prädisposition aufgrund des dynamischen Akzents in allen Dialekten vorhanden ist. Wichtig ist der Vorgang der Endsilbenabschwächung für eine Geschichte des deutschen Sprachsystems nicht zuletzt deshalb, weil durch das nahezu generelle Auftreten von /ə/ in Flexionsendungen vor allem im Bereich der Deklination der Substantive eine Reihe von Kasus zusammenfielen (vgl. nur die obige Tabelle mit dem Pluralparadigma der *o*-Stämme). Dadurch kam es einerseits zu einer Umstrukturierung der Flexionssysteme mit einer deutlichen Numerusprofilierung, sodass die neuen mittelhochdeutschen und frühneuhochdeutschen Grammatiken Singular und Plural von ‚Tag' folgendermaßen notieren:

	Singular	Plural
Nom.	*tac/tag-∅*	*tag-e-∅*
Akk.	*tac/tag-∅*	*tag-e-∅*
Dat.	*tag-(e)*	*tag-e-n*
Gen.	*tag-(e)s*	*tag-e-∅*

Das <e> im Pluralparadigma ist nicht (mehr) Teil der Kasusendung, sondern ein eigenes (Plural-)Flexiv, das den Pluralstamm, an den dann die Kasusendungen treten, markiert.

2.2.4.2. Apokope und Synkope

Im Dativ und Genitiv des Präsensparadigmas ist das *e* deshalb eingeklammert, weil eine „Tendenz zum Vokalschwund in Nebensilben" landschaftssprachlich, vor allem im Oberdeutschen, „über das Mhd. im Frnhd. und Nhd." (Paul/Klein/Solms/Wegera 2007, 109, § L 52) herrscht. Es ist dann oft Zufall, welche Form sich in der neuhochdeutschen Schriftsprache durchsetzt.

Zwei kurze Wortgeschichten in diesem Zusammenhang:

(1) Das nhd. Adjektiv *schön* geht auf ahd. *scôni* zurück, das sich im Mhd. zu *schœne* entwickelt.; das finale <e> wird im späten Mittelalter apokopiert. Das Adverb *schon* ist eigentlich ein Adjektivadverb zu *schön*, im Ahd. lautet es *scôno* (*o* ist ein Suffix zur Bildung von Adverbien aus Adjektiven), sodass es sich zu mhd. *schône*, also unumgelautet, entwickelt. Nach der spätmittelalterlichen Apokope (Wegfall eines unbetonten Vokals im Auslaut) haben wir das Nebeneinander von *schön* und *schon*. Diese beiden Wörter haben sich semantisch so weit auseinander entwickelt, dass heute kaum noch ein Zusammenhang zu sehen ist.

(2) Dem Adjektiv *fest* entspricht ein ahd. *festi*, also ein /e/, das durch ‚Primärumlaut' (s. III/2.2.3.) entstanden ist. Das Adverb dazu lautet ahd. *fasto*. Über mhd. *feste* und *faste* entstehen wiederum durch Apokope die nhd. Ausdrücke *fest* und *fast*.

Es versteht sich von selbst, dass **Synkope** (Wegfall eines unbetonten Vokals im Inlaut) und **Apokope** auch die Flexionssysteme beeinflussen, besonders wenn Flexionsendungen wegfallen, andererseits die Numerusprofilierung für das Deutsche eine fundamentale Unterscheidung wird. An einem dialektalen Beispiel sei dies illustriert, und zwar anhand der Karte 23 des ‚Sprachatlas von Unterfranken' Bd. 3:

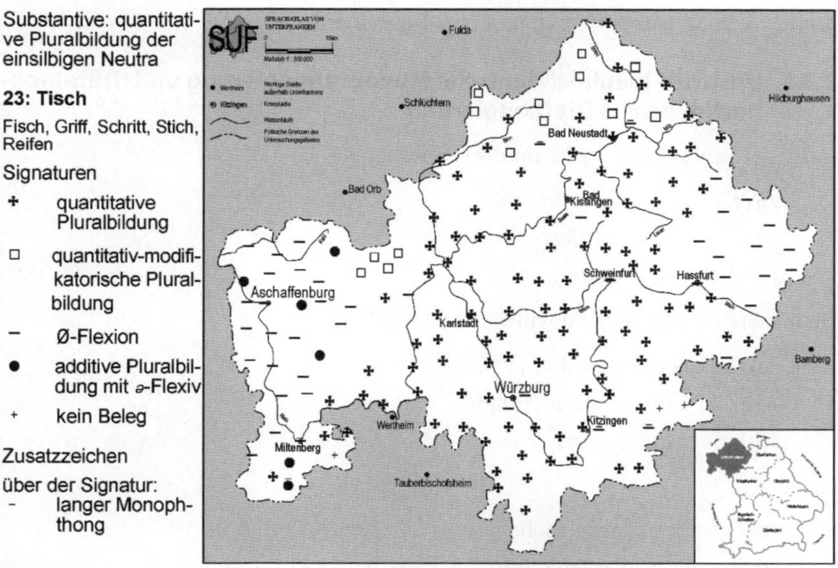

Karte 2.1: Substantivische quantitative Pluralbildung (aus: Bayer-Weghake/Simon/Herbst 2008, 93)

Das Untersuchungsgebiet teilen sich zwei Mundarträume: Im Westen Rheinfränkisch-Hessisch, im Osten (Unter-)Ostfränkisch. Das Unterostfränkische ist weitgehend durch den Flexionstyp ‚Singular mit Langvokal' vs. ‚Plural mit Kurzvokal' gekennzeichnet (Singular *diš* v̄s. Plural *diš*). Wir können annehmen, dass einsilbige Wörter gelängt worden sind, bevor die Apokope des *e* einsetzte, sodass der Pluralstamm kurz blieb. Die Quantität des Stammvokals bekam morphologische Funktion. Ursache für diesen Funktionswandel ist die spätmittelalterliche Apokope.

Man kann festhalten: „Im Frnhd. kann prinzipiell jedes *e* in Endstellung apokopiert werden." (Reichmann/Wegera 1993, 80, § L 40) Die Apokope aber muss sich nicht durchsetzen, wenn funktionierende Oppositionen gestört werden (können): Deshalb ist in der Gegenwartssprache immer noch der Typus ‚Singular *Tag*' vs. ‚Plural *Tage*' erhalten geblieben, er dürfte aus dem Mitteldeutschen in die deutsche Einheitssprache übernommen worden sein. Nur so ist die Tatsache zu erklären, dass „häufig im Mhd. getilgter Nebensilbenvokal im Nhd. restituiert wird" (Paul/Klein/Solms/Wegera 2007, 109, § L 52).

Es ist ein Teil deutscher (Sprach-)Geschichte, dass das finale <e> bzw. auslautendes /ə/ – obwohl man annehmen sollte, dass Buchstaben und Laute immer unschuldig sind – in den Streit der Konfessionen geriet. Mit der Übernahme der Gottsched'schen und Adelung'schen Orthographie-Normen (s. II/4.2.1.) in den Süden entstand bei konservativen katholischen Grammatikern und Orthographie-Theoretikern der Eindruck, dass ein lutherischer Buchstabe den orthodox katholischen Schreibusus stören könnte (vgl. Habermann 1997).

2.2.5. Die (früh-)neuhochdeutsche Monophthongierung und (früh-)neuhochdeutsche Dipthongierung

Das Gegenwartsdeutsche kennt drei Diphthonge:

/aɪ/ ≈ <ei,ai>: *Seite, Saite*
/ɔʏ/ ≈ <eu,äu>: *heute, Häute*
/aɔ/ ≈ <au>: *Haus*

Dem stehen im Mittelhochdeutschen gegenüber:

/ei/ ≈ <ei>: *weiz* ‚(ich) weiß'
/öü/ ≈ <öu>: *vröude* ‚Freude'
/ou/ ≈ <ou>: *vrouwe* ‚Frau'

sowie

/iə/ ≈ <ie>: *lieb*e ‚Liebe'
/üə/ ≈ <üe>: *grüene* ‚grün'
/uə/ ≈ <ue>: *fuoz* ‚Fuß'

[NB: Die neuhochdeutschen Entsprechungen der mittelhochdeutschen Wörter sind nur die lautlichen Kontinuanten und wollen keine Bedeutungsangaben sein.]

Diese Übersicht zeigt, dass das Gegenwartsdeutsche sich vom Mittelhochdeutschen dadurch unterscheidet, dass die Reihe der fallenden Diphthonge /iə,üə,uə/ in der Standardsprache nicht mehr vorhanden ist. Mit anderen Worten, in der deutschen Gegenwartssprache sind diese mittelhochdeutschen Diphthonge monophthongiert:

lieber müeder bruoder > lieber müder Bruder
iə ʏə uə > iː yː uː

Diesen Lautwandel, in dessen Verlauf die alten fallenden Diphthonge zu neuhochdeutschen Langmonophthongen geworden sind, nennt man die **(früh-)neuhochdeutsche Monophthongierung**. Man kann sie in Texten vom 11./12. Jahrhundert an beobachten; da diese Monophthongierung in mitteldeutschen Mundarten ihren Ausgang genommen hat, wird sie auch als **mitteldeutsche Monophthongierung** bezeichnet.

Die Monophthongierung hat eine starke Wirkung auf die deutsche Orthographie: Das Digraph *ie* wird umgedeutet, es ist nicht mehr das schriftliche Zeichen für einen Diphthong, sondern wird ein Zeichen für den Langmonophthong /i:/. Auf diese Weise wandelt sich das Graphem, das einen Diphthong wiedergibt, zu einem Allograph eines Monophthong-Graphems. Sichtbar wird dies alles, wenn in der Schrift *ie* in Kontexten auftaucht, in denen es etymologisch nicht gerechtfertigt ist: In *lieb* oder *fiel* (Präteritum von *fallen*) gab das Digraph den fallenden Diphthong /iə/ wieder. Im Adjektiv *viel* hingegen steht *ie* für den Monophthong /i:/; im Althochdeutschen lautet die Wort *filu*, im Mittelhochdeutschen *vile*. In offener Tonsilbe (*vi-le*) wurde der kurze Monophthong /i/ gedehnt (s. 2.5.). Das auslautende ə wurde in der Folge apokopiert, sodass auch das finale <e> wegfiel.

Bereits in der Schriftlichkeit des 15. Jahrhunderts werden auch in oberdeutschen Texten, die in der gesprochenen Sprache die Diphthonge beibehalten haben, die graphischen Wiedergaben <uo> und <üe> auf vielfältige Weise reduziert (z.B. *ü*, *ú*, *u* für beide Grapheme, aber auch für <ü>), sodass es oft sehr schwer ist, festzustellen, ob die Monophthongierung durchgeführt ist oder nicht.

Die neuen Monophthonge ‚laufen Gefahr', mit den alten Monophthongen zusammenzufallen. Dies passierte jedoch nicht, weil die alten Monopthonge zu Diphthongen verschoben wurden:

mîn niuwez hûs > mein neues Haus
iː yː uː > aɪ ɔʏ aɔ

Phonologisch gesehen, ist damit ein Reihenzusammenfall verbunden:

- mhd. /i:/ und /ei/ fallen in nhd. /aɪ/,
- mhd. /ü:/ und /öü/ in nhd. /ɔʏ/ und
- mhd. /u:/ und /ou/ in nhd. /aɔ/ zusammen:

mhd.		**nhd**		**mhd.**
/i:/	→	/aɪ/	←	/ei/
/ü:/	→	/ɔʏ/	←	/öü/
/u:/	→	/aɔ/	←	/ou/

Vgl. folgendes Beispiel:

mhd. *wîz* ‚weiß' und *(ih) weiz* ‚(ich) weiß' fallen im Neuhochdeutschen lautlich (und in diesem Fall auch orthographisch) zusammen: *weiß*.

Die Durchführung der frühneuhochdeutschen Diphthongierung ist nicht in allen Landschaften gleichzeitig fassbar. In rezenten Mundarten, etwa im Alemannischen oder im Niederdeutschen, ist sie bis heute unterblieben.

Den zeitlich-räumlichen Befund der Schriftzeugnisse für die Diphthongierung könnte man im Anschluss an Lindgren (1961, 48) zusammenfassen:

%	**Bair.**	**Ofr.**	**Schw.**	**Böhm.**	**Sfr.**	**Omd.**
10	1200	1300	1450	–	1500	1475
50	1275	1375	1475	1425	–	1500
90	1350	1425	–	–	–	–

Zudem führt die Diphthongierung weder phonetisch noch phonologisch in allen Regionen zum gleichen Resultat (mittelhochdeutsch *hûs* etwa ist meist zu [haɔs], im Gebiet des Schwäbischen aber zu [ho^{u}s] geworden). Es stellt sich deshalb die Frage, ob sie in einer Landschaft entstanden und dann von den Sprechern der anderen Landschaften übernommen worden ist oder ob sie in den Landschaften, in denen sie auch heute noch in den Mundarten anzutreffen ist, zu verschiedener Zeit und unter Umständen aus unterschiedlichen Bedingungen autochthon entstanden ist. Da generell nicht damit gerechnet werden darf, dass sich ein Lautwandel sofort und unmittelbar in der Schrift niederschlägt, stellt sich überdies die Frage nach der angemessenen Interpretation der schriftlichen Zeugnisse, was H. Lüdtke (1968) betont hat: So wird beispielsweise am Ende des 15. Jahrhunderts vom schwäbischen Herzog Eberhard berichtet, er sei bei einer Audienz vom Papst wegen seines Schwabeins im Lateinischen nicht verstanden worden. Als Beispiele für sein ‚schwäbisches' Latein werden genannt: *əimus vəinum bəibere* für *imus vinum bibere* und *əunus məulus fəugit* für *unus mulus fugit.* Die diphthongische Aussprache alter Längen war also sogar in der lateinischen Bildungssprache vollzogen, obwohl sie in der deutsch-schwäbischen Graphie dieser Zeit nur zu etwa 50% angezeigt wurde. Lüdtke (1968, 106f.) weist daher zurecht darauf hin, dass die ersten Diphthongschreibungen weder den Beginn noch den Vollzug des Lautwandels belegen, sondern nicht mehr und nicht weniger als die Tatsache, dass der Lautwandel den Schreibern bewusst geworden war.

Schon E. Kranzmayer (1956) glaubte, vor allem in Südtirol frühe Diphthongschreibungen beobachten zu können (die Ausbreitung einer Graphie von einem Randgebiet zum Zentrum ist eher ungewöhnlich), und wollte dies damit erklären, dass den „zweisprachigen Schreibern, die bald nach deutsch-, bald nach italienischsprachiger Tradition amtierten", die durch die Diphthongierung entstandenen „Divergenzen zwischen Buchstaben und Laut" naturgemäß deutlicher waren als ihren Kollegen im einsprachigen Binnenland (Kranzmayer 1956, 48). Demgegenüber hat I. Reiffenstein (2000) am Material des ‚Altdeutschen Namensbuchs beobachtet, dass das Südbairische keineswegs ein Vorreiter in der Überlieferung der frühneuhochdeutschen Diphthongierung gewesen sei.

Mit anderen Worten, es ist nicht zu entscheiden, ob die frühneuhochdeutsche Diphthongierung durch Monogenese oder Polygenese in den deutschen Sprachlandschaften eingetreten ist. Werner König (2004b, 147) nimmt in Anschluss an Kranzmayer an, dass „die neue Schreibung" vom Südbairischen aus „ihren Anfang" nahm und stellt dies in einer instruktiven Karte dar: S. 314

Diese Karte könnte indes auch die Annahme nahelegen, dass die Diphthongierung polygenetisch in Ober- und Mitteldeutschen entstanden sei, dass sie allerdings zu unterschiedlichen Zeiten in der Schrift sichtbar wird. Wie dem auch sei, es sind zwei Phasen der Diphthongierung zu trennen: „1. eine ältere, lautlich weiter fortgeschrittene Diphthongierung im Hiatus und im Wortauslaut (z.B. *bî, vrî*), die mit Ausnahme des Höchstalem. gesamthochdeutsch ist; 2. eine jüngere Diphthongierung an den übrigen Wortpositionen, die aber im Alem., Osthess.-Westthür., Rip. und im gesamten Nd. nicht eingetreten ist." (Paul/Klein/Solms/Wegera 2007, 74, § L 17). Somit bestätigt sich die Sonderstellung des Niederdeutschen auch in diesem Bereich.

In den hochdeutschen Dialekten sind die alten Oppositionsreihen noch erhalten. Der (normal-)mittelhochdeutschen Opposition /i:/ ≠ /ei/ entspricht in den meisten bairischen Dialekten /aɪ/ ≠ /ɔa/ ([vaɪs] ≠ [vɔas]) oder im Ostfränkischen des Würzburger Raums /aɪ/ ≠ /ɛ/ ([vaɪs] ≠ [vɛs]). In der neuhochdeutschen Standardsprache sind diese Oppositionen zusammengefallen; dies dürfte seinen Ursprung in der geschriebenen Sprache haben, in der die Graphemopposition <ei> ≠ <ai>, die vor allem in den bairischen und schwäbischen Schreibdialekten fungiert hat und teilweise auch ins Ostmitteldeutsche übernommen worden ist,

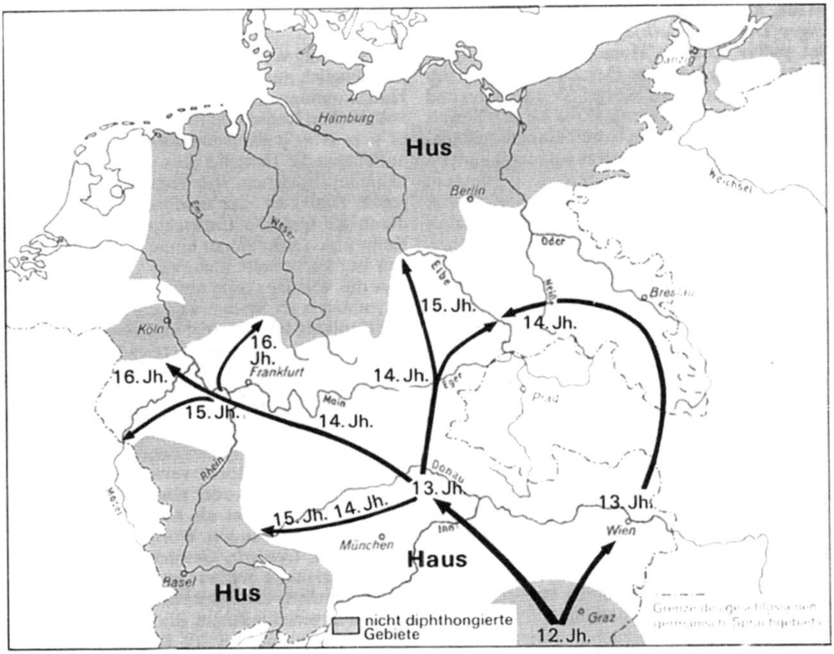

Karte 2.2: „Ausbreitung der neuhochdeutschen Diphthongierung in schriftlichen Zeugnissen (aus: König 2004b, 146)

schon im 16. Jahrhundert zugunsten von <ei> aufgegeben sind. Schreibungen wie *Kaiser* oder die graphischen Minimalpaare *Seite – Saite* bzw. *Leib – Laib* sind historische Reste. Die denkbaren Graphemoppositionen <ou> ≠ <au> und <öü> ≠ <eu/äu> war kaum funktional belastet, sodass sie in den Texten kaum eine Rolle spielen. Wir sind hier bei den Anfängen einer ‚orthographischen Aussprache' (‚spelling pronunciation'), die die deutsche Standardsprache immer noch kennzeichnet.

2.2.6. Veränderungen der Vokalquantität

Kurze Vokale in offener – d.h. auf Vokal endender – Tonsilbe werden gedehnt:

sa-gen > sa:-gen
li-gen > li:-gen

Orthographisch wird /a:/ nicht, /i:/ hingegen durch <ie> gekennzeichnet, auch dieses Digraph ist phonologisch und nicht etymologisch motiviert.

„Diese Dehnung beginnt im Ndfrk. schon in ahd. Zeit und erfasst im 12. Jh. das westl. Md., im 13. Jh. das gesamte Md., im 14. Jh. das Obd. mit Ausnahme des Südalem." (Paul/Klein/Solms/Wegera 2007, 81, § L 20)

Allerdings ist die Dehnung in der neuhochdeutschen Standardsprache nicht regelmäßig durchgeführt. So ist z.B. die Verbform *nehmen* gedehnt, die Formen der 2. und 3. Person Präsens hingegen nicht, was sich auch orthographisch äußert: *nimmst, nimmt*. Das Verbum *kommen*, das ursprünglich derselben Ablautklasse wie *nehmen* angehörte, erscheint in keiner Form des Präsensparadigmas gedehnt. Der Verbum *geben* ist auch in den heute einsilbigen Formen gedehnt: [ge:bən, gi:pst, gi:pt] (vgl. Siebs 1969, 266). Derartige ‚Ausnahmen' sind schwer in Regeln zu fassen, doch können einige Tendenzen festgestellt werden (nach Paul/Klein/Solms/Wegera 2007, 82, § L 20):

- Vor *t* unterbleibt die Dehnung häufig: *Gatte* < mhd. *gate, ritten* < mhd. *riten* (Prät. Pl von *reiten/rîten).*
- Vor *m* bleibt der Vokal oft unverändert; wenn die zweite Silbe des Wortes auf *-er* oder *-el* endet, dann ist die Kürze nahezu die Regel: *Himmel, Hammer, Sommer*; daneben auch *Donner, Widder.*
- Die Dehnung unterbleibt auch vor /ʃ/ und /χ/: *waschen, machen.*

Andererseits wird durch „paradigmatischen Ausgleich" (Penzl 1984, 53) wird die Länge auch auf einsilbige Wortformen übertragen: *ta:g* wird, obwohl es eine geschlossene Silbe ist, nach dem Vorbild der flektierten Formen *ta:-ge, ta:-ges, ta:-gen* gelängt.

2.2.7. Mittelhochdeutsch – Neuhochdeutsch

Eine nochmalige Gegenüberstellung des (normal-)mittelhochdeutschen und neuhochdeutschen Vokalismus zeigt, dass in der frühneuhochdeutschen Periode der ‚deutsche Stand' erreicht ist (der Schwa-Laut in den Nebensilben bleibt im Folgenden unberücksichtigt):

	Kurzmonophthonge	**Langmonophthonge**	**Diphthonge**
mhd.	hoch /i/ /ü/ /u/ /e/ mittel /ë/ /ö/ /o/ tief /ä/ /a/	/i:/ /ü:/ /u:/ /e:/ /œ/ /o:/ /æ/ /a:/	fallend /iə/ /üə/ /uə/ steigend /ei/ /öü/ /ou/
nhd.	hoch /i/ /ü/ /u/ mittel /e/ /ö/ /o/ tief /a/	/i:/ /ü:/ /u:/ /e:/ /œ/ /o:/ /æ/ /a:/	/ɔʏ/ /aɪ/ /aɔ/

Diese Gegenüberstellung macht grundlegende Unterschiede zwischen den beiden Vokalsystemen sichtbar (das Folgende im Anschluss an ein unveröffentlichtes Manuskript von Hans Moser):

- Die Zahl der Monophthongphoneme hat sich um zwei, die der Diphthonge um drei vermindert; das neuhochdeutsche System ist dadurch insgesamt einfacher und regelmäßiger als das mittelhochdeutsche. Im Neuhochdeutschen hat sich, wohl aufgrund der Schreibe, der Langvokal /æ/ phonemisiert (vgl. *Segen* [ze:gən] ≠ *sägen* [zɛ:gən]), dadurch ist die ursprüngliche Symmetrie des Neuhochdeutschen wieder etwas gestört worden. Man kann annehmen, dass nach dem Mittelhochdeutschen das monophthongische Teilsystem vollkommen symmetrisch war.

- Von den mittelhochdeutschen Diphthongen wird eine ganze Reihe getilgt. Die ursprünglichen Langvokale weichen den neuen Langvokalen, die aus den fallenden Diphthongen entstanden sind, aus und schließen sich den steigenden Diphthongen an.
- So gesehen, nimmt das Mittelhochdeutsche, zumindest in Hinblick auf den Vokalismus, eine Mittel- und Mittlerstellung zwischen dem Althochdeutschen und dem Neuhochdeutschen ein. Das Frühneuhochdeutsche hingegen weist den neuhochdeutschen Stand auf.

Grundlegend geändert hat sich die Distribution der Vokalphoneme: Schon erwähnt worden ist, dass den fallenden Diphthongen des Mittelhochdeutschen die neuhochdeutschen hohen Langmonophthonge entsprechen und dass die mittelhochdeutschen hohen Langmonophthonge ihre neuhochdeutsche Fortsetzung in den (steigenden) Diphthongen finden.

Derartige Relationen kann man in diasystematischen Formeln darstellen, wie sie Jan Goossens (1969, 18ff.) vorgeschlagen hat.

(1) Lange und kurze *o*-Phoneme manifestieren sich folgendermaßen:

$$\frac{\text{mhd. } /o/_{i,2} \approx /o/_{3}}{\text{nhd. } /o/_{1} \approx /o/_{1,2}}$$

Reihe $/o/_1$: *offen, kosten* (alte und neue Kürzen)
Reihe $/o/_2$: *loben, holen* (alte Kürzen, neue Längen)
Reihe $/o/_3$: *hoch, Kloster* (alte und neue Längen)

Bedeutend komplizierter ist das Teilsystem der *i*- und *ei*-Phoneme:

$$\frac{\text{mhd. } /i/_{1,2} \approx /i/_{3} \approx /i/_{4} \approx /ei/_{5}}{\text{nhd. } /i/_{1} \approx /i/_{2,4} \approx /ai/_{3,5}}$$

1: mhd. *kint* - nhd. *Kind* (alte und neue Kurzmonophthonge)
2: mhd. *geschriben* - nhd. *geschrieben* (alte Kürzen und neue Längen)
3: mhd. *mîn* - nhd. *mein* (alte Langmonophthonge und neue steigende Diphthonge)
4: mhd. *lieb* - nhd. *lieb* (alte fallende Diphthonge und neue Langmonophthonge)
5: mhd. *geist* - nhd. *Geist* (alte und neue steigende Diphthonge)

Bereits diese beiden Beispiele lassen erkennen, dass die strukturelle Distanz zwischen dem mittelhochdeutschen und dem neuhochdeutschen Vokalsystem ganz erheblich sind. Mit dem neuen Teilsystem ist, was die Vokale betrifft, der neuhochdeutsche Stand erreicht. In anderen Bereichen, etwa in der Flexionsmorphologie ist es bis zum Neuhochdeutschen noch ein ziemlich weiter Weg.

Zusammenfassung

Am Beginn des Deutschen steht die 2. oder Hochdeutsche Konsonanten-/Lautverschiebung. Durch diesen systematischen Lautwandel manifestiert sich das oberdeutsche Konsonantensystem von Anfang an relativ stabil als das eigentliche deutsche strukturelle Kennzeichen. Im Laufe der ‚deutschen Sprachgeschichte', also vom Althochdeutschen bis zum Frühneuhochdeutschen bildet sich dann auch das Inventar der deutschen Vokalphoneme heraus. D.h. dass das Neuhochdeutsche die Periode der deutschen Sprachgeschichte ist, in der sich die Einheitssprache herausbildet und stabilisiert und in der die Entwicklung des flexionsmorphologischen Systems gewissermaßen zu einem Abschluss kommt.

Weiterführende Literaturhinweise Braune/Reiffenstein (2004), 1–178, §§ 1–191. Paul/Klein/Solms/Wegera (2007), 1–175, §§ E 1 – L 124. Reichmann/Wegera (1993), 1–163, Einleitung – § L 80.

Literaturverzeichnis

Adelung, Johann Christoph (1782): Umständliches Lehrgebäude der Deutschen Sprache. Leipzig.

Adelung, Johann Christoph (2001): Grammatisch-kritisches Wörterbuch der Hochdeutschen Mundart. Elektronische Volltext- und Faksimile-Edition nach der Ausgabe letzter Hand. Leipzig 1793–1801. Berlin (Digitale Bibliothek 40).

Allensbach (1967): Umfrage 1966. E. Noelle/P. Neumann: Jahrbuch der öffentlichen Meinung 1965–1967. Allensbach, 66–67.

Allensbacher Berichte (1981): Institut für Demoskopie Allensbach 1981/Nr. 14: Mundart wird hoffähig, 1–8.

Althaus, Hans Peter (2003): Kleines Lexikon deutscher Wörter jiddischer Herkunft. München.

Ammon, Ulrich (1991): Die internationale Stellung der deutschen Sprache. Berlin/New York.

Ammon, Ulrich (1995): Die deutsche Sprache in Deutschland, Österreich und der Schweiz. Das Problem der nationalen Varietäten. Berlin/New York.

Ammon, Ulrich (2000): Geltungsverlust und Geltungsgewinn der deutschen Sprache seit der Mitte des 20. Jahrhunderts. In: Sprachgeschichte (2000), 2185–2190.

Ammon, Ulrich (2001): Die deutsche Sprache in der Welt von heute. In: Fleischer, Wolfgang/Gerhard Helbig/Gotthard Lerchner (Hg.): Kleine Enzyklopädie Deutsche Sprache. Frankfurt (Main) [u.a.] 2001, 17–38.

Ammon, Ulrich/Hans Bickel/Jakob Ebner [u.a.] (2004): Variantenwörterbuch des Deutschen. Die Standardsprache in Österreich, der Schweiz und Deutschland sowie in Liechtenstein, Luxemburg, Ostbelgien und Südtirol. Berlin/New York.

Anonymus (1786): Sie über Du, oder Erörterung der Frage, inwieweit die Sprache des gefälligen Umgangs auch in der Ehe beizubehalten sey? Frankfurt/Leipzig (Zit. nach Finkenstaedt (1963), 241).

Antonsen, Elmer H. (1964): Zur Umlautfeindlichkeit im Oberdeutschen. In: Zeitschrift für Dialektologie und Linguistik 36, 201–207.

Aubin, Hermann/Theodor Frings/Joachim Müller (1926): Kulturströmungen und Kulturprovinzen in den Rheinlanden. Geschichte, Sprache, Volkskunde. Bonn. Neudruck Darmstadt 1966.

Augst, Gerhard (1977): Zur Syntax der Höflichkeit (Du – Ihr – Sie). In: Ders.: Sprachnorm und Sprachwandel. Wiesbaden, 13–60.

Ausbildung (1976–1983): Zur Ausbildung der Norm der deutschen Literatursprache (1470–1730). Bände 1–6. Berlin.

Bach, Adolf (1934/1969): Deutsche Mundartforschung. Ihre Wege, Ergebnisse und Aufgaben. Heidelberg 1934. 3. Aufl. 1969.

Bach, Adolf (1970): Geschichte der deutschen Sprache. 9. Aufl. Heidelberg.

Back, Otto (Bearb.) Herbert Fussy (Red.) (2006): Österreichiches Wörterbuch. Wien. 1. Aufl. 1951. 40. Aufl. 2006.

Baum, Richard (2000): Französisch als dominante Sprache Europas. In: Sprachgeschichte (2000), 1107–1117.

Bayer-Weghake, Marion/Elke Simon/Oliver Herbst (2008): Sprachatlas von Unterfranken Bd. 3. Heidelberg.

Beetz, Manfred (1990): Frühmoderne Höflichkeit. Komplimentierkunst und Gesellschaftsrituale im altdeutschen Sprachraum. Stuttgart (Germanistische Abhandlungen 67).

Behaghel, Otto (1923/1924/1928/1932): Deutsche Syntax. Heidelberg, Bd. 1 1923, Bd. 2 1924, Bd. 3 1928, Bd. 4 1932 (Germanische Bibliothek I,1,10).

Bellmann, Günter/Joachim Herrgen/Jürgen Erich Schmidt (1994–2002): Mittelrheinischer Sprachatlas (MRhSA). Bde. 1–5. Tübingen.

Benveniste, Émile (1974): Probleme der allgemeinen Sprachwissenschaft. München (List Taschenbücher der Wissenschaft 1428).

Bergmann, Rolf (1991): Rückläufiges morphologisches Wörterbuch des Althochdeutschen. Tübingen.

Besch, Werner (1964): Zweigliedriger Ausdruck in der deutschen Prosa des 15. Jahrhunderts. In: Neuphilologische Mitteilungen 65, 200–221.

Besch, Werner (1967): Sprachlandschaften und Sprachausgleich im 15. Jahrhundert. Studien zur Erforschung der spätmittelhochdeutschen Schreibdialekte und zur Entstehung der neuhochdeutschen Schriftsprache. München (Bibliotheca Germanica 11).

Besch, Werner (1972): Vers oder Prosa. In: Backes, Herbert (Hg.): Festschrift für Hans Eggers. Tübingen, 745–766.

Besch, Werner (1983): Dialekt, Schreibdialekt, Schriftsprache, Standardsprache. Exemplarische Skizze ihrer historischen Ausprägung im Deutschen. In: Ders., Ulrich Knoop [u. a.] (Hg.): Dialektologie. Ein Handbuch zur deutschen und allgemeinen Dialektforschung. Halbbd. 2. Berlin/New York, 961–990.

Besch, Werner (1993a): Die sprachliche Doppelformel im Widerstreit. Zur deutschen Prosa des 15. und 16. Jahrhunderts. In: Bentzinger, Rudolf/Norbert Richard Wolf (Hg.): Arbeiten zum Frühneuhochdeutschen. Gerhard Kettmann zum 65. Geburtstag. Würzburg, 31–43. (Würzburger Beiträge zur deutschen Philologie 11).

Besch, Werner (1993b): Martin Bucers deutsche Sprache. Beobachtungen zur Sprachform und zum Sprachstil. In: Krieger, Christian/Marcel Lienhard (Hg.): Martin Bucer and sixteenth Century Europe. [...] Leiden [u.a.], Vol. 1, 19–35.

Besch, Werner (1995): Sprachprobleme in Münster im Jahre 1533. In: Cajot, José/Ludger Kremer/Hermann Niebaum (Hg.): Lingua Theodisca: Beiträge zur Sprach- und Literaturwissenschaft; Jan Goossens zum 65. Geburtstag. Münster/Hamburg, 241–253. (Niederlande-Studien 16/1. u. 2.).

Besch, Werner (1998): Duzen, Siezen, Titulieren. Zur Anrede im Deutschen heute und gestern. 2. Aufl. Göttingen.

Besch, Werner (2000): Die Rolle Luthers für die deutsche Sprachgeschichte. In: Sprachgeschichte (2000), 1713–1745.

Besch, Werner (2003a): Die Entstehung und Ausformung der neuhochdeutschen Schriftsprache/Standardsprache. In: Sprachgeschichte (2003), 2252–2296.

Besch, Werner (2003b): Anredeformen des Deutschen im geschichtlichen Wandel. In: Sprachgeschichte (2003), 2599–2628.

Besch, Werner (2003c): Aussprache-Standardisierung am grünen Tisch? Der ‚Siebs' nach 100 Jahren. In: Androutsopoulos, Jannis K./Evelyn Ziegler (Hg.): Standardfragen. Soziolinguistische Perspektiven auf Sprachgeschichte, Sprachkontakt und Sprachvariation. Frankfurt (Main), 15–26.

Besch, Werner (2007): ‚Vertikalisierung' und ‚Leitvarietät'. Terminologie-Probleme im Blick auf die Entstehung der neuhochdeutschen Schriftsprache. In: Zeitschrift für deutsche Philologie 126, 411–419.

Betsch, Michael (2000): Diskontinuität und Tradition im System der tschechischen Anredepronomina (1700–1850). München (Slavistische Beiträge 389).

Betten, Anne (1977/1978): Erforschung gesprochener deutscher Standardsprache. In: Deutsche Sprache 5, 335–361 und 6, 21–44.

Betten, Anne (2000): Zum Verhältnis von geschriebener und gesprochener Sprache im Frühneuhochdeutschen. In: Sprachgeschichte (2000), 1646–1664.

Betz, Werner (1965): Deutsch und Lateinisch. Die Lehnbildungen der althochdeutschen Benediktinerregel. 2. Aufl. Bonn.

Betz, Werner (1974): Lehnwörter und Lehnprägungen im Vor- und Frühdeutschen. In: Maurer, Friedrich/Heinz Rupp (Hg.): Deutsche Wortgeschichte Bd. 1. 3. Aufl. Berlin/New York 135–164.

Bloomfield, Leonard (2001): Die Sprache. Übers. von Peter Ernst/Hans Christian Luschützky. Wien.

Bödeker, Hans Erich/Ernst Hinrichs (Hg.) (1999): Alphabetisierung und Literalisierung in Deutschland in der Frühen Neuzeit. Unter Mitarbeit von Andrea Hofmeister/Reiner Praß/Jens Riederer/Norbert Winnige. Tübingen (Wolfenbütteler Studien zur Aufklärung 26).

Bodmer, Johann Jacob (1750): Bestimmung der Verdienste D. Martin Luthers um die deutsche Sprache. In: Die neueste Sammlungen vermischter Schriften. Dritten Bandes. Zweites Stück. Zürich, bey Johann Kaspar Zieger. 1750, 303–322. (Wiederabdruck Zürich 1768 in Bodmers ‚Die Grundsätze der deutschen Sprache'‌).

Boesch, Bruno (Hg.) (1957): Die Aussprache des Hochdeutschen in der Schweiz. Eine Wegleitung. Zürich.

Böhme, Horst W. (1988): Zur Bedeutung des spätrömischen Militärdienstes für die Stammesbildung der Bajuwaren. In: Dannheimer, Hermann/Heinz Dopsch (Hg.): Die Bajuwaren. Von Severin bis Tassilo 488–788. Gemeinsame Landesausstellung des Freistaates Bayern und des Landes Salzburg Rosenheim/Bayern, Mattsee/Salzburg. 16. Mai bis 6. November 1988. München/Salzburg, 23–37.

Born, Joachim/Wilfried Schütte (2000): Die Stellung des Deutschen in den europäischen Institutionen. In: Sprachgeschichte (2000), 2175–2185.

Bramann, Klaus-Wilhelm (1982): Der Kodifizierungsprozeß der deutschen Rechtschreibung. Abbau orthographischer und lexikalischer Doppelformen im Ausgang einer Untersuchung der Regelbücher des 19. Jahrhunderts. Diss. Bonn.

Braun, Friederike/Armin Kohz/Klaus Schubert (1986): Anredeforschung. Kommentierte Bibliographie zur Soziolinguistik der Anrede. Tübingen (Ars Linguistica 16).

Braun, Peter (1990): Internationalismen – Gleiche Wortschätze in europäischen Sprachen. In: Braun/Schaeder/Volmert (1990), 13–33.

Braun, Peter/Burkhard Schaeder/Johannes Volmert (Hgg.) (1990): Internationalismen. Studien zur interlingualen Lexikologie und Lexikographie. Tübingen (Reihe Germanistische Linguistik 102).

Braune, Wilhelm/Ernst A. Ebbinghaus (1966): Gotische Grammatik. 17. Aufl. Tübingen (Sammlung kurzer Grammatiken germanischer Dialekte A 1).

Braune, Wilhelm/Hans Eggers (1975): Althochdeutsche Grammatik. 13. Aufl. Tübingen (Sammlung kurzer Grammatiken germanischer Dialekte A 5).

Braune, Wilhelm/Frank Heidermanns (2004): Gotische Grammatik. 20. Aufl. Tübingen (Sammlungen kurzer Grammatiken germanischer Dialekte A 1).

Braune, Wilhelm/Walther Mitzka (1967): Althochdeutsche Grammatik. 12. Aufl. Tübingen.

Braune, Wilhelm/Ingo Reiffenstein (2004): Althochdeutsche Grammatik I. Laut- und Formenlehre. 15. Aufl. Tübingen (Sammlungen kurzer Grammatiken germanischer Dialekte A 5/1).
Brenner, Otto (1899): Gutachten und Berichte über die Schrift ‚Deutsche Bühnenaussprache'. In: Wissenschaftliche Beihefte zur Zeitschrift des Allgemeinen Deutschen Sprachvereins 14. Berlin, 177–212.
Brinkmann, Hennig (1931): Sprachwandel und Sprachbewegungen in althochdeutscher Zeit. Jena (Jenaer Germanistische Forschungen 18). Wieder abgedruckt in: Brinkmann (1965), 9–236 (zit.).
Brinkmann, Hennig (1965): Studien zur Geschichte der deutschen Sprache und Literatur. Bd. 1 Sprache. Düsseldorf.
Brown, Roger W./Albert Gilman (1969): The pronouns of power and solidarity. In: Sebeok, Thomas A. (Hg.): Style in Language. New York/London, 253–276, Literaturangaben 435–449. Deutsche Übersetzung in: Wenzel, Ursula/Matthias Hartig (1977): Sprache – Persönlichkeit – Sozialstruktur. Hamburg, 245–270.
Brunot, F. (1967): Histoire de la Langue Francaise 10,2. Paris (Nachdruck).
Burdach, Konrad (1884): Die Einigung der neuhochdeutschen Schriftsprache. Halle (Habil. Teildruck).
Burdach, Konrad (1924): Die nationale Aneignung der Bibel und die Anfänge der germanistischen Philologie. In: Festschrift Eugen Mogk zum 70. Geburtstag. Halle, 231–334.
Campe, Joachim Heinrich (1794): Über die Reinigung und Bereicherung der deutschen Sprache. Preisschrift.
Campe, Joachim Heinrich (1801–1813): Wörterbuch zur Erklärung und Verdeutschung der unserer Sprache aufgedrungenen fremden Ausdrücke. Braunschweig 1801, 2. Aufl. 1813.
Campe, Joachim Heinrich (1808–1811): Wörterbuch der deutschen Sprache. 5 Bde. Braunschweig.
Carstensen, Broder/Ulrich Busse (Bearb.) (1993ff.): Anglizismen-Wörterbuch. Der Einfluß des Englischen auf den deutschen Wortschatz nach 1945. 3 Bde. Berlin/New York.
Clyne, Michael (1984): Language and society in the German-speaking countries. Cambridge.
Clyne, Michael (1992): German as a pluricentric Language. In: Ders. (Hg.): Pluricentric Languages. Berlin/New York, 117–148.
Clyne, Michael (2000): Varianten des Deutschen in den Staaten mit vorwiegend deutschsprachiger Bevölkerung. In: Sprachgeschichte (2000), 2008–2016.
Cochlaeus, Johann (1582): Commentaria de actis et scriptis M. Lutheri Saxonis. 1549. Übersetzung unter folgendem Titel: Joh. Cochlaeus, Historia Mart. Lutheri ... ins Teutsch gebracht durch Joh. Christ. Hueber. Ingolstadt.
Comrie, Bernard/Gerald Stone (1978): The Russian Language since the Revolution. Oxford.
Cubber, Walter de (2000): Zu den Bezeichnungen für ‚Auferstehen/Auferstehung' in mittelalterlichen Spielen. Eine onomasiologische Untersuchung. In: Zeitschrift für deutsches Altertum und deutsche Literatur 129, 420–444.
Dal, Ingerid (1967): Über den *i*-Umlaut im Deutschen. In: Neuphilologische Mitteilungen 68, 47–64. Wiederabgedruckt in: Dal (1971), 31–45 (zit).
Dal, Ingerid (1962a): Systemerhaltende Tendenzen in der deutschen Kasusmorphologie. In: Moser, Hugo (Hg.): Das Ringen um eine neue deutsche Grammatik. Darmstadt (Wege der Forschung 25). Wiederabgedruckt in: Dal (1971), 74–88 (zit.).
Dal, Ingerid (1962b): Kurze deutsche Syntax auf historischer Grundlage. 2. Aufl. Tübingen (Kurze Grammatiken germanischer Dialekte B7).

Dal, Ingerid (1971): Untersuchungen zur germanischen und deutschen Sprachgeschichte. Oslo.

Dialekt/Hochsprache – kontrastiv. Sprachhefte für den Deutschunterricht. Hg. von Werner Besch/Heinrich Löffler/Hans H. Reich. Düsseldorf 1976–1981. [Insgesamt 8 Hefte für je größere Dialektgebiete]

Duden(1995): Grammatik der deutschen Gegenwartssprache. 5. Aufl. Mannheim [u.a.].

Dunger, Hermann (1989): Wörterbuch von Verdeutschungen entbehrlicher Fremdwörter. Nachdruck der Ausgabe Leipzig 1882 und Berlin 1909. Hildesheim [u.a.].

Dunger, Hermann (1910): Die deutsche Sprachbewegung und der allgemeine deutsche Sprachverein, 1885–1910. Festschrift zur 25-Jahrfeier des Allgemeinen Deutschen Sprachvereins, 10. September 1910. Berlin.

Durrell, Martin (1999): Standardsprache in England und Deutschland. In: Zeitschrift für Germanistische Linguistik 27, 285–308.

Durrell, Martin (2003): Using German. A Guide to Contemporary Usage. 2nd ed. Cambridge.

Durrell, Martin (2004): Variation im Deutschen aus der Sicht von Deutsch als Fremdsprache. In: Der Deutschunterricht 56, 69–77.

Düwel, Klaus (2001): Runenkunde. 3., vollständig neu bearbeitete Aufl. Stuttgart, Weimar (Sammlung Metzler 72).

Ebert, Helmut/Johannes Erben (1987): Forschungsbericht zur Syntax des Frühneuhochdeutschen. In: Zeitschrift für deutsche Philologie, Band 106 (Sonderheft), 149–177.

Ebert, Robert Peter (1978): Historische Syntax des Deutschen. Stuttgart (Sammlung Metzler 167).

Ebner, Jakob (1998): Wie sagt man in Österreich? Wörterbuch des österreichischen Deutsch. 3. Aufl. Mannheim [u.a.] 1998 (Duden-Taschenbücher 8).

Eckstein, Friedrich A. (1869): Zur Geschichte der Anrede im Deutschen durch die Fürwörter. In: Neue Jahrbücher für Philologie und Pädagogik 100. Leipzig, 469–487.

Eggenberg, Jakob (1961): Das Subjektspronomen im Althochdeutschen. Chur.

Eggers, Hans (1963/1965/1969/1977): Deutsche Sprachgeschichte. Reinbek. Bd. 1: Das Althochdeutsche. (1963); Bd. 2: Das Mittelhochdeutsche. (1965); Bd. 3: Das Frühneuhochdeutsche. (1969); Bd. 4: Das Neuhochdeutsche. (1977).

Eggers, Hans (1961/1970): Nachlese zur Frühgeschichte des Wortes Deutsch. In: Eggers (1970), 374–391 (zit.).

Eggers, Hans (Hg.) (1970): Der Volksname Deutsch. Darmstadt (Wege der Forschung 156).

Ehrismann, Gustav: Duzen und Ihrzen im Mittelalter. Zeitschrift f. deutsche Wortforschung. Bd. 1 (1901), 117–149; Bd. 2 (1902), 118–159; Bd. 4 (1903), 210–248; Bd. 5 (1903/04), 127–220.

Ehrismann, Otfrid (1995): Ehre und Mut, Âventiure und Minne. Höfische Wortgeschichte aus dem Mittelalter. München.

Eichhoff, Jürgen (1977–2000): Wortatlas der deutschen Umgangssprachen. Bde. 1–4. Bern/München.

Einhard (1969): Vita Karoli Magni. Das Leben Karls des Großen. Stuttgart (Universal-Bibliothek 1996).

Elspaß, Stephan (2005): Sprachgeschichte von unten. Untersuchungen zum geschriebenen Alltagsdeutsch im 19. Jahrhundert. Tübingen (Reihe Germanistische Linguistik 263).

Elspaß, Stephan (2008): Vom Mittelneuhochdeutschen (bis ca. 1950) zum Gegenwartsdeutsch. In: Zeitschrift für Dialektologie und Linguistik, LXXV. Jg. 2008, 1–20.

Erben, Johannes (1960): *werden*. In: Deutsches Wörterbuch. Von Jacob Grimm und Wilhelm Grimm. Bd. 14/I/2. Leipzig, Sp. 221–271.

Erben, Johannes (1969): Rez. von Adolf Bach, Geschichte der deutschen Sprache. 8. Aufl. Heidelberg 1965. In: Colloquia Germanica 2, 261–262.

Erben, Johannes (1970): Frühneuhochdeutsch. In: Schmitt, Ludwig Erich (Hg.): Kurzer Grundriß der germanischen Philologie bis 1500. Berlin, 386–440.

Erben, Johannes (1972a): Der sinnesame Tristan. Zur Wortbildung des Adjektivs bei Gottfried von Straßburg. In: Backes, Herbert (Hg.): Festschrift für Hans Eggers. Tübingen (Beiträge zur Geschichte der deutschen Sprache und Literatur 94, Sonderband), 182–191.

Erben, Johannes (1972b): Deutsche Grammatik. Ein Abriß. München.

Erben, Johannes (1989): Die Entstehung unserer Schriftsprache und der Anteil deutscher Grammatiker am Normierungsprozeß. In: Sprachwissenschaft 14, 6–28.

Erben, Johannes (2000): Syntax des Frühneuhochdeutschen. In: Sprachgeschichte (2000), 1584–1593.

Erben, Johannes (2003): Hauptaspekte der Entwicklung der Wortbildung in der Geschichte der deutschen Sprache. In: Sprachgeschichte (2003), 2525–2539.

Erben, Johannes (2006): Einführung in die deutsche Wortbildungslehre. 5. Aufl. Berlin (Grundlagen der Germanistik 17).

Erdmann, Oskar (1874/1876): Untersuchungen über die Sprache Otfrids. Halle (Saale) Tl. 1 1874; Tl. 2 1876.

Ernst, Peter/Gotfried Fischer (2001): Die germanischen Sprachen im Kreis des Indogermanischen. Wien.

Eroms, Hans-Werner (1970): Besprechung von Eggers (Hg.) (1970). In: Kratylos 15, 185–188.

Ferguson, Charles A. (1959): Diglossia. In: Word 15, 325–340.

Finkenstaedt, Thomas (1963): You and Thou. Studien zur Anrede im Englischen. Mit einem Exkurs über die Anrede im Deutschen. Berlin (Quellen und Forschungen zur Sprach- und Kulturgeschichte der germanischen Völker NF 10).

Finsterwalder, Karl (1990–1995): Tiroler Ortsnamenkunde. 3 Bde. Innsbruck (Schlern-Schriften 285–287).

Fischer, Hanns (1966): Schrifttafeln zum althochdeutschen Lesebuch. Tübingen.

Fischer, Hermann (1889): Zur Geschichte des Mittelhochdeutschen. Tübingen.

Fleckenstein, Josef (1953): Die Bildungsreform Karls des Großen als Verwirklichung der norma rectitudinis. Bigge-Ruhr.

Fleischer, Wolfgang (1966): Strukturelle Untersuchungen zur Geschichte des Neuhochdeutschen. Berlin.

Frangk, Fabian (1531): Orthographia Deutsch. Wittenberg.

Frings, Theodor (1936): Die Grundlagen des Meißnischen Deutsch. Halle (Saale).

Frings, Theodor (1941/1970): Das Wort deutsch. In: Altdeutsches Wort und Wortkunstwerk. Georg Baesecke zum 65. Geburtstag. Halle (Saale) 1941, 46–82. Wiederabgedruckt in: Eggers (1970), 209–244 (zit.).

Frings, Theodor (1966/1968): Germania Romana. Halle (Saale) (Mitteldeutsche Studien 19). Bd. 1. 2. Aufl. von Gertraud Müller. 1966. Bd. 2 von Theodor Frings/Gertraud Müller. 1968.

Frings, Theodor/Ludwig Erich Schmidt (1944): Der Weg zur deutschen Hochsprache. 1. Grundsätzliches zur Forschung (S. 67–81, Frings). 2. Der Weg (S. 82–121, Schmitt). In: Jahrbuch der Deutschen Sprache. Bd. 2. Leipzig.

Gabrielsson, Artur (1983): Die Verdrängung der mittelniederdeutschen durch die neuhochdeutsche Schriftsprache. In: Cordes, Gerhard/Dieter Möhn (Hg.): Handbuch zur niederdeutschen Sprach- und Literaturwissenschaft. Unter Mitarbeit zahlreicher Fachgelehrter Berlin, 119–153.

Gamillscheg, Ernst (1968): Zur Geschichte der lateinischen Lehnwörter im Westgermanischen. In: Brekle, Herbert E./Leonhard Lipka (Hg.): Wortbildung, Syntax und Morphologie. Festschrift zum 60. Geburtstag von Hans Marchand. Den Haag/Paris (Janua linguarum. Ser. maior 36), 82–92.

Ganz, Peter (1978): Einleitung In: Ders. (Hg.): Gottfried von Straßburg, ‚Tristan'. Wiesbaden (Deutsche Klassiker des Mittelalters NF Bd. 14).

Gardt, Andreas (1998): Die Sprachgesellschaften des 17. und 18. Jahrhunderts. In: Sprachgeschichte (1998), 332–348.

Gasser, Raphaela (1970): Propter lamentabilem vocem hominis. Zur Theorie der Volkssprache in althochdeutscher Zeit. Freiburg (Schweiz).

Gedike, Friedrich (1796): Über Du und Sie in der deutschen Sprache. Berlin 1794. Vorgelesen in der öffentlichen Versammlung der Berlinischen Akademie der Wissenschaften am 30. Januar 1794. In: Kinderling, Johann Friedrich August (Hg.): Beiträge zur deutschen Sprachkunde, zweite Sammlung. Berlin.

Gerdes, Udo/Spellerberg, Gerhard (1972): Althochdeutsch – Mittelhochdeutsch. Frankfurt (FAT 2008).

Geuenich, Dieter (2000): Soziokulturelle Voraussetzungen, Sprachraum und Diagliederung des Althochdeutschen. In: Sprachgeschichte (2000), 1144–1155.

Gloning, Thomas (2003): Organisation und Entwicklung historischer Wortschätze. Lexikologische Konzeption und exemplarische Untersuchungen zum deutschen Wortschatz um 1600. Tübingen (Reihe Germanistische Linguistik 242).

Glück, Helmut (1987): Schrift und Schriftlichkeit. Eine sprach- und kulturwissenschaftliche Studie. Stuttgart.

Goebl, Hans/Peter H. Nelde (Hg.) (1996/1997) Kontaktlinguistik. Ein internationales Handbuch zeitgenössischer Forschung. 2 Bde. Berlin/New York.

Goebel, Ulrich/Oskar Reichmann (1989ff.) (Hg.): Frühneuhochdeutsches Wörterbuch. Berlin/New York.

Goethes Werke: Weimarer Ausgabe. I. Abt. Werke. Bd. 40. Weimar 1901.

Goez, Werner (1958): Translatio Imperii. Ein Beitrag zur Geschichte des Geschichtsdenkens und der politischen Theorien im Mittelalter und in der frühen Neuzeit. Tübingen.

Goossens, Jan (1969): Strukturelle Sprachgeographie. Heidelberg.

Goossens, Jan (1977): Deutsche Dialektologie. Berlin/New York (Sammlung Göschen 2205).

Görlach, Manfred (2000): Englisch als neuer Typ von Weltsprache und europäische Nationalsprachen. In: Sprachgeschichte (2000), 1117–1123.

Götz, Heinrich (1979): Vorüberlegungen zu einem lateinischalthochdeutschen Wörterbuch. In: Philologus 123, 164–170.

Götz, Ursula (1992): Die Anfänge der Grammatikschreibung des Deutschen in Formularbüchern des frühen 16. Jahrhunderts: Fabian Frangk – *Schryfftspiege*l – Johann Elias Meichßner. Heidelberg (Germanische Bibliothek: Reihe 3, Untersuchungen).

Grimm, Jacob (1847/1864): Über das Pedantische in der deutschen Sprache. 1847. In: Ders.: Kleinere Schriften Bd. 1, Berlin 1864, 327–373.

Grimm, Jacob (1855): Über den Personenwechsel in der Rede (1855). In: Ders.: Kleinere Schriften Bd. 3, Berlin 1866, 236–311.

Grimm, Jacob (1870/1967): Deutsche Grammatik. Teile 1–4, Göttingen 1819–1837. (Nachdruck Hildesheim 1967)

Grosse, Siegfried [u.a.] (1989): „Denn das Schreiben gehört nicht zu meiner täglichen Beschäftigung". Der Alltag kleiner Leute in Bittschriften, Briefen und Berichten aus dem 19. Jahrhundert. Ein Lesebuch. Bonn.

Grubmüller, Klaus (1967): Vocabularius Ex quo. Untersuchungen zu lateinisch-deutschen Vokabularen des Spätmittelalters. München.

Grubmüller, Klaus (1998): Sprache und ihre Verschriftlichung in der Geschichte des Deutschen. In: Sprachgeschichte (1998), 300–310.

Grubmüller, Klaus (1990): Die deutsche Lexikographie von den Anfängen bis zum Beginn des 17. Jh.s. In: Hausmann, Franz Josef (Hg.): Wörterbücher. Ein internationales Handbuch zur Lexikographie. Berlin/New York 1990, 2037–2049.

Grundmann, Herbert (1958): *Litteratus – illitteratus.* Der Wandel einer Bildungsnorm vom Altertum zum Mittelalter. In: Archiv für Kulturgeschichte 40, 1–65.

Gürtler, Hans (1912/1913): Zur Geschichte der deutsche *-er*-Plurale, besonders im Frühneuhochdeutschen. In: Beiträge zur Geschichte der deutschen Sprache und Literatur 37, 492–543 und 38, 67–224.

Haag, Carl(1898): Die Mundarten des oberen Neckar- und Donaulandes. Reutlingen.

Habermann, Mechthild (1997): Das sogenannte ‚Lutherische e'. Zum Streit um einen *armen Buchstaben.* In: Sprachwissenschaft 22, 435–477.

Hall, T. Alan (2000): Phonologie. Berlin/New York.

Härd, John Evert (2003): Hauptaspekte der syntaktischen Entwicklung in der Geschichte des Deutschen. In: Sprachgeschichte (2003), 2569–2582.

Harsdörffer, Georg Philipp (1656/1659): Der Teutsche Secretarius. [...] Titular- und Formularbuch I. Nürnberg. Der Teutsche Secretarius II. Nürnberg. (Neudruck Hildesheim/New York 1971).

Harsdörffer, Georg Philipp (1658): Octavianus Chiliades: Discurs von der Höflichkeit / mit angefügten vielfältigen kurtzen Erzehlungen. In: Mercurius Historicus. Der Historische Mercurius. Das ist: Hundert Neue und denckwürdige Erzehlungen [...] ([1]1657), Hamburg.

Hartweg, Frédéric (1984): Aus der Druckpraxis der Luther-Nachdrucker in Straßburg. In: Schildt, Joachim (Hg.): Luthers Sprachschaffen, gesellschaftliche Grundlagen, geschichtliche Wirkungen. Berlin, 178–189 (Linguistische Studien, Reihe A: Arbeitsberichte 119/I).

Hartweg, Frédéric/Klaus-Peter Wegera (2005): Frühneuhochdeutsch. Eine Einführung in die deutsche Sprache des Spätmittelalters und der frühen Neuzeit. 2. Aufl. Tübingen (Germanistische Arbeitshefte 33).

Haug, Walter/Benedikt Konrad Vollmann (2001): Frühe deutsche Literatur und lateinische Literatur in Deutschland 800–1150. Frankfurt (Main) (Bibliothek des Mittelalters 1).

Haugen, Einar (1953): The Norwegian Language in America. A Study in Bilingual Behavior. Philadelphia.

Heinrichs, Matthias Heinrich (1954): Studien zum bestimmten Artikel in den germanischen Sprachen. Gießen (Beiträge zur deutschen Philologie 1).

Helbig, Gerhard (1978/2004): Zu den zustandsbezeichnenden Konstruktionen mit „sein" und „haben" im Deutschen. In: Linguistische Arbeitsberichte 20, 137–147. Wiederabdruck in: Ders./Horst Sitta (Hg.): (2004): Kleinere Schriften zur Grammatik. München, 435–444.

Henkel, Nikolaus (1988): Deutsche Übersetzungen lateinischer Schultexte. München/Zürich.

Henkel, Nikolaus (2004): Lateinisch/Deutsch. In: Sprachgeschichte (2004), 3171–3182.

Henn-Memmesheimer, Beate (2004): Handlungsspielräume im sprachlichen Variationsfeld. In: Der Deutschunterricht, 56, 26–40.

Henning, Friedrich-Wilhelm (1988): Landwirtschaft und ländliche Gesellschaft in Deutschland. Bd. 2: 1750–1986. 2. Aufl. Paderborn.

Henzen, Walter (1954): Schriftsprache und Mundarten. 2. Aufl. Bern (Bibliotheca Germanica 5).

Henzen, Walter (1965): Deutsche Wortbildung. 3. Aufl. Tübingen (Sammlung kurzer Grammatiken germanischer Dialekte B5).

Herrgen, Joachim (1990): „Belehrt, Brüder, diese Betrogenen!" Sprache und Politik in der Mainzer Republik von 1792/93. In: Sprachreport 1, 6–11.

Herrgen, Joachim (2000): Die Sprache der Mainzer Republik (1792/93). Historisch-semantische Untersuchungen zur politischen Kommunikation. Tübingen (Reihe Germanistische Linguistik 216).

Herzog, Marvin (Hg.) (1992ff.): The Language and Culture Atlas of Ashkenazic Jewry. 3 Bde. Tübingen.

Heusler, Andreas (1921): Altisländisches Elementarbuch. 2. Aufl. Heidelberg (Germanische Bibliothek I,1,3).

Heuwagen, Marianne (1975): Die Verbreitung des Dialekts in der Bundesrepublik Deutschland. Auswertung einer Umfrage des Instituts für Demoskopie in Allensbach. Staatsarbeit. Bonn.

Heyne, Moriz (1902): *sein*. In: Deutsches Wörterbuch. Von Jacob Grimm und Wilhelm Grimm. Bd. 10/1. Leipzig, Sp. 228–334.

Hodler, Werner (1954): Grundzüge einer germanischen Artikellehre. Heidelberg (Germanische Bibliothek, 3. Reihe).

Hoffmann, Lothar (2000): Die Rolle der Fachsprache seit der Mitte des 20. Jahrhunderts. In: Sprachgeschichte (2000), 1991–1999.

Hoffmann, Lothar/Hartwig Kalverkämper/Herbert Ernst Wiegand (Hg.): (1998/1999): Fachsprachen – Languages for Special Purposes. Ein internationales Handbuch zur Fachsprachenforschung und Terminologiewissenschaft. 2. Halbbde. Berlin/New York.

Hoffmann, Walter (1998): Probleme der Korpusbildung in der Sprachgeschichtsschreibung und Dokumentation vorhandener Korpora. In: Sprachgeschichte (1998), 875–889.

Höfler, Manfred (1969/70): Das Problem der sprachlichen Entlehnung. In: Jahrbuch der Universität Düsseldorf, 59–67.

Hotzenköcherle, Rudolf (1956): Umlautphänomene am Südrand der Germania. In: Karg-Gasterstädt, Elisabeth/Johannes Erben (Hg.): Fragen und Forschungen im Bereich und Umkreis der germanischen Philologie. Festgabe für Theodor Frings zum 70. Gebutstag. Berlin, 221–250.

Huesmann, Anette (1998): Zwischen Dialekt und Standard. Empirische Untersuchung zur Soziolinguistik des Varietätenspektrums im Deutschen. Tübingen 1998.

Hutterer, Claus Jürgen (1969): Die Sprache der germanischen Stämme. In: Agricola, Erhard/Wolfgang Ebert/Wolfgang Fleischer (Hg.): Die deutsche Sprache. Kleine Enzyklopädie. Bd. 1. Leipzig, 75–103.

Hutterer, Claus Jürgen (1975): Die germanischen Sprachen. Budapest.

Ising, Gerhard (1968): Zur Wortgeographie spätmittelalterlicher deutscher Schriftdialekte. Teil I: Untersuchungen. Teil II: Karten. Berlin (Deutsche Akademie der Wissenschaften zu Berlin. Veröffentlichungen des Instituts für deutsche Sprache und Literatur 38/I+II).

Jäger, Gert (1969): Die indoeuropäischen Sprachen. In: Agricola, Erhard/Wolfgang Ebert/ Wolfgang Fleischer (Hg.): Die deutsche Sprache. Kleine Enzyklopädie. Bd. 1. Leipzig, 61–71.

Jeismann, Karl-Ernst/Peter Lundgreen (Hg.) (1987): Handbuch der deutschen Bildungsgeschichte. Band III (1800–1870). Von der Neuordnung Deutschlands bis zur Gründung des Deutschen Reiches. München.

Jellinek, Max Hermann (1913/1914): Geschichte der neuhochdeutschen Grammatik von den Anfängen bis auf Adelung. 2 Bde. Heidelberg.

Kaiser, Stephan (1969/1970): Die Besonderheiten der deutschen Schriftsprache in der Schweiz. 2 Bde. Mannheim/Wien/Zürich.

Karg, Fritz (1932): Das literarische Erwachen des deutschen Ostens im Mittelalter. Halle (Saale) (Theutonistas Beih. 3).

Kartschoke, Dieter (1968): Wolfram von Eschenbach: Willehalm. Text von Karl Lachmann. Übersetzung an Anmerkungen von Dieter Kartschoke. Berlin.

Kästner, Hannes/Eva Schütz/Johannes Schwitalla (2000): Die Textsorten des Frühneuhochdeutschen. In: Sprachgeschichte (2000), 1605–1623.

Keller, Rudi E. (1978): The German Language. London/Bosten (The Great Languages).

Kettmann, Gerhard/Joachim Schildt (Leitung) (1976): Zur Ausbildung der Norm der deutschen Literatursprache auf der syntaktischen Ebene (1470–1730). Der Einfachsatz. Bd. 1. Berlin.

Kiefer, Ulrike (2004): Jiddisch/Deutsch. In: Sprachgeschichte (2004), 3260–3268.

Kiefer, Ulrike (1995): Gesprochenes Jiddisch. Textzeugen einer europäisch-jiddischen Kultur. Tübingen (Beihefte zum Language and Culture Atlas of Ashkenezic Jewry 1).

Kienast, Richard (1954): Das Mittelhochdeutsche Wörterbuch. In: Das Institut für Deutsche Sprache und Litertur. Berlin (Deutsche Akademie der Wissenschaften zu Berlin. Veröffentlichungen des Instituts für Deutsche Sprache und Literatur 1), 97–104.

Kirchert, Klaus (1979): Der Windberger Psalter. Bd. 1: Untersuchung. Bd. 2: Textausgabe. Zürich/München (MTU 59/60).

Kirchert, Klaus/Dorothea Klein (1995): Die Vokabulare von Fritsche Closener und Jakob Twinger von Königshofen. Überlieferungsgeschichtliche Ausgabe. 3 Bde. Tübingen (Texte und Textgeschichte 40–42).

Kirkness, Alan (1998): Das Phänomen des Purismus in der Geschichte des Deutschen. In: Sprachgeschichte (1998), 407–416.

Kirkness, Alan (1975): Zur Sprachreinigung im Deutschen 1789–1871. Eine historische Dokumentation. 2 Bde. Tübingen.

Klappenbach, Ruth/Wolfgang Steinitz (Hg.): Wörterbuch der deutschen Gegenwartssprache 6 Bde. Berlin.

Kleiber, Wolfgang/Konrad Kunze/Heinrich Löffler (1979): Historischer Südwestdeutscher Sprachatlas. Aufgrund von Urbaren des 13. bis 15. Jahrhunderts. 2 Bde. Bern/München.

Klein, Thomas (2000): Soziokulturelle Voraussetzungen und Sprachraum des Altniederdeutschen (Altsächsischen). In: Sprachgeschichte (2000), 1241–1247.

Klein, Thomas (2001): Merowingerzeit. § 1 Sprachliches. In: Hoops, Johannes/Heinrich Beck (Hg.): Reallexikon der Germanischen Altertumskunde. Bd. 19. Berlin/New York, 579–587.

Kleiner, Mathilde (1925): Zur Entwicklung der Futur-Umschreibung werden mit dem Infinitiv. Berkeley.

Klemperer, Victor (1947/2005): LTI. Notizbuch eines Philologen. 21. Aufl. Leipzig 2005.

Klemperer, Victor (1995): Ich will Zeugnis ablegen bis zum letzten. Tagebücher 1933–1945. Hg. von Walter Nojowski unter Mitarb. von Hadwig Klemperer. Berlin.

Kloss, Heinz (1976): Abstandsprachen und Ausbausprachen. In: Göschel, Joachim (Hg.): Zur Theorie des Dialekts. Wiesbaden (Zeitschrift für Dialektologie und Linguistik. Beih. NF 16), 301–322.

Kloss, Heinz (1978): Die Entwicklung neuer germanischer Kultursprachen seit 1800. 2. Aufl. Düsseldorf (Sprache der Gegenwart 37).

Kluge, Friedrich/Elmar Seebold (Bearb.) (2002): Etymologisches Wörterbuch der deutschen Sprache. 24. Aufl. Berlin/New York.

Knape, Joachim (2000): Das Deutsch der Humanisten. In: Sprachgeschichte (2000), 1673–1681.

Koch, Peter/Wulf Oesterreicher (1994): Schriftlichkeit und Sprache. In: Günther, Hartmut (Hg.): Schrift und Schriftlichkeit. Ein interdisziplinäres Handbuch internationaler Forschung. Halbbd. 1. Berlin/New York, 587–604.

Koenraads, W.H.A. (1953): Studien über sprachökonomische Entwicklungen im Deutschen. Amsterdam.

Kohz, Armin (1982): Linguistische Aspekte des Anredeverhaltens. Untersuchungen am Deutschen und Schwedischen. Mit einer selektiven Bibliographie zur Linguistik der Anrede und des Grußes. Tübingen (Kommunikation und Institution 5).

Kolb, Herbert (1977): Interferenz als sprachgeschichtlicher Vorgang untersucht an mhd. *leie* ‚Art'. In: Ders. (Hg.): Sprachliche Interferenz. Festschrift für Werner Betz. Tübingen, 388–420.

Koller, Erwin (2007): Vorgeschichte der deutschen Sprache. In: Schmidt (2007), 23–63.

König, Werner (1989): Atlas zur Aussprache des Schriftdeutschen in der Bundesrepublik Deutschland. 2 Bde. Ismaning.

König, Werner (1999): Das Diphthongsystem des Deutschen neu betrachtet. In: Sprachwissenschaft 24, 105–126.

König, Werner (2004a): Die Aussprache des Standarddeutschen als Sprachkontakterscheinung. In: Munske, Horst Haider (Hg.): Deutsch im Kontakt mit germanischen Sprachen. Tübingen, 175–201.

König, Werner (2004b): dtv-Atlas zur deutschen Sprache. 14. Aufl. München (dtv 3015).

Koopmann, Helmut (2003): Goethe und Frau von Stein. Geschichte einer Liebe. 2. Aufl. München.

Kotin, Michail (1998): Die Herausbildung der grammatischen Kategorie des Genus verbi im Deutschen. Hamburg (Beiträge zur germanistischen Sprachwissenschaft 14).

Kotin, Michail L. (2003): Die *werden*-Perspektive und die *werden*-Periphrasen im Deutschen. Frankfurt (Main) [u.a.] (Danziger Beiträge zur Germanistik 6).

Krahe, Wolfgang (1954): Sprache und Vorzeit. Heidelberg.

Krahe, Hans (1969): Germanische Sprachwissenschaft. Bd. 1 Einleitung und Lautlehre. Bd. 2 Formenlehre. 7. Aufl. Berlin (Sammlung Göschen 238 und 780).

Krahe, Hans (1970): Einleitung in das vergleichende Sprachstudium. Innsbruck (Innsbrucker Beiträge zur Sprachwissenschaft 1).

Kranzmayer, Eberhard (1938): Die Geschichte des Umlauts im Südbairischen. In: Zeitschrift für Mundartforschung 14, 73–100.

Kranzmayer, Eberhard (1956): Historische Lautgeographie des gesamtbairischen Dialektraumes. Wien.

Kratz, Bernd (1968): Deutsch-französischer Lehnwortaustausch. In: Mitzka, Walther (Hg.): Wortgeographie und Gesellschaft. Berlin, 445–487.

Krause, Wolfgang (1968): Handbuch des Gotischen. 3. Aufl. München.
Kretzenbacher, Heinz Leonhard/Wulf Segebrecht (1991): Vom Sie zum Du – mehr als eine neue Konvention? Antworten auf die Preisfrage der Deutschen Akademie für Sprache und Dichtung vom Jahr 1989. Hamburg/Zürich.
Krohn, Rüdiger (1984): Gottfried von Straßburg: Tristan. Nach dem Text von Friedrich Ranke neu hg., komment. und übers. von R. K. 3. Aufl. Stuttgart (Universal-Bibliothek 4471).
Kunze, Konrad (1985): Neue Ansätze zur Erfassung spätmittelalterlicher Sprachvarianz. In: Ruh, Kurt (Hg.): Überlieferungsgeschichtliche Prosaforschung. Tübingen,157–200.
Kunze, Konrad (2003): Aspekte einer Sprachgeschichte des Oberrheingebiets bis zum 16. Jh. In: Sprachgeschichte (2003), 2810–2825.
Lachmann, Karl (1820): Vorrede zu: Auswahl aus den hochdeutschen Dichtern des 13. Jahrhunderts. Berlin. Wieder abgedruckt in: Ders. (1876): Kleinere Schriften zur deutschen Philologie. Berlin. 157–176 (zit.).
Lausberg, Helmut/Robert Möller (Hg.) (2000): Rheinischer Wortatlas. Bonn.
Lavater, Hans Rudolf (1997): Die Zürcher Bibel von 1524 bis heute. In: Joerg, Urs [u.a.] (Hg.): Die Bibel in der Schweiz. Ursprung und Geschichte. Basel, 199–218.
Lenz, Alexandra N. (2003): Struktur und Dynamik des Substandards. Eine Studie zum Westmitteldeutschen (Wittlich/Eifel). Wiesbaden (Zeitschrift für Dialektologie und Linguistik, Beih. 125).
Lerch, Hans-Günter (1967): Das Manische in Gießen. Die Geheimsprache einer gesellschaftlichen Randgruppe, ihre Geschichte und ihre soziologischen Hintergründe. Gießen.
Lévy, Paul (1959/1952): La Langue allemande ... en France, des origines à nos jours. Lyon, Paris. Vol. 1 1950. Vol. 2 (1952).
Lexer, Matthias (1872/1876/1878): Mittelhochdeutsches Handwörterbuch. Bd. 1 1872, Bd. 2 1876, Bd. 3 1878. Leipzig.
Lichtenberg, Georg Christoph (1972): Schriften und Briefe. Bd. 3. München.
Lienert, Elisabeth (2007): Einführung zu: Pfaffe Lambrecht: Alexanderroman. Hg., übers. und kommentiert von E. L. Stuttgart (=Reclams Universal-Bibliothkek 18508), 7–51.
Lindgren, Kaj B. (1961): Die Ausbreitung der neuhochdeutschen Diphthongierung bis 1500. Helsinki.
Listen, Paul (1999): The emergence of German polite *Sie*. Cognitive and sociolinguistic Parameters. New York [u. a.] (Berkeley insights in linguistics and Semiotics 32).
Löffler, Heinrich (1974): Probleme der Dialektologie. Darmstadt.
Löffler, Heinrich/ Werner Besch (1977): Alemannisch. Düsseldorf (Dialekt/Hochsprache – kontrastiv. Sprachhefte für den Deutschunterricht Hg. von Werner Besch/Heinrich Löffler/Hans H. Reich, Heft 3).
Löffler, Heinrich (2000a): Gesprochenes und Geschriebenes Deutsch bis zur Mitte des 20. Jahrhunderts. In: Sprachgeschichte (2000), 1967–1980.
Löffler, Heinrich (2000b): Die Rolle der Dialekte seit der Mitte des 20. Jahrhunderts. In: Sprachgeschichte (2000), 2037–2047.
Löffler, Heinrich (2002): Austriazismen, Helvetismen, Teutonismen: Zu einem tri-nationalen deutschen Wörterbuch. In: Neuphilologische Mitteilungen 103, 147–159.
Lüdtke, Helmut (1968): Ausbreitung der neuhochdeutschen Diphthongierung? In: Zeitschrift für Mundartforschung 35, 97–109.
Lüssy, Heinrich (1974): Umlautprobleme im Schweizerdeutschen. Frauenfeld (Beiträge zur Schweizerdeutschen Mundartforschung 20).

Luther, Martin (1883ff.): Werke. Kritische Gesamtausgabe. „Weimarer Ausgabe". Weimar. I. Abt.: Werke; II. Abt.: Tischreden (WATR); III. Abt.: Die Deutsche Bibel; (WADtB); IV. Abt.: Briefe (WABr.).

Maas, Utz (2003): Alphabetisierung. Zur Entwicklung der schriftkulturellen Verhältnisse in bildungs- und sozialgeschichtlicher Perspektive. In: Sprachgeschichte (2003), 2403–2418.

Macha, Jürgen (1981): Dialekt/Hochsprache in der Grundschule. Ergebnisse einer Lehrerbefragung im südlichen Nordrhein-Westfalen. Bonn.

Macha, Jürgen/Elmar Neuß/Robert Peters (Hg.) (2000): Rheinisch-Westfälische Sprachgeschichte – unter Mitarbeit von Stephan Elspaß. Köln [u.a.] (Niederdeutsche Studien; Bd. 46).

Markey, Thomas L. (1977): Prinzipien der Dialektologie. Großen-Linden (Gießener Beiträge zur Sprachwissenschaft 8).

Macha, Jürgen/Andrea Wolf (Hg.) (2001): Michael Zimmer's Diary. Ein deutsches Tagebuch aus dem Amerikanischen Bürgerkrieg. Frankfurt (Main). (Sprachgeschichte des Deutschen in Nordamerika. Quellen und Studien. History of the German Language in America. Sources and Studies 1).

Masser, Achim (Hg.) (1997): Die lateinisch-althochdeutsche Benediktinerregel Stiftsbibliothek St. Gallen Cod. 916. Göttingen (Studien zum Althochdeutschen 33).

Matras, Yaron (1991): Zur Rekonstruktion des jüdisch-deutschen Wortschatzes in den Mundarten ehemaliger ‚Judendörfer' in Südwestdeutschland. In: Zeitschrift für Dialektologie und Linguistik 58, 267–293.

Mattheier, Klaus J. (2000): Die Durchsetzung der deutschen Hochsprache im 19. und beginnenden 20. Jahrhundert: sprachgeographisch, sprachsoziologisch. In: Sprachgeschichte (2000), 1951–1966.

Mattheier, Klaus J. (2001): Sprachvarietäten. In: Fleischer, Wolfgang/Gerhard Helbig/Gotthard Lerchner (Hg.): Kleine Enzyklopädie Deutsche Sprache. Frankfurt (Main), 351–363.

Mattheier, Klaus J./Bodo Herzog (Hg.) (1979): Franz Haniel 1779–1868. Materialien, Dokumente und Untersuchungen zu Leben und Werk des Industriepioniers Franz Haniel. Bonn (Veröffentlichung des Instituts für geschichtliche Landeskunde der Rheinlande der Universität Bonn).

Matzel, Klaus (1966): Ein althochdeutscher Grammatiker. In: Die Sprache 12, 144–181.

Matzel, Klaus (1970): Karl der Große und die lingua theodisca. In: Rheinische Vierteljahrsblätter 34, 172–189.

Matzel, Klaus (1971): Das Problem der „karlingischen Hofsprache". In: Hennig, Ursula/Herbert Kolb (Hg.): Mediaevalia litteraria. Festschrift für Helmut de Boor. München, 15–31.

Maurer, Friedrich (1952): Nordgermanen und Alemannen. 3. Aufl. Bern/München (Bibliotheca Germanica 1).

Maurer, Friedrich (1972): Sprachgeographie. Gesammelte Abhandlungen. Düsseldorf (Beihefte zur Zeitschrift ‚Wirkendes Wort' 21).

Maurer, Friedrich/Heinz Rupp (Hg.) (1974/1978): Deutsche Wortgeschichte. 3. Aufl. 3 Bde. Berlin/New York.

Meid, Wolfgang (1967): Germanische Sprachwissenschaft III. Wortbildungslehre. Berlin (Sammlung Göschen 1218/1218a/1218b).

Meid, Wolfgang (1971): Das germanische Präteritum. Innsbruck (Innsbrucker Beiträge zur Sprachwissenschaft 3).

Meid, Wolfgang (1975): Das Problem der räumlichen und zeitlichen Gliederung des Indogermanischen. In: Rix, Helmut (Hg.): Flexion und Wortbildung. Akten der 5. Fachtagung der Indogermanischen Gesellschaft 1973. Wiesbaden, 204–219.

Meineke, Eckhard/Judith Schwerdt (2001): Einführung in das Althochdeutsche. Paderborn[u.a.] (UTB 2167).

Meiß, Klaus (1994): Sprachwissenschaftliche Untersuchungen zur neuhochdeutschen Standardisierung (Schwerpunkt Gaphematik) anhand Wittenberger und Frankfurter Drucke. Frankfurt a.M. [u.a.] (Europäische Hochschulschriften, Reihe I, Bd. 1437).

Meyer, Kurt (1989): Wie sagt man in der Schweiz? Wörterbuch der schweizerischen Besonderheiten. Mannheim/Wien/Zürich.

Mezger, J(ohann) J(akob) (1876): Geschichte der Deutschen Bibelübersetzung in der schweizerisch-reformirten Kirche von der Reformation bis zur Gegenwart. Basel.

Mihm, Arend (2000): Die Rolle der Umgangssprachen seit der Mitte des 20. Jahrhunderts. In: Sprachgeschichte (2000), 2107–3137.

Möhn, Dieter (2003a): Die Stadt in der neueren deutschen Sprachgeschichte I: Hamburg. In: Sprachgeschichte (2003), 2297–2312.

Möhn, Dieter (2003b): Sondersprachen in historischer Entwicklung. In: Sprachgeschichte (2003), 2391–2402.

Möller, Robert (1998): Regionale Schreibsprachen im überregionalen Schriftverkehr. Empfängerorientierung in den Briefen des Kölner Rates im 15. Jahrhundert. Köln [u.a.] (Rheinisches Archiv 139).

Moser, Hans (1977): Die Kanzlei Maximilians I. Graphematik eines Schreibusus. Teil I: Untersuchungen. Teil II: Texte. Innsbruck (Innsbrucker Beiträge zur Kulturwissenschaft. Germanistische Reihe Bd. 5/I und 5/II).

Moser, Hugo/Hugo Stopp/ Werner Besch. (Hg.) (1987–1991): Grammatik des Frühneuhochdeutschen. Heidelberg. Bd. 3: Klaus-Peter Wegera: Flexion der Substantive. 1987. Bd. 4: Ulf Dammers/Walter Hoffmann/Hans-Joachim Solms: Flexion der starken und schwachen Verben. 1988. Bd. 6: Hans-Joachim Solms/Klaus-Peter Wegera: Flexion der Adjektive 1991. Bd. 7: Maria Walch/Susanne Häckel: Flexion der Pronomina und Numeralia. 1988.

Moser, Virgil (1909): Historisch-grammatische Einführung in die frühneuhochdeutschen Schriftdialekte. Halle (Saale). Neudruck Darmstadt 1971.

Moulin-Fankhänel, Claudine (2000): Deutsche Grammatikschreibung vom 16.–18. Jahrhundert. In: Sprachgeschichte (2000), 1903–1911.

Moulton, William G. (1961): Zur Geschichte des deutschen Vokalsystems. In: Beiträge zur Geschichte der deutschen Sprache und Literatur (Tübingen) 83, 1–35. Wiederabgedruckt in: Steger (1970), 480–517 (zit.).

Moulton, William G. (1967): Types of phonemic change. In: To honor Roman Jakobson Bd. 2. Den Haag/Paris (Janua Linguarum, Ser. Maior 32), 1393–1407.

Müllenhoff, Karl/Wilhelm Scherer (1863): Denkmäler deutscher Poesie und Prosa aus dem VIII.–XII. Jahrhundert. 2 Bde. 2. Aufl. Berlin.

Müller, Karin (1990): „Schreibe, wie du sprichst!" Eine Maxime im Spannungsfeld von Mündlichkeit und Schriftlichkeit. Eine historische und systematische Untersuchung. Frankfurt (Main). (Theorie und Vermittlung der Sprache 12).

Munske, Horst Haider (1980): Germanische Sprachen und deutsche Gesamtsprachen. In: Althaus, Peter Hans/Helmut Henne/Herbert Ernst Wiegand (Hg.): Lexikon der Germanistischen Linguistik. Tübingen, 661–672.

Munske, Horst Haider (1983): Umgangssprache als Sprachen-Kontakterscheinung. In: Besch, Werner/Ulrich Knoop [u. a.] (Hg.): Dialektologie. Ein Handbuch zur deutschen und allgemeinen Dialektforschung. Halbbd. 2. Berlin/New York, 1002–1018.

Munske, Horst Haider (1995): Ist eine europäische Sprachgeschichtsschreibung möglich? In: Gardt, Andreas [u.a.] (Hg.): Sprachgeschichte des Neuhochdeutschen. Gegenstände, Methoden, Theorien. Tübingen, 399–411.

Munske, Horst Haider (Hg.) (2004a): Deutsch im Kontakt mit germanischen Sprachen. Tübingen (Reihe Germanistische Linguistik 248).

Munske, Horst Haider (2004b): Englisches im Deutschen. Analysen zum Anglizismenwörterbuch. In: Munske (2004a), 155–174.

Munske, Horst Haider/Alan Kirkness (Hg.) (1996): Eurolatein. Das griechische und lateinische Erbe in den europäischen Sprachen. Tübingen (Reihe Germanistische Linguistik 169).

Nail, Norbert (2000): Zeitungssprache und Massenpresse in der jüngeren Geschichte des Deutschen. In: Sprachgeschichte (2000), 2152–2158.

Naumann, Hans/Werner Betz (1961): Althochdeutsches Elementarbuch. 3. Aufl. Berlin (Sammlung Göschen 1111/1111a).

Nellmann, Eberhard (Hg.): (1979): Das Annolied: Mittelhochdeutsch und Neuhochdeutsch. Stuttgart.

Nibelungenlied (1988): Nach der Ausgabe von Karl Bartsch hg. v. Helmut de Boor. 22. Aufl. von Roswitha Wisniewski. Wiesbaden.

Niebaum, Hermann/Jürgen Macha (1999): Einführung in die Dialektologie des Deutschen. 2. Aufl. Tübingen (Germanistische Arbeitshefte 37).

Nübling, Damaris/Antje Dammel (2004): Relevanzgesteuerter morphologischer Umbau im Frühneuhochdeutschen. In: Beiträge zur Geschichte der deutschen Sprache und Literatur 126, 177–207.

Nübling, Damaris (2006): Historische Sprachwissenschaft des Deutschen. Eine Einführung in die Prinzipien des Sprachwandels. In Zusammenarbeit mit Antje Dammel/Janet Duke/Renata Szczepaniak. Tübingen.

Öhmann, Emil (1965): Zur Kenntnis der französischen Bestandteile in den rheinischen Mundarten. Helsinki (Annales Academiae Scientiarum Fennicae. Series B 141).

Öhmann, Emil (1966): Suffixstudien I: Die mhd. Suffixe *-îe* und *-eie* (< *-eia*). In: Neuphilologische Mitteilungen 67, 225–234.

Öhmann, Emil (1969): Suffixstudien V: Das deutsche Suffix *-lei*. In: Neuphilologische Mitteilungen 70, 441–448.

Öhmann, Emil (1970): Suffixstudien VI: Das deutsche Verbalsufix *-ieren*. In: Neuphilologische Mitteilungen 71, 337–357.

Öhmann, Emil (1971): Suffixstudien VII: Das deutsche Substantivsuffix *-ier*. In: Neuphilologische Mitteilungen 72, 526–540.

Öhmann, Emil (1973): Suffixstudien IX: Die deutschen Verbalabstrakte *-erîe, -erei*. In: Neuphilologische Mitteilungen 74, 412–420.

Otto, Karl F. (1972): Die Sprachgesellschaften des 17. Jahrhunderts. Stuttgart (Sammlung Metzler 109).

Oubouzar, Erika (1974): Über die Ausbildung der zusammengesetzten Verbformen im deutschen Verbalsystem. In: Beiträge zur Geschichte der deutschen Sprache und Literatur, Halle (Saale), 1974, 5–96.

Palander, Hugo (1902): Der französische Einfluß auf die deutsche Sprache im 12. Jahrhundert. Helsinki (Mémoires de la Société Néo-Philologiques de Helsingfors 3).

Paul, Hermann (1873): Gab es eine mittelhochdeutsche Dichtersprache? 2. Abdruck. Halle (Saale).

Paul, Hermann (1916/1917/1919/1920): Deutsche Grammatik. Halle (Saale). Bd. 1 (1916). Bd. 2 (1917). Bd. 3 (1919). Bd. 4 (1920).

Paul, Hermann/Hugo Moser/Ingeborg Schröbler (1975): Mittelhochdeutsche Grammatik. 21. Aufl. Tübingen (Sammlung kurzer Grammatiken germanischer Dialekte A2).

Paul, Hermann/Thomas Klein/Hans-Joachim Solms/Klaus-Peter Wegera (2007): Mittelhochdeutsche Grammatik. Tübingen (Sammlung kurzer Grammatiken germanischer Dialekte A2).

Penzl, Herbert (1971): Lautsystem und Lautwandel in den althochdeutschen Dialekten. München.

Penzl, Herbert (1972): Methoden der germanischen Linguistik. Tübingen (Sprachstrukturen A 1).

Penzl, Herbert (1975): Vom Urgermanischen zum Neuhochdeutschen. Eine historische Phonologie. Berlin (Grundlagen der Germanistik 16).

Penzl, Herbert (1984): Frühneuhochdeutsch. Bern [u.a.] (Germanistische Lehrbuchsammlung 9).

Penzl, Herbert (1988): Einleitendes zum Rahmenthema ‚Hochsprache/Umgangssprache/ Mundart im Deutschen nach 1945'. In: Jahrbuch für Internationale Germanistik 20, 8–17.

Peters, Robert (2000): Die Rolle der Hanse und Lübecks in der mittelniederdeutschen Sprachgeschichte. In: Sprachgeschichte (2000), 1496–1505.

Pfalz, Anton (1932): Rez. von Brinkmann (1931). In: Anzeiger für deutsches Altertum und deutsche Literatur 51, 180–186.

Piedmont, René M. (1984): Beiträge zum französischen Sprachbewußtsein im 18. Jahrhundert. – Der Wettbewerb der Berliner Akademie zur Universalität der französischen Sprache von 1782/84, Tübingen (Lingua et Traditio 7).

Ploetz, Der Große (2005): Die Daten-Enzyklopädie der Weltgeschichte. 34. Aufl. Frankfurt (Main).

Polenz, Peter von (1994/1999/2000): Deutsche Sprachgeschichte vom Spätmittelalter bis zur Gegenwart. Berlin/New York. Band 1: Einführung, Grundbegriffe. 14. bis 16. Jahrhundert. 2. Aufl. 2000; Band 2: 17. und 18. Jahrhundert. 1994; Band 3: 19. und 20. Jahrhundert. 1999.

Polenz, Peter von (2002): Sprachgeschichte und Gesellschaftsgeschichte von Adelung bis heute. In: Cherubim, Dieter [u.a.] (Hg.): Neue deutsche Sprachgeschichte. Mentalitäts-, Kultur- und sozialgeschichtliche Zusammenhänge. Berlin/New York (Studia Linguistica Germanica 64), 1–23.

Pompino-Marschall, Bernd (2004): Umlaut. In: Metzler-Lexikon Sprache. CD-Rom-Ausgabe. Berlin (Digitale Bibliothek).

Porzig, Walter (1971): Das Wunder der Sprache. 5. Aufl. München (UTB 32).

Post, Rudolf (1982): Romanische Entlehnungen in den westmitteldeutschen Mundarten. Diatopische, diachrone und diastratische Untersuchungen zur sprachlichen Interferenz am Beispiel des landwirtschaftlichen Sachwortschatzes. Wiesbaden (Mainzer Studien zur Sprach- und Volksforschung 6).

Post, Rudolf (1985): Lehn- und Reliktwörter im Rheinland. Köln (Geschichtlicher Atlas der Reinlande. Beiheft X/1).

Protze, Helmut (1969): Die deutschen Mundarten. In: Agricola, Erhard/Wolfgang Ebert/ Wolfgang Fleischer (Hg.): Die deutsche Sprache. Kleine Enzyklpädie. Bd. 1. Leipzig, 312–422.

Raible, Wolfgang (1994): Orality und literacy. In: Günther, Harmut [u.a.] (Hg.): Schrift und Schriftlichkeit. Ein interdisziplinäres Handbuch internationaler Forschung. Halbbd. 1. Berlin/New York, 1–17.

Raible, Wolfgang (1998a): Die Anfänge der volkssprachlichen Schriftkultur in der Romania – oder: Die Eroberung konzeptueller Räume. In: Ehler, Christine/Ursula Schaefer (Hg.): Verschriftung und Verschriftlichung. Aspekte des Medienwechsels in verschiedenen Kulturen und Epochen. Tübingen (Script Oralia 94), 156–173.

Raible, Wolfgang (Hg.) (1998): Medienwechsel, Erträge aus zwölf Jahren Forschung zum Thema ‚Mündlichkeit und Schriftlichkeit'. Tübingen 1998 (Script Oralia 113).

Rauch, Irmengard (1967): The Old High German Diphthongization. Den Haag/Paris (Janua linguarum. Series practica 36).

Raumer, Rudolf von (1876): Zur Begründung der Schrift. Regeln und Wörterverzeichnis für die deutsche Orthographie (1875). In: Verhandlungen der zur Herstellung größerer Einigung in der deutschen Rechtschreibung berufenen Konferenz. Berlin, den 4.–15. Januar 1876. Veröffentlicht im Auftrage des Königl. Preußischen Unterrichtsministeriums. Halle, 47–78.

Reichmann, Oskar (1988) [Unter Mitwirkung von Christiane Burgi/Martin Kaufhold/Claudia Schäfer]: Zur Vertikalisierung des Varietätenspektrums in der jüngeren Sprachgeschichte des Deutschen. In: Munske, Horst Haider [u.a.] (Hg.): Deutscher Wortschatz. Lexikologische Studien. Ludwig Erich Schmitt zum 80. Geburtstag. Berlin/New York, 151–180.

Reichmann, Oskar (1990): Sprache ohne Leitvarietät vs. Sprache mit Leitvarietät: ein Schlüssel für die nachmittelalterliche Geschichte des Deutschen. In: Besch, Werner (Hg.): Deutsche Sprachgeschichte. Grundlagen, Methoden, Perspektiven. Festschrift für Johannes Erben zum 65. Geburtstag Frankfurt (Main), 141–158.

Reichmann, Oskar (1993): Europäismen im Wortschatz von Einzelsprachen. In: Baldur Panzer (Hg.): Aufbau, Entwicklung und Struktur des Wortschatzes in den europäischen Sprachen. Frankfurt (Main). [u.a.], 28–47.

Reichmann, Oskar/Klaus-Peter Wegera (Hg.) (1988): Frühneuhochdeutsches Lesebuch. Tübingen.

Reichmann, Oskar/Klaus-Peter Wegera (Hg.) (1993): Frühneuhochdeutsche Grammatik. Von Robert Peter Ebert/Oskar Reichmann/Hans-Joachim Solms/Klaus-Peter Wegera. Tübingen.

Reiffenstein, Ingo (1963): Quecke. In: Schmitt, Ludwig Erich (Hg.): Deutsche Wortforschung in europäischen Bezügen. Gießen, 317–346.

Reiffenstein, Ingo (1971): Diutisce. Ein Salzburger Frühbeleg des Wortes „deutsch". In: Weiss, Gerlinde/Klaus Zelewitz (Hg.): Peripherie und Zentrum. Studien zur österreichischen Literatur. Salzburg/Stuttgart/Zürich, 249–263.

Reiffenstein, Ingo (1982): Hochsprachliche Norm und regionale Varianten der Hochsprache: Deutsch in Österreich. In: Moser, Hans (Hg.): Zur Situation des Deutschen in Südtirol. Innsbruck, 9–18

Reiffenstein, Ingo (2000): Die Anfänge der neuhochdeutschen Diphthongierung im Bairischen. In: Pohl, Heinz Dieter (Hg.): Sprache und Name in Mitteleuropa. Festschrift für Maria Hornung. Wien, 325–333.

Reiffenstein, Ingo (2003a): Bezeichnungen der deutschen Gesamtsprache. In: Sprachgeschichte (2003), 2191–2205.

Reiffenstein, Ingo (2003b): Metasprachliche Äußerungen über das Deutsche und seine Subsysteme bis 1800 in historischer Sicht. In: Sprachgeschichte (2003), 2205–2229.

Reiffenstein, Ingo (2003c): Aspekte einer bayerischen Sprachgeschichte seit der beginnenden Neuzeit. In: Sprachgeschichte (2003), 2942–2971.

Reiffenstein, Ingo (Hg.) (2005): Fort mit Dir nach Paris! Mozart und seine Mutter auf der Reise nach Paris. Salzburg/Wien.

Reinbothe, Roswitha (2006): Deutsch als internationale Wissenschaftssprache und der Boykott nach dem Ersten Weltkrieg. Frankfurt (Main).

Rizzo-Baur, Hildegard (1962): Die Besonderheiten der deutschen Schriftsprache in Österreich und in Südtirol. Mannheim (Duden-Beiträge. Sonderreihe: Die Besonderheiten der deutschen Schriftsprache im Ausland 5).

Roelcke, Thorsten (1997): Sprachtypologie des Deutschen. Berlin/New York (Sammlung Göschen 2812).

Roelcke, Thorsten (1998): Die Periodisierung der deutschen Sprachgeschichte. In: Sprachgeschichte (1998), 798–815.

Roelcke, Thorsten (Hg.) (2001): Periodisierung. Die zeitliche Gliederung der deutschen Sprachgeschichte. Frankfurt (Main).

Roelcke, Thorsten (2005): Fachsprachen. 2. Aufl. Berlin (Grundlagen der Germanistik 37).

Roellecke, Gerd (1999): Das Du im Recht. In: Neue Juristische Wochenschrift 14, 999–1001.

Rohr, Julius Bernhard von (1990a): Einleitung zur Ceremoniel-Wissenschaft der Privat-Personen (1728). Hg. v. Gotthardt Frühsorge. Leipzig/Weinheim.

Rohr, Julius Bernhard von (1990b): Einleitung zur Ceremoniel-Wissenschaft der Großen Herren (1733). Hg. v. Monika Schlechte. Leipzig/Weinheim.

Rosenfeld, Hans-Friedrich (1974): Humanistische Strömungen (1350–1600). In: Deutsche Wortgeschichte Bd. 1. Hg. v. Friedrich Maurer/Heinz Rupp. 3. Aufl. Berlin/New York, 399–508.

Rosenfeld, Hans-Friedrich (1980): Klassische Sprachen und deutsche Gesamtsprache. In: Althaus, Hans Peter/Helmut Henne/Herbert Ernst Wiegand (Hg.): Lexikon der Germanistischen Linguistik. 2. Aufl. Tübingen, 653–660.

Ruh, Kurt (1978): Geistliche Prosa. In: Erzgräber, Willy (Hg.): Europäisches Spätmittelalter. Wiesbaden (Neues Handbuch der Literaturwissenschaft 8), 565–605.

Rupp, Heinz (1956): Zum ‚Passiv' im Althochdeutschen. In: Beiträge zur Geschichte der deutschen Sprache und Literatur, Halle (Saale), 78, 265–286.

Saltveit, Laurits (1962): Studien zum deutschen Futur. Bergen/Oslo (Acta Universitatis Bergensis. Series Humaniorum Litterarum 1961, 2).

Saussure, Ferdinand de (1967): Grundfragen der allgemeinen Sprachwissenschaft. Übers. v. Herman Lommel. 2. Aufl. Berlin (Originaltitel: Cours de linguistique générale. Lausanne/Paris 1916).

Schatz, Josef (1927): Althochdeutsche Grammatik. Göttingen.

Schieb, Gabriele (1970): Mittelhochdeutsch. In: Schmitt, Erich Ludwig (Hg.): Kurzer Grundriß der germanischen Philologie bis 1500. Berlin, 347–385.

Schiewe, Jürgen (1988): Joachim Heinrich Campes Verdeutschungsprogramm. Überlegungen zu einer Neuinterpretation des Purismus um 1800. In: Deutsche Sprache 16, 17–33.

Schirmunski, V. M. (1962): Deutsche Mundartkunde. Vergleichende Laut- und Formenlehre der deutschen Mundarten. Berlin (Deutsche Akademie der Wissenschaften zu Berlin. Veröffentlichungen des Instituts für deutsche Sprache und Literatur 25).

Schirokauer, Arno (1926): Otfrid von Weißenburg. In: Deutsche Vierteljahrsschrift für Literaturwissenschaft und Geistesgeschichte 1926, 74–96.

Schlieben-Lange, Brigitte (1983): Traditionen des Sprechens. Elemente einer pragmatischen Sprachgeschichtsschreibung. Stuttgart [u.a.].

Schlieben-Lange, Brigitte (1994): Geschichte der Reflexion über Schrift und Schriftlichkeit. In: Günther, Harmut [u.a.] (Hg.): Schrift und Schriftlichkeit. Ein interdisziplinäres Handbuch internationaler Forschung. Halbbd. 1. Berlin/New York, 102–121.

Schlosser, Horst Dieter (1990): Die deutsche Sprache in der DDR zwischen Stalinismus und Demokratie. Historische, politische und kommunikative Bedingungen. Köln.

Schlosser, Horst Dieter (1977): Die literarischen Anfänge der deutschen Sprache. Berlin.

Schlosser, Horst Dieter (2005): Es wird zwei Deutschlands geben. Zeitgeschichte und Sprache im Nachkriegsdeutschland 1945–1949, Frankfurt (Main) (Frankfurter Forschungen zur Kultur- und Sprachwissenschaft 10).

Schmidt, Hartmut (2000): Entwicklung und Formen des offiziellen Sprachgebrauchs der ehemaligen DDR. In: Sprachgeschichte (2000), 2016–2037.

Schmidt, Wilhelm (2007): Geschichte der deutschen Sprache. 10. Aufl. Hg. von Helmut Langner/Norbert Richard Wolf. Stuttgart.

Schmitt, Christian (2000): Latein und westeuropäische Sprachen. In: Sprachgeschichte (2000), 1061–1084.

Schmitz, Ulrich (2004): Sprache in modernen Medien. Einführung in Tatsachen und Theorien, Themen und Thesen. Berlin (Grundlagen der Germanistik 41).

Schmitz-Berning, Cornelia (1998): Vokabular des Nationalsozialismus. Berlin/New York.

Schröbler, Ingeborg/Heinz-Peter Prell (2007): Syntax. In: Paul/Klein/Solms/Wegera (2007), 285–471.

Schröder, Werner (1955): Zur Passiv-Bildung im Althochdeutschen. In: Beiträge zur Geschichte der deutschen Sprache und Literatur, Halle, 77, 1–76.

Schröder, Werner (1964): Besprechung von Saltveit (1962). In: Anzeiger für deutsches Altertum und deutsche Literatur 74, 156–165.

Schröder, Werner (1959): Grenzen und Möglichkeiten einer althochdeutschen Literaturgeschichte. Berlin (Berichte der Verhandlungen der Sächs. Akad. d. Wiss. zu Leipzig. Phil.-hist. Kl. 105, 2).

Schröder, Werner (1978): Zum Verhältnis von Lateinisch und Deutsch um das Jahr 1000. In: Beumann, Helmut/Werner Schröder (Hg.): Aspekte der Nationenbildung im Mittelalter. Sigmaringen (Nationes 1), 425–338.

Schrodt, Richard (2004): Althochdeutsche Grammatik II. Syntax. Tübingen (Sammlung kurzer Grammatiken germanischer Dialekte A 5/2).

Schulze, Wilhelm (1924): Personalpronomen und Subjektsausdruck im Gotischen. In: Horn, Wilhelm (Hg.): Beiträge zur germanischen Sprachwissenschaft. Festschrift für Otto Behaghel. Heidelberg (Germanische Bibliothek 2/15), 92–109.

Schützeichel, Rudolf (1995): Althochdeutsches Wörterbuch. 5. Aufl. Tübingen.

Schützeichel, Rudolf/Birgit Meineke (Hg.) (2001): Die älteste Überlieferung von Willirams Kommentar des Hohen Liedes. Edition, Übersetzung, Kommentar. Göttingen (Studien zum Althochdeutschen 39).

Schwarz, Ernst (1956): Germanische Stammeskunde. Heidelberg (Germanische Bibliothek, Reihe 5).

Schwarz, Ernst (1972): Einleitung. In: Ders. (Hg.): Zur germanischen Stammeskunde. Aufsätze zum neuen Forschungsstand. Darmstadt (Wege der Forschung 248), VI–XXX.

Schweikle, Günther (1964): Akzent und Artikulation. Überlegungen zur ahd. Lautgeschichte (Umlaut, Monophthongierungen, Diphthongierungen, westgerm. Konsonantengemination, 2. Lautverschiebung). In: Beiträge zur Geschichte der deutschen Sprache und Literatur (Tübingen) 86, 197–265.

Schwitalla, Johannes (1997): Gesprochenes Deutsch. Eine Einführung. Berlin (Grundlagen der Germanistik 33).

Seibicke, Wilfried (2003): Fachsprachen in historischer Entwicklung. In: Sprachgeschichte (2003), 2377–2391.

Siebert Eberhard (1971): Zum Verhältnis von Erbgut und Lehngut im Wortschatz Otfrids von Weißenburg. München.

Siebs, Theodor (1898): Deutsche Bühnenaussprache. Ergebnisse der Beratungen zur ausgleichenden Regelung der deutschen Bühnenaussprache, die vom 14. bis 16. April 1898 im Apollosaale des Königlichen Schauspielhauses zu Berlin stattgefunden haben. Im Auftrag der Kommission herausgegeben von Theodor Siebs. Berlin/Köln/Leipzig.

Siebs, Theodor (1969): Deutsche Aussprache. Reine und gemäßigte Hochlautung mit Ausspracheworterbuch. Hg. von Helmut de Boor/Hugo Moser/Christian Winkler. 19. Aufl. Berlin.

Simmler, Franz (1974): Die westgermanische Konsonantengemination unter besonderer Berücksichtigung des Althochdeutschen. München (Münstersche Mittelalterschriften 19).

Simmler, Franz (2000): Phonetik und Phonologie, Graphetik und Graphemik des Althochdeutschen. In: Sprachgeschichte (2000), 1155–1170.

Smet, Gilbert de (1961): Auferstehen und Auferstehung im Altdeutschen. In: Beiträge zur Geschichte der deutschen Sprache und Literatur (Halle/Saale) 82 (Sonderband), 175–198.

Socin, Alfred (1888): Schriftsprache und Dialecte im Deutschen nach Zeugnissen alter und neuer Zeit. Heilbronn.

Sodmann, Timothy (2000): Die Verdrängung des Mittelniederdeutschen als Schreib- und Druckersprache Norddeutschlands. In: Sprachgeschichte (2000), 1505–1512.

Sonderegger, Stefan (1961): Das Althochdeutsche der Vorakte der älteren St. Galler Urkunden. In: Zeitschrift für Mundartforschung 28, 251–286.

Sonderegger, Stefan (1970a): Althochdeutsche Sprache. In: Schmidt, Ludwig Erich (Hg.): Kurzer Grundriß der germanischen Philologie bis 1500. Berlin, 288–346.

Sonderegger, Stefan (1970b): Althochdeutsch in St. Gallen. Ergebnisse und Probleme der althochdeutschen Sprachüberlieferung in St. Gallen vom 8. bis ins 12. Jahrhundert. St. Gallen.

Sonderegger, Stefan (1974): Althochdeutsche Sprache und Literatur. Berlin/New York (Sammlung Göschen 8005).

Sonderegger, Stefan (1978): Tendenzen zu einem überregional geschriebenen Althochdeutsch. In: Beumann, Helmut/Werner Schröder (Hg.): Aspekte der Nationenbildung im Mittelalter. Sigmaringen (Nationes 1), 229–273.

Sonderegger, Stefan (1979): Grundzüge deutscher Sprachgeschichte. Diachronie des Sprachsystems. Band I: Einführung–Genealogie–Konstanten. Berlin/New York.

Sonderegger, Stefan (1980): Gesprochene Sprache im Althochdeutschen und ihre Vergleichbarkeit mit dem Neuhochdeutschen. Das Beispiel Notkers des Deutschen von St. Gallen. In: Sitta, Horst (Hg.): Ansätze zu einer pragmatischen Sprachgeschichte. Zürcher Kolloquium 1978. Tübingen (Reihe Germanistische Linguistik 21), 71–88.

Sonderegger, Stefan (1997): Althochdeutsch als Anfang deutscher Sprachkultur. Freiburg (Schweiz) (Wolfgang Stammler Gastprofessur für Germanische Philologie. Vorträge. Heft 2).

Sonderegger, Stefan (2000a): Sprachgeschichtliche Aspekte der europäischen Christianisierung. In: Sprachgeschichte (2000), 1030–1061.

Sonderegger, Stefan (2000b): Reflexe gesprochener Sprache im Althochdeutschen. In: Sprachgeschichte (2000), 1231–1240.

Sonderegger, Stefan (2003a): Aspekte einer Sprachgeschichte der deutschen Schweiz. In: Sprachgeschichte (2003), 2825–2888.

Sonderegger, Stefan (2003b): Althochdeutsche Sprache und Literatur. 3. Aufl. Berlin/New York.

Splett, Jochen (2000): Lexikologie und Lexikographie des Althochdeutschen. In: Sprachgeschichte (2000), 1196–1206.

Sprach-Verderber (1643): Der Vnartig Teutscher Sprach-Verderber (anonym). Abdruck in: Wissenschaftliche Beihefte zur Zeitschrift des Allgemeinen Deutschen Sprachvereins 1, 1890, 30–44.

Sprachgeschichte (1998/2000/2003/2004): Ein Handbuch zur Geschichte der deutschen Sprache und ihrer Erforschung. 2. Aufl. Hg. von Werner Besch/Anne Betten/Oskar Reichmann/Stefan Sonderegger. Berlin/New York. Teilbd. 1 (1998), Teilbd. 2 (2000), Teilbd. 3 (2003), Teilbd. 4 (2004).

Steger, Hugo (Hg.) (1970): Vorschläge für eine strukturelle Grammatik des Deutschen. Darmstadt (Wege der Forschung 146).

Steger, Hugo (1998): Sprachgeschichte als Geschichte der Textsorten, Kommunikationsbereiche und Semantiktypen. In: Sprachgeschichte (1998), 284–300.

Steger, Hugo/Helge Deutrich/Gerd Schank/Eva Schütz (1974): Redekonstellation, Redekonstellationstyp, Textexemplar, Textsorte im Rahmen eines Sprachverhaltensmodells. Begründung einer Forschungshypothese. In: Gesprochene Sprache. Düsseldorf (Jahrbuch des Instituts für deutsche Sprache 1972), 39–97.

Stellmacher, Dieter (1987): Wer spricht Platt? Zur Lage des Niederdeutschen heute. Eine kurzgefasste Bestandsaufnahme. Leer (Schriften des Instituts für niederdeutsche Sprache. Reihe: Dokumentation Nr. 14).

Stellmacher, Dieter (1995): Niedersächsischer Dialektzensus. Statistisches zum Sprachgebrauch im Bundesland Niedersachsen. Stuttgart (Zeitschrift für Dialektologie und Linguistik. Beiheft 88).

Sternberger, Dolf/ Gerhard Storz/Wilhelm Emmanuel Süskind (1945/1957): Aus dem Wörterbuch des Unmenschen. 1945. 2. Aufl. München 1957 (dtv 48).

Stiven, Agnes Bain (1936): Englands Einfluß auf den deutschen Wortschatz. Diss. Marburg. Zeulenroda.

Stockmann-Hovekamp, Christina (1991): Untersuchungen zur Straßburger Druckersprache in den Flugschriften Martin Bucers. Graphematische, morphologische und lexikologische Aspekte. Heidelberg (Studien zum Frühneuhochdeutschen 9).

Stopp, Hugo (1974): Veränderungen im System der Substantivflexion zum Althochdeutschen bis zum Neuhochdeutschen. In: Besch, Werner (Hg.): Studien zur deutschen Literatur und Sprache des Mittelalters. Festschrift für Hugo Moser. Berlin, 324–344.

Stopp, Hugo/Hugo Moser (1967): Flexionsklassen der mittelhochdeutschen Substantive in synchronischer Sicht. In: Zeitschrift für deutsche Philologie 86, 70–101.

Stötzer, Urslua (1982) (Hg.): Großes Wörterbuch der deutschen Aussprache. Leipzig.

Streitberg, Wilhelm (1920): Gotisches Elementarbuch. 5./6. Aufl. Heidelberg (Germanische Bibliothek 1/1).

Szemerényi, Oswald (1980): Einführung in die vergleichende Sprachwissenschaft. 2. Aufl. Darmstadt.

Szulc, Aleksander (1987): Historische Phonologie des Deutschen. Tübingen (Sprachstrukturen A6).

Takada, Hiroyuki (1998): Grammatik und Sprachwirklichkeit von 1640–1700. Zur Rolle deutscher Grammatiker im schriftsprachlichen Ausgleichsprozeß. Tübingen (Reihe Germanistische Linguistik 203).

Tappolet, Ernst (1901): Ueber den Stand der Mundarten in der deutschen und französischen Schweiz. Zürich.

Tschirch, Fritz (1963): Die Sprache der Bibelübersetzung Luthers heute. In: Die Bibel in der Welt, Bd. 6. Stuttgart, 3–48.

Tschirch, Fritz (1971/1975): Geschichte der deutschen Sprache. 2 Bde. 2. Aufl. Berlin (Grundlagen der Germanistik 5 und9).

Tschirch, Fritz (1989): Geschichte der deutschen Sprache Bd. 2. 3. Aufl. von Werner Besch. Berlin.

Ungeheuer, Gerold (1969): Das Phonemsystem der deutschen Hochlautung. In: Siebs (1969), 27–42.

Unger, Helga (1969): Vorreden deutscher Sachliteratur des Mittelalters als Ausdruck literarischen Bewußtseins. In: Glier, Ingeborg (Hg.): Werk – Typ – Situation. Studien zu poetologischen Bedingungen in der älteren deutschen Literatur. Stuttgart, 217–251.

Viereck, Wolfgang (2004): Britisches Englisch und amerikanisches Englisch/Deutsch. In: Sprachgeschichte (2004), 3317–3330.

Vollmann-Profe, Gisela (Hg.) (1987): Otfrid von Weißenburg Evangelienbuch. Auswahl. Althochdeutsch/Neuhochdeutsch. Stuttgart (Universal-Bibliothek 8384).

Wagener, Peter/Kark-Heinz Bausch (1997): Tonaufnahmen des gesprochenen Deutsch. Dokumentation der Bestände von sprachwissenschaftlichen Forschungsprojekten. Tübingen (Phonai 40).

Wagner, Kurt (1956): Hochsprache und Mundart in althochdeutscher Zeit. In: Der Deutschunterricht 8, H. 2, 14–23.

Wandruszka, Mario (1990): Die europäische Sprachengemeinschaft. Deutsch-Französisch-Englisch-Italienisch-Spanisch im Vergleich. Tübingen (UTB 1588).

Wapnewski, Peter (1960): Deutsche Literatur des Mittelalters. Göttingen (Kleine Vandenhoek-Reihe 96/97).

Wegera, Klaus-Peter/Heinz-Peter Prell (2000): Wortbildung des Frühneuhochdeutschen. In: Sprachgeschichte (2000), 1594–1605.

Wegera, Klaus-Peter/Hans-Joachim Solms (2000): Morphologie des Frühneuhochdeutschen. In: Sprachgeschichte (2000), 1542–1554.

Wegstein, Werner (2003): Die sprachgeographische Gliederung des Deutschen in historischer Sicht. In: Sprachgeschichte (2003), 2229–2252.

Wehler, Hans-Ulrich (1987–1995): Deutsche Gesellschaftsgeschichte. Bd. 1–3. München.

Wehrli, Max (1980): Geschichte der deutschen Literatur vom frühen Mittelalter bis zum Ende des 16. Jahrhunderts. Stuttgart (Geschichte der duetschen Literatur von den Anfängen bis zur Gegenwart 1).

Weinhold, Karl (1967): Mittelhochdeutsche Grammatik. 2. Ausg. Paderborn.

Weinrich, Harald (1986): Lügt man im Deutschen, wenn man höflich ist? Mannheim [u.a.] (Duden-Beiträge 48).

Weisgeber, Leo (1953): *Theudisk*. Der Volksname und die westliche Sprachgrenze. In: Ders.: Deutsch als Volksname. Darmstadt. Wiederabgedruckt in: Eggers (1970), 103–165 (zit.).

Weisweiler, Josef/Werner Betz (1974): Deutsche Frühzeit. In: Maurer, Friedrich/Heinz Rupp (Hg.): Deutsche Wortgeschichte. 3. Aufl. Berlin/New York, 55–133.

Weithase, Irmgard (1961): Zur Geschichte der gesprochenen deutschen Sprache. 2 Bde. Tübingen.

Wells, Christopher J. (1990): Deutsch: eine Sprachgeschichte bis 1945. Aus dem Englischen von Rainhild Wells. Tübingen (Reihe Germanistische Linguistik 93).

Wenskus, Reinhard (1961): Stammesbildung und Verfassung. Köln/Graz.

Werbow, Stanley N. (1963): Die gemeine Teutsch. Ausdruck und Begriff. In: Zeitschrift für deutsche Philologie 82, 44–63.

Werner, Otmar (1965): Vom Formalismus zum Strukturalismus in der historischen Morphologie. In: Zeitschrift für deutsche Philologie 84, 100–127. Wiederabgedruckt in: Steger, Hugo (Hg.): Vorschläge für eine strukturale Grammatik des Deutschen. Darmstadt 1970 (Wege der Forschung), 349–384 (zit.).

Werner, Otmar (1968): Das deutsche Pluralsystsem. Strukturelle Diachronie. In: Eggers, Hans [u.a.] (Hg.): Sprache – Gegenwart und Geschichte. Düsseldorf (Sprache der Gegenwart 5), 92–128.

Wienbarg, Ludolf (1834): Soll die plattdeutsche Sprache gepflegt oder ausgerottet werden? Gegen Ersteres und für Letzteres. Hamburg.

Wiesinger, Peter (2000): Die Diagliederung des Neuhochdeutschen bis zur Mitte des 20. Jahrhunderts. In: Sprachgeschichte (2000), 1932–1951.

Wiesinger, Peter (2003): Aspekte einer Sprachgeschichte des Deutschen in Österreich seit der beginnenden Neuzeit. In: Sprachgeschichte (2003), 2971–3001.

Wilhelm, Friedrich (1932): Corpus der altdeutschen Originalurkunden bis zum Jahr 1300. Bd. 1. Lahr.

Wilmanns, Wilhelm (1897/1899/1906/1909): Deutsche Grammatik. 2. Aufl. Straßburg Bd. 1 (1897); Bd. 2 (1899); Bd. 3/1 (1906); Bd. 3/2 (1909).

Winter, Werner (Hg.) (1984): Anredeverhalten. Tübingen (Ars Linguistica 13).

Wolf, Dieter (2000): Lexikologie und Lexikographie des Frühneuhochdeutschen. In: Sprachgeschichte (2000), 1554–1584.

Wolf, Herbert (1996): Luthers sprachliche Selbstbeurteilungen. In: Zeitschrift für deutsche Philologie 115, 349–370.

Wolf, Herbert (2000): Luthers spielerischer Umgang mit Spracheigenheiten anderer. In: Zeitschrift für Dialektologie und Linguistik 67, 148–167.

Wolf, Norbert Richard (1971): Zur mittelhochdeutschen Verbflexion in synchronischer Sicht. In: The German Quarterly 44, 153–167.

Wolf, Norbert Richard (1975): Regionale und überregionale Norm im späten Mittelalter. Graphematische und lexikalische Untersuchungen zu deutschen und niederländischen Schriftdialekten. Innsbruck (Innsbrucker Beiträge zur Kulturwissenschaft. Germanistische Reihe 3).

Wolf, Norbert Richard (1983): Durchführung und Verbreitung der 2. Lautverschiebung in den deutschen Dialekten. In: Besch, Werner/Ulrich Knoop [u.a.] (Hg.): Dialektologie. Ein Handbuch zur deutschen und allgemeinen Dialektforschung. Bd. 2. Berlin/New York, 1116–1121.

Wolf, Norbert Richard (1995): *würde*. Zur Verwendung einer Hilfsverbform. In: Popp, Heidrun (Hg.): Deutsch als Fremdsprache. An den Quellen eines Faches. Festschrift für Gerhard Helbig. München, 193–202.

Wolf, Norbert Richard (2000): Phonetik und Phonologie, Graphetik und Graphemik des Frühneuhochdeutschen. In: Sprachgeschichte (2000), 1527–1542.

Wolf, Norbert Richard (2007a): Das Mitteldeutsche als Übergangslandschaft. Oder: Dialektologische Überlegungen zur 2. Lautverschiebung. In: Wich-Reif, Claudia (Hg.): Strukturen und Funktionen in Gegenwart und Geschichte. Festschrift für Franz Simmler. Berlin, 31–42.

Wolf, Norbert Richard (2007b): Überlegungen zur deutschen Konjugation. In: Studia Germanistica Bd. 2. Ostrava (Acta Facultatis Philosophicae Universitatis Ostraviensis 233/ 2007), 123–132.

Wolf, Norbert Richard (2008): Von der Lust, in einem Sprachatlas zu lesen. In: Elspaß, Stephan/Werner König (Hg.): Sprachgeographie digital. Die neue Generation der Sprachatlanten. Hildesheim/Zürich/New York (Germanistische Linguistik 190–191), 213–229.

Worstbrock, Franz Josef (1978): Thiutisce. In: Beiträge zur Geschichte der deutschen Sprache und Literatur, Tübingen, 100, 205–212.

Wrede, Ferdinand (1895): Über richtige Interpretation der Sprachatlaskarten. In: Ders. [u.a.]: Der Sprachatlas des Deutschen Reiches. Dichtung und Wahrheit. Marburg, 31–52.

Wrede, Ferdinand (1919): Zur Entwicklungsgeschichte der deutschen Mundartenforschung. In: Zeitschrift für Deutsche Mundarten, 3–18.

Zollinger, Jakob (1920): Der Übergang Zürichs zur neuhochdeutschen Schriftsprache unter Führung der Zürcher Bibel. Freiburg (Breisgau).

Zollna, Isabel (2004): Französisch und Provencalisch/Deutsch. In: Sprachgeschichte (2004), 3192–3202.

Zürcher, Josef (1978): Graphetik – Graphemik – Graphematik unter besonderer Berücksichtigung von Notkers Marcianus Capella. Diss. Zürich.

Zwierzina, Konrad (1898): Beobachtungen zum Reimgebrauch Hartmanns und Wolframs. In: Abhandlung zur germanischen Philologie. Festgabe Richard Heinzel. Halle, 437–511.

Zwierzina, Konrad (1900/1901): Mittelhochdeutsche Studien. In: Zeitschrift für deutsches Altertum und deutsche Literatur 44, 1–116, 249–316, 345–406; 45, 19–100, 253–313, 317–419.

Sach- und Begriffsregister

Ablaut 268f.
Adelung, Johann Christoph 230f.
Adjektivflexion 269
Adjektivgradation 303
Affixe 307f.
Agrarstruktur 19, 243
Albrecht von Halberstadt 181
Alexanderlied 171f.
Alltagsdeutsch, gesprochenes 27f.
Alphabet, phonographisches 41ff.
Alphabetisierung (Schulpflicht) 72f., 235ff.
Althochdeutsch 135ff.
Analogieumlaut 208
Analogisten 230
Analytischer Sprachbau 160ff.
Annolied 177
Anomalisten 230
Anrede, frühe Neuzeit 122ff.
Anrede, Mittelalter 118ff.
Anrede und Revolution 125
Anredebestimmende Variablen 121f.
Anredekonvention
- bis zur Mitte des 20. Jhs. 125ff.
- Wandel 2. Hälfte 20. Jh. 127ff.
Anrede-Wechsel 120
Apokope 208, 308ff.
Artikel 154ff.
Aspekt 193
Augensyntax 223
Ausbau der nhd. Schriftsprache 230ff.
Auslautverhärtung 288f.
Aussprache-Norm 238ff.
Auxiliarisierung 153

Barrieren
- naturräumliche 18
- territoriale 18
- schreibsprachliche 50
Behaghel, Otto 196
Benediktinerregel, Ahd. 137ff.
Berthold von Regensburg 179f.
Bibeldichtung, Ahd., Asächs. 43f.
Bibelrezeption (16.-18.Jh.) 70
Bifurkationstheorie 282
Bruder 268
Buchdruck 204
Bühnenaussprache 26, 238f.

Canstein-Bibeln 231
Christlich-dt. Wortschatz 390ff.

Dal, Ingerid 301
DDR 249f.
Decorum, Bürgerliches 125
Dehnung s. Vokaldehnung
Deklination 308
- Frnhd. 207ff.
- Mhd. 187ff.
deutsch 146, 177f.
Devotionsschrift 123
Dialekt und Deutschunterricht 27
Dialekt und Hochsprache, kontrastiv 27
Dialektabbau 26
Dialekte 284f.
Dialektgliederung (um 1900) 20ff.
Dialektgliederungskriterium (p,t,k) 22
Dialektnamen 22
Dialektrückgang 28f., 29f., 110
Dialektverlust s. Dialektrückkgang
Dichtersprache, Mhd. 49, 180ff.
Diglossie
- domänengesteuert 16
- mediale 25f.
Diminutivbildung 302
Diphthonge 290
Diphthongierung

- Ahd. 293
- Frnhd. 206, 310ff.
Distanz-Anrede 123
Doppelform, lexikalische 51, 213f.
du-ir-Modell 119ff.

Eifelschranke 21
Einhard 136, 145
Endstellung des finiten Verbs 224
Englisch als ‚Weltsprache' 255
Englisch-Deutsch 98ff.
Epitheta ornantia 123
- *erei* 200
Ezzolied 169f.

Fachsprachen 111f.
fast 309
fest 309
Flucht, Vertreibung, Umsiedlung 243f.
Französisch, Zurückdrängung 74
Französisch-Deutsch 96ff.
- Mittelalter (1. Welle) 96f.
- 17.-19. Jh. (2. Welle) 97f.
Frau (Anrede) 126f.
Fräulein (Anrede) 126f.
Fremdwort 86, 163
Friedrich von Sonnenburg 179
Frühneuhochdeutsch 227ff.
Fugenelement 222
Futhark 41f.
Futur 194ff.
Futurum praeteriti 197

Gemeines Deutsch 59f., 65f., 114
Genus-Zuordnung 209
Germanen 270ff.
Germanisch 264, 266
Germanische Sprachen 272ff.
Globalisierung 255ff.
Glossenarbeit (Ahd.) 43
Gottfried von Straßburg 179, 184f.
Grammatikalisierung
- Umlaut 206
- ehemals selbst. Lexeme 222
Grammatiken 230
Grammatischer Wechsel 211, 268
Graphematik, Frnhd. 206f.
Grimm, Jacob 181
Groß- und Kleinschreibung 207

haben-Periphrase 152f.
Hanse 59, 113f.
Hartmann von Aue 183
Henzen, Walther 182
Herr (Anrede) 126f.
Hochdeutsch 22, 285f., 294
Höfische Dichtersprache 182ff.
Hofsprache, Karlingische 49
Hörkultur 223
Hugo von Trimberg 180
Humanismus 93ff.

i-Umlaut 298ff.
-ieren 199f.
Indoeuropäisch s. Indogermanisch
Indogermanisch 263, 265f.
Interferenzfehler 27
Interlinearversion(en) 43
Internationalismen 102, 104f.
Interpunktion 224f.
Isidor, Ahd. 145, 149f., 158f.
Isoglossen 21

jan-Verben 303f.
Jiddisch 112
Kaiserchronik 179
Karlingische Hofsprache 49
Kasseler Glossen 177ff.
Kasus-Oppositionen 209
Keltisch 263, 264
Kirche 270
Kleiner, Mathilde 196
Klemperer, Victor 254
Koine 180ff.
Kölner Raum 67
Komposition, Ausbau 215
Konjugation 190ff., 295ff.
Konsonanten 277ff.

Konsonantengemination, Südgerm. 274
Konsonantenverschiebung, Ahd. 21ff., 278ff.
Konsonantenverschiebung, Germ. 267
Konzeptionelle Schriftlichkeit 34, 241
Kranzmayer, Eberhard 313
Kreolsprachen 87

Lachmann, Karl 181
Landschaftsgruppierungen (schreibsprachl.) 52ff.
Latein, Zurückdrängung 73f.
Latein-Deutsch 85ff.
Lautverschiebung s. Konsonantenverschiebung
Lehnbedeutung 86, 163
Lehnbildung 86, 163
Lehnschöpfung 86, 163f.
Lehnübersetzung 86, 163
Lehnübertragung 86, 163
Lehnwort 86, 163
- Lat. 162ff., 269
- *lei* 199
Leibeigenschaft 18, 242
Leitvarietät 212f.
Lesekultur 223, 227
Lesesprache 240
Lex Ribuaria 136
Lex Salica 136
Lexik
- Ahd. 162ff.
- Frnhd. 211ff.
- Mhd. 180ff., 198ff.
Lexik, regionale 50f.
Lexikalische Doppelform 51, 213f.
Lingua Tertii Immperii 254
Literatur, Ahd. 137ff., 142
Literatur, Mhd. 173
LTI 254
Lüdtke, Helmut 312f.
Luther 69, 70, 71
Lutherdeutsch 71f.
Maße/mâze 186f.
Mauer 269
Metaphorisierung 214
Millstätter Handschrift 171
Mitteldeutsch 23, 281ff., 285
Mittelhochdeutsch 169ff., 315ff.
Mobilität 24f.
Modusmarkierung 210
Monophthongierung, Ahd. 292f.
Monophthongierung, Frnhd. 206, 310ff.
Monosemierung 214
monozentrisch 64
Morphem-Dubletten 209
Moulton, William G. 301
Mündlichkeit 19
Murbacher Hymnen 139f.

Nasalschwund 274
Nationalsozialismus 252ff.
Nebensilben 305ff.
Nebensilbenabschwächung 188, 190, 305ff.
Neuhochdeutsch 315ff.
Niederdeutsch 22, 285f., 294
Niederrhein 67
Nomina agentis 166f.
Normalisiertes Mhd. 181
Normstreit
- Erster (17. Jh.) 230
- Zweiter (1750f.) 230
Notker III. 135, 141, 159, 169, 172
Numerusprofilierung 189, 208, 301f., 308, 309f.
Nürnberg 68

Oberdeutsch 22, 305
Ohrensyntax 223
Orthoepie 238
Orthographie-Konferenzen 75f., 237
Orthographienorm(en) 74ff.
Ostmitteldeutsch 68ff.
Otfrid von Weißenburg 139ff., 147, 151f., 159

Papier 176
Passiv 149ff.
Paul, Hermann 196
Perfekt 150
Periodisierungsvorschläge Nhd. 228f.
Pidginsprachen 87
Plattdeutsch 29ff.
pluralis modestiae 119
pluralis reverentiae 119
pluralis societatis 119
plurizentrisch 64
Präfigierung 215f.
Primärumlaut 299f.
Prosa 175f.

Rat für deutsche Rechtschreibung 237
Raumgebundenheit 16f.
Regionalität 44
Reiffenstein, Ingo 313
Reimvers 175f.
Reinbot von Durne 179
Rheinischer Fächer 22f.
Rolandslied 171
Römisches Imperium 88f.
Rückumlaut 210f., 304
Rundfunk/Fernsehen 26, 240
Runenzeichen 41f.

Saltveit, Laurits 196
Satzgefüge 224f.
Schibilant 288
schon 309
schön 309
Schreibdialekte
Schreibsprachen 46, 47ff.
Schrift(lichkeit), Ahd. 144, 277
Schriftlichkeit, konzeptionelle 34, 241
Schriftsprache 46
– Nhd. 60ff., 63ff.
Schriftzeichen/Laut 42f.
Schulpflicht 25
Schützeichel, Rudolf 281f., 284
Schweiz, deutschsprachige 66f.
sein-Periphrase 149ff.
Sekundärumlaut 188, 299, 300f.
Sibilanten 286ff.
Sie (3.Pl.) 123
Siedlungsarchäologie 270
Sondersprachen 112f.
Sonderwortschatz 214f.
Sprache der Hanse 59, 113f.
Sprach(en)kontakt 79ff.
– im Rheinland 80ff.
– andere Grenzlandkontakte 83ff.
– Terminologie 85ff.
– s.a. Latein-Deutsch
Sprachfamilie 263, 264
Sprachgebrauchsgeschichte 229
Sprachgemeinschaft als Verkehrsgemeinschaft 17
Sprachgesellschaften 230
Sprachprestige 15
Sprachpurismus 101ff.
Sprachraum
– als Verkehrsraum 17
– territoriale Kleinräumigkeit 18
– sprachräumliche Entgrenzung 24f.
Sprachspaltung 249
St. Galler Vorakte 304, 307
Staatliche Indoktrination 249ff.
Stabilität, Zeitliche 19
Stadtsprachen 111
Standard-Aussprache 26
Standardsprache 46
Straßburg 68
Subjektspronomen 157ff.
Substantivgruppe 154ff.
Südgermanisch 264, 273f.
Suffix *-ieren* 199f.
Suffix *-lei* 199
Suffix *-erei* 200
Suffixe
– Variation 216ff.
– Unsicherheit 218ff.
Synkope 308ff.
Synthetischer Sprachbau 160ff.

Tatian, Ahd. 150f., 156ff.
Tempusprofilierung 210
Textcorpora 64, 205
Textsorten-Ausbau, Frnhd. 204f.
theodiscus 146
Titel-Anrede 125ff.
Treue 186f.
Tugend 185ff.

Überlieferungsorte, Ahd. 142f.
Überregionalität 227
Umgangssprachen
- Sprechertyp A 32
- Sprechertyp B, C, D 32
- Varietäten des Alltags 109f.
Umlaut 188, 298ff., 290f.
- Vorahd. 294ff.
Umlautfeindlichkeit 305
Urbanisierung 24, 243
Urgermanisch 266
Urkunde(n) 174, 176
- Dt. 50f.

Varietät(en) 107, 109ff.
- nationale 244ff.
- Österreich 245f.
- deutschsprachige Schweiz 246f.
- Deutschland 247f.
Varietätenspektrum 107f.
Vater 268
Vennemann, Theo 282ff.
Verb,
- Schwach 191, 268
- Stark 190f.
Verkehr 243
Verkehrsgemeinschaft 17
Verner'sches Gesetz 268
Verschriftlichung 41
Verschriftung 40f.
Verstädterung 243
Vertikalisierung 213
Vokaldehnung 314f.
Vokale 289ff., 315ff.
Vokalquantität 314f.
Vokalverschiebung, Ahd. 292ff.
Vorakte 304, 307
Vorgangspassiv 149ff.

Wabenkarte 20f.
Walther von der Vogelweide 177, 179
werden-Periphrase 193ff.
Westgermanisch s. Südgermanisch
Williram von Ebersberg 169f.
Wilmanns, Wilhelm 196
Wissenschaft und Wirtschaft 256f.
Wochentagsnamen 89f.
Wolfram von Eschenbach 177
Wortakzent, Germ. 268
Wortbildung
- Ahd. 166f.
- Frnhd. 215ff.
- Mhd. 198ff.
Wörterbuch 230f.
Wortkomposition, Ausbau 215
Wortsymbolschrift (z.B. Chinesisch) 43

Zeitliche Stabilität 19
Zucht 186f.
Zukunftsperspektiven 257ff.
Zustandspassiv 149ff.